非正式环境下的科学学习

人、场所与活动

[美]菲利普·贝尔　布鲁斯·列文斯坦
安德鲁·绍斯　米歇尔·费得　编著

赵健　王茹　译

科学普及出版社
·北　京·

图书在版编目（CIP）数据

非正式环境下的科学学习：人、场所与活动/（美）贝尔等编著；赵健，王茹译. —北京：科学普及出版社，2014.10
书名原文：*Learning Science in Informal Environments*
ISBN 978－7－110－08826－5

Ⅰ.①非… Ⅱ.①贝… ②赵… ③王… Ⅲ.①学习方法—研究
Ⅳ.①G791

中国版本图书馆 CIP 数据核字（2014）第 290724 号

出版人	苏 青
责任编辑	单 亭 崔家岭
责任校对	王勤杰
装帧设计	中文天地
责任印制	张建农

出版发行	科学普及出版社
地 址	北京市海淀区中关村南大街 16 号
邮 编	100081
发行电话	010－62173865
传 真	010－62179148
投稿电话	010－62176522
网 址	http://www.cspbooks.com.cn

开 本	787mm×1092mm 1/16
字 数	380 千字
印 张	21
印 数	1－5000 册
版 次	2015 年 2 月第 1 版
印 次	2015 年 2 月第 1 次印刷
印 刷	北京长宁印刷有限公司

书 号	ISBN 978－7－110－08826－5/G·3758
定 价	45.00 元

美国国家科学院

全美科学、工程和医学顾问

美国科学院（National Academy of Science）是一家私有、非营利性、自负盈亏的社会组织，在科学和工程研究领域拥有雄厚的学术研究实力，致力于推动科技发展和利用科技为社会造福。谨遵美国国会1863年的建院规定，科学院有义务为联邦政府的科学与技术事物提供咨询。拉尔夫·赛瑟罗恩（Ralph J. Cicerone）博士是现任科学院院长。

美国工程院（National Academy of Engineering）建立于1964年，是根据国家科学院章程，由杰出工程师组成的与科学院平行的机构。工程院在行政管理和成员选择方面拥有自主权，和科学院共同担负为联邦政府提供咨询的责任。工程院还赞助符合国家需要的工程项目，鼓励教育和研究，表彰工程人员的卓越成就。查尔斯·维斯特（Charles M. Vest）博士是现任工程院院长。

美国医学研究院（Insititute of Medicine）于1970年由科学院建立，旨在获得相关领域的杰出成员的帮助，对公共健康方面的政策进行探讨。美国医学研究院为科学院分担国会章程规定的责任——为联邦政府提供咨询，并主动识别医疗、研究和教育方面的问题。哈维·费恩伯格（Harvey V. Fineberg）博士是现任美国医学研究院院长。

美国国家研究理事会（National Research Council）由美国科学院于1916年组建，目的是联合广大科学和技术共同体，以服务于科学院促进知识发展、为联邦政府提供咨询为宗旨。遵循科学院规定的宏观政策，理事会已经成为美国科学院和美国工程院为政府、公众、科学和技术共同体服务的首要执行机构。理事会由美国科学院、美国工程院和美国医学研究院共同管理。拉尔夫·赛瑟罗恩博士和查尔斯·维斯特博士分别担任国家研究理事会的主席和副主席。

www. national-academies. org

非正式环境下的科学学习项目委员会

菲利普·贝尔（PHILIP BELL），副主席，西雅图华盛顿大学教育学院学习科学专业
布鲁斯·列文斯坦（BRUCE LEWENSTEIN），副主席，康奈尔大学信息系
苏·艾伦（SUE ALLEN），旧金山探索博物馆参观者研究和评估部门
布拉德福·布朗（B. BRADFORD BROWN），威斯康星大学麦迪逊分校教育心理学系
玛丽·卡莱恩（MAUREEN CALLANAN），加利福尼亚大学圣·克鲁兹分校心理学系
安吉拉·克里斯蒂尼（ANGELA C. CRISTINI），新泽西拉玛波文理学院理论和应用科学学院
克斯顿·伊伦伯根（KIRSTEN ELLENBOGEN），明尼苏达科学博物馆学习评价和研究部门
塞西莉·盖瑞贝（CECILIA GARIBAY），芝加哥盖瑞贝集团
劳拉·马丁（LAURA MARTIN），亚利桑那科学中心科学解释部
戴乐·麦克科里蒂（DALE McCREEDY），富兰克林研究所性别和家庭学习项目组
道格拉斯·麦丁（DOUGLAS L. MEDIN），西北大学心理学系
范瑞·米凯尔西克（VERA MICHALCHIK），斯坦福研究院
格尔·诺安（GIL G. NOAM），哈佛大学校外适应性教育项目组、波士顿麦克林恩医院
布莱安·史密斯（BRIAN K. SMITH），宾夕法尼亚州立大学信息科学、技术和教育系
安德鲁·绍斯（ANDREW W. SHOUSE），高级项目官员
米歇尔·费得（MICHAEL A. FEDER），高级项目官员
海蒂·施温格鲁贝（HEIDI A. SCHWEINGRUBER），科学教育委员会副主任
维克多利亚·沃德（VICTORIA N. WARD），高级项目助理（截至2008年3月）
凯莉·邓肯（KELLY DUNCAN），项目助理
瑞贝卡·克朗（REBECCA KRONE），高级项目助理

科学教育委员会

致　谢

本报告的发表得益于国家研究理事会的领导和工作人员以及许多其他组织的大力支持。

首先，我们感谢国家科学基金会（National Science Founding，NSF）的赞助和支持。我们特别感谢正式和非正式学习研究部副主任戴维·俄克（David Ucko），他和委员会不仅是本报告自始至终的参与者，而且在报告的撰写过程中也不断地给予鼓励和支持。

我们诚挚感谢项目规划过程中所有参与者的贡献，尤其是那些参与了研究的人们。我们感谢纽约科学馆的阿兰·弗里德曼（Alan Friedman）主持了这次规划会议。我们同样感谢俄勒冈州立大学的林恩·德尔金（Lynn Dierking）和约翰·法尔克（John Falk）、独立展览（Independent Exhibitions）[①] 的凯萨琳·麦克莱恩（Kathleen McLean）、学习创新研究所（Institute for Learning Innovation）的马丁·斯托克斯迪克（Martin Storksdieck），他们为这次会议准备讨论材料。规划会议的成功主要归功于与会者积极的表达他们的意见，包括探索博物馆（The Exploratorium）的苏·艾伦（Sue Allen）、技术教育研究中心（Technical Education Research Centers，TERC）的丹尼斯·巴特尔斯（Dennis Bartels）、康奈尔大学鸟类实验室（Cornell Lab of Ornithology）的里克·邦尼（Rick Bonney）、匹兹堡大学的凯文·克劳利（Kevin Crowley）、史密森学会（Smithsonian Institution）的扎哈瓦·多林（Zahava Doering）、伦敦大学国王学院的萨莉·杜恩森（Sally Duensing）、at-Bristol[②] 的约翰·杜兰特（John Durant）、明尼苏达州科学博物馆的柯尔斯滕·埃伦伯根（Kirsten Ellenbo-

① 独立展览（Independent Exhibitions）：一个博物馆咨询公司，专门从事会展的发展、设计、编程和战略规划工作。——译者注

② at-Bristol：英国的最大的互动科学中心之一。——译者注

gen）、科什兰科学博物馆的帕特里克·勒格罗（Patrice Legro）、康奈尔大学的布鲁斯·列文斯坦（Bruce Lewenstein）、观众研究协会（Visitor Studies Association）的玛丽·艾伦·穆恩雷（Mary Ellen Munley）、科技中心协会（Association for Science-Technology Centers）的温迪·波洛克（Wendy Pollock）、太平洋科学中心（Pacific Science Center）的丹尼斯·沙兹（Dennis Schatz）、范德比尔特大学的里奥娜·夏尔伯（Leona Schauble）、博物馆和图书馆服务研究所的玛莎·西莫尔（Marsha Semmel）、波士顿科学博物馆的卡里·I. 斯内德（Cary I. Sneider）、加州大学伯克利分校劳伦斯科学厅的伊丽莎白·斯特吉（Elizabeth Stage）、国家科学基金会的戴维·艾克（David Ucko）以及自由科学中心的艾伦·沃尔（Ellen Wahl）。在规划会议之后，明尼苏达州科学博物馆的茱莉亚·约翰逊（Julie Johnson）帮助项目筹建了该委员会。

在研究过程中，参与四次调查会议人员的讨论和演讲给予了委员会成员很多灵感。特别是，我们对非正式环境下的科学学习的初步框架的制订进行了重大修改和完善，而这都要归功于背景文献的作者、演讲者和响应者们所提出的深刻的学术性建议。在第一次会议上，俄勒冈州立大学的林恩·德尔金总体回顾了非正式学习领域的科学、技术、工程和数学学习研究。儿童媒体研究和咨询公司的沙勒姆·菲什（Shalom Fisch）讨论了教育媒体的影响力。文化机构的战略设计顾问希拉·格林内尔（Sheila Grinell）谈到了非正式科学领域最近的发展实践。莱斯利大学和技术教育研究中心（TERC）的乔治·海因（George Hein）讨论了在该领域的探究中谨慎和大胆的必要性。西北大学的乔恩·米勒（Jon Miller）描述了理解儿童和青少年的科学、技术和其他复杂学科的学习过程的框架。

第二次调查会议演讲者的报告趋于多样化。加州大学圣克鲁兹分校的莫林·卡拉南（Maureen Callanan）描述了学习的社会文化和建构主义理论。多伦多大学的凯文·邓巴（Kevin Dunbar）概述了科学学习的认知和神经认知机理以及它们如何在非正式学习环境下发挥作用。科罗拉多大学波尔得分校的玛格丽特·艾森哈特（Margaret Eisenhart）讨论了非正式环境在为弱势群体提供学习机会方面可能起的作用。教育发展中心有限公司的莱斯利·古德伊尔（Leslie Goodyear）和斯坦福研究院（SRI）的范瑞·米凯尔西克（Vera Michalchik）介绍了为弱势群体提供服务的非正式项目的评估方法和评估结果。加州大学洛杉矶分校的克里斯·古特瑞兹（Kris Gutiérrez）介绍了非正式学习环境如何服务于不同人群的具体案例。匹兹堡大学 UPCLOSE 项目的凯伦·克努森（Karen Knutson）讨论了各项目和评估过程中内在的有关非正式环境中学习科学的观点。斯沃斯莫尔学院 K. 安·瑞宁格（K. Ann Renninger）作了关于动机理论以及它们如何在非正式环境下起作用的研究综述。

在第三次会议上，委员会听取了有关科学学习发生在多种非正式地点的证据，了解在该领域颁布相关政策的迫切性需求。探索博物馆的布朗温·贝文（Bronwyn Bevan）、独立顾问克里斯蒂尼·克莱因（Christine Klein）和政策研究协会的伊丽莎白·瑞斯纳（Elizabeth Reisner）参与了当前非正式学习环境相关政策的专题讨论。赛琳达研究联合公司的黛博拉·派瑞（Deborah Perry）描述了展品和展览馆的空间是如何为促进参观者科学学习而设计的。索尔·洛克曼（Saul Rockman）等人讨论了通过传统媒体形式学习科学的相关研究证据，霍帕·莫顿（Hopa Mountain）有限公司的邦妮·沙太罗－索耶（Bonnie Sachatello-Sawyer）概述了关于青少年科学学习项目的设计及其影响的相关研究。

在第四次会议上，会议的公共部分主要关注的是用于支持委员会工作的各文件的进展状况以及与这一项目相关的国家科学基金会当前的组织结构。戴维·艾克在概览了国家科学基金会新的组织结构的基础上，重点介绍了其中涉及教育项目的部门。

在最后一次会议上，委员会讨论了《非正式环境下的科学学习——面向实践者的手册》一书的工作。基于在研究证据、发现和结论方面的一致性，委员会认为应该将科学教育委员会（BOSE）发展为实践者的资源之一。委员会最新的两名成员同时也是“面向实践者手册”监督小组的成员，他们分别是探索博物馆的苏·艾伦（Sue Allen）和哈佛大学的吉尔·诺安（Gil Noam）。监督小组其余的五位成员也参与了最后一次会议：顾问迈勒斯·戈登（Myles Gordon）、华盛顿大学的莱斯利·鲁伯特·海仑考尔（Leslie Rupert Herrenkohl）、麻省理工学院媒体实验室的娜塔莉·拉斯科（Natalie Rusk）、邦妮·沙太罗－索耶（Bonnie Sachatello-Sawyer）以及太平洋科学中心的丹尼斯·沙斯（Dennis Schatz）。我们由衷感谢每一位监督组成员给予我们的绝妙反馈。《面向实践者的手册》由国家科学基金会下属的正式和非正式环境下的学习研究部、博物馆和图书馆的服务研究所、宝来惠康基金（Burroughs Wellcome Fund）共同赞助，将会在本报告出版之后发表。

我们同样要感谢为我们提供背景文献的 8 位作者的努力。来自蒙大拿州立大学的亚瑟·班戈尔特（Arthur Bangert）和迈克尔·布罗迪（Michael Brody）以及伦敦大学国王学院的贾斯丁·迪伦（Justin Dillon）作了关于结果评价方面的文献综述。来自斯坦福大学的劳拉·卡斯特森（Laura Carstensen）和凯西·林德伯格（Casey Lindberg），连同罗切斯特大学的埃德温·卡斯特森（Edwin Carstensen）作了有关老年人在非正式环境下学习的研究综述。斯坦福大学和布朗大学的雪莉·布莱斯·西斯（Shirley Brice Heath）描述了多样化问题是如何影响个体的科学概念的。学习创新研究所回顾了有关精心设计的空间所带来的影响的评价研究的证据。犹他州立大学的布莱恩·麦金利·琼斯·布瑞博（Bryan McKinley Jones Brayboy）和北亚利桑那大学的安吉莉娜·卡斯塔里奥（Angelina E. Castagno）回顾并整合了土著科学的相关研究文献。斯沃斯莫尔学院的 K. 安·瑞宁格作了非正式环境下科学学习情境中与兴趣和动机相关研究的综述。洛克曼等人综述了传统媒体（如电视、广播、出版物）所产生的影响的实证研究。哈佛大学的莎拉·施瓦茨（Sarah Schwartz）概括了放学之后和校外时间项目的范围和投资机构。

美国国家研究理事会的很多成员都为委员会提供了慷慨的帮助。正是在吉恩·穆恩（Jean Moon）、帕特里西亚·莫里森（Patricia Morison）和海蒂·施温格鲁贝（Heidi Schweingruber）的帮助下，本研究才得以顺利进行。他们都积极参与了委员会的审议工作，帮助我们聚焦关键的信息和结论。另外，他们和委员会的联合主席以及国家研究理事会其他成员在周期性的领导会议上，为本报告的发展做出了重要的贡献。我们也要向维克多利亚·沃德（Victoria Ward）和科米·亚依（Kemi Yai）表示感谢，他们为我们筹备并促进了会议的进行。我们还要感谢瑞贝卡·克朗（Rebecca Krone）帮助我们罗列出了本报告每一章节之后的参考文献。马修·冯·亨迪（Matthew Von Hendy）负责文献的检索以及获取我们所需要的研究文献的副本，如果没有他的帮助，本报告中涉及的文献的整合将无法进行。

按照美国国家研究理事会报告审查委员会批准的程序，本报告以草案的形式发到了具有不同观点和不同技术专长的人手中审阅。这种独立审查的目的在于提供公正的、批评性的评论，以便使理事会在正式发表报告时做到尽可能正确合理，保证报告符合客观、有据与负责的学术标准。审查评语和草稿处于保密状态，以确保审议过程的公正诚实。

我们希望对参与审查的下列人员表示感谢：英属哥伦比亚大学课程研究系的戴维·安德森（David Anderson）、加利福尼亚州旧金山探索博物馆非正式学习和学校中心的布朗温·贝文（Bronwyn Bevan）、瑞典哥德堡大学公众学习和理解科学（PLUS）中心的伊兰·沙贝（Ilan Chabay）、俄勒冈州立大学数学和科学教育系自主学习专业的林恩·德尔金、新泽西州蒂内科儿童媒体的研究和咨询公司主席沙勒姆·菲什、斯坦福大学教育学院教育人类学系和布朗大学教育学系雪莉·布莱斯·西斯（Shirley Brice Heath）、洛克菲勒大学研究生和博士后研究院长办公室邦尼·凯撒（Bonnie L. Kaiser）、耶鲁大学心理学系弗兰克·C. 凯尔（Frank C. Keil）、范德比尔特大学皮波迪学院里昂娜·夏尔伯（Leona Schauble）、波士顿科学博物馆卡里·斯内德（Cary I. Sneider）。

虽然上述各位审查人员提供了许多建设性的评语和建议，但是他们并没有被要求赞同结论或推荐意见，他们在报告正式发表之前也没有看到报告的最后定稿。该报告的审查由威斯康星大学麦迪逊分校教育研究中心的亚当·盖莫兰（Adam Gamoran）和伊利诺斯大学厄巴纳－香槟分校昆虫学系的梅·贝伦鲍姆（May Berenbaum）监督。国家研究理事会任命他们负责依照制度程序保证该报告独立审查的进行，并保证所有的审查评语都进行了仔细斟酌。但是，本报告的定稿内容完全由编著委员会和机构负责。

副主席：菲利普·贝尔、布鲁斯·列文斯坦

高级项目负责官员：安德鲁·W. 绍斯

高级项目负责官员：米歇尔·A. 费得

目　录

全书提要

科学，正在从根本上塑造人们的生活。个体、群体和国家越来越寻求加强科学能力，从而促进社会世界、物质世界和人性世界的完善。加强科学能力的努力，通常把目标指向学校，聚焦于类似改善科学课程与教师培训、强化科学灌输等策略上。非学校情境下的科学学习的潜在价值常常被忽略或者被低估，而人们的大多数时间恰恰消耗在这些情境中。

校门之外，科学学习的机会比比皆是。每一年，千千万万的美国人，无论是青少年还是老人，都通过参观非正式学习机构、参与各种节目、运用喜爱的媒体来探索和了解科学。数以千计的机构投入到为所有年龄和背景的学习者开发、记录和改善非正式环境下的科学学习中。这些机构包括与非正式学习和社区有关的组织、图书馆、私营公司和慈善基金。非正式环境涵盖了一系列情境，如家庭讨论，参观博物馆、自然中心和其他人工设计的场所，园艺等日常活动以及徒步旅行、钓鱼和参加俱乐部之类的休闲活动。实际上所有年龄、所有背景的所有人都从事着能够支持日常生活过程中的科学学习的活动。

非正式环境下的科学学习委员会的建立，是为了考察非学校情境对于科学学习的潜力。该委员会包括 14 名科学、教育、心理、媒体和非正式教育的专家，进行了广泛的揭示非正式环境下科学学习的文献研究。我们的责任中特别包括：对跨越不同情境、不同学习者年龄组以及贯穿不同时间历程时所发生的科学学习的证据进行评价；对非正式环境下所发生的特有的学习经验的特征，与那些非正式情境与其他情境（如学校）中共有的学习经验的特征进行区分；提出研究与发展非正式环境下的科学学习的议程。

该委员会通过观察科学学习发生的场所以及非正式学习环境的横断面特征，来组织相关研究。所谓“场所”，涉及诸如公园散步、欣赏日出等获得日常经验的地方，参观科学中心、动物园、水族馆、植物园、天文馆等人工设计的场馆以及通过当地组织所进行的校外科学学习或者环境检测等项目。非正式环境的横断面特征，包括媒体作为学习的一种情境脉络和工具的作用，以及这些环境所提供的在文化、社会和语言等方面能够包容多元社群的机会。

在本报告中，我们以非正式环境促进科学学习的证据为出发点，总结了该委员会结论的主要方面。然后描述了在这些情境中的适当学习目标以及拓展科学学习中的参与的方法。最后，我们提出了委员会对于实践的建议。

促进学习

人们在非学校情境中能够学到科学吗？这是一个对于决策者、实践者和研究者来说都很关键的问题。问题的答案是肯定的。本委员会找到了证明所有年龄的个体在各个不同的场合——日常经历中、设计情境中和项目中——学习科学的丰富证据。委员会的概括是：

- 日常经历能够实质性地支持所有人的科学学习。所有文化的非正式学习实践，都能够对学习系统化的和可靠的关于自然世界的知识具有传递性。从婴儿到晚年，个体贯穿一生都在学习关于自然世界的知识，发展科学学习的技能。
- 经过设计的空间——包括博物馆、科学中心、动物园、水族馆和环境中心——都可以支持科学学习。这些场所拥有丰富的真实世界中的现象，人们在其中可以追求和发展科学兴趣，从事科学探究，通过建构意义的对话来反思自己的经验。
- 科学学习的项目发生在学校和基于社区的、科学资源丰富的组织中，包括了科学爱好者可持续的、自组织的活动。不断增加的证据表明，结构化的、非学校的科学项目能够满足或者激发成人和儿童特定的科学兴趣，可以积极地影响学生的学业成就，可以拓展参与者对未来科学职业选择的意识。
- 广播、电视、网络和手持设备等各种形式的科学媒体已经非常普及，使得人们可以越来越方便地跨越各种科学学习场所接触科学信息。科学媒体从本质上塑造着人们与科学之间的关系，成为科学学习的新途径。尽管有强有力的证据证明关于科学学习的教育电视的影响，但是关于其他媒体（数字媒体、游戏、收音机等）对科学学习的影响的证据就相当有限。

界定相适的结果

为了理解学习是否发生、如何发生以及何时发生，我们需要好的学习结果测量方法，但是很难界定在非正式场景中的科学学习结果的努力。研究者和实践者时常采用在学校情景中使用的同样的工具和测量方法。有时候，投入到非正式教育的公共基金和私人基金甚至要求这样的学业成就测量。但是，传统的学业成就结果是有局限的，尽管它们可以促进非正式学习环境和学校之间的协调，但是在如下三个方面上却不能反映非正式环境的确切特征：①不能包含非正式情境能够促进的能力；②有悖于非正式场境中的关键假设，比如，这些假设注重闲暇经历或者自愿经历以及非标准化的课程等；③不是为广泛的参与者而设计的，但非正式场境的参与者中有许多人并不是中小学生。

开发在非正式环境下学习科学的清晰而合理的目标所面临的挑战，与学校式行动方式对这些环境所产生的实际或可能的影响混杂在一起。这种情况导致有些人彻底回避正式的学习结果评估，而主张学习者自主的结果评估。该委员会的意见是，盲目地采纳纯学术性目标或者纯主观学习目标都是无效的。委员会倾向于第三条道路，即将各种具体的科学学习目标结合起来运用到研究和实践中去。

科学学习的若干因素

我们提出一个“科学学习六方面”框架来阐述非正式环境所支持的科学能力。该框架建立在《把科学带进学校》[①]（美国研究理事会报告，2007）中为幼儿园大班至8年级学生而发展的科学学习框架之上。这个四方面框架与本书框架的第2至第5方面紧紧对应。我们增加了对于非正式学习环境具有特殊意义的另外两个方面——即第2方面与第6方面。这6个方面阐明了学校和非正式环境如何能够追求相互补充的目标，并可以作为一个概念工具来组织和评估科学学习。这些方面所涵盖的科学学习的六个相互关联的特征，反映出该领域对参与的重视——事实上，它们描述了在这些场境中参与者在认知、社会性、发展性和情感等各方面的表现。

在非正式环境中的学习者要：

方面1：体验兴奋、兴趣和动机，去探索自然世界和物质世界的现象；

---

① 《把科学带进学校》(*Taking Science to Schools*)：中文版将由科学普及出版社出版。——译者注

方面 2：逐步概括、理解、记忆和运用与科学相关的概念、解释、争论、模型和事实；

方面 3：对自然世界和物质世界进行操作、验证、探究、预测、质疑、观察和建构意义；

方面 4：对科学进行反思，作为认识的一种方式；包括对过程、概念、科学机构的反思；对他们自己学习现象的过程的反思。

方面 5：运用科学语言和科学工具，和他人共同参与科学活动和学习实践。

方面 6：作为科学学习者反思自己，并发展出一种身份认同，即成为那种知晓、运用并适时为科学做出贡献的人。

这些方面，与学校所要发展的特定的科学知识、技能、态度和素质既有所区别，又有一定重叠。方面 1 和方面 6，与非正式学习环境特别相关。方面 1 集中在发展兴奋、兴趣和动机——这也是其他各类科学学习的基础。方面 1 同时对任何情境中的学习都很重要，但与非正式学习环境尤其相关，这些环境中蕴藏着丰富的日常科学现象，并为开启学习者的先前经验和兴趣而组织。方面 6 表达了学习者如何从科学的角度看待自己。本方面指的是这样一个过程：通过这个过程，个体与科学亲密相处，掌握丰富科学知识，对科学兴趣盎然。当学习者遨游在非正式环境以及学校中的科学世界里时，非正式学习环境能够在激发和建立初始兴趣、支持科学学习身份的逐步确立方面，起到非常独特的作用。

这些方面是发展实践和研究工具的一种重要资源。它们应当在精制评价系统、评估非正式学习环境下的科学学习时，扮演关键角色。

扩大参与范围

在研究者和实践者中存在一个明确而强烈的共识，即要扩大科学学习的参与性。增进来自不同群体的个体参与科学学习的努力，已经在各个层次启动，包括教师和设计人员，同时也包括学习者自身。但是值得赞许的全方位努力常常很匮乏，这一点也很显而易见。在如何组织和引导科学学习的全方位参与，研究总结有价值的见解方面，该委员会总结道：

- 非正式环境为所有的学习者提供与科学观念互动、调动先前知识以及产生经验的空间；
- 学习者在那些承认他们需求和经历的环境中乐此不疲，这种需求和经历在人生不同阶段具有不同特征。与人的成熟相伴随的是不断增加的记忆容量、推理和元认知能力，这些使得成人学习者能够以新的方式探究科学。年纪大的公民保持着许多这样的能力。对大多数老人而言，尽管感知能力，比如听觉和视觉发生一定退化，但是推理、再认和解释事件等认知能力仍然保持着完整无损。

- 学习经历应该反映一种科学观，即科学受到个体经验的影响，同样也受到社会、历史境脉的影响。学习经历应当注重对于非科学家的学习者所熟悉的各种各样的科学参与形式——比如提问、各种交流形式、进行类比等。
- 成人家长、同伴、教师、服务商和指导者在支持科学学习方面扮演着重要角色。他们运用的方式可以从简单的、具体的支持行为，到长期的可持续关系、合作和师徒关系。
- 科学机构和本地社区的伙伴关系，特别是当这种伙伴关系根植于社区伙伴的不断投入，使得始于目标设置的整个科学学习过程充满活力时，构建跨情境的全方位科学学习就会显示出美好的前景。
- 一些项目，尤其是校外时间项目，为数百万儿童提供了拓展科学学习经历的特别机会。这些项目中有很多是基于学校的，而且正在越来越贴近学科和学科内容，但却是以非正式教育的方式进行的。

建议

该委员会在如何组织、设计和支持科学学习方面提出了具体的建议。这些建议提出了一个有待探索、验证和精制的研究与开发议程。它们涉及面宽广并应用于广泛的行动者，包括：实践和研究中的投资者和领导人；有关机构负责设计、评估和付诸实践的职员以及那些为学习者提供直接服务的人们——童子军领导、俱乐部组织者、科学中心的一线员工等。在此，我们对能够影响实践中的科学学习的具体行动者提出建议。其他的对于研究者的建议参见第九章。

对展品和项目设计者

展品和项目设计在确定学习经历中应反映何种科学特征，学习者如何参与科学、如何与他人一起互动，以及学习者使用的教育材料的类型和品质等方面，起着十分关键的作用。

建议 1：展品和项目设计者应当按照下列原则为科学学习创建非正式环

境。非正式环境应当：

- 设计有特定的学习目标（如科学学习的六个方面）；
- 是互动的；
- 为学习者在具体的情景中参与到与概念、实践和现象相关的活动提供多种途径；
- 促进跨越多种情境的科学学习；
- 推动并支持参与者按照有关的先前知识、经验和兴趣来解释学习经历；
- 支持并鼓励学习者把学习一直延伸下去。

建议2：科学学习的非正式环境，从一开始就应当通过社区—教育者的伙伴关系来发展，而且，只要可能，就应当把对社区成员重要的科学问题和科学观念作为基础。

建议3：教育工具和教育材料的开发，应当是在学习者、教育者、设计者和科学专家，也包括人类学习和发展科学专家在内的参与下，周而复始的一个过程。

对一线教育者

一线教育者，包括提供和支持科学学习经历的机构和项目中的专业人员和志愿者。有时，与学习者在这些情境中互动的家长和其他儿童看护者在某种程度上也是一线教育者。一线的教育者为学习者示范理想的科学学习行为，帮助他们发展和扩展理解和实践，继而塑造学习者如何与科学互动，与他人互动，以及与教育材料互动。他们也可以作为非正式机构与项目和学校、社区及专业教育者之间的交互“界面”。考虑到参与非正式环境中的社区成员的多样性，一线教育者应当认可这种多样性并与各种各样的群体亲密合作。

建议4：一线教育者应当积极主动地将问题、日常语言、观念、概念、世界观和历史，无论是他们自己的还是那些多元学习者的，都有机地联系起来。为此他们将需要支持发展文化能力的机会，与他们将要服务的群体一起学习以及向这些群体学习。

参考文献

National Research Council. (2007). *Taking science to school: Learning and teaching science in grades K-8*. Committee on Science Learning, Kindergarten Through Eighth Grade. R.A. Duschl, H.A. Schweingruber, and A.W. Shouse (Eds.). Washington, DC: The National Academies Press.

第一部分

非正式环境下的科学学习

第一章
导　言

人类天生好奇，总是在寻求新的知识和技能。这种对知识的追求往往与科学相关：从孩子的疑问“天空为什么是蓝色的?”到少年探究T恤为何会掉色；从一个新业主关注房屋地下室的氡气含量问题到祖父母给孙子挑选教育玩具所关心的问题。这些情况都涉及在非正式、非学校场境下的科学学习的某些方面。

非正式环境中的科学学习经验的典型特点是：学习者积极主动的、兴趣引导的、自愿的、个人的、持续的、与境脉相关的、协作的、非线性的和开放的（Griffin，1998；Falk and Dierking，2000）。人们相信，非正式科学学习的经验，能引发进一步的探究和愉悦，进而让人感到科学学习可以与个人关系密切并且十分有益。非正式科学学习的参与者形形色色，包括各种年龄、各种文化和社会经济背景以及各种能力的学习者。他们中包括业余爱好者、游客、职前教师、在线学生共同体成员、学生团体和家庭成员，这些人可以探索在家中、工作中、社区组织中或任何地方的经验。理想的情况是，这些经验使得学习者联系自身的兴趣，提供一个互动的学习空间，并允许根据当前的或相关的主题要求进行深入探究。案例1－1提供了几个非正式科学学习环境的例子。

鼓励并满足人类好奇心是科学学习的非正式环境自身的一个重要目标，同时，它还可以对社会做出重要的实际贡献。现代生活中严肃的科学问题无处不在：全球变暖、可替代性燃料、干细胞研究和K－12学校中的变革，这些不过是其中几例而已。很多人和科学组织如美国科学促进协会（American Association for the Advancement of Science，1993）与美国国家研究理事会（National Research Council，1996）认为，要成功地引导这些问题的解决，社会要创造性地利用一切可用的资源，提高人们的科学素养。

案例 1-1

非正式科学学习环境下的经验

用户访问 whyville. net——一个大型的青少年互联网社交网站时，发现他们的聊天会被突然出现的“Achoo”一词所中断。在几天之内，此病毒通过该社区传播。利用网站上疾病控制和预防中心的资源，用户们学会识别病毒如何传播，以及如何防止进一步感染（Neulight, Kafai, Kao, Foley, and Galas, 2007）。

一位退休医生和他的妻子一年旅行好几次，通常跟随老年会馆项目（Elder-hostel programs）出游。在一次旅行中，该项目考察了蒙特利尔的历史和文化。在另一次旅行中，他们学会通过艺术来表达自己。他们的旅行多与自然界紧密相关：在路易斯安那州湿地学习如何进行海洋研究、在科罗拉多州观察麋鹿以及在佛罗里达州数海牛（Hopp, 1998）。

一个从一岁开始就收集了许多毛绒玩具大象的少年收到一份礼物，是一本印有大象图片的日历。他在无聊的时候，浏览起维基百科中大象的网页。他为读到的东西而激动不已，回忆起几年前参加的一个由本地大学的研究人员所做的关于大象的演讲。他联系到此研究人员，加入她的研究小组成为一名不拿工资的实习生，参与分析非洲丛林中大象的录音。当他申请大学时，他的兴趣已经从国际政治转为生物学和动物保护。

人们有种普遍观念，即学校有责任满足社会的科学知识需求，但是现实却相反，学校不能只唱独角戏，整个社会都必须要更好地了解和吸收全面的科学学习经验，在更广范围内改进科学教育。学校只服务于学龄人群，而各个年龄的人在日常生活中经常遭遇与科学有关的难题，他们都需要了解科学。事实还证明，人们在 K-12 学校花费的时间只占整个生命中的 9%（Jackson, 1968; Sosniak, 2001）。此外，在 K-12 学校中，传统的重点是数学和读写，而科学往往被边缘化。目前联邦教育政策很明显，例如教育政策中心的报告（Center on Education Policy, 2008）显示，为了鼓励数学和读写教学，联邦教育政策倾向于削减科学和其他科目的教学时间，尤其是在低年级。其结果是——尽管不该如此，也并不总是如此——学校中的多数科学教学只是局限在知识授受和过于简单化的科学实践的概念上（Lemke，1992；Newton，Driver，and Osborne，1999；National Research Coucil，2007；Rudolph，2002）。很明显，非正式环境可以而且应该发挥其在科学教育的重要作用，现在比以往更是如此。

非正式环境下的科学学习，有可能在全国范围内广泛支持科学教育。这在推动改善美国科学、技术、工程和数学（STEM）教育的众多国家级报告中有据可循。例如，学术竞争力委员会（Academic Competitiveness Council）和国家科学委员会负责检查所有联邦政府资助的 STEM 教育计划的有效性，以及提出协调和整合项目方法的建议。该委员会的报告中提到，非正式教育是美国教育体系的三个不可分割的部分之一（其他两个是 K－12 教育和高等教育），而这一教育体系需要确保“美国的经济竞争力，特别是要确保国家教育机构有能力提高未来的公民科学素养，培养未来的科学家、工程师、数学家和专业技术人员”（U. S. Department of Education，2007，p. 5）。联邦政府对非正式环境的兴趣也体现在国家科学委员会关于 STEM 教育（National Science Board，2007）关键性需要的报告中。美国国家科学委员会的报告强调，需要将非正式学习与准备充分的和高效的 STEM 教师的充足供应结合起来。它呼吁协调正式和非正式环境从而改进课程和教师发展。非正式教育被描述成增进公众对科学、技术、工程和数学的兴趣、理解和重视的一个重要渠道。此外，报告还呼吁，要有非正式教育共同体的代表参与到非联邦政府的全国 STEM 教育委员会中，共同协调本领域的教育工作。

这份报告重申，在非正式环境、K－12 中小学职责以及课堂之间需要更好的协调和整合，并敦促对非正式环境中科学学习的目的和目标给予审慎分析。虽然非正式环境下的目标与学校设置的目标往往相互补充，有时彼此重叠，但是二者毕竟不同。差异可能源于：参与学校和非学校场境的人群不同；事实上，K－12 场境中的参与是强制的（而非学校场境中通常不是强制的）；以及在这些场境中情感和情绪参与的重点有所不同。尽管存在这些分歧，但是，在丰富学生和广大公众的科学知识、提高科学兴趣和科学能力上，学校和非正式场境志同道合。

非正式环境能够在很大程度上对科学教育做出实质性贡献，这一新观念激发了美国国家科学基金会（NSF）要求研究的兴趣，于是本报告应运而生。美国国家科学基金会是非正式场境中科学教育研究和发展的首要发起者。它所发起的系列活动包括在广泛的非正式场境以及全国 STEM 教育领域中的项目和教材的开发、研究和评价。本报告描述了大量由国家科学基金会发起的项目，以及得到其他公共和私人资源资助的项目。

本报告概括描述了非正式环境下的科学学习，详尽考察了这些环境影响科学学习的证据。它综合了多个学科和领域的文献，确定出一个关于各种教育目标和教育结果、各种教育实践的见解和研究议程的共同框架。本章其余部分的内容包括有关文献的简要综述，就当前驱动研究和实践的问题的讨论，以及科学学习的非正式环境的特征描述，另外还介绍了研究的范围以及提供了对本书其他章节的指南。

非正式环境下科学学习的兴起和发展

美国教育系统的早期发展始于 18 世纪末，当时非正式学习机构如图书馆、教堂和博物馆都被看做是与公众教育有关的主要机构。人们把它们当做鼓励公众探索、对话和交流的地方（Conn，1998）。发起于 19 世纪 20 年代的美国莱森学园（Lyceums）运动，证实了公共教育运动在联邦各州的逐渐兴起（Ray，2005）。莱森学园仿效古希腊学习厅，将公众聚集起来与科学家、哲学家一起开展演讲、辩论和科学实验。19 世纪晚期，野外文化讲习会（Chautauquas）运动继承了莱森学园运动，在社会和地理上处于各自隔离状态的美国农场和牧场社区逐渐发展起来。野外文化讲习会运动是一种教育性的家庭夏令营，它给强烈渴望娱乐和教育的农村社区带来了当时著名的演讲者和艺人。发起这些运动的理念是，在民主国家里，理解公共政策需要受过教育的平民。这些运动提供了一个渠道，将当时的科学知识和实践传递给难以获取信息的美国大众。与此同时，人们还经常通过耕作、园艺、酿酒等与农业社会中的日常生活紧密联系的活动，来发展对自然世界和科学原理的直觉。

从 19 世纪中叶开始，世界博览会将来自世界各地的人们聚集在一起，让其了解商业、技术、科学和文化事业的发展。世界博览会已经成为科学和技术发展广泛传播的发源地，尤其是在工业革命时期，在那时发展对于广大公众而言已不再神秘，比如电话通讯的发展。近来，许多关于这些活动的个人回忆录成为研究的基础，用来探究人们在非正式场境中做什么、学什么，以及从非正式场境中的学习经验中能够回忆出什么（e. g.，Anderson，2003；Anderson，Storksdieck，and Spock，2007；Anderson and Shimizu，2007）。

在美国，非正式学习的作用和结构是历经过去两百年来演变而成的。今天，技术进步使人们已经远离传统农业经验。从某些方面来说，在这个高度城市化和技术化的社会中，人们与他们从事畜牧和耕作的祖先相比，已经很少有机会探索自然世界。科学教育在新的社会境脉下演变发展。新闻和娱乐媒体与自然历史博物馆和科学中心、课后项目、电脑游戏及游戏社区相结合，重新塑造了世界，重新塑造了人们接触科学的方式。

尽管很多人都能不假思索地指出学校与非学校场境之间巨大而持续的资源差距，但是，近年来公共和私人资助者已经为支持非正式环境的科学学习进行了大量投资。联邦科学、工程与技术协调委员会 1993 年的一项报告显示，联邦政府对“公众科学理解”活动投入了约 6700 万美元，而联邦支出的部分只占此类活动总支出的大约 10%（Lewenstein，1994）。自 1993 年以来，联邦在非正式科学教育的投资增加了一倍多，2006 财政年度达到了总额 1.374 亿美元（U. S. Department of Education，2007）。为普及性学习（不特指科学学习）提供非正式环境的联邦项目的投入资金也相应增加，如 21 世纪社区学习中心（一个课后和校外项目）。最初，1995 财政年度为 21 世纪社区学习中心拨款 75 万美元，从那以后其资金拨款已逐步扩大到 2006 年度的近 10 亿美元（Learning Point Associates，2006）。非正式科学学习的其他资金来源于全国性的基金会、非盈利研究组织和支持性团体等有兴趣向未被惠及的人群提供一些机会的组织和机构。

在过去的 50 多年里，关注非正式环境中的科学学习的组织、财团、慈善团体和出版物也迅速增加（Lewenstein，1992；Schiele，1994），如案例 1－2 所示。第二次世界大战后，苏联人造地球卫星项目于 1957 年将第一颗卫星送入轨道，引起了美国公众的注意，并激起了对国内科学教育的支持。首先，联邦政府通过新成立的国家科学基金会参与到 K－12 学校和大学本科的课程发展中，由一个汇集了顶尖学者的群体协同努力改善科学教育。这开启了一个广泛重视科学中心的时代，在接下来的十年里，一些在非正式科学教育领域中的主导机构纷纷建立起来。

案例 1－2

50 年间重大的非正式科学学习事件（主要关注美国）

1957——国家科学基金会进行了第一次对公众科学知识的调查研究；1979 年再次进行，此后每两年进行一次。

1958——国家科学基金会“公众理解科学”项目建立（直至 1981 年）。

1961——美国科学促进协会开始创办题为《理解》的简报，携手科学新闻工作者、好莱坞电影和电视节目制作者、大众传播研究人员、成人教育和博物馆工作人员（直至1967年）。
1962——西雅图太平洋科学中心建立。
1968——在加州大学伯克利分校，劳伦斯科学会堂建立。
1969——旧金山探索博物馆建立。
1973——美国科学促进协会创建一个（只存在短暂时间的）由国家科学基金会资助的国家公众科学理解中心，将美国的电台、电视台、学校、青年活动和科学装备企业关联起来。
1983——国家科学基金会重建作为非正式科学教育的公众科学理解计划。
1985——英国皇家学会关于公众理解科学的"博德默报告"（Bodmer Report）（英国），引发了对相关主题持续的研究兴趣（Ziman，1991；Irwin and Wynne，1996）。
1988——观众研究协会建立。
1989——博物馆与图书馆服务研究院提供给科学－技术中心协会一笔拨款，后者在协会通讯上连续三期发表了以"博物馆中的科学学习研究纵横"为题的系列文章。
1990——伦敦帝国学院设立了第一个公众理解科学方面的教授职位。
1991——《国际科学教育杂志》（*An International Journal of Science Education*）关于非正式科学学习的专刊出版。
1992——《公众理解科学》（*Public Understanging of Science*）杂志创刊。
1994——国家科学基金会资助进行的一次会议，导致《为了个性化学习的公共机构：建立研究议程》（Falk and Dierking，1995）的出版。
1996——由一个联邦机构联盟资助的首个大型非正式学习研究基金被授予"博物馆学习合作"项目。
1997——《科学教育》（*Science Education*）杂志的一期关于非正式科学学习的专刊发行。

1998——国家科学基金会资助的一次会议之后《自由选择的科学教育：我们如何在校外学习科学》（Falk，2001）出版。

2000——国家科学基金会资助的一次会议之后《博物馆中以物品为中心的学习观》（Paris，2002）一书出版。

2001——“非正式学习和学校研究中心”创建。

2002——《科学教学研究》（A Journal of *Research on Science Teaching*）关于非正式科学学习的一期专刊发行。

2002——俄勒冈州立大学科学学院的科学和数学教育专业，新增自由选择/非正式学习作为研究生的一个研究方向。

2004——“倡导学习创新：原则与实践”会议召开。会议成果包括：会前的《科学教育》增刊，会后网上出版《洞察力》，以及一本会后的非正式科学学习编著。

2004——“非正式和正式环境中的学习研究中心”成立。

2005——非正式学习的官方网站（http：//www. informalscience. org）开始运行，旨在分享非正式科学学习环境的评估和研究成果。

2008——国家科学基金会发布《非正式科学教育项目的影响力评价框架》。

新近，一些原本主要关注学校的教育研究组织，都增加了致力于非正式学习和非正式科学的特殊兴趣小组。许多同行评审的期刊增加了有关非正式科学学习的专辑，而《科学教育》杂志则是新增了一个非正式学习的栏目。与此同时还出现了新的期刊如《公众理解科学》与《科学传播》。此外，非正式科学学习环境的研究和评价成果越来越方便通过网站访取，如 informalscience. org；试图对研究与评价进行探索并将它们结合起来的设定研究进程的活动也出现了（Royal Society，1985；Irwin and Wynnetranspired，1996）；国家科学基金会发表了一个框架来评价这些研究的影响（Friedman，2008）。

对共同框架的需要

随着对非正式环境下的科学学习的兴趣不断增长，各种场所、实践者与研究者的多样化，研究文献的发展呈现出凌乱与不平衡的特征。造成研究轨迹离散、分歧的因素可能有如下几点。

首先，学校与非正式环境的科学学习之间的关系一直不明确、有争议，阻碍了对这些场境中学习的各种理解的整合。换言之，对学校科学学习的研究很少以非正式场境中的科学学习的研究结论为基础，反之亦然。

第二，非正式环境下科学学习的目标是多元化的。经过设计的环境过去一直侧重于吸引观众并保持其参与其中，但其经验的形成往往不是以学习为依据的（Commission on Museums for a New Century，1984；Rockman et al.，2007）。课后项目的设计目标，传统上把重点放在为孩子们在放学后提供一个安全和健康的环境。这些项目的目标由传统上资助他们的机构所主导，只是到了最近才从越来越关注学习结果的各界得到较大的支持。

第三，由于许多研究领域都介入了这项工作，因此，非正式科学学习的研究基础反映了不甚关联的各个领域的不同兴趣、不同问题和不同方法。对于科学与公众关系的历史社会学研究，很大程度上聚焦于制度问题，并没有注意到学习。人类学和心理学倾向于探索学习，而非探索教育设计。关于博物馆、动物园、图书馆、媒体和各种项目的很多经验证据来自于观众研究，这些证据可能涉及学习结果、人口统计学状况和观众行为分析。其评估通常证明了某具体的项目、广播节目或展览是如何支持学习的。但是，这项工作的理论基础可能不甚明确，从而导致非正式科学教育的普遍意义通常难以辨别。此外，习惯于课堂场境研究的教育工作者、研究人员和决策者们，可能倾向于依赖那些并不适用于非正式场境的学习测量方式。教育研究人员、心理学家、人类学家、实践者以及评价者都对非正式科学学习感兴趣，但他们往往以截然不同的方式探讨这些兴趣，并参与到截然不同且往往互不联系的探究共同体中。

第四，随着提供给非正式环境下科学学习的资助不断增长，关于投资和资源的责任管理以及在教育基础结构中这种管理的作用等方面的问题也在不断增长。在一个问责制普及的时代，投资越大，所导致的对非正式场境中的科学学习经验是否以及如何达到目标的审计责任也就越大。经过设计的空间、课后项目和服务于非正式科学学习终端的媒体，现在都面临着如何证明它们产生了早就假设的那些影响。

此外，这一领域的探究必须驾驭好研究和实践之间不确定的关系。这在日常学习领域的研究里可能是最明显的，因为日常学习与科学学习理论基础之间的联系就是不清晰的。日常学习，即人们通过参与日常生活的活动而学到东西，尽管家庭不是制度化学习机构，但是日常学习对于科学学习却是至关重要的。

第五，媒体和信息技术增加了研究者和实践者必须应对的许多更为激动人心的发展动力。无线技术的发展，互联网的扩大，博客和维基百科的出现以及游戏和模拟的增长，改变了人们访问和接触科学信息的方式。新媒体可能会促进科学知识的传播，但也引发一些应该如何以及何时利用媒体学习科学的问题。以网络游戏为例：这是一个双向的媒介（用户既是信息的接收者也是发送者），它允许多方参与（即游戏可以使人们以自己喜欢的方式参与进来，而不管是什么方式），而且作为一个网络化的环境，它可以使很多用户的微小努力产生巨大影响。从一种重要的意义上来说，游戏的这些设计特征与非正式学习的理念产生共鸣，值得更多的关注和研究。

尽管各种新媒体使得非科学家们获得科学信息更加容易了——例如，通过大学的网站和政府文献中心——但是，与此同时它们还为未经核实的信息、不准确的解释、推测性的理论，有时甚至是完全欺骗性的论断提供了平台。在很多情形下，信息搜寻者可能没有工具来区分可用信息的来源。媒体提供的可能性是令人兴奋的，但是，非正式学习环境下的研究人员和从业人员跟上媒体和技术发展的步伐的能力却仍然是不确定的。

研究视角、研究方法和研究问题的多元性，是任何研究领域的健康发展所必需的。然而，用于描绘这项工作中至关重要的场境、目标、实践和技术的共同语言和共同概念架构，对于搭建研究和实践的大厦来说是必要的。研究人员可以从共同的概念架构和语言中受益，因为它们能使自己的工作与同辈及前人的工作清晰地联系起来，并建立在后者的基础上，从而指导自己的工作。实践者能够受益于共同的语言和概念架构，是因为它们促进明确的沟通，这对发展强有力的和动态发展的专业文化至关重要。领域自身能够受益，因为共同的概念架构为外行和新手确定了该领域的使命、核心实践与知识。许多组织和个人，包括慈善机构、政府机构和志愿者，均对非正式环境下的科学学习感兴趣。他们需要对该领域有足够的了解，从而开展工作，支持优质的努力，并评价其对社会的整体价值。

明确的、共同的概念架构和语言是否能够确定下来？非正式环境下科学学习的目标是什么？跨场境学习的支点是什么？学校中的科学学习和非学校场境中的科学学习之间存在怎样的关系？让教育工作者服务于不同观众的策略是什么？日常学习的影响如何解释，可以如何体现在教育实践中？数字媒体时代能否改善科学学习？种种问题推动了本报告的诞生。

报告简介

在国家科学基金会的支持下，国家研究理事会成立了非正式环境下科学学习委员会来进行这项研究。为了反映不同的视角和项目的广度，该委员会14名成员包括研究和评估、展览设计、终生发展、日常学习、科学教育、认知与学习，以及公众的科学理解领域的诸位专家。此外，委员会成员的构成还考虑到了不同场所中的经验与知识的平衡，这些场所包括非正式科学博物馆、课后项目、科学和技术中心、图书馆、媒体企业、水族馆、动物园和植物园等。

委员会的责任

本研究的设计，旨在描述关于非正式环境下科学学习的知识的状况，解释那些得到证据支持的观点，阐明面向下一代研究的共同框架，为实践共同体提供指导。该报告涵盖了对博物馆、课后项目、社区组织、评价者、研究人员和家长来说感兴趣的问题。委员会的工作指向以下目标：

- 从形成这一领域的多种信息资源中，综合和提炼重要的见解。这些信息资源涉及评估研究、研究活动、观众研究和调查机制。
- 为评估者、实践者以及研究者提供对上述综合性研究的分析，逐步找出科学学习共同的定义和指导性认识论究竟在哪里。
- 为决策者以及科学界、学术界及其他对非正式教育感兴趣的人提供关于本研究的一个清晰的、可信的、基于研究的概览。
- 在当前知识框架的状况及其应用的基础上，通过确定一个未来的研究议程，来引导今后的研究、评估和教育需求。

委员会的责任是要回应案例1-3中呈现的7项具体问题。本报告发布之后，美国科学院出版社（National Academies Press）计划出版一本单行本。根据本报告的结论和建议，该书将着重向实践者读者解释研究基础。关于该书的更多信息，请登录http：//www7. nationalacademies. org/bose/LSIEP_Homepage. html。

案例 1 – 3

委员会的责任

1. 非正式科学研究特有的理论观点、假设和结果的范围是什么？

2. 正式和非正式科学教育环境之间共享的假设、认识论和科学学习模式是什么？非正式的科学理解和实践在不同的共同体中有什么不同？

3. 有什么证据可以证明，参与非正式科学学习活动的人在这些场境中学会了概念、思维方式、实践、态度以及审美鉴赏？怎样的非正式学习环境为当前科学议题和问题（如全球变暖）的学习提供最好支持？相对于一系列习得的能力和学习结果而言，有效的非正式科学学习环境的组织特征、社会特征和情感特征是什么？

4. 非正式环境会产生一些独特的学习成果吗？例如，是否有证据表明，非正式学习环境能够为那些在学校科学教育中成绩较差的群体提供学习的支持？

5. 我们对科学学习的历时性和跨境脉的累积效应了解多少？学习者（年轻人、中年人、青少年、老年人等）是如何利用非正式科学学习的机会的？这些机会是如何影响学生的？非正式学习经验的设计适合个体的发展轨迹吗？

6. 这一领域内的实践者需要什么样的信息？学术界需要什么样的信息，以寻求建立和扩大相关领域的高级研究或研究生学习？决策者又需要什么样的信息，对政策来施加影响，从而将非正式环境纳入到指导教育的立法范畴内？

7. 未来研究的有前途的方向是什么？能不能发展出串联起多种文献的共同框架？如果能，它们会是什么样子？

方法和范围

委员会通过一个循环迭代过程开展工作，即收集信息、研讨信息、找出空缺与问题，进一步收集信息来填补这些空白，并进行深一层的讨论。在相关信息的搜索过程中，我们举行了四次公开的调研会议，梳理出版和尚未出版的研究报告和评估结果，并邀请九名专家撰写并提交论文。在第五次会议上，委员会认真分析了各种发现并对结论展开讨论。我们尤其关注识别以对证据的系统收集和解释为特征的大量研究，找出这些研究文献彼此关联的方式。借鉴过的一些文献包括以下几个方面：

- 校外的和自由选择的学习项目
- 多样性和学习
- 借助媒体学习
- 博物馆和其他经过设计的环境下的学习
- 学习的本质
- 日常学习和家庭学习

尽管许多致力于非正式科学学习的项目和计划已经成为正式评估的对象，且评估实施往往严格而又证据翔实，但委员会还是广泛吸收了在传统的、同行评审的学术出版物中没有出现过的证据。适当的时候，以及有足够的细节证明材料的证据价值时，我们就吸收这种评估文献。

在第一次会议上，委员会与国家科学基金会代表讨论了责任，并听取一个研究小组关于非正式科学领域学习的发展现状的意见。这次会议主要是为了在研究开始时给委员会成员提供一个明确责任的机会，并先从资深的非正式科学教育工作者、研究者和评估者那里吸收信息。

第二次会议的主要目的是为委员会提供关于学习理论方面的信息，来指导非正式学习环境的创建以及了解这些环境如何能够服务于那些边缘群体或被忽视群体。在第三次会议上，委员会听取了发生在各种非正式场所中的科学学习的有关证据和紧迫的政策问题。在这次会议上，委员会确定了七个议题，这些议题需要对非正式环境下的科学学习有研究兴趣的各路专家进行集中的文献研究。这些议题成为委托论文的重点。在第四次会议上，公共讨论主要关注的是为支持委员会工作而准备的论文进展状况以及国家科学基金会与此项目有关的组织结构。第五次会议着手处理委员会对报告的审议。

本报告最初考虑，对人们生活中非正式环境下的学习方式以及学习结果的证据情况进行描绘。然而，范围过大、相关文献离散以及大量非公开信息等因素，妨碍了我们对这个专题的所有文献进行深入分析。因此，有些相关文献在本研究中并没有得到考虑或只是浅尝辄止，其中包括成年员工的学习，把教室也看做一种非正式学习场所的研究，基于媒体的健康干预措施（如公众健康运动及其国际发展中的情况）等。

报告的重点

本报告致力于为与科学学习的非正式环境有关的广泛而多元的研究领域提出一个共同的分析框架。在此之前，综合分析文献、辨别已知和未知的努力相当罕见。要影响研究从而改进实践以及对哪些问题需要优先研究作出策略抉择，关键在于研究的综合。在综合此项工作的努力中，一个复杂的因素就是证据基础反映了证据的多样性，并反映出一系列的学科和观点，包括田野研究、评估、观众研究、设计研究以及传统上对学习的实验心理学研究等。这些研究的目的，它们关于学习的概念和目标，以及它们使用的方法和测量手段千差万别。因此，缺乏针对性的、系统性的和有效的知识积累的基础，很难改进研究并很难去指导政策和实践。

提出一个框架的必要步骤，是明确界定什么是非正式环境下的学习。非正式学习机构的运行通常没有强迫参与的权限，它们也不单单关注提高儿童的科学素养。委员会提出的科学学习模型，特别强调提供科学入门和对科学的持续参与，这正反映了非正式学习的主张；同时，模型关注非正式科学学习环境在支持广泛的科学学习结果和相关机构参与者交叉发挥作用的潜力。我们采用学习的广义概念，建立了一套连贯的共同目标，阐明所涉及的各种研究基础的独特优势，并肯定了非正式学习环境和 K－12 学校可以相互补充的方式。

如上所述，本报告考察了极其广泛和多样化的文献资料，因此委员会需要决定如何将调研过程聚焦并限定范围，从而在可用资源基础上完成计划。在本研究中，因为目前很少有综合性的工作如手册章节和委托研究综述等可用资源，因此，设法对调研进行限制尤为重要。相应地，本书中反映的文献主要来源于北美出版物。委员会承认世界其他地区也有高质量的研究文献，但由于时间和资源有限，我们选择使用那些美国读者最熟悉的文献。当使用国际性研究报告时，要么是由于这些报告在北美的背景下影响巨大，要么是由于其涉及委员会无力解决的重要话题。此外，本报告重点反映的是过去 20 年的研究成果，这 20 年里，关于学习的社会文化理论和认知理论被广为接受。

报告的组织

本报告分为四个部分。第一部分是整个报告的基础，从本章开始。第二章描述了指导非正式环境下的科学学习的实践与研究的理论框架。第三章阐述了参与这些场境中的预期学习结果，也就是我们所说的科学学习的诸方面。此外，本章还对研究这些学习结果以及它们在非正式场境中的发展所涉及的适当方法和技术给予了指导。

第二部分具体描述了非正式环境下从事科学学习的各种场所。各章的重点分别是日常学习环境（第四章）、经过设计的学习环境（第五章）和科学学习项目（第六章）。每一章都包括了讨论这些环境的界定，它们如何支持科学学习以及它们对科学学习结果的影响。第三部分探讨的主题是跨场所和非正式科学学习的不同构型，第七章重点关注多样性和平等性，第八章关注媒体。第四部分即最后一章，是委员会关于非正式环境下的科学学习的研究结论以及对实践和未来研究的建议。

参考文献

American Association for the Advancement of Science. (1993). *Benchmarks for science literacy*. New York: Oxford University Press.

Anderson, D. (2003). Visitors' long-term memories of world expositions. *Curator, 46*(4), 400-420.

Anderson, D., and Shimizu, H. (2007). Factors shaping vividness of memory episodes: Visitors' long-term memories of the 1970 Japan world exposition. *Memory, 15*(2), 177-191.

Anderson, D., Storksdieck, M., and Spock, M. (2007). The long-term impacts of museum experiences. In J. Falk, L. Dierking, and S. Foutz (Eds.), *In principle, in practice: New perspectives on museums as learning institutions* (pp. 197-215). Walnut Creek, CA: AltaMira Press.

Center on Education Policy. (2008). *Instructional time in elementary schools: A closer look at changes for specific subjects*. Washington, DC: Author.

Commission on Museums for a New Century. (1984). *Museums for a new century*. Washington, DC: American Association of Museums.

Conn, S. (1998). *Museums and American intellectual life, 1876-1926*. Chicago: University of Chicago Press.

Falk, J.H. (2001). *Free-choice science education: How we learn science outside of school*. New York: Teachers College Press.

Falk, J.H., and Dierking, L.D. (Eds.). (1995). *Public institutions for personal learning: Establishing a research agenda*. Washington, DC: American Association of Museums.

Falk, J.H., and Dierking, L.D. (2000). *Learning from museums: Visitor experiences and the making of meaning*. Walnut Creek, CA: AltaMira Press.

Friedman, A. (Ed.). (2008). *Framework for evaluating impacts of informal science education projects*. Washington, DC: National Science Foundation.

Griffin, J. (1998). *School-museum integrated learning experiences in science: A learning journey*. Unpublished doctoral dissertation, University of Technology, Sydney.

Hopp, R. (1998). Experiencing Elderhostel as lifelong learners. *Journal of Physical Education, Recreation & Dance, 69*(4), 27, 31.

Irwin, A., and Wynne, B. (Eds.). (1996). *Misunderstanding science? The public reconstruction of science and technology*. New York: Cambridge University Press.

Jackson, P.W. (1968). Life in classrooms. In A. Pollard and J. Bourne (Eds.), *Teaching and learning in the primary school*. New York: RoutledgeFalmer.

Learning Point Associates. (2006). *21st century community learning centers (21st CCLC) analytic support for evaluation and program monitoring: An overview of the 21st CCLC program: 2004-05*. Naperville, IL: Author.

Lemke, J.L. (1992). *The missing context in science education: Science*. Paper presented at the Annual Meeting of the American Education Research Association Conference, San Francisco.

Lewenstein, B.V. (1992). The meaning of "public understanding of science" in the United States after World War II. *Public Understanding of Science, 1*(1), 45-68.

Lewenstein, B.V. (1994). A survey of public communication of science and technology activities in the United States. In B. Schiele (Ed.), *When science becomes culture: World survey of scientific culture* (pp. 119-178). Boucherville, Quebec: University of Ottawa Press.

National Research Council. (1996). *National science education standards*. National Committee on Science Education Standards and Assessment. Washington, DC: National Academy Press.

National Science Board. (2007). Science, technology, engineering, and mathematics (STEM) education issues and legislative options. In R. Nata (Ed.), *Progress in education* (vol. 14, pp. 161-189). Washington, DC: Author.

Neulight, N., Kafai, Y.B., Kao, L., Foley, B., and Galas, C. (2007). Children's participation in a virtual epidemic in the science classroom: Making connections to natural infectious diseases. *Journal of Science Education and Technology, 16*(1), 47-58.

Newton, P., Driver, R., and Osborne, J. (1999). The place of argumentation in the pedagogy of school science. *International Journal of Science Education, 21*(5), 553-576.

Paris, S. (2002). *Perspectives on object-centered learning in museums*. Mahwah, NJ: Lawrence Earlbaum Associates.

Ray, A.G. (2005). *The lyceum and public culture in the nineteenth century United States*. East Lansing: Michigan State University Press.

Rockman Et Al. (2007). *Media-based learning science in informal environments*. Paper commissioned for the National Research Council's Committee on Learning Science in Informal Environments, Washington, DC. Available: http://www7.nationalacademies.org/bose/Learning_Science_in_Informal_Environments_Commissioned_Papers.html [accessed November 18, 2008].

Royal Society. (1985). *The public understanding of science*. London: Author.

Rudolph, J.L. (2002). *Scientists in the classroom: The cold war reconstruction of American science education*. New York: Pelgrave.

Schiele, B. (Ed.). (1994). *When science becomes culture: World survey of scientific culture* (Proceedings I). Boucherville, Quebec: University of Ottawa Press.

Sosniak, L. (2001). The 9% challenge: Education in school and society. *Teachers College Record, 103*, 15.

U.S. Department of Education. (2007). *Report of the Academic Competitiveness Council.* Washington, DC: Author.

Ziman, J. (1991). Public understanding of science. *Science, Technology and Human Values, 16*(1 Winter), 99-105.

第二章
理论观点

关于学习的公开讨论，常常聚焦于与学校教育相关的经验和结果上。然而，狭隘地看待传统学业活动和学习结果，这已经从根本上与个体跨越多种社会场境学习的观点相背离，这些场境包括：在家庭中，在与朋友相处时，在参观博物馆时，在他们可能经历的所有地方以及可能从事的各种活动中。儿童花费在追求他们自己选择的爱好——诸如搭建、探索和游戏等活动中的时间——常常为他们提供了与科学过程和科学理解相关的经验和技能。成人需要保持自己的健康，他们常常要从大量信息来源中学会管理好自己的身体状况。家长带着孩子们参观科学中心、动物园和博物馆时，他们参与到探究和意义建构的活动中。由语言和文化的纽带所界定的共同体维护着与科学相关的实践，并将他们的孩子社会化到共同体自身的规范、技能、态度、知识和价值系统中，这些都是他们的日常活动和习俗的一部分。

对于所有这些活动，学习结果的范围远远超越了通常学校学习所强调的概念知识。在各种非正式场境中，学习者可以发展知觉、兴趣、动机、社会能力和实践。他们可以增长知识，培养思维习惯，形成身份认同，将自己置于越学越感兴趣的一条轨迹上。

经验、能力、倾向和新的学习机会不断联结起来，这将持续贯穿人的一生。儿童早期经验的重要影响越来越得到重视，因为它提供了特定学科学习的基础（National Research Council，2007）。随着人口老龄化，理解科学学习在成人生活（包括老人生活）中的作用也不断加强，变得越来越需要。

非正式教育共同体追求广泛的学习效果。在努力发展一个广博的学习概念的过程中，终生学习、广泛学习和深入学习的观念已经颇具影响力，这一广博的学习概念把与人的学习是如何历时一生、跨越各种社会场境并与主流文化影响发生关联紧密地结合起来（Banks et al，2007）。

终生学习是一个熟悉的概念，它指的是在贯穿一生的过程中获取基本的技能与态度和有效运用信息的能力，而人的发展性需求和兴趣在不同的人生阶段是不断变化的。一般来说，学习者喜欢搜寻信息和学会做事的方法，其驱动力源自他们自身的兴趣、需求、好奇心、愉悦，源自他们感到自己拥有与某些任务和挑战相关的天赋的那种感觉。

广泛学习指的是人们日常生活中穿越在广泛的社会场境和活动之间时所发生的学习，这些场境和活动包括：教室、课后活动、非正式教育机构、各种网上场合、家庭以及其他社区场所。学习，来自于宽广的人生经历，来自于提供给个体或群体的有关学习支持和各种学习机会，学习发生的方式，既可以是随意的，也可以是模式化的。学习者所置身于的各种场境和活动，其教育与发展的潜在假设和目标是不同的，学习者需要了解如何驾驭它们。

深入学习，指形成与现实生活相关联的信念、思想和价值观，并参与到共同体和更广泛社会的文化工作中。这种学习是对道德的、伦理的、宗教的和社会的价值观的深入思考，这些价值观指导人们的信仰、行动方式和对自己与他人的判断。深入学习强调的是，学习从来不是一种脱离文化的努力。

终生学习、广泛学习以及深入学习这些概念综合起来，有助于我们开始重视人类学习的广度，开始强调非正式场境的广泛影响。图 2－1 是一个概念性的图示，描述了在正式和非正式学习环境下的终生学习和广泛学习的普遍性。尽管对于个体而言存在很大的差异性，但是图 2－1 对人们一生中通常花费在非正式（非学校）学习环境下的时间量做了一个粗略的估计。另外，除了考虑学习是如何在某些特定的非正式场境中完成的，我们还考虑到学习是如何跨越多种场境中完成的——包括跨越不断转换的物质和社会资源、人们分享和应用知识的多种方式，参与到各种各样的社会集团中以及受到不断发展的目标和期望的影响。

终生学习、广泛学习和深入学习的思想，显示出委员会履行责任的方向。我们因此研究了大量我们称之为场所和构型的地方与社会场境。我们界定了一套广泛的、重要的学习效果，考察了与每一个学习效果相关的证据。最终，我们考察了涉及从儿童到老年人的所有年龄段的学习者的研究结果。

本章中我们先讨论一些关于学习的一般理论观点，探索学习研究的一些主要框架是如何运用在非正式环境下学习的研究之中的。我们接着描述了一个学习的生态模型，该模型提供了多元透镜，用来综合人在穿越各种非正式环境时是如何学习的。从这个生态观出发，我们界定了学习的场所和构型，界定了统领本书其余部分结构的科学学习的六个方面。

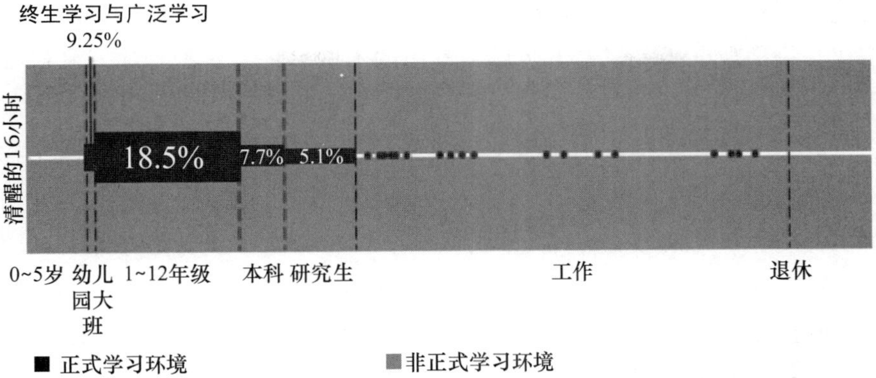

图 2-1 终生学习与广泛学习

注：本图显示，人们将一生中的清醒时间分配给正式教育环境与其他活动中的相对比例。计算的基础是，关于人们在一生中的不同阶段上花费于正式教学环境下的时间的有效统计。本图最初是由里德·史蒂文斯（Reed Stevens）和约翰·布兰斯福德（John Bransford）所构想，来代表非正式学习与正式学习环境中心（Learning in Informal and Formal Environments Center，LIFE Center）所研究的学习环境的范围。里德·史蒂文斯作图表设计、文字说明和计算，安妮·史蒂文斯（Anne Stevens）在图表设计、内森·帕勒姆（Nathan Parham）在计算上给予了重要帮助。

来源：史蒂文斯（日期不明）

知识和学习的整合观点

对非正式环境下科学学习的研究，反映出指导研究的关于学习的多元理论观点。在一个多世纪之前，科学家开始以比较系统的方式来研究思维和学习，跨出了迈向今天我们称之为认知科学的早期的步伐。在 20 世纪最初的二三十年里，研究者们重点探索一般智力能力的本质以及其在人群中的分布这样的问题。20 世纪 30 年代，研究者开始重视这样的问题：控制学习中的刺激-反应联结的法则是什么。从 20 世纪 60 年代开始，随着语言学、计算机科学和神经科学提供了关于人类发展的挑战性的新观点，提供了观察行为和脑功能的行之有效的新技术，学习领域也随之有了多种进展。

其结果是在过去 40 年中，有关思维与脑的科学研究喷涌而出——有人将其命名为“认知革命”。研究者们掌握了越来越多、越来越丰富的各种证据，从而对早期的理论进行了精炼，发展了解释认识与学习性质的新理论。关于人类思维本质的三种理论观点对学习研究、最终对教育产生了特别的影响：

行为主义理论、认知理论和社会文化理论。这些观点的相关影响随时间而发生变化。每种观点都强调关于认识和学习的不同特征，对教育实践和研究具有不同意义（Greeno，Collins，and Resnick，in press）。

行为主义把知识描述为刺激－反应联结的有组织的积累，这些联结构成了技能的元素（Thorndike，1931）。人们通过获得简单技能而学习，这些简单技能组合而产生比较复杂的行为。奖赏、惩罚和其他（主要是外部的）因素使人们定向处理情境的某些相关方面，促进形成新的联结和技能。相反，认知理论则重点研究人们如何发展、转化和应用与现存经验相关的知识的结构，包括与学科内容知识（或领域知识）相关的概念以及推理和解决问题的程序。认知理论的一个主要信念是，学习者通过尝试把新的信息与先前知识联系起来，积极地建构他们自己的理解。这一理论方向大体上把研究重点放在个体思维和学习上。社会文化理论建立在认知观的基础上，但是强调人类发展的文化起源，探索个体的发展是如何通过他们参与文化实践进行而实现的（e. g. ，Cole，1996；Heath，1983；Rogoff，2003）。这种观点认为，个体参与特定的共同体所重视的实践并在其中逐渐熟练起来，在此过程中发展特定的技能、责任承担、知识和身份认同。

从教育实践的视角来看，在认知观和社会文化观之间存在相互补充。认知观的兴趣在于描述个体知识结构的特征，因此能够帮助教育者识别一个学习者对某一领域究竟理解了什么。这对判断从哪里以及如何开始激发学习者使之参与学习以及哪些方面的理解需要教学的支持是十分重要的。同样，社会文化观能够引导教育者关注对学习十分重要的参与模式及其相关的价值系统。这些包括分析某一领域的专家实践，比如科学家之间如何彼此交流思想；或者分析使学习者感到适宜的或文化上很重要的参与模式是什么（如，学习者如何学会与他人交流）。确认学习者的实践与重要领域的实践之间的共同基础，可能是一条通向学习者经验的有效之路，这种经验将引导学习者深入理解和掌握领域知识。例如，个体学习通过做手工、运用有助于表征自然世界的标记或刻画的方式来进行科学推理。手工制作这些形式的刻画，可以被看做是置身于一种特定的（甚至是独特的）实践——创造表征和模型——而学生在这一实践中需要逐渐成为内行。

所有这三种理论，都已对支持科学学习的非正式环境的设计产生了一定的影响。其结果是，大量理论观点在研究中各自为政，没有得到很好的整合。这种局面制约了非正式环境中科学学习的研究作为一个领域来发挥作用。在案例2－1中我们描绘了有关非正式环境中科学学习的观点的一些例子。我们注意到，它们大多数都采取认知的和社会文化的传统而非行为主义传统。另外，案例2－1中的内容意在说明观点的广度，而非穷尽所有的观点。

案例2－1

有关科学学习的非正式环境的各种观点

在非正式场境中理解、界定或评价科学学习方面，已经提出许多观点。大多数观点试图提供衡量学习结果的一个宽泛框架，同时又与非正式环境下学习的本质相兼容。这些框架，或者以认知的和社会文化的理论为基础，或者按照认知的和社会文化的理论而搭建。

"学习的境脉模式"（Falk and Dierking，2000），是一个理解非正式学习或自由选择学习的一个总括性框架（Falk and Storksdieck，2005，关于该模型的应用及其量化有效性）。模型的重点是个人的、社会文化的和物理的共12个重要的学习维度。模型强调了观众的参观安排、个人动机、学习的社会文化本质、物理境脉的重要性以及长期的结果。

"多元身份框架"建立在情境认知的基础上，探索到底什么因素决定着一个人想要成为某种人或不想成为某种人；什么因素促使人参与到特定的活动中，从而使之成为与特定身份认同相关的共同体成员。该框架已经用于考察投身于科学与工程领域的女性以及工作场境中的种族和性别问题（Tate and Linn，2005；Packard，2003）。

"第三空间"是一个借用到非学校学习领域的理论建构（比如Gutiérrez，2008；Eisenhart and Edwards，2004）。第三空间外在于两个通常的现存范畴：家庭与工作，对儿童而言是家庭与学校。例如，对于远程工作者而言，他们在一家咖啡店里工作了一天，那么这个咖啡店就可以被理解为一个第三空间。第三空间是那些参与者的日常和技术的（或科学的）语言与经验相互交织的地方，可以成为吸引非正式学习的场所。

"情境化的/扮演的身份"（Falk，2006；Rounds，2006），着重于观众期望和观众就其真实而潜在的兴趣而安排的参观议程，这种兴趣与观众在参观或自由选择的学习经验中的扮演身份紧密关联。这一框架建立在大量的文献研究基础上，这些文献认为，观众在出场时的叙述，是理解源于非正式学习经验的动机与学习的重要因素。

家庭学习，尽管不是一个专门的理论框架，但却是重构非正式学习经验，将观察视角从单一的个体转到学习性群体（比如从儿童转到整个家庭）的一个重要途径（Bell，Bricker，Lee，Reeve，and Zimmerman，2006；Ellenbogen，Luke，and Dierking，2004；Astor-Jack，Whaley，Dierking，Perry，and Garibay，2007；Ash，2003；Crowley and Galco，2001；Ellenbogen，2002，2003；Borun et al.，1998）。在这种背景下，学习被界定为“在儿童和对其有影响的成人所构成的代际群体中，一种共同的、协作性的努力。”学习结果包括：学习科学的概念、态度和行为，了解他人和其他群体成员以及塑造和强化个人的和集体的身份认同。家庭学习的分析方式源于社会文化理论，目前作为一种转换性思路，推动一些博物馆和科学中心重新定位他们的使命、教育策略和经验。

其他观点已经用于非正式环境中的学习的评估研究。

“实践共同体”（see also Lave and Wenger，1991）是一个指导发展与评价的框架，主要是针对基于共同体的学习和专业发展计划。该框架深刻洞见参与者从科学新手（科学共同体的边缘成员）发展到比较积极的和核心的成员的轨迹，他们在这条轨迹上参与到真实性科学中，有时甚至与科学家、工程师和技师一起参与到类似学徒制的活动中。

“积极的青年发展与可能自我”框架主要用于评价青年项目（Koke and Dierking，2007；Luke，Stein，Kessler，and Dierking，2007）。它们来源于社会文化理论，提出青年具有更广泛的发展性需要，而传统的基于缺陷的模式单单着重于青年性问题，比如药物滥用、行为失调、犯罪与反社会行为、学业失败以及少女怀孕等，“积极的青年发展”描述了成功的青年项目所培养的积极发展的青年的六个特征：认知与行为胜任力、自信心、积极的社会关系、个性、关爱（或同情）与贡献，这些特征面向个人、家庭、社区，最终面向公民社会。“可能自我”（Stake and Mares，2005）主张，个体对当前的机会与想象中的未来机会的知觉，充当着他们当前与任务有关的思维、态度和行为的促进者与组织者，从而“把当前的具体计划与行动和未来期望的目标联结起来”。

理解跨场所、跨活动学习的生态学框架

一种包容性的理论或一套补充性观点，如果能够通过经验验证而得以精炼，则可以有助于整合当前运用的一系列理论和框架（如案例 2 - 1 中所提到的），有助于生成核心的研究问题。沿着这条路线，我们提出一种“场所和活动中学习的生态学框架”，意在突出认知的、社会的和文化的学习过程与结果，这种学习过程和结果被特定场境的独特特征、学习者动机与背景以及相关联的学习期望所塑造。在这里，术语“生态的”指的是个体与他们所置身于的物质和社会环境之间的关系，特别关注支持学习的各种关系。该框架主要吸收了认知的和社会文化的理论。

我们的提议与其他运用生态观来思考人类发展与学习，从而顺应广泛的学科观念以及全球化社会中生活经验多样化的需要是一致的（Barron，2006；Lee，2008）。它建立在人类发展的生态本质的学术传统上。人们早已认识到这种传统，并认为它对源于个人经验的学习和发展产生了深远的影响，这种个人经验跨越了无数制度化境脉与社会小生境（niche）（家庭、学校、游乐场、同伴、邻居、媒体等）（Bronfenbrenner，1977）。

在此生态学框架内，我们描述了在所有学习过程中都确定无疑的学习的三个横截面特征：人、场所与文化。把每个特征作为一个透镜来考察学习环境，使我们能够梳理出学习过程中起作用的多种因素，更好地识别促进学习的潜在支点。

以人为中心的透镜

这一透镜清晰解释了与非正式环境下的科学学习目标及结果相关的心理学现象，包括：兴趣与动机的发展、知识、情感反应以及身份认同。在以人为中心的理论框架中，有关原则已经被《人是如何学习的》（National Research Council，1999）所囊括。这些原则包括先前知识对学习的影响，专家如何区别于新手，元认知的重要性等。其他原则突出了拥有一些经验对学习的益处：为个体提供积极情感的经验；有助于识别可追求的个人兴趣、动机和身份认同的经验等。

从儿童早期开始，人就发展了关于世界的直觉性的概念，把先前知识带入几乎所有的学习努力中。儿童和成人解释与倾听他人解释，月亮为什么有时候会消失，季节如何交替更换，为什么物体会下落、反弹、破裂或弯曲。有意思的是，这些观念是在没有教学的情况下发展起来的，而且常常是默会的（个体可能意识不到自己拥有的观念）。然而，这些观念常常影响着行为，

在有意识的学习和教育行动中发挥作用。因此，思考非正式科学学习的一个主要意义是，学习者是怎么理解这个世界的，这与我们希望他们通过特定的经历来学习的东西，可能是同样重要的。因而，教学的努力应当不仅仅是关于知识系统的抽象如科学概念，还应当帮助学习者意识到并表达出他们自己的观念，给予他们赖以建构新知或者挑战他们的直觉观念的新信息和模型。

一个特定领域的专家，是那些对世界的认识很深入且这些认识间的关联很丰富的人。他们不仅仅是优秀的思考者或确实很聪慧。新手也不是差劲的思考者或不聪慧。而是说，专家拥有一个具体领域的知识——精通棋艺、擅长化学或网球等——但专家不是指样样通的多面手。与那些人们一度相信的观点相比，我们更相信：专家识别问题、生成解决方案的能力与他们所了解的东西紧密关联（National Research Council，2007）。与此同时，专长不仅仅是“一堆事实”，专家的知识存在于有组织的、区分清晰的结构中，专家借助于这些结构工作，并自如地运用专长。研究已经证实了，专长发展是从儿童时代通过与家庭成员、媒体资源和独特的教育经历之间的非正式交互而开始的（Crowley and Jacobs，2002；Reeve and Bell，in press）。

专家利用自己的知识从事工作，一种途径是通过元认知或者监控自己的思维。尽管研究者已经发现，请知识丰富的人在从事任务时大声说出他们的所思所想，可以有助于了解其思维，但是这一工作多数仍是在头脑中完成的，不能自然地能够让他人知晓。元认知，正如专长一样，是领域特定性的。那就是说，在一个特定的活动（如预测结果、做笔记）中运作的特定的元认知策略，可能在其他活动中不起作用。但是，元认知并不为专家所独有，它可以得到支持，可以被教会。因此，即便对参与到一个新的兴趣领域或话题来的儿童或老年新手而言，元认知也可以成为一个重要的控制自己学习的途径（National Research Council，1999）。于是，作为一种控制学习的途径，元认知在非正式场境中可能显得特别重要，因为在非正式场境中，学习是自定步调的，常常不受专家教师或设施提供者的推动。

在个体分析单元，以人为中心的分析可能聚焦于心智过程的细节和知识获得、情感反应或兴趣发展的证据。这种分析还关注作为更广的社会和文化过程的结果的个体变化。

重要的是要注意到，以人为中心的分析与认知观并不完全是一回事。尽管它们都是将个体作为分析单元，但是认知观考虑的是心理状态，而以人为中心的分析还考察人的社会行动、实践和情绪世界。因此，以人为中心的分析明显地存在社会文化观和认知观的双重影子。

非正式科学学习经验的许多设计方式，反映了一种以人或以个体为中心的学习方式。比如，许多博物馆经验的设计，就是将博物馆参观者的先前知识，与能够解释他们在展览或活动中所介入的自然现象的正式学科观念放在一起。这一设计方式，重点在于激发认知失调，被认为是有助于学习者质询自己的知识，更深入地重建这种知识，从而使其相似于问题所涉及的学科知识。

乔治·海因（George Hein，1998）所发展的一个框架，可以看做是以人为中心的范例。它为基于博物馆的和相似的学习经验进行分类，遵循的维度是这些经验支持或促进参与者的何种思维。海因的框架可以用一组正交轴线来图示（见图2－2）。竖线代表包含在展品或博物馆中的知识的理论（认识论）。它的变化范围是在唯实主义（世界独立存在于人关于世界的知识之外）与唯心主义（世界的知识仅仅存在于头脑中，并且不意指任何外在的世界）之间。横线表示代表学习的理论，它的变化范围介于传递模式与建构模式之间。这反映了一个从行为主义的信念（如知识是传递的）到认知观的各种变体（视知识是学习者建构的程度而定）之间的变化。

海因的简单图示可以用于将博物馆或展品的教学方式根据它们为观众提供

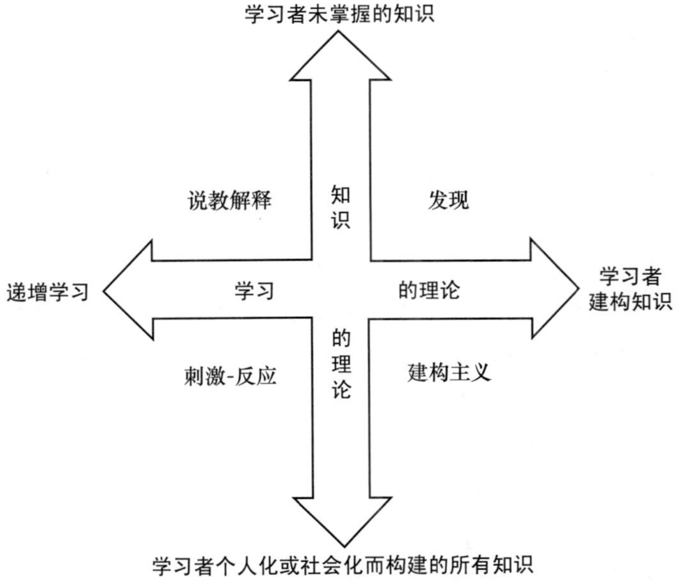

图2－2　教育理论

来源：Hein（1998）

的学习环境的类型，归类到四个象限中的一个。例如，象限 1 的经验是“直接灌输式教学”，假设科学知识应当作为事实的和确定的知识来传递，而学习者应当通过大量的知识而驱动（而非要求学习者思考和应用知识）。相反，象限 2 例示的是在一个“发现式博物馆”中的经验，学习者在其中通过与世界及其表征进行自主的交互而产生理解。在象限 3，例示的是“建构主义博物馆”，描摹了这样一种环境，个体在其中通过整合已有概念和新概念，赋予所学知识的个人意义，从而建构自己关于世界的知识。象限 4，海因指的是行为主义，将环境定义为学习者在其中通过掌握不断递增的知识“片段”来建立对于外部世界的知识。

以场所为中心的透镜

学习发生在具体的场所之内或之间，认识这一点很重要。社会文化观认为，与具体场所相关联的物理特征、可用材料以及典型活动，对学习过程和学习结果产生至关重要的影响。专家运用人工制品（如博物馆展品中的仪器，数据的科学表征）来对问题进行反应或完成人们参与的项目，这可以被视为有智慧的人类凭借自身力量获得成就表现的一个理想的形式（Hutchins，1995）。例如，研究者研究了与科学有关的兴趣是如何跨越不同物理环境、社会群体和业余天文学爱好者努力而得以追寻下去的（Azevedo，2004）。有些特定的工具（如望远镜，天文数据库等）、位置（如小山坡，天文爱好者的小组会议）以及活动（如进行观测、建立计算机模型），与在这些非正式环境和经验下的科学学习紧密相关。我们的分析以人工制品的使用为中心，这些分析总在学习和特定境脉的期望值之间进行；这种分析被认为是对人类学习、发展和表现的理论和经验所做思考的一种“实践转向”（Jessor，1996；Shweder，1996；Lave and Wenger，1991；Rogoff，2003）。这种从研究内部的、心智的学习结果向分析社会实践的转向，在科学研究文献中也十分明显——认为复杂的科学活动，是作为具体场所如实验室或野外中资源的特定安排的结果而发生或发展的（Latour and Woolgar，1986；Rouse，1999）。在这种观点中，材料和技术物件，包括数据的可视化表征和技术工具构成了基本资源，人们经由这些资源而个体地或集体地参与到学习活动中。

哈钦斯（Hutchins，1995，p. 62）如此总结了分布认知中人工制品的作用：“思维彼此交互而形成的群体思维的特征或个体思维与世界中的人工制品交互的特征，常常位于人类智慧表现的核心。”人与制品在塑造学习与思想的过程中的这种特有的交互，已经在聚焦于理解物理场境中人类活动的生态学研究中存在了很多年（Gibson，1986；Shaw，Turvey，and Mace，1982）。置身于博物馆中的一群观众通过各种形式的交谈和动手活动来理解展品，这些交谈或活动本质上是由他们在这些场所中遇到的材料和技术物件的性质所塑成的（Heath，Luff，von Lehn，Hindmarsh，and Cleverly，2002）。科学家及其他专业人士采用他们的标准参与到实践的“智力程序”，与他们工作中使用的特定原材料和表征的特性是相一致的（Latour，1995；Pea，1993；Scribner，1984；Traweek，1988）。例如，考古学家从事野外作业，围绕他们探究的实物对象进行一系列复杂的配合和动作序列，来发展他们对过去文化和当地环境的理论推断（Goodwin，1994）。从事街头贩卖的儿童知晓如何运用与某种货币和零售商品结合起来的复杂的算术操作（Saxe，1988；Nunes，Schlieman，and Carraher，1993）。在中介日常认知和学习的过程中，人工制品的工具性运用是非常普遍的。

在日常学习的境脉中，为了回应手边的紧迫问题或机会，人们常常发展出特有的人工制品的安排和相关实践。在给定本地可行的、文化上可识别的资源的情况下，人工制品的组合和运用，按照人们如何随时间变化而逐渐对一个情境进行回应的方式，可能呈现偶发性和模式化的特点。这种观点认为，学习可以看做是“在一个复杂系统中的适应性组织”（Hutchins，1995）。例如，非正式教育展品的设计者通常建立多种方式，来为博物馆游客改变和定制他们与展品互动的经验——有时候博物馆游客发展他们自己的创新性改变，以便支持自己所喜爱的参与方式。

学习制品和相关活动在有些空间常常比在其他空间更容易出现。例如，科学中心常常试图培养参观者使用聚焦于探究、赋予意义和社会交互的特有的物理和电子设施。那些同样的设施和活动在其他场合里不太容易行得通（比如在隔壁花园或在家里）。这样，某种具体形式的科学学习，常常与特定的空间相关联。

媒体也代表学习制品的一个丰富的层面。社会中各类可用媒体——互动的、多玩家视频游戏、电视、印刷品——提供了一个历史上特有的学习架构。一系列相关信息和观点，能够通过在线资源和在线社区广泛访取。电子小设施已经成为普及性的个人活动与学习的固定工具箱。人们对发展和分享涉及复杂学习和社会交互的媒体对象，已经习以为常。

在不同的水平上，在社会中的许多社会小生境中，自然环境本身成为学习的一种架构和聚焦（如随着群体将自己沉浸到生态系统中）。科学，是在与这些广泛的物理境脉的相互关系中学会的（如自然系统的相互依存，人类社会对这一环境的影响）。物质世界具有丰富的场所特定性的特征与过程，因而成为探究与学习的重点。例如，在农村的农业社区中长大的儿童，常常通过紧密持续地参与农业实践，和特定生态系统的植物群和动物群打交道，从而产生一种对生活世界的理解。

以文化为中心的透镜

在过去几十年中，教育研究最重要的理论转向之一，是认识到所有的学习都是一种文化过程。关于思维、智力、认识和学习的本质的文化理论塑造着教育实践，通过这个塑造的过程，教育实践或多或少遵循上述理论而被设计。这些理论继而再解释这些实践。正如布鲁纳对这一情形的概括："我们现在了解到，相信思维是如何工作的，将对理解要在一种文化中生存的人的思维是如何被迫工作的具有深刻的影响。具有讽刺意味的是，这一事实，可以确实证明是一种强有力的文化普遍性"（Bruner，1996，p. xvii）。为了确实考察源于一种文化观的学习，这些潜在的——常常是默会的——理论本身"必须被解释、被说明以及被对质"（McDermott and Varenne，1996）。

作为皮亚杰的同时代人，维果茨基的奠基性工作深刻洞察了人类发展的文化起源。当前社会文化观的重要性，在于脱离了长期以来几乎只对个体思维和学习的关注。社会文化理论探索了个人如何通过参与到文化实践中而进行发展（e. g. ，Cole，1996；Heath，1983；Rogoff，2003）。文化，无疑是一个充满争议的领域，众所周知，很难去定义文化是什么。然而，多数学者同意，文化是由学习者所拥有的强有力的社会交往关系所构成，他们通过这种关系，获取和表达自己的观念、价值观和实践。随着他们在特定的共同体中对其中重要的实践日益精熟，他们发展出特定的技能、责任、知识和身份。正如我们在第七章要更加透彻讨论的，当前的文化观有两个特征对理解文化与学习的相关性十分关键。首先，文化是双向的和动态的。个体除了获得文化上有价值的技能、知识和身份外，同时还影响着他们所参与的文化系统。他们将自己的先前经验与知识带入文化群体中。他们在进行自己的议程安排时具有主动权。通过这些机制，个体影响着文化群体的价值观、实践和知识。罗格夫（Rogoff，2003，pp. 3－4）对此做了简洁的表达："人们作为文化共同体的参与者而得到发展。他们的发展只有依据文化实践和所在共同体的环境才能被理解，而文化实践和共同体环境也在不断变化中。"其次，文化还在群体成员之间变幻不定地分布着，个体常常参与到许多文化共同体中。文化并不是等同于种族性、职业或社会阶层等概念。在任何文化群体中，都有些个体以特有的文化认同感而比其他同伴更强地从属于这个群体。

这种观点既包含了个体活动，也包含了集体活动。如前所述，个体发展是在文化境脉中展开的（尽管文化本身既非整齐划一的，也非静止不变的）。同时，通过个体的行动，文化自身被修正和转化。因此，从严格的认知观出发，科学是生成和验证知识的一系列过程。从中介活动观来看，科学是生成关于自然世界的有意义的问题，并通过运用特定的认知工具进行经验分析来追寻解答的一种集体实践。参与到即使很简单的实践中，也能支持学习者流畅地发展特定文化实践，其中有些文化实践与科学紧密关联。例如，在很多家庭里，晚餐时间的交谈鼓励儿童编故事，坚守和辩护自己的立场，或者清晰表达观点（Ochs，Taylor，Rudolph，and Smith，1992）。家长如何鼓励和塑造儿童关于世界的语言表达和提问能力，对于帮助他们把科学看作是交流和合作建构意义的一种形式具有基础性意义。

设想文化是实践的共享技艺库，往往使得研究者将任何一种群体中的成员关系当做一种文化中的成员关系。尤其是在本书中，科学家们常常被视为一个文化群体，其中的人们共同投身于研究问题，共享研究的观点、科学立场和表达论点的方式。他们还运用特定的工具（或人工制品）来完成工作，投入很大的努力来协调和精炼自己的实践。

文化的概念化与科学学习境脉的生态高度相关。教师常常持有关于科学推理的刻板观念，并赋予某些意义建构的实践比其他实践更重要的地位（Ballenger，1997）。与此同时，关于科学讨论的研究以及在活跃的研究群体里的研究揭示出，对于科学家从事的许多实践在科学课堂的作用，或者这些实践作为科学课堂的一个有机组成部分的价值，我们的认识都还不够。例如，科学家通常运用可视化的和推论性资源，借助于这些，他们想象自己进入物理活动和过程的内部来探索它们可能的表现方式（Ochs Gonzales，and Jacoby，1996；Wolpert and Richards，1997）。这些发现与其他发现一起，削弱了这样一个观点，即典型的科学实践很大程度上是从关于自然世界的日常经验中抽离出来的抽象逻辑的推导。对科学与科学学习具有丰富的社会性的观察，还强调了教师与经过设计的环境合作的机会，从而更好地利用各种各样的学习者带进环境中的文化实践（Cobb，Confrey，diSessa，Lehrer，and Schauble，2003；Bricker and Bell，2008；Warren et al.，2001）。

许多学业失败的儿童，包括那些来自非主流文化或较低社会经济群体的儿童，能够在校外境脉中展示同一学科内容上的能力（McLaughlin，Irby，and Langman，2001）。这些不对称提出了关于校本教学的设计问题，并且这些问题要求对促进在不太正式的环境中取得成功的因素进行分析。例如，从课表中解放出来，允许孩子们用比学校中的要求更令个人感到舒适的、智力上参与更强的方式来探索科学现象（Bell，Zimmerman，Bricker，and Lee，no date）。核心问题是如何整合不同场境中的经验来发展学习中的协同——换言之，如何将学习经验之间的生态联结最大化，得到在兴趣或结果上的产出和能力（Bell et al.，2006）。

文化透镜使得（被教师、服务商、家长等）用于解释、延伸和支持学习的学习经验的广泛特征凸显出来。这包括关注学习者带入学习环境中的学习资源（如特定的交谈和争论方式），学习者与自然世界发生关联的方式，他们在共同体中遇到的学科科学与日常科学的模型，他们熟悉的和可以触及的物质资源与活动，以及与科学学习相关的共同体目标与需要。举例来说，在希斯（Heath，1983）的一个经典研究中，五年级孩子得到支持，去实施一个有关食品生产的科学调研，这一调研使他们卷入共同体生活的不同方面。孩子们扮演当地农业活动的人种志研究者，参与到一系列有关食品生产的共同体成员的工作中去。在这一过程中，他们学会如何科学地获取、证实和交流信息，他们的口头语言和书面语言都证明他们对相关科学概念的理解在探究过程中得到了发展。

关键议题

生态学方法强调理解学习境脉的两个关键议题。第一个议题是，不能把智力的、以知识为重点的领域从社会认同的领域中隔离开来。身份认同的发展及完善，与促进学习的情感性和动机性问题关联在一起（Resnick，1987；Schauble，Leinhardt，and Martin，1998；Hull and Greeno，2006）。第二个议题，正如前面讨论过的，是存在一个焦点的转换，即从聚焦于孤立的个体学习者转换到聚焦于文化上可变的参与结构；这种文化上可变的参与结构，就像学徒制学习和合法的边缘参与，随着学习新的能力，个体借助这一过程从群体活动的边缘性简单任务逐步过渡到较高水平、更为核心的责任与专长的地位（Rogoff，1990，2003；Lave and Wenger，1991）。

本研究探索了在非正式环境中学习科学的文献中发现的一系列学习场境和学习结果。我们考察了科学学习的个性心理学、场所和文化实践。在下一部分我们界定了与非正式科学学习环境特别相关的学习结果的类型。

科学学习的目标

非正式环境下的科学学习是一个多样化的事业，可用于实现一系列有意义的目标。这些目标包括激发情绪反应、重构观念、引入新概念、沟通科学的社会与个人价值、促进自然现象的深度体验，以及展示前沿的科学发展。

本书认可如下几个基本原则：

- 知识、实践和科学学习启动于人生早期，并贯穿一生而发展，而且具有内在的文化属性；
- 科学是一个通过系统观察和实验而获得知识的系统；
- 已经建立起来的科学知识总体，是不断被科学家共同体拓展、精炼和修订的；
- 科学和科学实践将内容和过程的特征编织在一起；
- 有效的科学教育反映了科学家的实际工作方式。

科学学习，比获得学科内容知识和程序性技能拥有更多的含义。就像《把科学带进学校》（National Research Council，2007）报告中所枚举的各种科学精熟水平，科学学习可以想象为有几股线相互绞缠在一起，产生经验、环境和社会交互，从而提供一根强有力联结起来的绳子，它把所有年龄和背景的人们拉进更好的科学理解、流畅表达和专业知识中。非正式科学学习经验常常发生在满足人们即时兴趣的情境中，并为他们在将来以当前无法预料的方式从事学习而做准备。非正式环境下的学习经验还抓住学习者的注意力，唤醒情绪反应，支持对想象的直接体验。在这种意义上，非正式环境在科学学习中的决定性架构中拥有重要的和独特的空间。在广义的水平上，非正式环境具有独到的长处，并和学校学习的长处相互补充。

在非正式环境和科学学习的其他场所间也存在差异性和连接点，比如K－12年级、大学和工作场所。识别其各自的目标和特定的相互交叉（或不交叉）的方式，能够促进对这一决定性架构的审慎分析和协调。例如，对于学校和科学学习中心而言，按照学校分组的方式来参观访问，进行教师教育以及夏令营项目等所构成的伙伴关系十分常见。尽管有这些重叠，但是，非正式环境还是有其自身特别的任务和使命。与K－12年级所不同，科学中心通常不强迫参与，也没有改进科学的学校学习方式的历史责任——尤其是正式教育中越来越普遍的按照标准化成就指标来测量的那些责任。因此，尽管非正式科学学习可以被整合到K－12年级科学课程中，但却不是无缝联结。

这就是为什么我们在此提出的科学学习模型，特别强调提供通向科学的入口和支持性参与——这反映了非正式学习关注的范围。同时，我们兼顾关注该模型支持具有科学特定性的学习目标的可能性，以及它和有关公共机构参与者及更广泛的社会各界相互交叉的可能性。这里，我们介绍相互交织在一起、描述科学学习目标和实践的六个方面，在第三章我们将进一步拓展它们（参见案例2-2）。注意到这一点很重要，即尽管这些方面反映了研究中发展起来的概念，但是作为一整套结构，它们还没有被系统化地应用和分析。这些方面是相互依存的——一个方面的进展将和其他方面的进展紧密关联。综合到一起，它们表达了这样一个理想：所有为人们学习科学而创造和提供非正式环境的公共机构，都能够在其项目和设施中有所作为。

案例2-2

非正式科学学习的六个方面

在非正式环境下参与科学的学习者：

方面1：体验学习自然世界和物质世界的现象的兴奋、兴趣和动机；

方面2：逐步概括、理解、记忆和运用与科学有关的概念、解释、论点、模型和事实；

方面3：操作、验证、探索、预测、质疑、观察自然世界和物质世界，并对其建构意义；

方面4：反思科学，以此作为认识的方式；反思科学的过程、概念和机制；以及反思它们通过现象学习的过程。

方面5：与他人共同参与科学活动和学习实践，运用科学语言与科学工具；

方面6：将自己视为科学学习者，发展一种身份认同，成为那种认识科学、运用科学、将来为科学作出贡献的人。

方面1：发展科学兴趣

方面1提出学习科学的动机、对科学的情绪参与、好奇心以及坚持学习的意愿，哪怕随着时间的前进而遭遇到科学观念和方法的挑战。研究认为，个人兴趣和热情对于支持儿童参与科学学习是至关重要的（Jolly，Campbell，and Perlman，2004）。事实上，戴（Tai）和同事们做过一个全美国有代表性的、与科学职业选择有关的因素的研究，揭示了在青少年时期表现出来的科学兴趣是科学学位获得的预报器（Tai，Liu，Maltese，and Fan，2006）。

即使早期兴趣不能保证后续的学习，但是，早期参与却能够引发学习者探索更广阔世界的动机，从而追求更多的体验，这种体验也许会保存一生。青少年兴趣小组、经过设计的展览以及课后项目通常就是为了支持科学学习的这一方面而组织和规划的。它们允许拓展学习议程、深化兴趣、分享学习资源与反馈、通向未来的学习经验以及被认同为拥有科学相关兴趣的机会。

成人，包括老年人，选择在非正式环境下学习科学，常常是由于个人兴趣，对某些科学信息的特殊需要，或为了把自己照看的孩子引到科学事业中去。

方面 2：理解科学知识

方面 2 考虑的是主要科学理论和模型的学习，这些理论和模型构成了西方文明对自然世界的理解。相关联的教育活动指出：对于科学家通过概括、解释和精炼证据而建构的模型和理论，人们又是如何建构或理解它们的。概念、解释、论点、模型和事实都是科学探究的知识产品，当它们被整合和描述为高度发展的和完善建立起来的理论时，它们协同起来对自然系统进行描述和解释。

方面 3：从事科学推理

询问和回答问题以及评价证据，是做科学的关键，也是成功引导终生科学探究的关键（如观察营养标签来决定购买哪几种食品，理解与环境相关的个体和集体决定的影响，诊断和处理个人健康问题，考察技术系统故障的各种可能原因等）。证据的生成和解释，位于科学实践的核心；科学家常常精炼理论，在观察和实验数据的基础上建构新模型。理解日常生活和科学实践中的证据评估之间的关联性、相似性和差异性，是在非正式的日常场境中易于引导并产生重要影响。

我们还注意到，这一方面与工程设计过程有关，工程设计过程与科学探究是平行的，但又是有区别的。尽管工程师在自己的工作中运用科学概念和数学，但是他们也运用工程设计原则，比如折中的观念、对多数问题有几个可能的解决方案的认识以及新技术可能具有意料不到的效果，等等。这些观念还能通过非正式场境下的经验进行交流。正如第四章所描述的，将各种自然的评估与日常经验联系起来——比如针对有趣的现象，提出和回答常识性问题并基于观察数据作出预测——能够支持学习者发展科学理解。深化这些经验，将数学和概念工具纳入进来以分析数据和进一步精炼这些问题、观察和实践设计，还可以引导参与者加深对科学实践的深刻理解。

方面4：反思科学

科学实践的核心，是对自然世界的科学理解的动态精制。新的证据总会出现，现存理论不断受到质疑，解释模型常常得到精炼或扩展，科学家就如何解释证据展开争论。这个领域如此令人深深地兴奋，吸引着世界上最优秀和最聪明的研究者投入到科学实践中来。方面 4 的重点在于，学习者的科学理解作为认识世界的一种方式——作为一种社会事业，推动科学理解随时间而发展。它包括了解科学家与科学共同体的思想随时间而改变，也包括了解学习者对自己的思维发生改变的感知。

非正式学习环境及其规划设计，看起来特别适合为儿童、青少年和成人在一个常常可以回顾的过程中去经历某些参与的兴奋而提供机会。理解科学知识是如何发展的，可以通过在博物馆和媒体中创造性地重建科学概念的历史或当代先进技术的描绘而传达给观众。由于科学研究的风险可能很高，而科学家也是人，在科学历程中就发生许多引人入胜的人物故事（比如伽利略·伽利莱，本杰明·富兰克林，查尔斯·达尔文，玛丽·居里，詹姆斯·沃森，弗朗西斯·克里克，芭芭拉·麦克林托克等）①。

为参与者创造和提供机会来担任科学家的角色，可以有效地帮助他们逐渐理解，科学是一种认识世界的方式，尽管学习者需要重要的支持（如激发反思和促进知识整合）。从事科学实践就能够使他们认识到，运用的方法和工具是不同的，同样的证据是有多种解释的，多种理论通常是要发展的，以及在寻求一个事件或现象的重要解释时经常发生对数据的强烈捍卫。参与者在指导下，可以通过这一过程学会反思自己的知识状态，思考知识是如何获得的。丰富的媒体表现形式，如大屏幕纪录片和数字技术，如模拟和浸入式环境（如可视化、交互式虚拟现实、游戏等）能够扩展许多传统的动手参与方式，以吸引公众参与到现实的科学活动中来。

---

① 这几位都是科学史上著名的学者，除了家喻户晓的伽利略、富兰克林、达尔文和居里夫人外，沃森（James Watson）与克里克（Francis Crick）是 DNA 双螺旋结构的发现者，1962 年诺贝尔生理学或医学奖获得者；麦克林托克（Barbara McClintock）是遗传学先驱者，20 世纪具有传奇般经历的女科学家，1983 年诺贝尔生物学奖获得者。——译者注

方面5：参与科学实践

由于科学实践是一种复杂的工作，并且依赖于不断修正，因而，科学实践是由一组组的人在社会系统中操作特定的语言装置、程序、社会实践和数据表征来实现的。参与到科学共同体中，要求人们具有语言、工具和核心价值观方面的知识。将单个科学家在他个人实验室里单独工作的错误的陈旧印象，转向为了实现对一个问题或现象的更深刻的理解而团队成员相互作用的观念，对于创造科学学习的积极态度是十分重要的。方面5着重于学习者在非正式环境下怎样学会体会科学家在工作情境中的交流方式，同时着重建立学习者自身在参与科学探究时掌握语言、工具和科学规范。

方面6：认同科学事业

教育活动不仅能够发展个体与群体的知识与实践，还能够帮助人们发展作为科学学习者——在有些场合中是作为科学家——的身份认同，帮助他们识别和巩固自己的兴趣、责任和社会网络，从而提供进入科学共同体和科学职业的通道。这一方面与学习者如何从科学角度看待自己有关。方面6既关乎终其一生将自己视为科学家的少数人，也关乎那些成不了科学家的大多数人。对于后者，重要的目标是让所有的社会成员确认自己在科学中感到舒畅自如、具有丰富的科学知识或对科学有兴趣。

我们注意到在《把科学带进学校》（National Research Council，2007）中的因素框架中，身份认同的发展不是一个单独的方面，而是被解释为参与科学的一个成分（本书中的方面5，前书的方面4）。我们对参与和身份发展具有紧密关系这一点并没有异议，但是，由于非正式场境——将所有年龄的学习者卷入的场境——在本书中的特别重要性，我们认为身份认同值得独立成为一个重点的方面。身份的发展贯穿一生，并包含着时间的维度。我们通过创造贯穿一生的持续参与和卷入的机会，来推动非正式科学教育共同体支持持续的身份发展。

科学学习的场所

我们对一系列能够吸引终生、广泛和深入学习的环境都感兴趣。我们组织关于环境的讨论，跨越了三种学习的场所或架构：日常非正式环境，经过设计的环境以及校外项目与成人项目。

所有学习环境，包括学校和非学校，都可以说是落在教育设计或教育结构的一个连续体上（参见图 2－3）。尽管，究竟什么使得一个学习环境是非正式的，这一点还是一个充满争议的主题，但是，非正式环境的界定一般来说包括了学习者选择、弱结果评价，以及建立在学习者的动机、文化和能力基础上的结构。此外，人们普遍承认，非正式环境为参与科学提供了一个安全的、非威胁性的、开放的环境。本报告中，我们把分析限定在学校以外的非正式环境，是因为我们认为这个领域需要推进认真的分析和研究，而在学校场境的研究中，这经常是排在很后面的。

特征	可估价的， 高后果	评价的种类和用途	情境化的反馈， 低后果
	义务的	选择的种类	自愿的
	由他人来安排	设计	由学习者来安排

图 2－3　学习环境的连续统一体

日常学习与家庭学习

日常学习在人们的生活中无处不在，它包括一系列可以持续一生的经验，比如家庭或同伴讨论与活动、个人爱好、大众媒体参与和技术应用等。环境中交互的议程和方式很大程度上是由学习者来进行选择、组织和协调的，因此，会发生文化间和文化内的变化。评价的建立主要是通过情境性反应而进行的即时回馈。做事、学习、认识和论证知识，通常相互交织在一起，很难彼此区分开来。在这些环境中，表现出胜任力常常在学习架构中扮演更核心的角色。例如，在农业社会中长大的儿童当发展出较强的知识和技能时，他们的责任也会发生转化。喂养牲畜和打扫畜栏就可能被照料牲畜的伤情和监控其生长过程所替代。

经过设计的环境

经过设计的环境包括博物馆、科学中心、植物园、动物园、水族馆和图书馆，它们主要使用人工制品、媒体和标识来引导学习者去体验。尽管这些环境是由机构建立的，学习者与环境交互的实质却常常是由个体所决定的。学习者基本是自主选择进入这些环境的，无论是他们自己的个人选择还是成人（如家长或教师）的选择。学习者还在设置他们自己的学习议程时拥有重要的选择权，他们可以选择留意整个展览还是只留意与自己兴趣一致的展品。通常，学习者在这个场境中的参与是短时的和偶发的，而且学习发生在同伴、家庭或师生交互中。但是，人们越来越感兴趣通过观后网络体验、巡展和跟踪信件或电子邮件联系，来拓展这些经验的延时性影响力。

课后项目与成人项目

课后项目和成人项目的例子包括暑期项目、俱乐部、科学中心项目、志愿者小组和学习假期等。通常，项目内容包含一个考虑发起机构的关注点而设计和组织的正式课程。该课程与活动基本着眼于内容知识或技能，但是也重视态度、价值观以及运用科学来解决应用性问题。活动常常是为适应那些看起来需要支持的对象而组织的，比如经济条件较差的儿童或成人。这和经过设计的空间类似的是，多数情况下个体对活动的参与不是由于自己的选择，而是由于家长或教师来选择。个体投入到与兴趣或需要一致的项目中。这些环境中的经验通常是由一个训练有素的服务者指导和调节的，并包含动手操作、协作体验在内的多种机会。这些学习经验的时间跨度有长有短，可以从具有持续性、深度参与的长期项目一直到简单的、选择性的短期项目。评价的使用很频繁，可以影响到参与者在项目中的名誉与地位，但是它们主要不是为了与机构的期望进行对比而判断个体的收获或进步的。

每个场所的内部异质性

评价、选择权和设计的特征，决定着每一类非正式学习场所的不同。然而，注意到我们所描述的每一类场所的巨大差异是非常重要的。考虑到日常学习环境——它们也常常包含材料的运用和为支持科学学习而设计的活动（如市场上可以买到的科学装备，本地可以买到的与爱好有关的时尚产品、与科学有关的媒体收藏等）。日常学习环境多数是学习者驱动的，在三种环境中它被外部安排的程度是最弱的。但是日常学习也能被有些学习者以外的人给予强化的安排，比如父母或兄弟姐妹。他人在促进学习中扮演重要角色——询问问题、提供资源等。但是，我们还要注意到，当学习者的偶然探究——比如说对昆虫——能够转化成本质上不同的事情时，将会发生什么。例如，我们可以容易地设想，父母或哥哥姐姐把一个孩子对所看到的昆虫的好奇思索转变成对孩子关于昆虫名称或身体部分的技术性知识的小测验。这时候，由于外部所定义的活动的目的和结构，这件事就很容易转换了学习的焦点，关闭了最初的探究和儿童的学习。

结　论

本章我们讨论的是，科学学习应当看做是一个跨越各种场所的终生的、广泛的和深入的学习，这些场所各有侧重。我们观察到，有许多关于非正式环境中科学学习的研究的观点，它们虽然有清晰的相似性和交叠区域，但是还没有很好地被整合到共同的知识系统中。以此为目标，我们意在推动非正式环境下科学学习的发展，使其成为教育实践和探索的一个领域。我们描述了可能对研究者、设计者和教育者都有潜在价值的一个生态框架，使大家共同认识到，非正式的科学学习是与人、场所和文化相关的具体的学习过程、学习机制以及学习结果。我们还引入了该报告的组织性框架，它反映了我们所介绍的理论的责任。我们的分析跨越了多元的地点和构型，一系列广泛的科学学习结果和过程在这些方面中表达出来。这些方面还反映，我们努力整合在学习社会文化和认知的主流研究中所运用的各种实践和学习目标，并聚焦到科学学习领域来关注它们。我们期待，这些观点可以充当共享框架的内核，来指导有关科学学习和设计知识方面的研究，积累经验。这些研究发现事关实用的教育实践，将服务于各种学习者共同体。

参考文献

Ash, D. (2003). Dialogic inquiry in life science conversations of family groups in museums. *Journal of Research in Science Teaching, 40*, 138-162.

Astor-Jack, T., Whaley, K.K., Dierking, L.D., Perry, D., and Garibay, C. (2007). Understanding the complexities of socially mediated learning. In J.H. Falk, L.D. Dierking, and S. Foutz (Eds.), *In principle, in practice: Museums as learning institutions.* Walnut Creek, CA: AltaMira Press.

Azevedo, F.S. (2004). *Serious play: A comparative study of learning and engagement in hobby practices*. Berkeley: University of California Press.

Ballenger, C. (1997). Social identities, moral narratives, scientific argumentation: Science talk in a bilingual classroom. *Language and Education, 19*(1), 1-14.

Banks, J.A., Au, K.H., Ball, A.F., Bell, P., Gordon, E.W., Gutiérrez, K., Heath, S.B., Lee, C.D., Lee, Y., Mahiri, J., Nasir, N.S., Valdes, G., and Zhou, M. (2007). *Learning in and out of school in diverse environments: Lifelong, life-wide, life-deep*. Seattle: Center for Multicultural Education, University of Washington.

Barron, B. (2006). Interest and self-sustained learning as catalysts of development: A

learning ecology perspective. *Human Development, 49*(4), 153-224.
Bell, P., Bricker, L.A., Lee, T.R., Reeve, S., and Zimmerman, H.T. (2006). Understanding the cultural foundations of children's biological knowledge: Insights from everyday cognition research. In S.A. Barab, K.E. Hay, and D. Hickey (Eds.), *Proceedings of the seventh international conference of the learning sciences (ICLS)* (pp. 1029-1035). Mahwah, NJ: Lawrence Erlbaum Associates.
Bell, P., Zimmerman, H.T., Bricker, L.A., and Lee, T.R. (no date). *The everyday cultural foundations of children's biological understanding in an urban, high-poverty community*. Everyday Science and Technology Group, University of Washington.
Borun, M., Dritsas, J., Johnson, J.I., Peter, N.E., Wagner, K.F., Fadigan, K., Jangaard, A., Stroup, E., and Wenger, A. (1998). *Family learning in museums: The PISEC perspective*. Philadelphia: Franklin Institute.
Bricker, L.A., and Bell, P. (2008). Conceptualizations of argumentation from science studies and the learning sciences and their implications for the practices of science education. *Science Education, 92*(3), 473-498.
Bronfenbrenner, U. (1977). Toward an experimental ecology of human development. *American Psychologist, 35*, 513-531.
Bruner, J. (1996). Foreword. In B. Shore (Ed.), *Culture in mind: Cognition, culture, and the problem of meaning*. New York: Oxford University Press.
Cobb, P., Confrey, J., diSessa, A., Lehrer, R., and Schauble, L. (2003). Design experiments in education research. *Education Researcher, 32*(1), 9-13.
Cole, M. (1996). *Cultural psychology: A once and future discipline*. Cambridge, MA: Belknap Press.
Crowley, K., and Galco, J. (2001). Family conversations and the emergence of scientific literacy. In K. Crowley, C. Schunn, and T. Okada. (Eds.), *Designing for science: Implications from everyday, classroom, and professional science* (pp. 393-413). Mahwah, NJ: Lawrence Erlbaum Associates.
Crowley, K., and Jacobs, M. (2002). Islands of expertise and the development of family scientific literacy. In G. Leinhardt, K. Crowley, and K. Knutson (Eds.), *Learning conversations in museums*. Mahwah, NJ: Lawrence Erlbaum Associates.
Eisenhart, M., and Edwards, L. (2004). Red-eared sliders and neighborhood dogs: Creating third spaces to support ethnic girls' interests in technological and scientific expertise. *Children, Youth and Environments, 14*(2), 156-177. Available: http://www.colorado.edu/journals/cye/ [accessed October 2008].
Ellenbogen, K.M. (2002). Museums in family life: An ethnographic case study. In G. Leinhardt, K. Crowley, and K. Knutson (Eds.), *Learning conversations in museums*. Mahwah, NJ: Lawrence Erlbaum Associates.
Ellenbogen, K.M. (2003). From dioramas to the dinner table: An ethnographic case study of the role of science museums in family life. *Dissertation Abstracts International, 64*(03), 846A. (University Microfilms No. AAT30-85758.)
Ellenbogen, K.M., Luke, J.J., and Dierking, L.D. (2004). Family learning research in museums: An emerging disciplinary matrix? Available: http://www3.interscience.wiley.com/cgi-bin/fulltext/109062559/PDFSTART [accessed March 2009].
Falk, J.H. (2006). An identity-centered approach to understanding museum learning.

Curator, 49(2), 151-166.

Falk, J.H., and Dierking, L.D. (2000). *Learning from museums: The visitor experience and the making of meaning.* Walnut Creek, CA: AltaMira Press.

Falk, J.H., and Storksdieck, M. (2005). Using the contextual model of learning to understand visitor learning from a science center exhibition. *Science Education, 89,* 744-778.

Gibson, J.J. (1986). *An ecological approach to visual perception.* Hillsdale, NJ: Lawrence Erlbaum Associates.

Goodwin, C. (1994). Professional vision. *American Anthropologist, 96*(3), 606-633.

Greeno, J.G., Collins, A., and Resnick, L.B. (in press). Cognition and learning. In D. Berliner and R. Calfee (Eds.), *Handbook of educational psychology.* Macmillan Library Reference. New York: Simon and Schuster Macmillan.

Gutiérrez, K.D. (2008). Developing a sociocritical literacy in the third space. *Reading Research Quarterly, 43*(2), 148-164.

Heath, C., Luff, P., vom Lehn, D., Hindmarsh, J., and Cleverly, J. (2002). Crafting participation: Designing ecologies, configuring experience. *Visual Communication, 1*(1), 9-34.

Heath, S.B. (1983). *Ways with words: Language life and work in communities and classrooms.* Cambridge, England: Cambridge University Press.

Hein, G.E. (1998). *Learning in the museum.* New York: Routledge.

Hull, G.A., and Greeno, J.G. (2006). Identity and agency in nonschool and school worlds. In Z. Bekerman, N. Burbules, and D.S. Keller (Eds.), *Learning in places: The informal education reader* (pp. 77-97). New York: Peter Lang.

Hutchins, E. (1995). *Cognition in the wild.* Cambridge, MA: MIT Press.

Jessor, R. (1996). Ethnographic methods in contemporary perspective. In R. Jessor, A. Colby, and R.A. Shweder (Eds.), *Ethnography and human development.* Chicago: University of Chicago Press.

Jolly, E., Campbell, P., and Perlman, L. (2004). *Engagement, capacity, continuity: A trilogy for student success.* St. Paul: GE Foundation and Science Museum of Minnesota.

Koke, J., and Dierking, L.D. (2007). *Engaging America's youth: The long-term impact of Institute for Museum and Library Services' youth-focused programs.* Unpublished technical report, Annapolis, MD, Institute for Learning Innovation.

Latour, B. (1995). The "Pédofil" of Boa Vista: A photo-philosophical montage. *Common Knowledge, 4,* 144-187.

Latour, B., and Woolgar, S. (1986). *Laboratory life: The social construction of scientific facts.* Princeton, NJ: Princeton University Press.

Lave, J., and Wenger, E. (1991). *Situated learning: Legitimate peripheral participation.* New York: Cambridge University Press.

Lee, C. (2008). The centrality of culture to the scientific study of learning and development: How an ecological framework in education research facilitates civic responsibility. *Educational Researcher, 37*(5), 267-279.

Luke, J.J., Stein, J., Kessler, C. and Dierking, L.D. (2007). Making a difference in the lives of youth: Connecting the impacts of museum programs to the "six Cs" of positive youth development. *Curator, 50*(4).

McDermott, R., and Varenne, H. (1996). Culture, development, disability. In R. Jessor, A. Colby, and R.A. Shweder (Eds.), *Ethnography and human development* (pp. 101-126). Chicago: University of Chicago Press.

McLaughlin, M., Irby, M.A., and Langman, J. (2001). *Urban sanctuaries: Neighborhood organizations in the lives and futures of inner-city youth*. San Francisco: Jossey Bass.

National Research Council. (1999). *How people learn: Brain, mind, experience, and school.* Committee on Developments in the Science of Learning. J.D. Bransford, A.L. Brown, and R.R. Cocking (Eds.). Washington, DC: National Academy Press.

National Research Council. (2007). *Taking science to school: Learning and teaching science in grades K-8.* Committee on Science Learning, Kindergarten Through Eighth Grade. R.A. Duschl, H.A. Schweingruber, and A.W. Shouse (Eds.). Washington, DC: The National Academies Press.

Nunes, T.N., Schliemann, A.D., and Carraher, D.W. (1993). *Street mathematics and school mathematics*. New York: Cambridge University Press.

Ochs, E., Gonzales, P., and Jacoby, S. (1996). "When I come down I'm in the domain state": Grammar and graphic representation of the interpretive activity of physicists. In E. Ochs, E.A. Schegloff, and S.A. Thompson (Eds.), *Interaction and grammar* (pp. 328-369). New York: Cambridge University Press.

Ochs, E., Taylor, C., Rudolph, D., and Smith, R. (1992). Storytelling as a theory-building activity. *Discourse Processes, 15*(1), 37-72.

Packard, B.W. (2003). Student training promotes mentoring awareness and action. *Career Development Quarterly, 51*, 335-345.

Pea, R.D. (1993). Practices of distributed intelligence and designs for education. In G. Salomon (Ed.), *Distributed cognitions* (pp. 47-87). New York: Cambridge University Press.

Reeve, S., and Bell, P. (in press). Children's self-documentation and understanding of the concepts "healthy" and "unhealthy." Submitted to *International Journal of Science Education*.

Resnick, L.B. (1987). Learning in school and out. *Educational Researcher, 16*(9), 13-20.

Rogoff, B. (1990). *Apprenticeship in thinking: Cognitive development in social context.* New York: Oxford University Press.

Rogoff, B. (2003). *The cultural nature of human development*. New York: Oxford University Press.

Rounds, J. (2006). Doing identity work in museums. *Curator, 49*(2), 133-150.

Rouse, J. (1999). Understanding scientific practices: Cultural studies of science as a philosophical program. In M. Biagioli (Ed.), *The science studies reader* (pp. 442-457). New York: Routledge.

Saxe, G.B. (1988). Candy selling and math learning. *Educational Researcher, 17*(6), 14-21.

Schauble, L., Leinhardt, G., and Martin, L. (1998). Organizing a cumulative research agenda in informal learning contexts. *Journal of Museum Education, 22*(2 and 3), 3-7.

Scribner, S. (1984). Studying working intelligence. In B. Rogoff and J. Lave (Eds.), *Everyday cognition: Its development in social context* (pp. 9-40). Cambridge, MA: Harvard University Press.

Shaw, R., Turvey, M.T., and Mace, W.M. (1982). Ecological psychology: The consequence of a commitment to realism. In W. Weimer and D. Palermo (Eds.), *Cognition and the symbolic processes II* (pp. 159-226). Hillsdale, NJ: Lawrence Erlbaum Associates.

Shweder, R.A. (1996). True ethnography: The lore, the law, and the lure. In R. Jessor, A. Colby, and R.A. Shweder (Eds.), *Ethnography and human development*. Chicago: University of Chicago Press.

Stake, J.E., and Mares, K.R. (2005). Evaluating the impact of science-enrichment programs on adolescents' science motivation and confidence: The splashdown effect. *Journal of Research in Science Teaching, 42*(4), 359-375.

Stevens, R. (no date). *The learning in informal and formal environments (LIFE) center.* Available: http://life-slc.org/?page_id=124 [accessed February 2009].

Tai, R.H., Liu, C.Q., Maltese, A.V., and Fan, X. (2006). Planning early for careers in science. *Science, 312*, 1143-1144.

Tate, E., and Linn, M.C. (2005). How does identity shape the experiences of women of color engineering students? *Journal of Science Education and Technology, 14*(5-6), 483-493.

Thorndike, E.L. (1931). *Human learning*. New York: Century.

Traweek, S. (1988). *Beamtimes and lifetimes: The world of high energy physicists.* Cambridge, MA: Harvard University Press.

Warren, B., Ballenger, C., Ogonowski, M., Rosebery, A., and Hudicourt-Barnes, J. (2001). Rethinking diversity in learning science: The logic of everyday sense-making. *Journal of Research in Science Teaching, 38*, 1-24.

Wiggins, D.W. (1989). "Great speed but little stamina": The historical debate over black athletic superiority. *Journal of Sport History, 16*, 158-185.

Wolpert, L., and Richards, A. (1997). *Passionate minds: The inner world of scientists.* New York: Oxford University Press.

第三章
评　价

评价通常被认为是一种用来获悉个体是否学到什么的一种手段——也就是说，个体是否能证明他们理解了目标所要求掌握的信息、概念、技能、程序等。在学校，考试或测验是学生的常规经验，它们旨在测量个体在多大程度上掌握了所学的内容，比如：掌握了减法运算法则、形成了光合作用的心智模型或是合理地运用经济理论来解决一系列问题。其他学生作业如报告和论文，同样也可以用来作为系统判断个体学习的性质和程度的基础。

科学学习的非正式场境往往不使用学校和工作场所中通常使用的测验、分数、班级排名以及其他做法来记录成绩。尽管如此，对校外学习经验的影响做出评价，已经得到非正式科学共同体的接受，以此来寻求理解日常的、课外的、博物馆的和其他类型的场境如何促进科学知识和能力的发展①。本章讨论的是参与到非正式环境下学习科学所取得的学习结果的证据，主要从前面所论述的科学学习的六个方面来考察，并且还指出了人们基于非正式学习经验而获得知识的复杂性。

无论在正式的还是非正式的学习环境中，评价均要求关于结果的可信证据，并且，在理想的情况下，评价还用来支持进一步的学习。以下定义反映了当今的研究者和实践者持有的理论标准和设计标准（Huba and Freed, 2000, p. 8）：

> 评价，是为了深入了解学生的知识、理解以及作为他们的教育

---

① 教育研究共同体通常这样区分“评价”和“评估”。评价指的是用一系列用来确定个体从某一教学项目中学到什么的方法和技能。评估指的是一系列用来评判某一教学项目、教学方法和措施，提高其有效性并且为其发展提供建议的方法和技能。评价关注于学习者学到了或没学到什么，但是评估关注干预的质量。

经验之结果的知识运用情况，而从多重和不同资源中收集和讨论信息的过程；这一过程的最高境界，是评价结果能够用来改进后续学习。

无论评价是对学习活动产生局部的和即时性的效应，还是被用来证明机构资助或机构变革的正当性，多数评价领域的专家都同意，改进学习结果应当置于评价研究的核心。但是为了这一目的，评价通常是困难的，尤其是在非正式场境下。在回顾了一些与评价非正式学习相关的实际挑战之后，本章概述了非正式环境下的研究到目前为止所关注的结果的种类以及在研究中如何观察到这些结果，并且根据科学学习的各个方面来对这些结果进行了分组。附录 B 包含对与非正式环境的评价有关的一些技术事项的讨论。

在非正式环境下评价科学学习的困难

尽管人们一致认为，收集更多和更好的学习结果数据很重要，但是业内仍在测量学习的理论、技术和实践方面费尽心机。这些困难大多也是更广泛的教育共同体所面临的问题（Shepard，2000；Delandshere，2002；Moss，Giard，and Haniford，2006；Moss，Pullin，Haertel，Gee，and Young，in press；Wilson，2004；National Research Council，2001）。科学学习的非正式环境的多样性进一步造成了在这些场境中进行评价的困难性；其中一个主要挑战是：如何开发一种实用的、注重证据的方式，来评价参与者贯穿各种科学学习经验的学习结果（Allen et al.，2007；Falk and Dierking，2000；COSMOS Corporation，1998；Martin，2004）。

对很多实践者和研究者来说，担忧评价任务在场境的情境脉络中是否适当，是评价科学学习结果的主要限制（Allen et al.，2007；Martin，2004）[①]。人们大致达成一种共识，即：标准化、多项选择的测验——即威尔森（Wilson，2004）感到遗憾的，已经成为展示 K－12 教育成果的“单一文化”品种——与非正式经验特有的活动、学习类型和参与原因存在冲突。测验很容易被认为是与非正式学习经验的一般特征相对立的。鉴于非正式环境的特征、规范和典型实践，试图通过控制参与者的经验从而排除一些特定影响，

① 这也正是教师和研究者对课堂场境的担忧。

安排前测和后测或尝试一些传统的学习手段，这些都是不切实际的、具有破坏性的，并且有时是不可能的。

具体来说，参观博物馆和其他经过设计的非正式场境，这些活动通常比较短暂和孤立。因此，想要将单次参观的效果从造成积极学习结果的因素聚合中分离开来是比较困难的。学习者参与非正式环境中的活动，主要是为了提升超越当前环境的未来学习经验，这个基本假设与在界定明确的教育处理（如课、单元、年度数学课程计划）基础上的学习评价通行模式是完全不同的。此外，很多非正式空间的本质是为参与者提供了一种闲暇经验，因此以下几点是基本要素：参与者的体验符合他们的期望；场境中的活动不威胁参与者的自尊心，或是让他们感到具有过多的批判性或控制性——这些是阻挠参与和学习的因素（Shute，2008；Steele，1997）。

科学学习的非正式环境的其他重要特征还包括：偶发性常常在事态发展中起着重要影响——即这些环境中发生的很多事情都是在活动过程中涌现的，事先是无法预定或预设的。在很大程度上，非正式环境特别体现以学习者为中心的特征，因为活动的议程都是由在场的同伴、家庭成员和支持人员这些参与者来共同制定的，这就使得人们很难系统控制场境中的参与者接受特定处理、干预或活动的程度（Allen et al.，2007）。很可能的情况是：只要允许个人目标和动机根据环境资源而自发调整，偶发性便成为非正式领域中一些最强的学习效果的核心特征。换个视角来看，正是由于参与者与环境中的人和物进行合作的自由性和灵活性，才使得非正式学习场境具有独特的吸引力。

另一个使得很多非正式学习环境富有吸引力的特征是：对成功的认可是一种一致的、合作的过程。比如，参加海洋科学夏令营的儿童对一个好的潜水装置设计或测量盐度的一种适当方法表示出一致兴趣。在有些例子中，几乎不可能预先（也就是在学习活动发生之前）制定一个衡量成功的可行标准。出现的议题安排，比方说，家庭的一次博物馆参观，或许包括意外的某一强化身份认同的插曲、讲故事、对个人经历回忆、排演新的表达形式以及其他细致的过程——所有这些都支持学习，但又避免了转换成许多现存的评价模式。

共同的行事权允许参与者合作建立成功的目标和标准，这种特征可以延伸到非正式学习活动的多个方面。人们通常鼓励夏令营、科学中心、兴趣小组等活动的参与者，充分利用场境中可获得的社会资源来达成其学习目标。

我们可以认为，夏令营中一个设计潜水装置的团队或一个设计花园城堡的游戏小组，其参与者之间达成一种默认，即默认利用了每一个现场参与者的知识、技能和优势以及任何其他可用资源来实现目标。在非正式场境下，“做得好”通常意味着与他人保持协调。一般来说，这些规范与学校特别重视个人成绩的隐性特征是不一致的。研究表明：这些隐性的评价恰恰导致了系统性的学习测量不足，因为这些评价不允许参与者利用所在环境中的物质和人力资源，即使利用这些资源也是一种具有胜任力的、适应性的行为的标志（Schwartz，Bransford，and Sears，2005）。

尽管对结果的评价存在困难，研究者还是努力做出了很多重要而有价值的工作。值得一提的是，这项工作类似于一些校本研究者采用的“真实性评价”方法，运用了各种类型的成就表现、档案袋及嵌入式评价（National Research Council，2000，2001）。很多方法都依赖于对证据的质性解释，其部分原因是研究者仍然处于在探索现象特征的阶段，而不是量化地检验假设的阶段（National Research Council，2002）。但是，作为一项整体工作，人们对非正式场境下的学习评价吸收了广泛的教育和社会科学的方法，运用问卷调查、结构化和半结构化的访谈、焦点小组、参与性观察、日志、声音思维技术、可视化记录、视频和音频记录等方式来收集数据。

整体来看，现有的研究为非正式环境下的科学学习提供了好的依据，正如本报告中描述的科学学习的六个方面所界定的。

学习结果的类型

人们用大量的学习结果来描绘参与者在非正式环境下学到了什么。这些结果——通常被描述为某种知识、技能、态度、情感和行为——可以以多种方式进行归总，归总后往往分成两个或两个以上的类型。比如，某人参与科学活动的持久程度可以用多种方式来分类，因为这一结果取决于多种境脉因素和包括技能、气质以及此人带入环境的知识在内的个人因素的相互作用。同样，关注动机的研究可能强调参与的情感或身份方面的特征。在第二章，我们从六个相互交织的概念性方面描述了科学学习的目标。在这里，我们阐述这些方面的重点是，人们由于参与科学学习活动而采取的与科学相关的行为以及研究者和评价者研究这些行为的方式。

方面1：发展科学兴趣

学习结果的性质

非正式环境，经常以人们参与到促进了解自然世界和物质世界的活动的兴奋感、兴趣和动机为特征。非正式环境的一个共同特征是：参与者有机会选择学习的内容、学习的时间，甚至是方式（Falk and Storksdieck，2005）。这些环境的设计也是追求安全的、允许探索的，支持由好奇心引起的人与物之间互动的，并且不受学校特有的成绩要求的约束（Nasir，Rosebery，Warren，and Lee，2006）。参与这些环境，为学习者创造了来体验一系列积极感受以及处理和寻找其所学习内容的意义的机会（National Research Council，2007）。

人们经常按照兴趣来讨论参与的问题。参与的概念常被理解为：既是对科学的高度热爱的状态，又是人们反复参与科学的倾向（参见 Hidi and Renninger，2006）①。兴趣包括学习者可能体验到的兴奋、惊奇和惊喜以及使这种体验切中主题并且有意义的知识和价值观。近期关于情感和学习之间关系的研究表明：与兴趣相关的情绪是思维和学习的一个主要因素，这些情绪帮助人们学习，并且有助于记忆和影响记忆保持时间（National Research Council，2000）。兴趣甚至可能有其神经学基础（术语称为“探寻行为”，Panksepp，1998），这表明所有的个体都可能拥有兴趣、形成兴趣②。此外，兴趣在复杂环境中对相关信息的选择和聚焦起着重要的过滤作用（Falk and Dierking，2000）。在这种意义上，兴趣作为脑的一种心理状态，可以被视为一种进化性的适应，帮助人从环境中选择那些被知觉为重要的或相关的信息。人们关心其感兴趣的东西，因此兴趣对其所学的内容起着很强的筛选作用。

当人们拥有一个发展成熟的科学兴趣——有时候我们用爱好来描述或用个人旅行（personal excursions，Azevedo，2006）、专家知识岛③（islands of

---

① 但动机被用于描述在多种境脉中获得成功的意愿（Eccles，Wigfeld，and Schiefele，1998），兴趣并不必然指向成就，它总是与特定的目标、事件或想法联系在一起，比如对科学的兴趣（Renninger，Hidi，and Krapp，1992；Renninger and Wozniak，1985）。

② 值得注意的是所有正常的个体都被期望持有兴趣；Travers（1978）指出缺少兴趣一般伴随着病症。

③ 也有人译为“专业知识岛”，指儿童通常在上学前就获得了关于其感兴趣主题的大量知识。——译者注

expertise，Crowley and Jacobs，2002）、激情（passions，Neumann，2006），或者是与身份有关的动机（identity-related motivations，Ellenbogen，Luke，and Dierking，2004；Falk and Storksdieck，2005；Falk，2006）来描述时，他们都倾向于更多地利用可获得的资源来进行学习，并且使用系统的方法来获得答案（Engle and Conant，2002；Renninger，2000）。这一研究线索表明：利用激发性的、有吸引力的学习环境，能够引发参与的兴趣（Falk et al.，2007）。对科学有兴趣的人同样也可能是积极的科学学习者；他们更有可能寻求挑战和难度，更有可能使用有效的学习策略并利用反馈（Csikszentmihalyi，Rathunde，and Whalen，1993；Lipstein and Renninger，2006；Renninger and Hidi，2002）。这些结果帮助学习者继续发展兴趣，进一步参与活动，增进愉悦，促进学习。带着发展稳定的兴趣进入非正式环境的人，更有可能轻松地在其感兴趣的领域内设立目标、自我管理以及进行努力，这些行为通常逐渐形成习惯，支持他们持续参与（Lipstein and Renninger，2006；Renninger and Hidi，2002；Renninger，Sansone，and Smith，2004）。

研究方面1结果的方法

尽管自我报告数据容易受到研究参与者一方的各种偏见的影响，但由于这些学习结果本身具有主观性，所以自我报告依然常常被用于研究学习结果的情感和态度成分。典型的自我报告研究基于调查问卷和结构化访谈，这些问卷与访谈针对特定年龄群体对科学的态度、信念和兴趣而设计，并强调这些因素如何与学校中的学习过程和结果联系起来（e.g.，Renninger，2003；Moore and Hill Foy，1997；Weinburgh and Steele，2000）。研究中同样也使用了将先前兴趣和动机与学习结果联系起来的方法。

研究者还使用自我报告技术来探究参与者先前的兴趣水平是否与他们对环保的学习有关（Falk and Adelman，2003；Taylor，1994）。比如，法尔克和阿德尔曼（Falk and Adelman，2003）的研究表明：根据参与者不同的先前知识和态度，将他们分成不同的小组，结果显示他们在习得知识、理解和态度等方面都存在显著差异。研究者在迪斯尼动物王国（Disney's Animal Kingdom）进行的一项后续研究中，也成功地重复了这一方法，获得了理想的研究结果（Dierking et al.，2004）。

对公众科学理解力的研究采用了调查问卷的方式来评价公众对特定主题的兴趣程度。比如，这些研究证明了人们报告的对科学主题的不同兴趣程度。美国和欧洲的成年群体一般对空间探索和核能略微感兴趣；对新的科学发现、新的科技和环境问题比较感兴趣；而对医学发现则非常感兴趣（European Commission，2001；National Science Board，2002）。

正如我们所提到的，兴趣的一个重要成分是积极情感（Hidi and Renninger，2006）。然而，我们通常认为对科学的积极情感是非正式学习的主要结果，众所周知，对这一结果进行评价比较困难。积极情感可能比较短暂，甚至当人们有意将注意力集中在其他地方时也有可能产生积极情感，因此使得观察者很难对其进行评价。各种不同的理论模型都尝试就几个基本情绪或情绪尺度比如喜悦、激励、控制欲方面构建出情绪反应的空间，并尝试将这些结果运用在实证研究中（Plutchik，1961；Russell and Mehrabian，1977；Isen，2004）。

对面部表情的分析一直是研究情感的一个重要工具，分析结果是多种多样的。艾克曼七种面部表情已经被用于评价转瞬即逝的情绪状态（Ekman and Rosenberg，2005）。丹库（Dancu，2006）在试点研究中使用了这一方法来评价儿童在参观展览时的情绪状态，并且还将这些发现与儿童及其指导者书面报告的结果进行了比较，结果发现两者一致的程度比较低。考特等人（Kort，Reilly，and Picard，2001）已经建立了一套分析面部表情的系统，这一系统适合用于捕捉与学习相关的情绪（比如滔滔不绝、受挫、困惑和狂喜），但是这些方法需要特殊的条件（比如研究主体必须坐着），并且不允许在较大的空间内进行自然状态下的研究，因此，把这一方法用到很多非正式场境中去就变成一件复杂的事情。马（Ma，2006）将开放性问题和语义差异性问题结合起来，并与自我评价模型一起使用。与学习相关的生理测量方法（皮肤电传导、姿态、眼动、脑电图、心电图）正在开发当中（Mota and Picard，2003；Lu and Graesser，in press；Jung，Makeig，Stensmo，and Seinowski，1997）。

在博物馆参观中，话语分析是另一种对情绪进行自然主义研究的重要工具。比如，艾伦（Allen，2002）使用积极、消极和中性三种不同的情感来对观众自发的情绪表达进行编码。观众的自发情感表达以及由研究者引起的情感表达都被进行了相应编码，用于表示博物馆参观过程中情绪反应的差异。比如，克里普曼（Clipman，2005）使用积极消极情感量表（Positive and Negative Affect Schedule）显示，在同一家博物馆里参观了奇休利（Chihuly）艺术玻璃展的人们与参观了绗被子展的人们相比，前者报告说更加愉悦和更激发灵感（Clipman，2005）。迈尔、桑德尔和伯居林（Myers，Saunders，and Birjulin，2004）使用了李克特（Likert）五点量表法和语义差异法表明：参观动物园的人对大猩猩比对其他的动物表现出了更强的情绪反应。拉夫林和赛利尔（Raphling and Serrell，1993）要求观众在参观结束时填写一份关于一系列主题的调查问卷，其中有一个问题是完成“它使我想起了……”这句话，结果发现这一提示容易引发观众的情感反应，包括惊叹、想象、回忆、悔悟甚至是宗教联想（比如提到神和自然的力量）。

在非正式学习的研究中，研究者通常在人们表现出的行为的基础上去推断兴趣及其相关的积极情感。也就是说，假设那些看上去积极从事非正式学习活动的参与者就是对此感兴趣。在此意义上，兴趣和积极情感通常不视为结果，而视为参与的先决条件。比如，记录儿童自发提问“为什么”的研究就假定：儿童对从事促进了解自然世界的活动很好奇，很感兴趣，并且表现出积极倾向（e. g. ，Heath，1999）。关注成人行为的研究，比如成人的爱好，也是以类似的假定为基础，即假设人在所研究的境脉中感到有兴趣（e. g. ，Azevedo，2006）。研究者认为，对自然发生行为类型的元分析可以为个体在非正式学习活动中的兴趣提供证据，这一分析有益于发展系统化方法来对兴趣进行研究。这一分析还可以用于表明，兴趣如何体现在非正式环境的参与者身上并受到重视，从而帮助我们理解兴趣的产生以及兴趣如何在社会交互中被赋予意义。

方面2：理解科学知识

学习结果的性质

越来越多的研究表明，对自然现象的学习涉及从人类早期发展而来的日常经验（National Research Council，2007）。这些经验的类型一般涉及非正式环境的范畴，包括日常场境。这些经验不仅仅是提供乐趣和参与机会；它们所提供的内容是建立系统化、连贯化的概念性理解和内容结构的基础。在过去的一段时间里，研究者已经建立了关于科学理解方式的多种模型。一些研究者，比如沃斯尼亚多和布鲁尔（Vosniadou and Brewer，1992）认为：学习者以类似科学家的方式，通过整合其经验来建立连贯化的理论。另外一些研究者（e. g. ，diSessa，1988）则认为：科学知识经常是由人们在相关的情境中记忆的许多细小碎片建构而成。在这两种方式中，一些微小的见解、推论或理解都被认为是科学知识构建的重要组成部分。

许多传统上认为很重要的科学学习的特征，如模式、事实、事实性回忆以及熟记原则的运用等，都可以归入这一方面。这些科学学习的特征可能是抽象的并且很大程度是由课程驱动的；它们通常不是非正式环境的主要关注点。聚焦于方面2的评价通常很少或没有显示学习者在方面2中的积极变化。但是，有几项研究已经显示了积极的学习结果，这些结果表明：即使是对非正式场境的一次访问（比如一次展览），也有可能为知识的发展或修正提供支持（Borun，Massey，and Lutter，1993；Fender and Crowley，2007；Guichard，1995；Korn，2003；McNamara，2005）。

同时，对科学学习的非正式环境的研究已经探索了一些与经验性活动和社会性活动比较一致的认知结果，包括：对自然世界的新方面的感知、注意和表达，对镶嵌在交互经验中的概念的理解，在科学观点或经验与日常生活之间建立联系，先前知识的强化，做出推论以及为今后的提取建立经验基础等。非正式经验还被证明是可以长久保存的（see also Anderson and Piscitelli，2002；Anderson and Shimizu，2007）。

多数学习者的知识通常都聚焦在个人感兴趣的主题，与此同时有必要指出，在单一的、简单化处理的境脉中，多数人是无法获得大量的科学知识的。但是，这一点不应被认为是完全消极的发现。试想，学校中的学习很少在一或两小时的课堂教学基础上就进行评价，但是非正式环境下的科学学习经常在进行了不超过一或两小时的基础上就进行评价。法尔克和斯托克斯迪克（Falk and Storksdieck，2005）发现：参观一次展览确实使得至少三分之一的成年观众增加了科学知识，尤其是那些具有较少先前知识的成年观众。但是，即使是那些在前测后测设计中学习表现不明显的观众也有可能吸收点儿重要的东西：日后学习的潜能——《人是如何学习的》将潜能称为对未来学习的准备（National Research Council，2000）。比如，被激起兴趣（方面1）的观众可能倾向于在参观科学中心的数月之后，通过参与其他的非正式学习经历来继续发展这一经验。

研究方法

这一类学习结果对学习者而言可能是最有“负担”的。如果没有仔细设计的话，对内容知识的评价可能会使学习者感到自己不够好，这就陷入到评价的效度问题，违背学习者在一定场境和社会情境的规范中学习的初衷。测量学习（或科学素养）的传统方法一直是提问类似教科书上的那些问题，然后判断个体的答案与专家观点的接近程度。依据研究者对学习本质的认识，这种方法不足以记录人们对他们周围世界的理解。这类学习结果还容易受到错误的否定，因为认知改变是非常个体化的，很难以标准化的方式测量出来。

非正式环境的一个根本要素是：学习者对于关注什么、从某次经历中获取什么以及他们在学习内容与生活之间建立什么样的联系，是有选择权的。因此，仅仅考查学生对知识的回忆，可能导致研究者错过对特定学习者而言十分重要的学习结果，因为这些结果是基于学习者的自身经验和先前知识的。

为了避免评价内容知识时可能陷入伦理的、实践的和教育的陷阱，很多非正式环境的研究者和评估者致力于生成具有以下特征的评价：内容不具有威胁性，可能的回答范围广，陈述方式是令人舒适的，语气是交谈式的，并且适合针对特定的目标群体。这些评价也为预料之外的和自然涌现的结果留出了空间。所设计的问题应当包含着对人们将科学观念的主要特征与自己的生活相结合的可能方式的理解，那么这些问题就恰当地测量了学习者的科学知识和理解的大体水平。然而我们也承认，虽然这些方法符合非正式环境的目标，但也缺少标准化测量的客观性。

在非正式环境中评价科学知识和理解的一种重要方法，是对参与者的对话进行分析。对日常和校外场境感兴趣的研究者对发生在日常持续活动中的、与科学相关的谈话及其行为进行研究（Bell，Bricker，Lee，Reeve，and Zimmerman，2006；Callanan，Shrager，and Moore，1995；Sandoval，2005）。关注于博物馆和其他经过设计的环境的研究者采用了多种构型对这些对话进行分类，研究显示出人们正在进行认知工作和意义建构。这些分类构型中用到的类型包括：识别、描述、解释/运用（Borun，Chambers，and Cleghorn，1996）；罗列、个人综合、分析、综合、解释（Leinhardt and Knutson，2004）；知觉的、概念的、情感的、联结的、策略的（Allen，2002）；以及各种元认知水平（Anderson and Nashon，2007）。这些分类中，很多都具有一些理论基础，但其中一部分也是从数据中凸现出来的。

研究者已经对在博物馆和其他经过设计的场境中获得的新信息、观点、概念甚至技能进行了很多研究。一些博物馆研究者使用了出声思维法来测量内容知识。在这些方法中，参与者进行了一次学习体验，并将自己的想法通过麦克风说出来。奥尼尔和迪弗雷尼－塔西（O'Neil and Dufresne-Tasse，1997）通过运用出声思维法表明：观众在观察物品的时候非常具有认知主动性，即使这些物品是以被动的方式展示的。这一方法的主要局限之处是：它可能在某种程度上干扰学习进程，特别是减少了观众群体内部的对话。博蒙特（Beaumont，2005）将这一技术的一种变式运用于整个群体，邀请家庭在参观展览的“合适时候”进行出声思维。在研究儿童的时候，临床访谈会有助于启发他们思考体现在展品中的概念，引导他们弄明白理解是如何得到了促进或阻碍的。比如，为了识别出一般概念并对展品提出改进，费尔和赖斯（Feher and Rice，1987，1988）使用了一系列有关光和颜色的博物馆展品来和儿童进行访谈。

有几种方法被用于引发参与者在参与科学学习活动后生成、理解和记忆与科学有关的概念、解释、论点、模型和事实。这些方法包括以问卷调查、访谈和焦点小组形式呈现的结构化的自我报告（请参考附录 B 中对个人和小组访谈的讨论）。自我报告可以用于评价对个体经验、个体重要观点的综合，以及个体被试认为“以前从不知道”的信息的理解和记忆。比如，对寻找生命项目（Korn，2006）的终结性评价表明：观众已经理解了一个具有挑战性的重要观点（即搜寻其他星球的生命，是通过寻找相似的地球极限环境来开始的）。评价同时还发现：观众没有深刻思考与空间探索和其他星球上的生命相关的问题。研究者有时还促使观众在对话中谈到博物馆、科学中心和其他经过设计的环境；为了更好地理解机构职员的议题与观众议题之间的重合之处，研究者要求参与者谈论他们与对机构感兴趣的特定事项的有关感受。比如，对每个展览的五个主旨，莱因哈特和克努森（Leinhardt and Knutson，2004）都给观众提供了一幅图片和一段话，并且将随后的讨论作为评价展览中的学习的一部分进行编码。研究者使用了量表将观众对某一特定主题或感兴趣的概念的描述质量进行编码。佩里将这些评价标准称为“知识层级”（Perry，1993），并且使用这些标准来描述基本理解和从展览中习得特征。这一研究中的一个潜在假设是思维与语言的关系，但是描绘思维与语言的关系是一项复杂的工作，并且尚未得到充分发展。

用于博物馆和其他经过设计的环境的几种类型的学习结果评价，促使学习者参与活动，并要求他们通过制作图画或手工艺品来展示他们所学到的。概念图经常用于描述个体在某一学习经历之前和之后的知识结构。概念图尤其适用于非正式环境，因为它允许把先前知识和活动中的知识建构个性化，并且比其他的认知评价具有较小的风险性。但是，概念图比传统的观众离场访谈需要更长的时间投入，更耗时的编码，不易管理和标准化，而且还会存在偏见，除非使用控制组（请参考附录 B）。人们已经在这些场境中使用了各种的概念图策略（Anderson，Lucas，Ginns，and Dierking，2000；Gallenstein，2005；Van Luven and Miller，1993）。在博物馆展览中可能最经常使用的就是个人意义地图（Falk，Moussouri，and Coulson，1998），其中被评价的知识维度包括程度、广度、深度和熟练度。汤普森和邦尼（Thompson and Bonney，2007）设计了一个网络系统来评价某一国民科学项目的影响力，但是个人意义地图通常是以纸质形式呈现给学习者的。

将任务画出来，是一种对参与者的交流模式扩展研究的重要方式，这一方式或许能够使得一些参与者清晰地阐述他们在书面或口语中无法表达的观点和发现。绘图能够捕获参与者对其体验的回忆（比如地图的学习），或者能够显示他们对某一科学概念的理解（Guichard，1995）。通常，人们对图表进行注释和讨论以使得研究者清晰了解图表各部分的含义。穆索里（Moussouri，1997）展示了如何用绘图来捕获儿童推理过程的不同阶段。杰克森和利希（Jackson and Leahy，2005）也使用了类似的绘图和创造性的写作任务来研究一次博物馆经历是如何影响儿童学习的。

对任务进行分类，是参与者在参观博物馆、动物园或其他经过设计的场境之后展现其概念化学习的另一种方式，通常要使用到卡片、照片和其他物体。要成为学习的有力证据，这一方法需要使用控制组，最好还要进行前测。对任务进行分类的好处是：不必公开揭示某一既定的答案在科学上是错误的，并且可以在同样的参与者中多次使用。

在非正式学习环境下，通常在一次展览或项目之后的若干周、若干月甚至若干年后进行电子邮件或者电话访谈尤其重要，因为它们经常是测试两个重要假定的唯一方式。这两个假定是：①经验是非常值得记忆的；②学习者将经验整合到他们生活中的其他方面，并且随着时间的流逝不断提升。通常，跟踪性问题用以下两种提问来探索学习的这两个方面：参与者记忆的感受以及他们自那以后做了哪些与内容有关的事情。比如法尔克、斯考特、德尔金、伦尼和科恩－琼斯（Falk，Scott，Dierking，Rennie and Cohen-Jones ，2004）使用了跟踪访谈来考察一次博物馆参观的认知结果如何随着时间而改变。安德森和清水（Anderson and Shimizu，2007）揭示出，很多人记得他们在一次世界博览会或以前的展览会中做过的事情的细节。艾伦（Allen，2004）发现，观众认为一次展览经历就改变了他们生活中的思考方式，这种情况并不少见。斯波克（Spock，2000）罗列了在事件后马上进行访谈和很长时候之后进行访谈的一些利弊，他还指出了更深度的潜在结果与更长期的时间框架之间的联系。

当学习者参与一次拓展项目的时候（比如讲解或观看某一电视剧），为了测量学习者对正式概念的学习，对概念学习进行前测和后测或许是可行的，这与学校中所采用的做法相类似。比如，洛克曼等人（Rockman et al.，1996）使用了一系列多项选择题来表明：观看了《比尔教科学》这一节目的儿童在理解伯努利原理（该原理解释了飞机如何进行飞行）方面得到了重大收获。研究者采用的另一种在长期时间框架内评价学习的方法是：要求参与者撰写反思日志，尽量与他人讨论并与研究者分享。莱因哈特、蒂特尔和克努森（Leinhardt，Tittle，and Knuston，2002）使用这一方法来展现经常参观博物馆的人的深层联结和知识构建。

方面3：从事科学推理

学习结果的性质

这一方面关注于科学活动和技能——包括探究和推理技能，这两者是密切关联的，并且在研究中通常是与概念性知识同时进行考察的。但是，这里我们尤其关注的是研究者研究活动和科学技能的方式。非正式环境经常通过使用一系列资源来为学习者提供机会参与真实性探究，这种探究没有覆盖特定内容的压力，并且使得学习者有机会利用科学现象和工作人员来帮助他们进行自身的探索和发现。这一方面的结果包括科学探究技能，比如提问、探索、实验、运用概念、预测、通过证据而得到结论、进行推理以及在与他人的对话中清晰阐述自己的想法。其他结果则是与特定非正式环境下的学习相联系的技能：如何使用交互式展品，如何浏览一个网址，如何从大量文本中获得相关信息，如何与具有不同技能水平的其他人一起进行有效学习——包括共享资源、教会别人、相互支撑和在活动中进行协商等。

研究方法

基于观察儿童自发行为的发展性研究表明：儿童观察自然现象的方法与科学方法具有类似性，表现在：探索发现，探究导向，寻求证据（Beals，1993；Callanan and Oakes，1992）。对照研究也有类似的发现，这种发现表明日常思维需要推理变量间的因果联系和复杂关系，这正是第四章中所讨论的。

这一方面的学习结果几乎总是通过考察参与者的学习过程，而不是用前测和后测来进行评价。这是由于进行前测—后测就必须要求学习者展示他们在“前”环境中的表现。大多数非正式环境都具有休闲性质，本质上是以学习者为中心的，如果要进行前测，就要将学习者置于一个与这种环境特征不一致的困境中。相反，技能通常是在技能操练中进行评价的，并且我们这样假设：长时间练习某一技能能够导致更强的专长。

在非正式环境下，聚焦于实践性和发散性探究技能的研究通常依赖于活动期间的视频和音频记录，这些记录稍后被进行分析，来作为提问、说明、推理、解释、争论以及将概念、方法或猜想运用到新情境中这些技能的证据（请参阅附录 B 中有关视频和音频记录的讨论）。比如，汉弗莱和格特威尔（Humphrey and Gutwill，2005）分析了观众互相提问的问题种类以及他们的回答方式后发现，与使用比较传统的、规划好的物品陈列的观众相比，使用“积极持续参与型”展览的观众询问了更多关注使用和理解展品的问题。兰德尔（Randol，2005）通过评价观众在一系列交互式展览中使用科学探究技能的情况后发现，无论是用整体测量方法还是用少数行为指标（如“请下个结论”）来衡量，只要测量的是行为复杂程度而不是行为出现的次数，探究效果都是一样好。迈斯纳等人（Meisner et al.，2007）与冯·莱恩、海斯和欣德马什（vom Lehn，Heath，and Hindmarsh，2001，2002）对录像的一些片段进行了研究，以揭示展览是以何种方式鼓励特定形式的合作参与、建模以及和陌生人之间的互动的。研究者使用录像分析来探究与学习者如何理解自然和物质世界有关的大量行为，这些行为包括与实物之间的交互以及向他人展示做事方式。史蒂文斯及其同事们（Stevens，2007；Stevens and Hall，1997；Stevens and Toro-Martell，2003）使用了博物馆安装的视频注释系统，促使观众去反思自己以及他人是如何与交互式科学表演进行互动的，并留下对他们的活动与反思的持久的视频追踪记录，供其他人来参加这个科学表演时进行探索和讨论。这些追踪可以作为后续的对学习进行互动分析的数据。

研究者还要求学习者在参与科学学习活动之后提供关于他们自己的（或者互相的）技能水平的自我评定报告。有时候，博物馆观众会自发报告他们自己或是他们小组的某一成员（通常是一名儿童）在参与活动时学到了某一新技能。虽然这种方法需要直接的证据来支持观众的断言，但考虑到很多环境的社会规范以及为在某些情况下避免引起参与者的不适感，这种方法可能是可以收集到的技能水平转变的唯一证据。尽管在某些情境中对学习者的技能水平进行前测是有可能的，但对非正式环境而言，这样的测验是一种高风险的评价实践。坎贝尔（Campbell，2008）指出了这种做法在年轻人项目中的危险性：学习者有可能体验失败感并因此不再返回此项目。

方面4：反思科学

学习结果的性质

科学教育的一个基本目标是促进学习者对“科学是什么”的理解——也就是提升他们对科学事业本质的理解。这一方面指向的学习结果涉及如下主题：科学知识是如何建构的，人们包括学习者自身如何理解自然现象以及学习者的观点是如何发生变化的等。通过非正式环境特有的基于探究的活动而进行的知识建构过程，其直接经验能够作为起点，在此基础上获得这一方面的学习结果，这些结果包括：认识到对理论、证据以及两者之间关系的评估，是由人来解释的；认识到科学知识具有不确定性和可变性；认识到在科学研究中使用的策略和方法的多样性。

很多人认为，不管一个人是否成为职业科学家，如果遇到与科学有关的政治争论时，方面4的结果所涉及的各种形式的科学理解，对于培养富有知识的民众是至关重要的（American Association for the Advancement of Science，1993）。尽管外行人总是依赖于职业科学家所做的工作，但是，科学知识根本上是从证据中建构的而不仅仅是事实性的或是来源于权威机构，这样一种观点可以为大众评价与证据相关的断言提供一个批判性的立场（Brossard and Shanahan，2003；Miller，2004）。这样，大众就可能因此更好地判断与诸如全球变暖或教授智能设计①之类的问题有关的公共政策。对这一主题的大量研究表明：年幼儿童、青年人甚至是成年人并不太理解科学本身的性质，不太理解什么是认识和学习的学科方法所必需的要素（Osborne et al.，2003）。

有证据表明：这些理解上的局限源于人们缺少合适的机会在这些领域进行学习（American Association for the Advancement of Science，1993）。当人们有机会来了解科学知识建构的或然性（Smith，Maclin，Houghton，and Hennessey，2000），理解建模和测验过程（Penner，Giles，Lehrer，and Schauble，1997），反思或明确地探究认识论问题（Bell and Linn，2002）时，人们对科学实践、科学过程和科学知识的理解会有所提升。对实践和日常认识论的研究为我们提供了初步的证据，表明非正式环境为人们提供了合适的机会来了解科学的性质（Sandoval，2005）。至于非正式环境对这些结果的促进程度，尚未得到

① 智能设计假说（简称智设论），是一种伪科学的思想，认为“宇宙和生物的某些特性用智能原因可以更好地解释，而不是来自无方向的自然选择”。——译者注

大量的研究，但多数非正式环境提供的探究导向的经历或许为促进人们更好地理解科学的性质提供了教育和文化的资源。

研究方法

关于科学性质的概念性研究已经在学校中展开，通常使用调查问卷或结构化的访谈。这些研究的目标通常是：找出儿童对真正的科学家工作的认识与他们自身的课堂活动之间的关系（Abd-El-Khalick and Lederman，2000；Bartholomew，Osborne，and Ratcliffe，2004；Schwartz and Lederman，2002）。这些研究产生了有关儿童在其认识论基础上的推理的信息，这些信息表面上反映了儿童个人是如何思考知识性质和论点根据的，但是却忽略了活动场境。比如，德赖弗、利奇、米勒和斯考特（Driver，Leach，Millar，and Scott，1996）在他们对 9 岁、12 岁和 16 岁对象的研究中，使用了基于特定调查的访谈数据来识别有关科学性质推理的三个水平。根据他们的分析，在最低水平，学生的推理是基于现象的；在中间水平，学生推理的是数量之间或变量之间的关系；在最高水平，学生推理的工具和对象都是设想的模型。有趣的是，研究者只能够促使 16 岁的青少年将科学作为一项社会事业来进行讨论。类似的研究表明：较低龄的青少年和儿童很难将科学设想成一种社会过程（Abd-El-Khalick and Lederman，2000；Bartholomew et al.，2004；Schwartz and Lederman，2002）。

一些研究者特意尝试将科学观念和科学实践与学习场境联系起来（Bell and Linn，2002；Carey and Smith，1993；Hammer and Elby，2003；Rosenberg，Hammer，and Phelan，2006；Sandoval，2005；Songer and Linn，1991）。桑多瓦尔（Sandoval）明确指出，假设教育机构与活动的组织结构中隐含的是“实践认识论”，而不是个性化发展的或阶段性发展的“个人认识论”的话，那么学生在学校场境中理解科学学科的建构性质和可变性质就存在四种困难。桑多瓦尔认为：实际上，在日常场境中发挥作用的实践认识论，会让学生对科学过程的看法更具有自我反思和微妙差异的特点。

方面 5：参与科学实践

学习结果的性质

这一方面是建立在《把科学带进学校》（National Research Council，2007）报告中讨论的参与这一概念的基础之上，并且进行了拓展。在这一报告中，参与意味着学习者参加规范的科学实践，这种科学实践类似于发生在科学工作中的实践和影响科学工作的实践。比如，尽管年轻的学习者可能在科学之外的许多境脉中理解争论（比如解决在家中或在运动场上发生的冲突），但是他们通常必须学会如何以一种科学的方式来进行争论（比如使用论据来支持论点）。参与科学，除了其他意义以外，还意味着适当的科学争论方式。正如《把科学带进学校》所证实的，有充分的证据说明：即使是年幼的学习者也能够发展参与课堂科学文化所需的知识、技能和责任。该报告还表明：学习如何参与科学，需要学习者具有众多的机会去做科学，并且需要长期充分的教学支持。本报告中对参与的解释有一个重要的不同之处：我们关注的是非学校场境，其中的共享规范和实践通常不是由教育经验的目标和约束所提供的。因此，为了找准非正式环境对这一目的做出贡献的重要方式，我们采用一个比较宽泛但难免界定不太清晰的参与观。

在很多场合（出席某一活动、持续逗留的时间、充分或重复使用某一展品、返回到更多的活动中等），人们参与非正式环境一般是自愿性的。用测量所花费时间来类推，参与情况可以用来衡量学习的尺度，也可以作为学习必需的最低条件或学习的一个指标（假设随着重复参与次数的增加而增强了学习，或者用参与情况直接评价参与共同体的学习）。因此，科学学习环境尤其注重追踪来到和返回这些环境中使用教育资源的人群的分布特征、动机和期望。圣·约翰和佩里（St. John and Perry，1993）在更大范围内拓展了这一观点，他们认为科学学习环境的整个基础结构都应该得到评价，至少要进行部分评价，评价以公众将其作为一种学习资源而自愿使用为基础。

各类非正式境脉的共同目标是，让参与者在从事允许探索、不会感到不安的任务时体验愉悦（e. g. ，Allen，2004；Martin，2004）。这一目标是让参与者在科学中以及围绕科学进行对话、探索和开心玩耍。人们期望，参与到科学学习的非正式境脉，科学学习就随之而发生。换言之，有参与，就会有学习（see Lave，1996）；有快乐，就会返回到科学，这样我们就能期待对科学的可能的认同。法尔克等人的近期研究（Falk et al. ，2007）表明：参观动物园和水族馆的观众如果已经认同自身是科学学习的参与者的话，他们就会期待参观会增强这种身份——事实诚然如此。

对界定清晰的项目的短期参与相对比较容易进行评价，而记录长期的和累积的项目则要困难得多，这主要是由于跨越时间、空间、活动范围来追踪学习者比较困难。然而研究者必须接受这样的挑战，因为该领域的一个重要假设（e. g. ，Crowley and Jacobs，2002）就是：有效的终生学习是一个累积的过程，它整合了非常多的媒体和场境（家中的日常生活、电视、网络、图书馆、博物馆项目、学校课程、课外项目等）。因此，纵向研究是非常有用的。

在评价方面5结果的过程中，文化性回应评价技术有助于使效度最大化，因为一个共同体的成员确定自己的参与水平的方式是和作为非共同体成员的研究者有很大差异的。比如，在加里贝（Garibay，2006）的一项研究中，研究者不得不扩大他们对“家长参与”的定义，以符合他们所不熟悉的共同体的规范。

研究方法

在大多数非正式环境下，学习者的选择是个关键因素，学习者参加到科学活动中的程度也是他们学会参与科学的一个关键因素，因此，追踪哪些人注册了某项目，加入到某个活动或课程，参加了科学俱乐部和相关的兴趣小组，使用了网站或其他形式的媒体或科学学习工具，获得这些数据就显得非常重要。研究者通常收集人口统计学数据（e. g.，Diamond，1999）辅以参加者数据。众所周知，在很多非正式场境比如课外项目和社区型的组织中，收集准确的参与数据尤其是参与程度的数据十分困难（Chaput，Little，and Weiss，2004）。

为了对参与进行更好的研究，对经过设计的场境——博物馆、科学中心、社区花园以及基于社区的组织感兴趣的研究者记录了观众在某一公共空间或展览中的详细活动，揭示了观众在这一区域的参与程度和单个设计要素的相对吸引力（请参考附录B中对于占用时间的讨论）。尽管跟踪研究已经使用了将近一个世纪（Robinson，1928；Melton，1935），但塞利尔（Serrell，1998）的元分析可以用来将其中的一些方法和定义进行标准化，包括“停留”（观众驻足关注某一展品，持续时间至少有2~3秒），“扫视速率”（观众移动穿过一个展区的速度），“勤勉观众的比例”（在过半数展品前停留的观众比例）。塞利尔的元分析还提出了各种类型展览样式（微缩模型、交互式等等）的成功基准。

一些研究者修正了传统的“计时和跟踪”方法，创造了一种不引人注目的、基于整体评估的结构化观察方法。整体性评估的观点认识到，尽管花费在观看展览的时间量是一个很好的量化指标来反映观众利用美术馆空间和展品的情况，但它通常不能很好地反映参观质量。因此，为了完善量化措施，研究者开发了一种等级量表，他们可以使用这种等级量表来评价观众在展览的不同部分或某一特定展区内发生的交互的质量（Leinhardt and Knutson，

2004）。这一量表在某些程度上涉及时间，但时间并不是唯一的要素。

观众的网络留言、评论卡片甚至是来宾意见书，均提供了证据表明：学习者愿意并且有能力参与和机构的对话，或是和提供学习资源的人的对话。反馈机制已经在很好地在博物馆中建立起来，并且已经逐渐地公开展示，而不是让员工通过意见箱或其他方式收集供私下检视。这些方法得到科技系统发展的支持，能够自动贮存和展示任选数量的观众的反应，这些方法也得到了分布式编辑的维基模式的帮助。比如，科技中心协会主办了 ExhibitFiles，它是一个可以让设计者和开发者分享其研究的共同体网址；自由科学中心已经设计了 Exhibit Commons，它是一个邀请人们为博物馆展览贡献资源的网址；革新技术博物馆正在使用 Second Life 作为展品设计的公共资源平台，同时还计划复制真实世界博物馆中一些最优秀的展览。

这些收集数据的方法可能对研究、机构和实践都有益，因此，这些数据收集方法何时能够在科学学习的框架中适当地予以解释，弄清楚这一点是十分重要的。在现场出现是重要的，非正式学习机构的研究程度也跟这些机构的接待能力有关，但是，对参与科学作出判断，与判断多少人路过了某一具体场境，终究不是一回事。

在评价非正式环境中的参与度时，可达性问题很重要。一些人由于身体原因或智力原因而无法接触到非正式活动或环境，有可能导致参与性降低。里奇、钦、孔兹（Reich，Chin，and Kunz，2006）和穆索里（Moussouri，2007）提出了一些方法来与残障观众建立联系以测定参与的结果。这些残障人士可以充当测试对象或是共同的开发者，他们还为如何与这部分特定观众进行访谈提供了技术建议。加里贝（2005）提出了类似的方法来设计评价技术从而对目标对象进行文化回应，即使对单一的活动也是如此。

在基于媒体的活动中评价参与的方式各有不同。对网络资源的使用可以通过用户人数、使用时间、浏览的页面、搜索路径以及从其他网址上的链接来进行评价（e. g. ，Rockman et al. ，2007）。对电视和电台的观众和听众进行评价可以使用调查。用来评价参与深度或经验整合的方式尤其重要，这些方式也各有差异。活动进程的特征之一就是个人主动权和创造性——也就是说，不仅仅是亦步亦趋地经历一次预先设定的活动，而且还要在其中生成一些原创性的东西。比如，格拉辛和琼斯（Gration and Jones，2008）设计出了一套对创新进行编码的方案。另外一些研究者关注创造性或自我发起活动的证据。为了对跨场境、事件、媒体和项目的参与进行记录，艾伦伯根（Ellenbogen，

2002）采用案例研究揭示以高度整合方式来使用大量资源的家庭范例。

通过研究家庭中与科学有关的讨论或活动，一些研究者考察了对科学实践的拓展参与。比如，艾伦伯根发现：经常参观科学博物馆的人把讨论和活动延伸到家庭和其他场境中，从而卷入到整合的、多场境的学习中。另外一些研究者采用了一种预测法来研究预期的行动。克利普曼（Clipman，2005）设计并测试了一种参观提示单（Visit Inspiration Checklist），这一提示单要求观众预期他们在参观之后可能会采取的行动，包括他们可能进一步使用的资源、他们可能建立的联系以及他们为拓展经验可能采取的活动。

采取纵向的方法收集数据，使得研究者更完整地了解人们的这些学习经验在其生活中的作用。研究者一再表明，很多在博物馆开始的对话在人们返回家中后继续进行了下去（see Astor-Jack et al.，2007）。

在一些人种学案例研究中，研究者和一组经常参观博物馆的家庭保持长期关系，能够对他们在博物馆参观前、参观中和参观后进行反复观察和访谈（Ellenbogen，2002，2003）。这些研究认为，博物馆经历和真实世界境脉之间的对话性联系是常态的，但是必须要进行谨慎考察，因为这种联系对于那些家庭以外的人来说并不总是清晰可见的。或许，非正式环境中关于参与结构的最重要和最有趣的研究是人种学，它使得研究者可以分析有关场境中发生的文化规范和意义的特定话语实践（Rogoff，2003；McDermott and Varenne，1995）。

方面6：认同科学事业

科学身份特指一个人具有自己是未来科学家的自我概念（Brickhouse，Lowery，and Schultz，2000，2001；Calabrese Barton，2003）。这一方面的研究还涉及，人们是如何感受和认识他们自己在有关学科学或做科学的活动中的行事权（agency）的。身份通常相当于一种归属于某一共同体、场境或是科学活动中的主观感觉。共同体隶属性和相关行为的变化，能够显示出身份的变化，这通常需要在一个较长的时间段里参加到项目或共同体中（e.g.，Beane and Pope，2002；McCreedy，2005）。布罗萨德、列文斯坦和伯尼（Brossard，Lewenstein，and Bonney，2005）表明：公民科学家不仅能够增长自身的知识，而且还能在科学家们的规矩不起作用时，提供修订的建议。身份变化通常反映在学习者生活中其他人（比如父母、照看者以及相关机构人员）的行为中。

当人们反省过去发生的事件时，能够回溯性地体验到一种主观意志或归属感，这种感受的体验，与当前活动相关联，并能够通过思考未来可能成为什么人的想象性行为而被投射到未来。或多或少而言，与其说身份是为某人能做什么或贴上“某人是谁”的明显标签的话，还不如说它是一种切身体认的经验。比如，一名儿童有可能自如和舒适地参与到家庭的园艺活动中来，但还没有意识到自己被别人看成是园丁或小小植物学家等等。另一名儿童有可能基于对日常现象的观察而获得对牛顿力学的定性理解，其结果是她参与到建立在这种理解上的活动中来，但是，她并没有将参与这些活动和有关其能力的各种标签明确联系起来。

尽管这一领域的研究者普遍认为：身份认同影响科学参与和学习（National Research Council，2007；Leinhardt and Knutson，2004；Falk，2006；Anderson，2003），但存在不同的大相径庭的理论框架来说明身份这一问题。例如，一些关于身份的观念强调个人信念和态度，这些信念和态度是由参与者认可诸如“我对科学有好感”、“我可以成为一名优秀的科学家”等陈述的程度来衡量的（Roth and Li，2005；Weinburgh and Steele，2000）。其他关于身份的观念，聚焦于通过对话和其他的即时交互来建立身份的方式，这些交互使得人们在特定情境中可行的角色和状态中找到位置（Jacoby and Gonzales，1991；Brown，Reveles，and Kelly，2004；Hull and Greeno，2006；Holland，Lachicotte，Skinner，and Cain，1998；Holland and Lave，2001；Rounds，2006）。后面这种观念强调，一个人在某一场境中可以成为什么样的人——比如胜任的、熟练的、创造性的，或是缺少这些品质——既依赖于这些类型是如何在社会境脉中界定的，也决定了某些人可以拥有的可能身份认同。人们与物质资源（比如仪器、工具、笔记和媒体）和与其他参与者交互的方式（比如谈话、手势、阅读和书写）结合起来，为个体指派了各种可行的身份（Hull and Greeno，2006；Jacoby and Gonzales，1991；Brown，Reveles，and Kelly，2004）。

与科学相关的身份认同以及人们参与活动的种类（通常是与他人的活动）这两者之间似乎有着很强的联系。比如，古铁雷斯和罗戈夫（Gutiérrez and Rogoff，2003）强调，人们通过参与各种共同体——这些共同体各有其目标、需求、惯例和规范——而逐步了解实践的技艺库（即参与活动的各种方式）。这些实践的技艺库充当资源，帮助我们在任何一个给定的情境中、根据社会身份来定义这个人是谁。布朗（Brown，2004）的研究阐述了交流实践与构建科学身份这两者之间的联系，描述了校内和校外的实践与身份协商的复杂性。赫尔和格里诺（Hull and Greeno，2006）描述了在一个电路板工厂里工作的工人的身份变化，这些变化是与在工作现场引入一套参与、符号表征、交流、管理以及个人识别的新系统相伴产生的。大量研究阐述了思考科学身份的实践性、经验性和表现性的重要性。一般说来，关于科学身份的研究强调学习者接触并利用概念、想象、共同体、资源和途径等的机会，从而引导对科学实践的越来越深的参与。

研究方法

在很多案例中，对科学身份的研究依赖于关于自我信念、个人经验以及学校与社区对科学学习的支持的问卷调查和结构化的访谈（Barron，2006；Beane and Pope，2002；Moore and Hill Foy，1997；Schreiner and Sjoberg，2004；Weinburgh and Steele，2000）。通过使用基于问卷调查和结构化访谈的自我报告的方法，研究者还进行了关注于行为或共同体归属感变化的长期研究（Fadigan and Hammrich，2004；Falk，2008；Gupta and Siegel，2008）。在一些场境中，对科学活动的长期参与已经生成了学习者身份变化的证据，家长、照看者和机构教职员已经提供了有关这些变化是如何与他们的自身看法和行为相联系的自我报告（Barron，2006；McCreedy，2005；Falk，2008）。对逐渐增强程度的参与和兴趣的研究已经包括问卷调查、访谈、人种学方法以及对学习者手工制品的分析（e. g.，Barron，2006；Bell et al.，2006；Brown，2004；Nasir，2002；Warren，Ballenger，Ogonowski，Rosebery，and Hudicourt-Barnes，2001）。动物园和水族馆对记录与动物保护和环境有关的行为变化特别感兴趣，他们通常询问观众的预期行为，并用电话访谈或网络访谈进行跟踪。

方面6的一个主要结果是科学经验对于儿童的职业生涯选择的影响，但这一点也同样非常难以评价，因为其涉及的时间非常之长，研究在后勤保障方面的困难包括了追踪个体、寻找长期资金资助以及很多可以改变研究计划的干扰因素（Allen et al.，2007）。在多数场合中更可行的做法是，观察能够引导未来的科学职业的当前选择，包括选择学校课程、校外活动、阅读材料、游戏和爱好等。一些研究者充分利用现存的数据组进行纵向的分析。年轻人的职业生涯之路始于初中并一直持续到成年，戴、刘、马尔蒂斯和范考察了这种职业发展路径（Tai，Liu，Maltese，and Fan，2006），证明青少年的生涯预期的重要性并且指出儿童早期的初级经验（8年级之前）可能很重要。这一研究还支持了这样一个观念，即人们赋予他们自身的标签或期许，有可能会激发他们参加与标签相关的活动。萨谢特罗－索耶等人（Sachatello-Sawyer et al.，2002）指出：如果成人项目参加者被认定为“博物馆迷”，就会激发他们到场的积极性。

前景、方向和结论

本章讨论的学习结果，体现了研究者和实践者描述和测量科学学习效果的方式的广泛观点。这六个方面覆盖了众多的用以研究和理解个体学习的方法，它们从最关注于认知和概念变化的方法延伸到最关注参与和身份认同变化的方法。尽管在非正式学习领域中，人们对什么是最重要的结果以及什么是最合适的测量手段存在多种不同的看法，但是人们围绕非正式科学学习结果的性质的一些核心假设，基本上达成了动态的一致。这些核心假设包括：

结果可以包括广泛的行为。我们提到了已经得到研究的许多重要类型的个体学习结果。这类研究的设计考虑到各种不同的个体学习轨迹以及复杂的和整体的学习结果，而不仅仅是那些狭隘定义的个体学习轨迹和学习结果。

结果可以是无法预期的。结果可以是基于项目的目的和目标的（从而与项目设计密切相关），也可以是未经计划和无法预期的、在参与者本身重要特征的基础上偶发的。在非正式场境中，通常是学习者自身来负责结果。研究可以指向他们的经历中涌现的结果，而不仅仅是指向事先框定的结果。

结果可以出现在不同的时间阶段。在评价非正式学习经验的影响时，人们长期使用的是短期结果的测量方式，然而，这些经验还具有与短期效应所不同的持久的、长期的影响。

结果可以发生在不同的水平上。在个体参与者水平上界定的学习结果，回答的是这样的问题：该个体是如何受到经验影响的？本章以及文献综述中讨论的大多数结果普遍聚焦在这一水平上。但是，询问下列问题也是十分有必要的：环境中的整个社会群体是如何受到影响的？比如，群体成员了解彼此吗？群体身份和经验得到提升了吗？或是群体成员提出了合作的新策略了吗？我们还可以在社区的水平上来界定学习结果：活动、展览或项目是如何影响本地社区的？

关于学习结果的这些假设，与研究证据揭示的下述三个高水平标准非常一致，对发展适合于非正式环境中的科学学习评价至关重要。这三个标准包括：首先，评价不仅仅要考虑认知结果，还必须考虑非正式环境有效促进广泛的智力的、态度的、行为的、社会的和参与的能力（Jolly，Campbell，and Perlman，2004；Hein，1998；Schauble et al.，1995；Csikszentmihalyi and Hermanson，1995）。其次，评价应该与参与者经验相符合，这些经验使得这些环境具有吸引力；也就是说，非正式场境中采取的任何评价活动都不应当削弱它促成有效学习的特征（Allen，2002；Martin，2004）。第三，使用的评价必须是有效的，能够测量它们想要测量的内容——即来自这些科学学习经验中的积累（National Research Council，2001）。

评价还必须具有有效的结构效度——即它能够测量旨在测量的内容；必须具有生态效度——即它与学习环境中呈现的学习机会相一致（Moss et al.，in press）。鉴于使用传统学业结果来研究非正式场境中的学习的趋势，研究者和实践者必须谨慎考虑非正式场境中采用这类方法的生态效度，这一点很重要。测量方法必须确保：为在非正式环境下促进学习而设计的这些活动所具有的同样的物质特征、社会特征、认知特征以及其他特征，应当成为评价的有机组成部分，它们是激发学习者已有或是可能习得的能力和倾向的信号。在得出非正式经验是否已经导致了特定结果的结论之前，研究者和实践者应当问自己：评价活动与环境中学习活动的相关方式是否具有相似性？评价所基于的社会规范与在学习活动中促进参与的社会规范是否相同？总体来说，某场境中的学习者需要有足够的机会来学习并展现预期的学习结果，作为研究者对这点是否清楚？缺乏这种明晰，就很难对学习者的学习结果或环境促进学习的有效性做出合理的推断。

回答这些问题的能力，在很大程度上取决于研究共同体如何能够很好地描述参与者在特定的非正式学习环境下的经验的性质，而最终着眼于理解这些环境之间的一致性和系统性。深入理解这些环境的重要特征（比如物质和社会资源是什么？行为的规范是什么？），对学习得以构建和组织的方式（比如什么活动引发了学习？如何支持学习？在这种场境中知识丰富意味着什么？），以及正在形成的能力（比如学习者正在与什么技能、知识或概念打交道？），能够形成对非正式经验对科学学习的特定贡献的关键性见解，从而突出一个人最期待和想要看到的学习结果。

与证明非正式学习机会的独特而有价值的贡献同样重要的是，这一研究领域存在一种张力，关乎人们能够或是应当在多大程度上去指导学习的结果。一方面，该研究领域具有决定性的义务来重视非正式学习经验能积极影响参与者的多样化方式。研究者和实践者宽容地接受人们在参与科学学习活动时从人与资源的相互作用中涌现的多种结果，不管是预期的还是非预期的。乔治·海因将这种对偶发事件的接受解释为“一个观念问题”（George Hein，1995，p. 199）。

> 通过我们对问题的设计，我们使自己面对更广泛的答案、关注预期之外的行为；同时，我们并不排除对有别于有意识教学的学习的可能性进行论证。通过使我们的问题清单审慎地模糊一点和笼统一点，我们没有将不符合某种期望的框架的经验性学习的可能性排除在外。

海因的阐述，揭示了非正式环境的方向是为其服务的人群提供与其兴趣和需求相关的学习经验。那么，有人就可以认为：作为机构，科学学习的非正式环境应该对其所属共同体、阶层和文化的变化保持灵活性和开放性。为了公正对待非正式环境及其所服务人群，应当努力扩展对学习的识别、测量和记录，使之足以适应学习的内容和方式的广泛性。

与此同时，研究者和实践者认识到在领域内建立对研究方法和学习结果的一致标准的重要性（Bitgood，Serrell，and Thompson，1994；Loomis，1989）。缺乏描述结果和方法的共同框架，则很难显示出跨地点和跨时间的学习结果，并且将会继续阻碍人们对不同机构和活动中存在的科学学习基础结构的贡献进行描述。创建更严密的、更有意义的和更合理的科学学习的机会取决于：认识到存在于不同教育情况下的科学学习机会，理解这一学习的性质取决于不同的环境，理解结果之间目前是如何互为补充以及互为基础的，理解支持学习的设计、过程和实践如何能够在未来得到改进。发展适用于非正式环境以及适用于跨环境记录学习结果的新方法，努力创造出更大的机会，从而提高在激发全民科学学习方面的潜力。

参考文献

Abd-El-Khalick, F., and Lederman, N.G. (2000). The influence of history of science courses on students' views of nature of science. *Journal of Research in Science Teaching, 37*(10), 1057-1095.

Allen, S. (2002). Looking for learning in visitor talk: A methodological exploration. In G. Leinhardt, K. Crowley, and K. Knutson (Eds.), *Learning conversations in museums* (pp. 259-303). Mahwah, NJ: Lawrence Erlbaum Associates.

Allen, S. (2004). Designs for learning: Studying science museum exhibits that do more than entertain. *Science Education, 88*(Suppl. 1), S17-S33.

Allen, S., Gutwill, J., Perry, D.L., Garibay, C., Ellenbogen, K.M., Heimlich, J.E., Reich, C.A., and Klein, C. (2007). Research in museums: Coping with complexity. In J.H. Falk, L.D. Dierking, and S. Foutz (Eds.), *In principle, in practice: Museums as learning institutions* (pp. 229-245). Walnut Creek, CA: AltaMira Press.

American Association for the Advancement of Science. (1993). *Benchmarks for science literacy.* New York: Oxford University Press.

Anderson, D. (2003). Visitors' long-term memories of world expositions. *Curator, 46*(4), 401-420.

Anderson, D., and Nashon, S. (2007). Predators of knowledge construction: Interpreting students' metacognition in an amusement park physics program. *Science Education, 91*(2), 298-320.

Anderson, D., and Piscitelli, B., (2002). Parental recollections of childhood museum visits. *Museum National, 10*(4), 26-27.

Anderson, D., and Shimizu, H. (2007). Factors shaping vividness of memory episodes: Visitors' long-term memories of the 1970 Japan world exposition. *Memory, 15*(2), 177-191.

Anderson, D., Lucas, K.B., Ginns, I.S., and Dierking, L.D. (2000). Development of knowledge about electricity and magnetism during a visit to a science museum and related post-visit activities. *Science Education, 84*(5), 658-679.

Astor-Jack, T., Whaley, K.K., Dierking, L.D., Perry, D., and Garibay, C. (2007). Understanding the complexities of socially mediated learning. In J.H. Falk, L.D. Dierking, and S. Foutz (Eds.), *In principle, in practice: Museums as learning institutions.* Walnut Creek, CA: AltaMira Press.

Azevedo, F.S. (2006). Personal excursions: Investigating the dynamics of student engagement. *International Journal of Computers for Mathematical Learning, 11*(1), 57-98.

Barron, B. (2006). Interest and self-sustained learning as catalysts of development: A learning ecology perspective. *Human Development, 49*(4), 193-224.

Bartholomew, H., Osborne, J., and Ratcliffe, M. (2004). Teaching students ideas about science: Five dimensions of effective practice. *Science Education, 88*(5), 655-682.

Beals, D.E. (1993). Explanatory talk in low-income families' mealtime. Preschoolers' questions and parents' explanations: Causal thinking in everyday parent-child activity. *Hispanic Journal of Behavioral Sciences, 19*(1), 3-33.

Beane, D.B., and Pope, M.S. (2002). Leveling the playing field through object-based service learning. In S. Paris (Ed.), *Perspectives on object-centered learning in museums* (pp. 325-349). Mahwah, NJ: Lawrence Erlbaum Associates.

Beaumont, L. (2005). *Summative evaluation of wild reef-sharks at Shedd.* Report for the John G. Shedd Aquarium. Available: http://www.informalscience.com/download/case_studies/report_133.doc [accessed October 2008].

Bell, P., and Linn, M.C. (2002). Beliefs about science: How does science instruction contribute? In B.K. Hofer and P.R. Pintrich (Eds.), *Personal epistemology: The psychology of beliefs about knowledge and knowing*. Mahwah, NJ: Lawrence Erlbaum Associates.

Bell, P., Bricker, L.A., Lee, T.F., Reeve, S., and Zimmerman, H.H. (2006). Understanding the cultural foundations of children's biological knowledge: Insights from everyday cognition research. In A. Barab, K.E. Hay, and D. Hickey (Eds.), *7th international conference of the learning sciences, ICLS 2006* (vol. 2, pp. 1029-1035). Mahwah, NJ: Lawrence Erlbaum Associates.

Bitgood, S., Serrell, B., and Thompson, D. (1994). The impact of informal education on visitors to museums. In V. Crane, H. Nicholson, M. Chen, and S. Bitgood (Eds.), *Informal science learning: What the research says about television, science museums, and community-based projects* (pp. 61-106). Deadham, MA: Research Communication.

Borun, M., Chambers, M., and Cleghorn, A. (1996). Families are learning in science museums. *Curator, 39*(2), 123-138.

Borun, M., Massey, C., and Lutter, T. (1993). Naive knowledge and the design of science museum exhibits. *Curator, 36*(3), 201-219.

Brickhouse, N.W., Lowery, P., and Schultz, K. (2000). What kind of a girl does science? The construction of school science identities. *Journal of Research in Science Teaching, 37*(5), 441-458.

Brickhouse, N.W., Lowery, P., and Schultz, K. (2001). Embodying science: A feminist perspective on learning. *Journal of Research in Science Teaching, 18*(3), 282-295.

Brossard, D., and Shanahan, J. (2003). Do they want to have their say? Media, agricultural biotechnology, and authoritarian views of democratic processes in science. *Mass Communication and Society, 6*(3), 291-312.

Brossard, D., Lewenstein, B., and Bonney, R. (2005). Scientific knowledge and attitude change: The impact of a citizen science program. *International Journal of Science Education, 27*(9), 1099-1121.

Brown, B. (2004). Discursive identity: Assimilation into the culture of science and its implications for minority students. *Journal of Research in Science Teaching, 41*(8), 810-834.

Brown, B., Reveles, J., and Kelly, G. (2004). Scientific literacy and discursive identity: A theoretical framework for understanding science learning. *Science Education, 89*(5), 779-802.

Calabrese Barton, A. (2003). *Teaching science for social justice*. New York: Teachers College Press.

Callanan, M.A., and Oakes, L. (1992). Preschoolers' questions and parents' explanations: Causal thinking in everyday activity. *Cognitive Development, 7*, 213-233.

Callanan, M.A., Shrager, J., and Moore, J. (1995). Parent-child collaborative explanations: Methods of identification and analysis. *Journal of the Learning Sciences, 4*(1), 105-129.

Campbell, P. (2008, March). Evaluating youth and community programs: In the new ISE framework. In A. Friedman (Ed.), *Framework for evaluating impacts of informal science education projects* (pp. 69-75). Available: http://insci.org/docs/Eval_Framework.pdf [accessed October 2008].

Carey, S., and Smith, C. (1993). On understanding the nature of scientific knowledge. *Educational Psychologist, 28*(3), 235-251.

Chaput, S.S., Little, P.M.D., and Weiss, H. (2004). Understanding and measuring attendance in out-of-school time programs. *Issues and Opportunities in Out-of-School Time Evaluation, 7*, 1-6.

Clipman, J.M. (2005). *Development of the museum affect scale and visit inspiration checklist*. Paper presented at the 2005 Annual Meeting of the Visitor Studies Association, Philadelphia. Available: http://www.visitorstudiesarchives.org [accessed October 2008].

COSMOS Corporation. (1998). *A report on the evaluation of the National Science Foundation's informal science education program*. Washington, DC: National Science Foundation. Available: http://www.nsf.gov/pubs/1998/nsf9865/nsf9865.htm [accessed October 2008].

Crowley, K., and Jacobs, M. (2002). Islands of expertise and the development of family scientific literacy. In G. Leinhardt, K. Crowley, and K. Knutson (Eds.), *Learning conversations in museums* (pp. 333-356). Mahwah, NJ: Lawrence Erlbaum Associates.

Csikszentmihalyi, M., and Hermanson, K. (1995). Intrinsic motivation in museums: Why does one want to learn? In J.H. Falk and L.D. Dierking (Eds.), *Public institutions for personal learning: Establishing a research agenda*. Washington, DC: American Association of Museums.

Csikszentmihalyi, M., Rathunde, K., and Whalen, S. (1993). *Talented teenagers: The roots of success and failure*. New York: Cambridge University Press.

Dancu, T. (2006). *Comparing three methods for measuring children's engagement with exhibits: Observations, caregiver interviews, and child interviews*. Poster presented at 2006 Annual Meeting of the Visitor Studies Association, Grand Rapids, MI.

Delandshere, G. (2002). Assessment as inquiry. *Teachers College Record, 104*(7), 1461-1484.

Diamond, J. (1999). *Practical evaluation guide: Tools for museums and other educational settings*. Walnut Creek, CA: AltaMira Press.

Dierking, L.D., Adelman, L.M., Ogden, J., Lehnhardt, K., Miller, L., and Mellen, J.D. (2004). Using a behavior change model to document the impact of visits to Disney's Animal Kingdom: A study investigating intended conservation action. *Curator, 47*(3), 322-343.

diSessa, A. (1988). Knowledge in pieces. In G. Forman and P. Pufall (Eds.), *Constructivism in the computer age* (pp. 49-70). Mahwah, NJ: Lawrence Erlbaum Associates.

Driver, R., Leach, J., Millar, R., and Scott, P. (1996). *Young people's images of science*. Buckingham, England: Open University Press.

Eccles, J.S., Wigfield, A., and Schiefele, U. (1998). Motivation to succeed. In N. Eisenberg (Ed.), *Handbook of child psychology: Social, emotional, and personality development* (5th ed., pp. 1017-1095). New York: Wiley.

Ekman, P., and Rosenberg, E. (Eds.). (2005). *What the face reveals: Basic and applied studies of spontaneous expression using the facial action coding system*. New York: Oxford University Press.

Ellenbogen, K.M. (2002). Museums in family life: An ethnographic case study. In G. Leinhardt, K. Crowley, and K. Knutson (Eds.), *Learning conversations in museums.* Mahwah, NJ: Lawrence Erlbaum Associates.

Ellenbogen, K.M. (2003). From dioramas to the dinner table: An ethnographic case study of the role of science museums in family life. *Dissertation Abstracts International, 64*(3), 846A. (University Microfilms No. AAT30-85758.)

Ellenbogen, K.M., Luke, J.J., and Dierking, L.D. (2004). Family learning research in museums: An emerging disciplinary matrix? *Science Education, 88*(Suppl. 1), S48-S58.

Engle, R.A., and Conant, F.R. (2002). Guiding principles of fostering productive disciplinary engagement: Explaining an emergent argument. *Cognition and Instruction, 20*(4), 399-483.

European Commission. (2001). *Eurobarometer 55.2: Europeans, science and technology.* Brussels, Belgium: Author.

Fadigan, K.A., and Hammrich, P.L. (2004). A longitudinal study of the educational and career trajectories of female participants of an urban informal science education program. *Journal of Research on Science Teaching, 41*(8), 835-860.

Falk, J.H. (2006). The impact of visit motivation on learning: Using identity as a construct to understand the visitor experience. *Curator, 49*(2), 151-166.

Falk, J.H. (2008). Calling all spiritual pilgrims: Identity in the museum experience. *Museum* (Jan/Feb.). Available: http://www.aam-us.org/pubs/mn/spiritual.cfm [accessed March 2009].

Falk, J.H., and Adelman, L.M. (2003). Investigating the impact of prior knowledge and interest on aquarium visitor learning. *Journal of Research in Science Teaching, 40*(2), 163-176.

Falk, J.H., and Dierking, L.D. (2000). *Learning from museums.* Walnut Creek, CA: AltaMira Press.

Falk, J.H., and Storksdieck, M. (2005). Using the "contextual model of learning" to understand visitor learning from a science center exhibition. *Science Education, 89*(5), 744-778.

Falk, J.H., Moussouri, T., and Coulson, D. (1998). The effect of visitors' agendas on museum learning, *Curator, 41*(2), 107-120.

Falk, J.H., Reinhard, E.M., Vernon, C.L., Bronnenkant, K., Deans, N.L., and Heimlich, J.E. (2007). *Why zoos and aquariums matter: Assessing the impact of a visit.* Silver Spring, MD: Association of Zoos and Aquariums.

Falk, J.H., Scott, C., Dierking, L.D., Rennie, L.J., and Cohen-Jones, M.S. (2004). Interactives and visitor learning. *Curator, 47*(2), 171-198.

Feher, E., and Rice, K. (1987). Pinholes and images: Children's conceptions of light and vision. I. *Science Education, 71*(4), 629-639.

Feher, E., and Rice, K. (1988). Shadows and anti-images: Children's conceptions of light and vision. II. *Science Education, 72*(5), 637-649.

Fender, J.G, and Crowley, K. (2007). How parent explanation changes what children learn from everyday scientific thinking. *Journal of Applied Developmental Psychology, 28*(3), 189-210.

Gallenstein, N. (2005). Never too young for a concept map. *Science and Children,*

43(1), 45-47.

Garibay, C. (2005, July). *Visitor studies and underrepresented audiences*. Paper presented at the 2005 Visitor Studies Conference, Philadelphia.

Garibay, C. (2006, January). *Primero la Ciencia remedial evaluation*. Unpublished manuscript, Chicago Botanic Garden.

Gration, M., and Jones, J. (2008, May/June). Learning from the process: Developmental evaluation within "agents of change." *ASTC Dimensions, From Intent to Impact: Building a Culture of Evaluation*. Available: http://www.astc.org/blog/2008/05/16/from-intent-to-impact-building-a-culture-of-evaluation/ [accessed April 2009].

Guichard, H. (1995). Designing tools to develop the conception of learners. *International Journal of Science Education, 17*(2), 243-253.

Gupta, P., and Siegel, E. (2008). Science career ladder at the New York Hall of Science: Youth facilitators as agents of inquiry. In R.E. Yaeger and J.H. Falk (Eds.), *Exemplary science in informal education settings: Standards-based success stories*. Arlington, VA: National Science Teachers Association.

Gutiérrez, K., and Rogoff, B. (2003). Cultural ways of learning: Individual traits or repertoires of practice. *Educational Researcher, 32*(5), 19-25.

Hammer, D., and Elby, A. (2003). Tapping epistemological resources for learning physics. *Journal of the Learning Sciences, 12*(1), 53-90.

Heath, S.B. (1999). Dimensions of language development: Lessons from older children. In A.S. Masten (Ed.), *Cultural processes in child development: The Minnesota symposium on child psychology* (Vol. 29, pp. 59-75). Mahwah, NJ: Lawrence Erlbaum Associates.

Hein, G.E. (1995). Evaluating teaching and learning in museums. In E. Hooper-Greenhill (Ed.), *Museums, media, message* (pp. 189-203). New York: Routledge.

Hein, G.E. (1998). *Learning in the museum*. New York: Routledge.

Hidi, S., and Renninger, K.A. (2006). The four-phase model of interest development. *Educational Psychologist, 41*(2), 111-127.

Holland, D., and Lave, J. (Eds.) (2001). *History in person: Enduring struggles, contentious practice, intimate identities*. Albuquerque, NM: School of American Research Press.

Holland, D., Lachicotte, W., Skinner, D., and Cain, C. (1998). *Identity and agency in cultural worlds*. Cambridge, MA: Harvard University Press.

Huba, M.E., and Freed, J. (2000). *Learner-centered assessment on college campuses: Shifting the focus from teaching to learning*. Needham Heights, MA: Allyn and Bacon.

Hull, G.A., and Greeno, J.G. (2006). Identity and agency in nonschool and school worlds. In Z. Bekerman, N. Burbules, and D.S. Keller (Eds.), *Learning in places: The informal education reader* (pp. 77-97). New York: Peter Lang.

Humphrey, T., and Gutwill, J.P. (2005). *Fostering active prolonged engagement: The art of creating APE exhibits*. San Francisco: The Exploratorium.

Isen, A.M. (2004). Some perspectives on positive feelings and emotions: Positive affect facilitates thinking and problem solving. In A.S.R. Manstead, N. Frijda, and A. Fischer (Eds.), *Feelings and emotions: The Amsterdam symposium* (pp. 263-281).

New York: Cambridge University Press.

Jackson, A., and Leahy, H.R. (2005). "Seeing it for real?" Authenticity, theater and learning in museums. *Research in Drama Education, 10*(3), 303-325.

Jacoby, S., and Gonzales, P. (1991). The constitution of expert-novice in scientific discourse. *Issues in Applied Linguistics, 2*(2), 149-181.

Jolly, E.J., Campbell, P.B., and Perlman, L. (2004). *Engagement, capacity, and continuity: A trilogy for student success.* St. Paul: GE Foundation and Science Museum of Minnesota.

Jung, T., Makeig, S., Stensmo, M., and Sejnowski, T.J. (1997). Estimating alertness from the EEG power spectrum. *Biomedical Engineering, 44*(1), 60-69.

Korn, R. (2003). *Summative evaluation of "vanishing wildlife."* Monterey, CA: Monterey Bay Aquarium. Available: http://www.informalscience.org/evaluations/report_45.pdf [accessed October 2008].

Korn, R. (2006). *Summative evaluation for "search for life."* Queens: New York Hall of Science. Available: http://www.informalscience.org/evaluation/show/66 [accessed October 2008].

Kort, B., Reilly, R., and Picard, R.W. (2001). An affective model of interplay between emotions and learning: Reengineering educational pedagogy—Building a learning companion. In *Proceedings of IEEE International Conference on Advanced Learning Technologies,* Madison, WI.

Lave, J. (1996). Teaching, as learning, in practice. *Mind, Culture, and Activity, 3*(3), 149-164.

Leinhardt, G., and Knutson, K. (2004). *Listening in on museum conversations.* Walnut Creek, CA: AltaMira Press.

Leinhardt, G., Tittle, C., and Knutson, K. (2002). Talking to oneself: Diaries of museum visits. In G. Leinhardt, K. Crowley, and K. Knutson (Eds.), *Learning conversations in museums* (pp. 103-133). Mahwah, NJ: Lawrence Erlbaum Associates.

Lipstein, R., and Renninger, K.A. (2006). "Putting things into words": The development of 12-15-year-old students' interest for writing. In P. Boscolo and S. Hidi (Eds.), *Motivation and writing: Research and school practice* (pp. 113- 140). New York: Kluwer Academic/Plenum.

Loomis, R.J. (1989). The countenance of visitor studies in the 1980's. *Visitor Studies, 1*(1), 12-24.

Lu, S., and Graesser, A.C. (in press). An eye tracking study on the roles of texts, pictures, labels, and arrows during the comprehension of illustrated texts on device mechanisms. Submitted to *Cognitive Science.*

Ma, J. (2006). *Philosopher's corner.* Unpublished report. Available: http://www.exploratorium.edu/partner/pdf/philCorner_rp_02.pdf [accessed October 2008].

Martin, L.M. (2004). An emerging research framework for studying informal learning and schools. *Science Education, 88*(Suppl. 1), S71-S82.

McCreedy, D. (2005). Youth and science: Engaging adults as advocates. *Curator, 48*(2), 158-176.

McDermott, R., and Varenne, H. (1995). Culture as disability. *Anthropology and Education Quarterly, 26*(3), 324-248.

McNamara, P. (2005). *Amazing feats of aging: A summative evaluation report.* Portland:

Oregon Museum of Science and Industry. Available: http://www.informalscience.org/evaluation/show/82 [accessed October 2008].

Meisner, R., vom Lehn, D., Heath, C., Burch, A., Gammon, B., and Reisman, M. (2007). Exhibiting performance: Co-participation in science centres and museums. *International Journal of Science Education, 29*(12), 1531-1555.

Melton, A.W. (1935). *Problems of installation in museums of art.* Washington, DC: American Association of Museums.

Miller, J.D. (2004). Public understanding of and attitudes toward scientific research: What we know and what we need to know. *Public Understanding of Science, 13*(3), 273-294.

Moore, R.W., and Hill Foy, R.L. (1997). The scientific attitude inventory: A revision (SAIII). *Journal of Research in Science Teaching, 34*(4), 327-336.

Moss, P.A., Girard, B., and Haniford, L. (2006). Validity in educational assessment. *Review of Research in Education, 30,* 109-162.

Moss, P.A., Pullin, D., Haertel, E.H., Gee, J.P., and Young, L. (Eds.). (in press). *Assessment, equity, and opportunity to learn.* New York: Cambridge University Press.

Mota, S., and Picard, R.W. (2003). *Automated posture analysis for detecting learner's interest level.* Paper prepared for the Workshop on Computer Vision and Pattern Recognition for Human-Computer Interaction, June, Madison, WI. Available: http://affect.media.mit.edu/pdfs/03.mota-picard.pdf [accessed March 2009].

Moussouri, T. (1997). The use of children's drawings as an evaluation tool in the museum. *Museological Review, 4,* 40-50.

Moussouri, T. (2007). Implications of the social model of disability for visitor research. *Visitor Studies, 10*(1), 90-106.

Myers, O.E., Saunders, C.D., and Birjulin, A.A. (2004). Emotional dimensions of watching zoo animals: An experience sampling study building on insights from psychology. *Curator, 47*(3), 299-321.

Nasir, N.S. (2002). Identity, goals, and learning: Mathematics in cultural practices. *Mathematical Thinking and Learning, 4*(2 & 3), 213-247.

Nasir, N.S., Rosebery, A.S., Warren B., and Lee, C.D. (2006). Learning as a cultural process: Achieving equity through diversity. In R.K. Sawyer (Ed.), *The Cambridge handbook of the learning sciences* (pp. 489-504). New York: Cambridge University Press.

National Research Council. (1996). *National science education standards.* National Committee on Science Education Standards and Assessment. Washington, DC: National Academy Press.

National Research Council. (2000). *How people learn: Brain, mind, experience, and school* (expanded ed.). Committee on Developments in the Science of Learning. J.D. Bransford, A.L. Brown, and R.R. Cocking (Eds.). Washington, DC: National Academy Press.

National Research Council. (2001). *Knowing what students know: The science and design of educational assessment.* Committee on the Foundations of Assessment. J.W. Pellegrino, N. Chudowsky, and R. Glaser (Eds.). Washington, DC: National Academy Press.

National Research Council. (2002). *Scientific research in education*. Committee on Scientific Principles for Education Research. R.J. Shavelson and L. Towne (Eds.). Washington, DC: National Academy Press.

National Research Council. (2007). *Taking science to school: Learning and teaching science in grades K-8*. Committee on Science Learning, Kindergarten Through Eighth Grade. R.A. Duschl, H.A. Schweingruber, and A.W. Shouse (Eds.). Washington, DC: The National Academies Press.

National Science Board. (2002). *Science and engineering indicators—2002* (NSB-02-1). Arlington, VA: National Science Foundation. Available: http://www.nsf.gov/statistics/seind02/pdfstart.htm [accessed October 2008].

Neumann, A. (2006). Professing passion: Emotion in the scholarship of professors in research universities. *American Educational Research Journal, 43*(3), 381-424.

O'Neill, M.C., and Dufresne-Tasse, C. (1997). Looking in everyday life/Gazing in museums. *Museum Management and Curatorship, 16*(2), 131-142.

Osborne, J., Collins, S., Ratcliffe, M., Millar, R., and Duschl, R. (2003). What "ideas-about-science" should be taught in school science? A Delphi study of the expert community. *Journal of Research in Science Teaching, 40*(7), 692-720.

Panksepp, J. (1998). *Affective neuroscience: The foundations of human and animal emotions*. New York: Oxford University Press.

Penner, D., Giles, N.D., Lehrer, R., and Schauble, L. (1997). Building functional models: Designing an elbow. *Journal of Research in Science Teaching, 34*(2), 125-143.

Perry, D. L. (1993). Measuring learning with the knowledge hierarchy. *Visitor Studies: Theory, Research and Practice: Collected Papers from the 1993 Visitor Studies Conference, 6*, 73-77.

Plutchik, R. (1961). Studies of emotion in the light of a new theory. *Psychological reports, 8*, 170.

Randol, S.M. (2005). *The nature of inquiry in science centers: Describing and assessing inquiry at exhibits*. Unpublished doctoral dissertation, University of California, Berkeley.

Raphling, B., and Serrell, B. (1993). Capturing affective learning. *Current Trends in Audience Research and Evaluation, 7*, 57-62.

Reich, C., Chin, E., and Kunz, E. (2006). Museums as forum: Engaging science center visitors in dialogue with scientists and one another. *Informal Learning Review, 79*, 1-8.

Renninger, K.A. (2000). Individual interest and its implications for understanding intrinsic motivation. In C. Sansone and J.M. Harackiewicz (Eds.), *Intrinsic motivation: Controversies and new directions* (pp. 373-404). San Diego: Academic Press.

Renninger, K.A. (2003). Effort and interest. In J. Gutherie (Ed.), *The encyclopedia of education* (2nd ed., pp. 704-707). New York: Macmillan.

Renninger, K.A., and Hidi, S. (2002). Interest and achievement: Developmental issues raised by a case study. In A. Wigfield and J. Eccles (Eds.), *Development of achievement motivation* (pp. 173-195). New York: Academic Press.

Renninger, K.A., and Wozniak, R.H. (1985). Effect of interests on attentional shift, recognition, and recall in young children. *Developmental Psychology, 21*(4), 624-631.

Renninger, K., Hidi, S., and Krapp, A. (1992). *The role of interest in learning and development.* Mahwah, NJ: Lawrence Erlbaum Associates.

Renninger, K.A., Sansone, C., and Smith, J.L. (2004). Love of learning. In C. Peterson and M.E.P. Seligman (Eds.), *Character strengths and virtues: A handbook and classification* (pp. 161-179). New York: Oxford University Press.

Robinson, E.S. (1928). *The behavior of the museum visitor.* New Series, No. 5. Washington, DC: American Association of Museums.

Rockman Et Al. (1996). *Evaluation of Bill Nye the Science Guy: Television series and outreach.* San Francisco: Author. Available: http://www.rockman.com/projects/124.kcts.billNye/BN96.pdf [accessed October 2008].

Rockman Et Al. (2007). *Media-based learning science in informal environments.* Background paper for the Learning Science in Informal Environments Committee of the National Research Council. Available: http://www7.nationalacademies.org/bose/Rockman_et%20al_Commissioned_Paper.pdf [accessed October 2008].

Rogoff, B. (2003). *The cultural nature of human development.* New York: Oxford University Press.

Rosenberg, S., Hammer, D., and Phelan, J. (2006). Multiple epistemological coherences in an eighth-grade discussion of the rock cycle. *Journal of the Learning Sciences, 15*(2), 261-292.

Roth, E.J., and Li, E. (2005, April). *Mapping the boundaries of science identity in ISME's first year.* A paper presented at the annual meeting of the American Educational Research Association, Montreal.

Rounds, J. (2006). Doing identity work in museums. *Curator, 49*(2), 133-150.

Russell, J.A., and Mehrabian, A. (1977). Evidence for a three-factor theory of emotions. *Journal of Research in Personality, 11*, 273-294.

Sachatello-Sawyer, B., Fellenz, R.A., Burton, H., Gittings-Carlson, L., Lewis-Mahony, J., and Woolbaugh, W. (2002). *Adult museum programs: Designing meaningful experiences.* American Association for State and Local History Book Series. Blue Ridge Summit, PA: AltaMira Press.

Sandoval, W.A. (2005). Understanding students' practical epistemologies and their influence on learning through inquiry. *Science Education, 89*(4), 634-656.

Schauble, L., Glaser, R., Duschl, R., Schulze, S., and John, J. (1995). Students' understanding of the objectives and procedures of experimentation in the science classroom. *Journal of the Learning Sciences, 4*(2), 131-166.

Schreiner, C., and Sjoberg, S. (2004). *Sowing the seeds of ROSE. Background, rationale, questionnaire development and data collection for ROSE (relevance of science education)—A comparative study of students' views of science and science education.* Department of Teacher Education and School Development, University of Oslo.

Schwartz, D.L., Bransford, J.D., and Sears, D. (2005). Efficiency and innovation in transfer. In J.P. Mestre (Ed.), *Transfer of learning from a modern multidisciplinary perspective* (pp. 1-51). Greenwich, CT: Information Age.

Schwartz, R.S., and Lederman, N.G. (2002). "It's the nature of the beast": The influence of knowledge and intentions on learning and teaching nature of science. *Journal of Research in Science Teaching, 39*(3), 205-236.

Serrell, B. (1998). *Paying attention: Visitors and museum exhibitions.* Washington, DC: American Association of Museums.

Shepard, L. (2000). The role of assessment in a learning culture. *Educational Researcher, 29*(7), 4-14.

Shute, V.J. (2008). Focus on formative feedback. *Review of Educational Research, 78*(1), 153-189.

Smith, C.L., Maclin, D., Houghton, C., and Hennessey, M.G. (2000). Sixth-grade students' epistemologies of science: The impact of school science experiences on epistemological development. *Cognition and Instruction, 18,* 349-422.

Songer, N.B., and Linn, M.C. (1991). How do students' views of science influence knowledge integration? *Journal of Research in Science Teaching, 28*(9), 761-784.

Spock, M. (2000). *On beyond now: Strategies for assessing the long term impact of museum experiences.* Panel discussion at the American Association of Museums Conference, Baltimore.

St. John, M., and Perry, D.L. (1993). Rethink role, science museums urged. *ASTC Newsletter, 21*(5), 1, 6-7.

Steele, C.M. (1997). A threat in the air: How stereotypes shape the intellectual identities and performance of women and African Americans. *American Psychologist, 52*(6), 613-629.

Stevens, R. (2007). Capturing ideas in digital things: the traces digital annotatin medium. In R. Goldman, B. Barron, and R. Pea (Eds.), *Video research in the learning sciences.* Cambridge: Cambridge University Press.

Stevens, R., and Hall, R.L. (1997). Seeing the "tornado": How "video traces" mediate visitor understandings of natural spectacles in a science museum. *Science Education, 81*(6), 735-748.

Stevens, R., and Toro-Martell, S. (2003). Leaving a trace: Supporting museum visitor interpretation and interaction with digital media annotation systems. *Journal of Museum Education, 28*(2), 25-31.

Tai, R.H., Liu, C.Q., Maltese, A.V., and Fan, X. (2006). Planning early for careers in science. *Science, 312*(5777), 1143-1144.

Taylor, R. (1994). The influence of a visit on attitude and behavior toward nature conservation. *Visitor Studies, 6*(1), 163-171.

Thompson, S., and Bonney, R. (2007, March). Evaluating the impact of participation in an on-line citizen science project: A mixed-methods approach. In J. Trant and D. Bearman (Eds.), *Museums and the web 2007: Proceedings.* Toronto: Archives and Museum Informatics. Available: http://www.archimuse.com/mw2007/papers/thompson/thompson.html [accessed October 2008].

Travers, R.M.W. (1978). *Children's interests.* Kalamazoo: Michigan State University, College of Education.

Van Luven, P., and Miller, C. (1993). Concepts in context: Conceptual frameworks, evaluation and exhibition development. *Visitor Studies, 5*(1), 116-124.

vom Lehn, D., Heath, C., and Hindmarsh, J. (2001). Exhibiting interaction: Conduct and collaboration in museums and galleries. *Symbolic Interaction, 24*(2), 189-216.

vom Lehn, D., Heath, C., and Hindmarsh, J. (2002). Video-based field studies in museums and galleries. *Visitor Studies, 5*(3), 15-23.

Vosniadou, S., and Brewer, W.F. (1992). Mental models of the earth: A study of conceptual change in childhood. *Cognitive Psychology, 24*(4), 535-585.

Warren, B., Ballenger, C., Ogonowski, M., Rosebery, A., and Hudicourt-Barnes, J. (2001). Rethinking diversity in learning science: The logic of everyday sense-making. *Journal of Research in Science Teaching, 38*, 529-552.

Weinburgh, M.H., and Steele, D. (2000). The modified attitude toward science inventory: Developing an instrument to be used with fifth grade urban students. *Journal of Women and Minorities in Science and Engineering, 6*(1), 87-94.

Wilson, M. (Ed.). (2004). *Towards coherence between classroom assessment and accountability*. Chicago: University of Chicago Press.

第二部分

场所和布置

第四章
日常场境和家庭中的活动

日常科学学习的场所不是单一的场境——它是日常活动和工作的集合，人们经常在参加这些活动和从事这些工作的过程中学习到与科学有关的知识。在本书中，将日常和家庭的学习场境与其他场所区分开来的原因是：大部分发生于日常场境中的学习不一定需要明确的教学或学习科学的目标——至少它并不是正规科学教育的一部分。在很多情境中，人们在从事活动之前没有特定的学习科学的意图，只是很偶然地学习了科学内容，进行了科学思考和参与了科学实践。在这种情况下，科学学习被简单地穿织到日常活动或问题中来。

在一次常规的会诊中，医生或许会要求病人做出一项与健康相关的决定；而要做出这样的决定，个体则需要了解一系列的科学概念和隐含的复杂模型。一个家庭有可能在周末外出时偶然参加了某一与科学有关的活动——比如由狂热爱好者举办的机器人展或科学展。某人或许会为了解决电脑或网络的问题而不得不学习更多的电脑技术。一群儿童可能会在某个夏天决定搭建一个精巧的树屋，而这需要他们对材料和结构力学有更深入的了解。社区成员也可能决定说服他们的邻居一起去教育他人，以应对某一尚未报道过的环境危机。以上的每一个例子都表明：科学的教与学的机会总是以不可预测的、偶然的方式出现在人们的日常生活中。本章中所回顾的研究提出了一些有趣的问题，这些问题是关于诸如这样的日常生活片断是如何帮助人们不断加深对科学的复杂理解的。

日常的科学学习的典型场境或许是：儿童从家长那里学习，或是儿童和成人从媒体、兄弟姐妹、同伴以及同事那里学习。日常的科学学习甚至能够在学校和工作场所的结构中出现。比如，一些人认为：很多幼儿园和学徒式的研究生项目都将情境学习镶嵌到了有意义的日常活动中（Tharp and

Gallimore, 1989)。在一些学校的课堂中，儿童同样以非正式的方式学习科学概念、参加科学活动（Brown and Campione, 1996)。很多成人也在工作场所中学到了大量的科学知识。但是，本章中我们所关注的是发生于结构化较弱的场境中的科学学习。

日常科学学习有两种截然不同的类型。一类是不经意间发生的、偶发性和即时性学习；另一类是发生在围绕科学学习而精心设计的，主题明确的场所中，在这样的场所中可以培养稳定的兴趣，选择多样化的活动。这两类学习构成了两个极端，其余发生在日常生活当中的学习都处于这两个极端之间。

几乎所有人都会参与偶发的日常科学学习。一个经典的例子是学龄前儿童在日常活动中对家长的提问。比如在一项研究中发现了这样一些案例：一名4岁的男孩在和他的父亲一起钓鱼时问道："为什么鱼离开了水就会死?"；另外一名4岁的男孩在观看一部关于恐龙的电影时问道："为什么恐龙有角?"；一名5岁的女孩在与家人一起吃晚饭时问道："人死的时候身体会是什么样子?"（Callanan, Perez-Granados, Barajas, and Goldberg, no date)。诸如此类的问题经常出现在对话中，这些对话成为儿童潜在的学习场境。尽管儿童自身不太可能对这些问题进行科学的思考，但是他们的问题会吸引其他人去探索这些想法，这就为人们早期的科学思考提供了重要的境脉。

当然，并非仅仅只有儿童自发地提出科学观点。每个成年人都有这样的经历：在闲谈、阅读或看电视时，都有可能学习到理解科学的一些新观点和新方式。人们闲谈的范围可以从引发地震的原因，到新的电视屏幕技术的作用原理，再到如何判断什么食品可能会引起儿童的过敏反应。以上案例的共同点是：即使在没有具体的科学学习目标的情况下，科学学习也可能会发生。

也有很多人——但不是所有的人——会参与第二种比较刻意的日常科学活动：儿童成为一些特定领域（恐龙、鸟类、恒星）的专家，成人追求科学兴趣（电脑、业余无线电、园艺），还有一些人由于生活环境的原因（关爱某一有特殊情况的家庭成员，应对当地的某一环境公害）而养成了一些特定的爱好。在这些相对刻意的追求中，科学活动是有目标的——尽管这一目标非常不同于科学教师对学生提出的目标。比如，一个爱好航模的成年人学到了很多有关空气动力学的知识，一个对恐龙有浓厚兴趣的儿童获得了关于生物性适应的专门知识。这些基于生活环境的明确爱好同样涉及学习和教学——比如，一位女性搜索因特网是为了更好地理解其母亲的癌症诊断书；社区成员由于当地的环境问题而学习有关水污染的知识；农业社区和家庭参与有关特定生态系统的环境条件和植物学等复杂的科学学习。业余爱好者和志愿者每年可以花费几百小时来参加与科学有关的选择性活动，活动的范围可以从天文学和机器人到农牧业和环境管理（Sachatello-Sawyer et al.，2002）。一位家长可能决定将大量的周末家庭时间用于参与涉及科学的实践，比如将原料进行有规则的混合来制香水或是对家庭植物进行异花授粉实验等（Bell et al，2006）。

与之前描述的第一类相对偶然的经验相比，这些刻意的教育机会更系统、更持久、更有可能发展社会团体来支持这些活动（比如兴趣小组），也更有可能联系一些机构（比如设备制造商、政府机构等）来使追求成为现实。此外，相比自发性的活动，这些活动的一个较核心的目标是持续性的学习。但值得注意的是：发生在这些案例中的教与学不是通俗意义上的教与学。换句话说，它不是以培养科学家为目标的，取而代之的是，这类学习更有针对性、更加明确，并且更多地与学习者强烈的兴趣和目标相关联。当这些日常学习的目标涉及持续的个人探究时，也通常意味着密集的社会实践。在这种社会实践中，个体分享他们的专业知识或技能并且进行整合以达成目标，这些目标包括解决问题、增加专业知识和技能以及获得愉悦感。

日常学习场境

科学学习发生的日常和家庭场境在很多地方存在不同，这些不同包括：物理场境的不同，学习发生地点的显著科学导向程度的不同，以及这些场境与科学学习机构和项目的关系的不同。

一些日常和家庭学习的场境明显地与科学内容或活动联系起来，比如钓鱼、采浆果、农业实践和园艺。尽管这些场境的参与者或许不认为他们的活动与科学有关，但是不难发现这样的情况：当这些场境与科学领域相联系时，它们便成为潜在的令人感兴趣的科学学习场所（比如采浆果能够与植物学问题相重合）。其他一些日常行为甚至更明确地关注对科学内容的学习，这些行为包括阅读与科学主题相关的书籍，或是观看与这类主题相关的录像和电视节目（如探索频道）。当儿童长大一点时，他们与家长一起进行的家庭活动

（如参观科学展览）是科学对话的潜在场所。当然，这些家庭活动同样也是发生有关文学和其他学科对话的潜在场所（McDermott，Goldman，and Varenne，1984；Valle and Callanan，2006）。

有些日常的和家庭的科学学习场境，可能出现在专为科学学习而设计的场境中，也可能在这些场境的基础上形成，这些场境包括科学或自然历史博物馆、动物园、科学中心、环境中心、学校以及类似的场境。尽管我们会在第五章中充分讨论在设计的场境中的经历，但是有一点值得注意：日常学习与经过设计的场境中的学习之间的区别是模糊而不完善的。毕竟，在这些场境中，参与者最常见的社会构型是家庭。有关科学事件和科学活动的对话是随着人们经历的展开而发生的，而人们的经历同时在非结构化的家庭场境和制度化的、经过设计的场境中展开。比如，克劳利和盖尔克（Crowley，Galco，2001）发现：通过与儿童在博物馆中进行对话的方式，家长似乎拓展了儿童的探索并且为儿童正在观察的现象提供了简要的解释。对这些经历的反思经常在这些经历之后得以延伸，并被观察到出现在未来的家庭和其他场境下的家庭活动中（Bell et al.，2006；Bricker and Bell，no date）。

第三种场境是：家庭生活中没有预期的偶发经历在一定程度上——但并不是非常明显地——与科学场境联系起来。很多研究者（Ochs，Smith，and Taylor，1996）研究过晚餐谈话这种活动。其他活动比如开车，也能够为反思一天的事件或是脑中想起的问题提供机会（Callanan and Oakes，1992）。古德温（Goodwin，2007）对“偶发性的知识探索”进行了讨论，比如其中有一个例子是这样的：一个家庭在晚上散步时或许就会遇到一些需要解释的事件。她对此进行了具体说明：某次全家晚上一起散步时，每位家庭成员都扮演一种动物，这就引起了对很多主题——比如伪装、萤火虫是如何发亮的以及蛇类的行为等——的开放性讨论。

需要指出的关键一点是：不同的日常科学学习场境的特征有可能存在很大的不同，这取决于文化共同体以及所讨论的某一具体家庭。一些个体、家庭和社区所生活的条件使他们经常能够接触到活生生的动物，而另外一些只局限于接触到动物的图片、宠物以及偶尔到动物园参观。人们，尤其是儿童，在接触不同类型的科技方面也存在很大的不同（比如电脑、汽车以及建筑设备）。此外，不同家庭中，儿童和成人的互动方式也有很大的区别。一些共同体侧重讲故事的方式、一些关注于解释、另外一些则重视不需要太多言语解释的对持续性活动的仔细观察（Heath，1983；Rogoff et al.，2003）。所有这些都会对不同人群倾向参与自然和技术世界的方式产生重要影响，也会对年幼的儿童掌握并学习识别与他人、与科学、与自然世界交互的正常方式产生重要影响。我们将在第七章中更详细地讨论这些内容。

谁在日常场境中学习

几乎所有的人都在日常和家庭场境中发展与科学有关的技能、兴趣和知识。学习的本质随着个人的成长、发展以及生命历程的展开而不断变化。个体发展塑造了对学习的追求，特定的兴趣和能力随着发展而发生，同时也因个体所获得的用以学习科学的智力和社会资源而异。随着生命进程的展开，人们会发展新的兴趣、需要完成新的任务。比如，成为兄长、走上工作岗位、照顾自己、养育子女或是赡养年迈的父母等，这些通常都需要个体进入全新的科学领域进行探索。由于科学学习充斥着日常和家庭场境，在这里我们需要概述关于科学学习的终生发展观。

婴儿在出生之时就开始构建科学学习的基础。在两岁之前，个体已经获得了大量涉及周围世界的物理知识（Baillargeon，2004；Cohen and Cashon，2006）。这种“知识”不是正规的科学知识，而是一种不断发展的、对自然界规律的直觉性理解。这种理解起源于儿童亲自对物体进行的实验，而不是由成人安排的有计划的学习。比如，当儿童偶然将某一物体从高脚椅子或是婴儿床上扔出时，他们就开始意识到了重力的作用。这些早期的经验并不总是生成对物质世界的准确解释或理解（Krist，Fieberg，and Wilkening，1993）。当儿童获得了新的或更深入的有关物体或事件的知识时，他们的学习将会修正他们之前做出的错误的或不全面的推论。

当儿童掌握了语言，并且活动也变得更为自由时，他们的科学学习机会便得到了扩展。相对系统的学习（如家长在孩子睡觉时读书给孩子听，全家一起参观博物馆或科学中心，在托儿所或幼儿园场境中展开的与科学有关的活动）补充了对科学现象的非正式的、偶然的发现（如观察后院里的小虫）。由此会带来儿童科学概念的发展（Gelman and Kalish，2006），并且这种发展会随着儿童推理技能的不断拓展而丰富（Halford and Andrews，2006）。即使是在生命初期，儿童也会表现出对某些现象的偏爱。这样的偏爱可以逐渐发展成特定的科学兴趣（如恐龙，昆虫，飞行，力学）。如果父母或其他人为儿童提供相关的经验和资源，这些兴趣就可以得到培养（Chi and Koeske，1983；Crowley and Jacobs，2002）。

在进入正式的学校环境之前，大多数儿童已经熟练掌握了一系列的认知技能，拥有大量的与自然世界相关的知识（National Research Council，2007）。他们同样也可能熟知很多与正式课堂教学不同的获取科学信息的模式，这些模式包括：阅读、网络冲浪、观看有关科学的电视节目、与在某一领域是专家的同伴或成人交谈，或是自行探索（Korpan，Bisanz，Bisanz and Lynch，1998）。在随后正式的学校教育以及毕业之后的生活中，这些活动还将继续下去（Farenga and Joyce，1997）。

同样普遍的是，小学生将课堂上的内容带回家中，告诉家长那天在学校发生的事情，并且和家长一起做家庭作业。这类活动有助于家长了解子女的智力兴趣所在，从而展开相关的家庭活动以培养这些兴趣。儿童对学校某节科学课的评论有可能会促使家长与儿童一起查询网络、参观动物园或博物馆，或是计划用家用品进行科学实验以收集更多的信息。通过这些方式，非正式经历可以补充和完善基于学校的科学教育。

当孩子进入青春期时，他们往往会表达出一种不需要成人干预、独立完成活动的愿望（Falk and Dierking，2002）。这并不一定意味着他们与父母的关系变得更为疏远（Zimmer-Gembeck and Collins，2003），但是青少年与父母或其他长辈在一起的时间确实更少了。相对地，他们与同伴在一起或是独自一人的时间则更多了（Csikszentmihalyi and Larson，1984）。他们对教师的依赖程度同样也随着青春期的到来而下降（Eccles，Lord，and Buchanan，1996）。尽管他们与成人——通常这些成人都在早年监督管理过他们的学习——的关系发生了改变，但是很多青少年仍会继续参加各种涉及科学学习的校外活动。尽管个体追求科学学习的兴趣和动机在青春期会发生变化，但是对于对科学领域有浓厚个人兴趣的个体而言，非正式场境中的学习经历会继续成为课堂科学教学的补充。

随着个体逐渐地进入成人角色，他们通常会为业余爱好保留合理的时间。那些对科学、技术、工程或数学及其相关领域有兴趣的个体尤其有可能在这些领域继续他们有意的、自我导向的学习活动（Barron，2006）。科学学习也有可能以相对无意的方式进行，比如观看涉及科学内容的电视节目或电影、与朋友或同伴谈论与科学有关的话题。一些成人或许会特别关注涉及他们的工作或职业的科学问题。在很多情况下，他们对科学主题的爱好会受到个人兴趣或子女学业需求的影响。

从中年时期开始并且在之后的岁月中会一直持续的是，个体经常会因为自身及亲朋好友的健康问题而关注医疗保健信息（Flynn，Smith，and Freese，2006）。对健康的担忧促使成人进入科学学习的一个新领域。同时，由于退休的原因，老年人有更多的时间用于发展个人的兴趣。他们的科学学习是为了满足他们对科学的长期兴趣和对新领域的好奇心（Kelly，Savage，Landman，and Tonkin，2002）。

总之，尽管不同年龄阶段的人的科学学习性质和程度有很大的区别，但是大多数人从一出生起就形成了相关的潜能和直觉性知识，并且这些潜能和直觉性知识会随着人们的成长而不断发展。从这个意义上来讲，非正式环境中的科学学习确实是一个终生事业（Falk and Dierking，2002）。到目前为止，尚未有人收集到可靠的证据来说明婴幼儿在日常生活场境或更为系统的科学境脉（比如学前活动，电视节目）中获得的信息数量。我们同样也缺少信息来说明：相比其他的场所，青少年在课堂教学中获得的科学知识的总量是多还是少。但是，我们可以肯定的是，在一生之中，个体在校外接触科学信息的时间要远远超过在正式课堂环境中接受科学教育的时间。

学习的内容

这一部分关注儿童和成人在日常学习中生成的科学知识、技能和兴趣。我们将依照科学学习的六个方面的框架来组织这一讨论，讨论尤其关注日常和家庭场境中的学习证据。我们根据科学学习的六个方面来分解证据，从而使证据支撑下的论点更具有说服力。我们用以说明六个方面的篇幅各有不同。在多数情况下，这种篇幅变化性反映了在特定场所中考察其中的某一方面所花费的工作量。在这里以及后续的章节中，出于分析的目的，我们经常会分别讨论这六个方面，但是我们希望读者一直关注这六个方面是如何在实践中相互关联、相互支持的。比如，蒂泽德和休斯（Tizard and Hughes，1984）提供了一个4岁左右的儿童与母亲进行对话的解释性例子（见案例4-1）。在这一案例中，我们发现：儿童在探索“为什么”问题（方面1）以及解释倾斜的屋顶在排水系统中的作用（方面2）时，将父母作为信息的来源（方面5）。

案例4－1

家长－儿童偶发性科学对话案例

儿童：我们的屋顶是倾斜的吗？

母亲：嗯，我们有两个倾斜的屋顶，它们在中间相连。

儿童：为什么？

母亲：我们的房子就是这样建的。大多数人家里都有倾斜的屋顶，这样雨水就能流下来。如果屋顶是平的的话，雨水就会积在屋顶中间形成一个大坑，然后屋顶就会漏水。

儿童：你知道我们学校的屋顶就是平的。

母亲：确实是这样，不是吗？

儿童：那么雨水就积留在那里，然后屋顶就会漏水吗？

母亲：不会漏。可能屋顶在建造的时候有排水系统，因此雨水可以排走。你看到很多公寓的屋顶都是平的。但是跟这所房子建在同一时期的那些房子通常都有倾斜的屋顶。

儿童：劳拉家的屋顶也是倾斜的吗？（劳拉是她的朋友）

母亲：劳拉家的屋顶和我们家的很像。在经常下雪的国家，那里的屋顶更加倾斜。因此下大雪的时候，雪就可以从屋顶上落下来。

儿童：如果屋顶是平的的话，那怎么办？只要装一个排水管就可以吗？

母亲：不行，雪会积留在屋顶上。当它融化时，就会形成一个大水坑。

来源：Tizard and Hughes（1984）

方面1：发展科学兴趣

日常学习区别于其他学习的地方在于：日常学习是由兴奋感和纯粹的内在兴趣引起的（Hidi and Renninger，2006）。日常的非正式场境的一个潜在优势在于：相比较更结构化的场境，比如课堂或其他经过设计的教育场境而言，它们更有可能支持由学习者的兴趣驱动的、与个人相关的探索。

儿童追求因果的“为什么”问题被认为是他们对世界具有强烈好奇心的

一种表现（see Heath，1999；Gopnik，Meltzoff，and Kuhl，1999；Tizard and Hughes，1984）。西蒙（Simon，2001）把这些问题与科学家的创造性思维和探索性推理作了比较。同样，高普尼克（Gopnik，1998）认为：寻求解释是人类处理信息的一种基本过程。一些儿童对某一领域如此感兴趣以至于他们被描述成这一领域的专家——比如大量的研究都描述了学龄前恐龙专家以及与科学或技术有关的其他领域的儿童专家的活动特征（Chi，Hutchinson，and Robin，1989；Johnson et al.，2004）。这样的儿童或许也会拥有作为某一特定科学领域专家的声望（Palmquist and Crowley，2007）。这些社会声望系统会进一步促进儿童的学习，因为成人、同伴和兄弟姐妹有可能要求儿童表现得像一名专家（如生成和完善对某一自然现象的解释），或为他们提供与特定主题相关的学习资源来促进其学习（Barron，2006；Bell et al.，2006）。类似地，成人专家也经常通过非正式渠道来发展他们的知识。

成人在日常场境中的科学学习也经常是自我驱动的，并且与个人兴趣和问题解决密切相关。成人学习者通常在业余爱好的境脉中学习科学，比如观察鸟类和搭建飞机模型（Azevedo，2006）。关于成人学习的社会文化视角关注学习者当前的生活问题或事件是如何引发学习的（Spradley，1980）。在因危及地方的环境问题产生争议的境脉之中——比如农药的使用、工业废物、恶劣天气的影响或是将新工业引入某一地区——通常会产生环境科学的学习（Ballantyne and Bain，1995）。同样，想要了解自己或亲人所经历的疾病这一紧迫而又强烈的动机驱使很多成人去学习人类生理学和医药学知识（Flynn，Smith，and Freese，2006）。事实上，我们从文献中得出这一结论：成人学习者不愿意在科学学习中成为通才，相反，他们倾向于成为其感兴趣的某一特定领域的专家（Sachatello-Sawyer，2006）。

即使当科学学习只是一种临时行为（而不是持续的或专家式的行为）的时候，这种行为背后也可能隐藏着学习者的狂热兴趣。对成人医学知识的研究就是一个很好的案例：这种知识通常来自于某人在面临某个医疗危机（即可以是自身的，又可以是其亲人的）时对医疗保健提供者的质疑以及对文献的大量搜索（近期是来自因特网）。在这一危机的境脉之下，人们想要掌握医学知识的动机强烈而且持续（Dickerson et al.，2004；Flynn et al.，2006；Pereira et al.，2000）。

一些专家认为：学校和科学中心应当关注日常学习中产生求知欲和探索行为的真实时刻——并且应当在设计的场境中重现这些真实时刻（Falk and

Storksdieck，2005；Hall and Schaverien，2001；National Research Council，2000）。尽管为了纯粹的兴趣而探讨科学问题经常是设计课程或博物馆展览的一个目标，但是游客们可能没有这样的目标。而科学家们的个人经验表明：持续性的日常经验通常被认为在他们的专业知识和技能的发展中发挥了至关重要的作用（Csikszentmihalyi，1996；Simon，2001）。如果要使非正式场境中的学习经验更有成效地与正式教育联系起来的话，一个根本性的挑战就是：对提供资源和支持的方式的有效性进行系统性的探索，以使这些方式能够允许学习者追求自身的深层兴趣。

方面 2：理解科学知识

如上所述，人们在一生之中学习了大量的、与多个科学领域有关的事实、概念和解释。对人类的早期认知发展的研究表明：年幼儿童在进入学校之前就已经在理解自然世界的规律性方面取得了很大进步，这些理解之后能够发展成对科学的相对完整的解释（National Research Council，2007）。儿童早在婴儿时期就开始了对自然世界的学习。即使是在生命的早期，婴儿也会与物体发生身体接触，人们也开始向他们传达一些关于其所处的新世界的信息。新生儿与物体和物体表面的接触使他们形成了对运动的直觉性理解，而这种理解或许有助于他们之后的物理学习（Baillargeon，2004；Spelke，2002；von Hofsten，2004）。比如一个人手上拿着某一物体站在 4 岁婴儿面前，当这个人放手但是物体静止不动时，与这个人放手但是物体下降的情况相比，婴儿盯着它看的时间要更久，这表明婴儿对这种典型的违反重力规则的现象感到很吃惊（Baillargeon，2004）。婴儿在生命的第一年表现出的简单行为，比如期待看到滚动小球的运动表明：他们开始形成对物体运动以及他人行动的期待（Luo and Baillargeon，2005；Saxe，Tzelnic，and Carey，2007）。

年幼儿童对自然世界的很多早期理解都由日常场境中的经验发展而来。比如在有关儿童科学学习的研究中，有大量的研究涉及以下两个问题：①什么样的东西是有生命的？②地球的形状是什么样的？对这两个问题的研究揭示了儿童早期理解的模式以及他们的概念随着时间而发展变化的方式。

通过使用多种方法，人们探索了婴幼儿对生物和非生物之间区别的发展性理解（Bullock，Gelman，and Baillargeon，1982；Gelman and Gottfried，1996；National Research Council，2007 年；Springer and Keil，1991）。这些研究很明显地表明：儿童关于自然世界的很多早期概念似乎聚焦于社会化的、有意识的生物与无意识的、无生命的事物之间的区别（Carey，1985）。事实上，儿童需要花费很多年时间来接受植物也是有生命的这一观点（Waxman，2005）。

有关儿童对生物的推断的实验研究表明：儿童从动物与人类的关系角度来思考动物（Carey，1985）。当儿童被告知人类具有某一种特定的器官（如脾）并且被问到一系列动物是否具有同一器官时，7 岁的儿童似乎经常根据动物和人类的相似程度来做决定：比如，儿童认为猴子比蝴蝶更有可能具有这一器官。这样的研究表明：儿童不具备"朴素生物学理论"，而是从"朴素心理学"的角度出发，将人类作为原型来思考问题。但是后期的研究表明：凯里（Carey）的样本大多是城市儿童，他们对这一任务的推理不同于那些能够近距离接触自然的儿童。来自梅诺米尼社区（Menominee community）的美国印第安农村儿童和大多数农村儿童所做出的推断都表明：他们对生物种类的推理并没有建立在拟人论的基础之上（Ross，Medin，Coley，and Atran，2003）。此外，塔尔科夫斯基（Tarlowski，2006）发现：那些父母是生物专家的儿童则更有可能从生物类别角度来推断动物。稻垣和波多野（Inagaki and Hatano，1996）发现：那些有养过金鱼经验的儿童比那些没有养过金鱼的儿童更有可能从生物学的角度来推理动物。

关于儿童对进化的理解研究也同样揭示了一些在家庭中影响儿童学习生物学的有趣因素。埃文斯（Evans，2001，2005）发现：对来自不同家庭背景的儿童而言，他们理解物种起源的发展阶段都很类似。她发现：很多年幼儿童都给出了"创世论"的解释；但是当他们长大时，家庭信仰对儿童的理解产生了影响，来自基督教徒和非基督教徒家庭的儿童持有不同的观点。

这些发现表明：尽管存在与年龄相关的倾向，但是儿童的特定经验，包括校外的文化经验，都有可能影响他们对生物的思考方式。虽然研究者对这些特定经验是如何影响儿童的思考所知甚少，但是这种学习大都发生在非正式场境中这点很清晰，并且这种学习很可能涉及与同伴（Howe，McWilliam，and Cross，2005；Howe，Tolmie，and Rodgers，1992；Lumpe，1995）、与家长以及与儿童生活中的其他重要人物的谈话（Jipson and Gelman，2007；Waxman and Medin，2007）。

有关儿童对地球形状理解的研究是另一个已经揭示出儿童理解的发展模式的领域，研究证明了日常学习和文化语境的重要性（Agan and Sneider，2004；Nussbaum and Novak，1976；Vosniadou and Brewer，1992）。虽然感知经验告诉儿童地球是平的，但有证据表明即使是 4 ~ 5 岁的儿童也知道地球实际上是圆的。沃斯尼亚杜和布鲁尔（Vosniadou and Brewer，1992）证明：儿童自身对地球的经验与他们被告知的观点——“地球是圆的”——相冲突。他们通过创造一种混合的心智模型来协调这些冲突，这一混合的心智模型将儿童通过观察所学的东西与通过谈话所学的东西连接起来。沃斯尼亚杜和布鲁尔通过使用一些访谈性问题——这些问题的设计目的是为了发现儿童解决这些冲突信息的途径——来识别儿童回答中表现出来的多种不同模型。比如，一些儿童的回答中表明了一种双重地球模型，在这种模型中儿童将他们每天在上面走路的平的地球区别于天空中圆的地球。另一种是空心地球模型，在这种模型中儿童认为地球是圆的，但是人类生活在地球的内表面（地球的顶端有时被认为是天空）。另一些研究发现儿童所描述的模型种类中的文化差异（Samarapungavan，Vosniadou，and Brewer，1996），这表明：经验、文化价值观以及与他人的交互都有可能对儿童理解世界以及之后修正他们的理解产生影响。比如，萨马拉庞格万（Samarapungavan）和他的同事对 5 ~ 9 岁印度儿童的宇宙观进行了分析，他们发现：在生成对宇宙现象的解释之时，儿童通常将天体的物理特征（比如形状、角度、位置）与当地民间传说的解释联系起来。

成人也如儿童一样在日常场境中学习科学。最明显的例子就是成人如何学习与健康和环境相关的科学知识。为了寻找与这些主题相关的信息，成人除了向传统的专家，如保健医生求助之外，还会收集各种不同的资源。其他收集健康信息的方式通常还包括向大众传媒以及向当地专家求助。人们充分研究了大众媒体在收集健康信息中的用途。对在因特网迅速发展之前进行的三次全国性调查的回顾表明：大部分调查对象都将大众传媒，包括杂志、报纸、其他印刷出版物、电视、电台、街道标志和广告牌等，视为获得健康信息的主要途径（Brodie et al.，2003）。近期的研究确认了这些发现，同时也确认了因特网（无论其被定义为资源还是大众媒体）在其中所起的越来越重要的作用（Fox，2006；Madden and Fox，2006）。大众传媒在定义健康与疾病、介绍有助于个体判断自己健康与否的产品和服务、提供可供消费者借鉴的具有特定健康问题的他人榜样等方面发挥着重要作用。

本地一些经验人士（比如那些有实际医护经验的人或亲历过某种医疗过程的人）也是成人获得信息的一种重要来源（Tardy and Hale，1998）。塔迪和黑尔（Tardy and Hale，1998）发现：人们往往会去征求非专业人士的意见，因为他们看上去更亲近、更友好，并且能更好地融入到当地社区中。人们在向外行人求助时会比向医生和专家求助时感觉更舒适。爱泼斯坦（Epstein，1996）对艾滋病活动家的转变过程进行了记录，观察他们如何从对艾滋病研究技术知之甚少的外行人逐渐转变为这一领域十足的专家，从而为艾滋病研究政策、研究筹款和研究设计做出重要贡献。爱泼斯坦的研究是质性的、案例研究导向的社会学传统的一部分，这种传统强调当有所需求时，外行人也能够学习到技术信息；实际上他们也确实有可能以传统科学家不同的方式对知识的生产做出贡献。对外行知识的这一关注主要源自于英国学者在20世纪80和90年代对大众科学理解力的探索研究（Irwin and Wynne，1996；Layton，1993）。

尽管这些研究表明人们通过大众传媒和本地经验人士来获取健康信息，但是这些研究以及其他研究成熟的文献都不能提供证据以得出结论——这些行为对成人理解健康、疾病和医疗保健具体产生了什么样的影响。然而，面对成人搜集到的如此多的信息以及因此表现出的行为——如保健行动，我们相信学习确实发生于日常场境之中。

以上案例都说明成人和儿童确实在日常场境中发展他们对科学领域的理解，这有助于支持我们的“日常学习非常重要”这一主张。然而，值得注意的是，研究对学习的内容到底是什么存在一些争议。很多发展心理学的研究对待概念发展采取这一假设：人们在特定的年龄阶段获得特定的符号概念和因果关系理论（Gopnik and Wellman，1992；Gelman，2003）。一种与此相关的方法关注儿童和成人对科学主题持有的有待修正的错误概念或另类构想（e. g. ，Treagust，1988）。最后，可能由于有关非正式环境下学习的研究经常关注自然主义的数据（而不是实验室任务或干预研究），因此社会文化-历史的研究方法已经成为该领域重要的方法之一（Cole，2005；Rogoff，2003）。

这些理论方法在发展心理学中的出现对承认儿童思维的连贯性和内部一致性起到了正面作用——即使有时候儿童的推理不同于成人的推理。正如《把科学带进学校》（National Research Council，2007）一书中所争论的，在儿童用自身的术语来检验其逻辑时，皮亚杰对儿童早期的非逻辑思维的假设是不成立的（Carey，1985；Gelman and Baillargeon，1983）。格尔曼（Gelman，2003）进一步提出儿童和成人均是本质主义的思考者。比如，在他们形成对生物种类的理解的时候，他们都会做出这样的假设：这些重要种类都各自有其内在的本质特征。因此在学习某一具体动物的特征（如它吃竹叶）时，人们会做出这样的推断：这个特征是所有同种类的动物都具备的，而不仅仅只是我学习的这个动物才有。

在发展心理学发生变化的同时，在过去的25年中科学教育研究者开始重点关注儿童对学科性科学主题的概念性理解的细节之处。人们的不同于学科概念的理解被称为错误概念、前概念或另类概念，它们需要被更加规范的理解所替代（e. g. , Treagust, 1988; Snyder and Ohadi, 1998）。

另一种正在形成的认知观点使这一模式变得更为复杂。这种观点认为，个体所拥有的复杂知识体系中的零碎知识片段需要被整合，从而使个体的理解具有一致性（diSessa, 1988）。同时这种认知观点承认：对知识片段的完善可能在一段重要时期内发生。正如我们在前文中指出的，包含自然现象的日常经验对发展这些知识片段具有重要意义。

从这一知识建构和精炼的视角出发，或许将儿童的想法视为一种创造性的资源更有教育意义。毕竟儿童能够以更科学的方法重组他们的想法，并将其运用到特定的境脉和问题之中（Smith, diSessa, and Roschelle, 1993）。这种观点认为，在一个人的概念变化过程中，快速形成正确的学科答案不如遵循一种科学的知识建构过程来得重要。相比于关注思维的集中趋势（比如不同个体在生成系统性解释时具有一致性），关注儿童思维的个体差异性或许更能使教育工作者获益。儿童的思维差异体现在他们理解某一特定境脉时带入的知识片段的差异，因为这些知识片段是儿童进一步提炼知识的关键所在。

正如第二章中所讨论的，这种社会文化-历史方法在这一领域颇具影响力。尤其是在研究日常境脉中接触到的科学概念时，有些人认为用情境化思维而不是稳定的认知能力来描述学习的内容或许更有成效。由于在这种情况下学到的内容是在有意义的活动和交互中产生的，并会随着情境的变化而变化，因而它与那种一旦产生就不会发生改变的认知能力有所区别（Cole, 1996; Rogoff, 2003）。不同学科在研究日常科学学习时存在分歧，并且这种分歧似乎聚焦于日常经验在儿童发展科学思维中的作用。一些研究表明：儿童有可能从日常经验中发展出错误的科学概念（Ioannides and Vosniadou, 2002; National Research Council, 2007; Snir, Smith, and Raz, 2003）。另一些研究表明：相比于学校场境，儿童有可能在日常场境中展开更完善的对科学和自然世界的推理（Bell et al. , 2006; Sandoval, 2005）。为了揭示儿童在日常和学校场境中思考科学的细微差别，我们需要进行进一步的研究。

方面3：从事科学推理

非正式场境中科学学习的另一个研究焦点是：人们如何在日常活动中使用各类科学推理。有关科学思维的研究通常关注一套具体的、结构化的、固定不变的思维策略，尤其是提出假设和检验假设被认为是科学推理的核心（Kuhn，1989；Klahr，2000；Schauble，1996；Zimmerman，2000）。但是近期有几位专家提出：这些推理过程仅仅是科学所需的推理过程中的一部分。只关注检验假设会忽略一系列其他形式的、同样对科学至关重要的思维（Gleason and Schauble，2000；National Research Council，2007）。

令人奇怪的是，我们在幼童的思维中有时会观察到科学推理技能，但同时，也有证据表明很多成人在一些技能上还不如儿童熟练（Kuhn，1996；Tversky and Kahneman，1986）。个体在成长时会不知不觉地丧失科学推理技能吗？我们在这一部分中会讨论这些矛盾之处，实际上，探索有关日常思维的研究是如何进行的也许有助于澄清这些不同的结果。我们关注科学推理中与日常思维特别相关的两个问题：因果关系和境脉。

高普尼克和他的同事（Gopnik，Glymour，Sobel，Schulz，Kushnir，and Danks，2004）认为：寻找原因实际上是一种基本的人类驱动力。对因果思维的对照研究表明：年幼儿童能够对复杂的因果关系进行加工（Gopnik，Sobel，Shulz，and Glymour，2001；Kushnir and Gopnik，2005）。在课堂研究中，人们开始实施和评价支持学生进行因果推理的方式（Lehrer and Schauble，2006）。日常的因果推理比实验室或课堂任务中的推理更加模棱两可，人们也很少能确立真正的因果关系，但这并不改变这一事实：寻找原因是日常生活中的主要关注。人们总是努力为自然世界和社会世界中的事件找出原因。

研究同样证明：各种不同的境脉因素对儿童和成人如何有效地验证论点和评估证据产生了极大影响。比如，奇尔吉（Tschirgi，1980）发现：人们对某一结果的重视程度将会影响到他们使用科学策略来检验其原因的可能性。比如，如果检验的是哪一种成分使蛋糕不好吃的话，儿童和成人有可能会对待验证的变量进行系统化控制。但是，如果检验的是哪一种成分使得蛋糕变得美味的话，参与者往往想要保持变量不变而不是对它们进行系统化的检验——这或许是因为尝试重做一个好蛋糕对他们而言更有意义。同样，有大量的研究证明：成人，即使是专家，也会使用不符合科学方法的逻辑（Kuhn，1996；Tversky and Kahneman，1986；Wason，1960）。通常这些不符合逻辑和不符合科学的推理方法来源于人们在理解世界过程中使用的日常试探法。通过对实验室场境中的任务进行控制，阿姆斯特劳和梅尔泽夫（Amsterlaw and Meltzoff，2007）近期发现：儿童在小学时期形成了相对科学的推理方式和做决定方式。儿童较少表现出对某一结果的偏见并且意识到证据在推理中的重要作用。这些基于实验的研究或许解释了日常学习情境中一些普遍的现象。

在很多涉及科学推理的研究中，普遍而明显地存在一个有关从事科学的"正确"方式的假设。这一假设总是过于简单地认为通过控制变量检验假设的方法就是正确的从事科学的方法（Gleason and Schauble，2000），但是科学家有可能以与这种刻板印象完全不同的方式进行工作（Dunbar，1999；Knorr-Cetina，1999；Latour and Woolgar，1986）。比如并不是所有的科学都以同样的方式来验证假设的，古生物学和天文学还可能将图案和顺序进行调整以使其成为一个合理的故事。埃里克森和古铁雷斯（Erickson and Gutiérrez，2002）认为，认识到以下这一点对理解科学学习是至关重要的，即严谨的科学工作需要多种多样的研究方法。他们对此进行举例说明：在某项研究中，为了理解量化研究中获得的一个反常发现，质性的观察方法是必需的。在之后对学习者参与科学实践的讨论中，我们会继续对这些问题进行探讨。

方面4：反思科学

大量的教育研究表明：在被问及科学的本质时，儿童和成人所表现出的信仰可能与大多数科学家所持有的科学观点、哲学家所拥护的概念以及科学实践的经验描述相矛盾。在理解科学性质上的这一差异被认为阻碍了儿童进行科学学习的尝试（Bell and Linn，2002；Driver，Leach，Millar，and Scott，1996；Lederman，1992；Sandoval，2005）。对科学及其过程进行反思，以及对一个人自身的科学思维进行反思，这些都是日常科学思维的关键部分。

科学家和非科学家对于科学的最常见的一个认知差异在于：很多儿童和成人倾向将科学视为一套既定的事实，而不是一种持续的知识建构过程（Songer and Linn，1991）。几乎很少有人意识到在科学中会使用各种方法，并且他们也倾向于误解在科学共同体生成结论的过程中证据所起到的作用。

比如，桑多瓦尔（2005）总结了在学校场境中对学生理解科学进行评价的文献，指出学生在理解科学的以下几个特征上存在困难：

1. 科学是由人建构的——而不是通过对证据的解释建构起来的知识体。桑多瓦尔认为学生似乎经常将科学视为一套客观存在的事实。

2. 科学在确定中存在变化——学生经常将科学视为一成不变的知识。学生难以理解科学的变化性是因为他们通过证据得到结论，而科学家经常在发现新的证据之时改变他们的结论。

3. 科学方法的多样性——学生通常认为科学仅仅是建立在实验的基础之上，而没有意识到科学中会涉及多种不同的方法。而且，他们通常在理解方法如何与证据联系以及如何用证据解释问题上存在困难。

4. 科学知识的形式——学生经常困惑于不同种类的科学知识的性质；尤其是，他们认为假设、原理和定律是知识发展的一种线性顺序，从不确定到相对确定。学生有时也困惑于理论如何区别于证据以及模型如何与真实现象相关联①。

桑多瓦尔（2005）和其他人在课堂场境中描述的对于科学的误解与成人对科学的思考有很多共同之处。成人也经常纠结于以上列出的科学的四个特征。实际上，有关科学思维研究的最有力的发现之一是：成人和儿童一样都很难将他们自身的思维作为思考的客体。库恩（Kuhn，1996）认为：科学思维和日常思维没有太大的区别，原因就在于无论哪一个领域都存在因为对反思自己的思维存在困难而导致推理能力下降的现象，桑多瓦尔（2005）认为：儿童在日常场境中进行自我推理的机会比在课堂场境中多。但是，我们持续观察到儿童和成人总是对科学目标，过程和准则发生误解。这似乎意味着日常学习并不总是能够有力地支持人们把科学理解为认识世界的一种方式。

方面5：参与科学实践

在非正式环境中，研究科学学习的一个关键性挑战是：识别什么是“做科学”。传统意义上，科学工作使用专门的语言、工具和表征，科学实践通常被认为是在类似实验室场境或特定场境中遵循一套结构化的原则。但是，关注日常场境的研究强调人们经常可以在日常活动中发现科学实践的一些特征（Nasir，Rosebery，Warren，and Lee，2006）。同时，对于科学家真实的日常实践的研究已表明：科学过程并不总是遵循被称为科学方法的结构化步骤（Latour and Woolgar，1986；Knorr-Cetina，1999；Collins，1985）。

指出在日常活动中会出现涉及科学的实践，并不是为了表明它们是传统科学实验室或实验现场活动的替代品。而是正如纳西尔等人（Nasir et al.，

---

① 当然历史学家、社会学家以及科学哲学家对假设、原理和定律的意义和关系存在很大的争论。

2006）认为的，识别日常活动和“正式”的科学活动之间的交叉点，能够为那些无法参与科学活动的学习者提供宝贵的科学学习机会。他们用以说明这一点的一个案例就是沃伦和罗斯伯里等人的研究（e. g. ，Warren and Rosebery，1996）。在这一例子中，教师帮助海地的年轻人去发现：他们在社区中普遍使用的一种辩论演说（称为 *bay odyans*）与科学家用来说服其他研究者接受自己对研究结果的解释的劝说性语言存在很多共同之处。鼓励这些年轻人看到运用自如的论证风格与科学实践存在一些共同之处，已经显示出对他们的科学成绩产生了正面效应（Warren and Rosebery，1996）。其他很多对非正式场境中的学习进行探究的研究者指明了非正式环境中的另外一些自发性活动——这些活动同样能够被视为科学实践的一部分，包括探究、类比、想象和论证（Allen，2002）。

正如以上所指出的，除了声明日常实践包括许多科学实践的成分之外，大量关于科学家实践的研究表明：科学家的研究并不是一成不变地遵循单一的、严格的科学方法。已有的研究记录了很多的具体案例。比如，奥克斯、冈萨雷斯和雅各比（Ochs，Gonzales，and Jacoby，1996）描述了在某一物理研究小组中发生的虚构的“理论谈话”。在验证假设的可能性时，科学家们经常设想他们身处于学科的概念领域中，与他们研究的实体进行拟人的对话。这样的对话似乎与儿童们的虚构对话存在很多共同之处。但在某一典型的科学课堂中，这样的对话有可能被认为是不科学的。尽管这种虚构的第一人称对话不符合我们头脑中固定的科学套路，但是奥克斯和其同事向我们证明了这确实是科学的一部分。

在科学学习的研究中，人们也经常忽略科学实践的另一特征，即科学事业的社会本质。科学的社会性主要体现在以下两个相关层面。一方面科学是社会性的，因为科学涉及小组成员一起工作以建构对自然世界的解释。人们通过交流以识别科学问题，收集、分析和解释证据，建构对最常见现象的解释，以及评价和完善这些解释。另一方面，科学的社会维度指的是科学家所共享的特定规范和承诺。他们学习如何在他人观点或者批判这些观点的基础之上进行交谈。他们学习如何从理论中剖析证据，以使这种剖析方式经得起细致的分析。

对为了应对社会问题而进行的日常科学学习的研究更多地关注前者，即将科学视为广义的社会过程，而较少关心对科学的社会学描述，即将科学视为一种特定的、规范的互动形式。研究者发现：科学不像大众通常所认为的那样，它不是一种孤立的活动。拉图尔和伍尔加（Latour and Woolgar，1986）、邓巴（Dunbar，1999）研究了科学家的工作过程，记录了在这一过程中科学的社会特性所起的重要作用。同样，儿童和成人在与他人互动时会对那些他们认为重要的事项进行推理。对晚餐谈话、动物园参观和其他的日常活动的研究揭示了在日常场境中会出现大量的涉及各种科学主题或以科学方式进行的对话（Blum-Kulka，1997；Callanan，Shrager，and Moore，1995）。具有工薪阶层以及中产阶级背景的家庭的日常对话中会包含一系列的科学主题，这些主题包括物理、生物、宗教和玄学（Blum-Kulka，2002；Tenenbaum and Callanan，2008）。研究者（Goodwin，1994；Stevens and Hall，1998）记录了科学家和医生是如何学习以特定的方式——通常就是使用技术性的仪器和工具——来感知外行人眼中普通无趣的事物的意义（比如皮肤的某一肿块或是草地上一种特别的花）。这一研究表明：见习医生和科学家通过有指导的参与方式——如学徒制——来学习这类特定的感知方法，并将其作为严谨的实践学习的一部分（Prentice，2004，2005）。尽管我们毫不怀疑学徒制和规范性练习的学习模式的实用价值，但是我们对儿童如何学会以科学的方式感知世界，却依然知之甚少。

儿童身边的养育者和其他人为他们解释了这个世界，为他们学习科学主题而提供了指导（Gelman et al.，2004；Harris and Koenig，2006；Harris et al.，2006）。比如，父母使用概括性的语言向儿童传授有关自然界的知识就是一种非常有效的指导方式。所谓概括性的语言是指暗示一般规则的用语，类似于“熊猫吃竹子”和“星星在晚上出现”等这类话语。格尔曼（Gelman）和她的同事们发现：即使是幼儿也能敏锐地感知概括性表述和相对具体的表述——比如“那只熊猫在吃竹子”——之间的细微差别，并且他们在听到这些概括性的句子之后会做出更多的推断（Gelman and Raman，2003）。儿童在大约 3 岁的时候，就有可能参与涉及变化机理的因果关系对话（Hood and Bloom，1979；Callanan and Oakes，1992；Tizard and Hughes，1984）。同样，儿童通过与他人一起参与提问、解释、做出预测以及评估证据来发展科学思维（Callanan and Oakes，1992；Chouinard，2007）。因此，儿童可以从多种途径——包括家庭社会活动和对话——开始学习科学内容（至少在进行这些研究的多数中产阶级和西方家庭中是如此）。虽然幼童和他们的父母或许不认为这些例行活动与之后的科学课堂有关，但是有证据表明：这些例行活动确实是以后理解科学领域的重要基础（National Research Council，2007）。此外，这些早期科学学习大都发生于没有刻意教学目标的场境之中。相反，儿童因为受到激励去参与日常社会活动，并且在参与中获得学习（Rogoff，2003）。

儿童和成人学习的具体事物有可能由于他们生活的物理环境、社区，尤其是家庭的不同而存在差异（Heath，2007）。人们注意到不同社区家庭之间的日常对话方式的区别。尽管很多科学推理研究的焦点是解释，但是研究者认为叙事或者说讲故事是与科学思维相关的另一种言语形式（这些形式对于通识学习而言是十分重要的）（Bruner，1996）。比如，奥克吕斯特（Aukrust，2002）发现：美国家庭在关于孩子学校生活的对话中更多地使用解释性的对话方式，而挪威家庭中则有更多的叙事性对话（尽管这两类对话都存在于这两种社区中）。

很多研究开始关注家庭是否强调了责任、真实性或证据。尽管在很多文化中家长都重视责任性或真实性的谈话，但也有证据表明差异的存在。希斯（Heath，2007）认为：具有文化传统的社区更有可能期望儿童对事实负责任。比如，瓦尔（Valle，2007）研究了中产阶级和受过高等教育的欧洲和美国家长在与孩子进行某一类似于家庭作业任务的对话过程中表现出来的差异性——不同家庭在评价争议性的论题时是否关注证据（比如食品添加剂是好是坏）是与父母在大学时所学专业相关的。布卢姆－库尔卡（Blum-Kulka，1997）在她的研究中发现：美国的犹太人家庭在晚餐谈话时比以色列家庭（他们同等强调真实性、相关性和礼貌）更关注真实性。虽然家庭在讨论科学主题时使用的具体方式存在很大的差异，但是对概念和自然世界中因果联系的讨论有可能是大多数儿童和成人的经验的一部分。

科学学习过程的社会本质同样体现在儿童如何解释从不同成人处获得的信息。认知发展的研究日益关注儿童对信息渠道的评估。比如，极年幼的儿童就有能力区别那些具有和不具有关于某一主题的渊博知识的成人（Harris and Koenig，2006；Lutz and Keil，2002）。萨巴和鲍德温（Sabbagh and Baldwin，2001）发现：当从一名不确定这一事物的人口中听到一个新词语的时候，儿童的学习效果不如从知识渊博者口中听到这一词语的时候好。儿童在非常小的时候就知道，一个人可以向特定领域的专家寻求对事物真实性质的清晰解释（Lutz and Keil，2002）。

对儿童及其社会同伴在非正式场境中如何协调对科学的新理解的确切方式，我们需要进行更多的研究。阿什（Ash，2002）提供了对家庭在博物馆和水族馆场境中理解自然现象的生动描述。克劳利和雅各布斯（Crowley and Jacobs，2002）探索了儿童如何与家长在诸如博物馆的场境中进行互动，从而形成“专家知识岛”。有一项研究发现：对那些成为某些科学主题专家的儿童（这些儿童至少在两年内保持对这一主题的特定、持续的兴趣）而言，他们的父母更有可能关注他们的好奇心并且为其提供条件来支持其兴趣（Leibham et al.，2005）。

我们意识到，本章之前的尤其是对方面5的讨论，或许给人留下了这样的印象：所有的社会互动都是有益的和正面的，有助于促进学习者的发展，但是这一点并不总是正确的。比如，格利森和肖布尔（Gleason and Schauble，2000）认为：父母常常会错失支持他们孩子学习的机会。古德诺（Goodnow，1990）认为：研究者需要更加关注父母做出的某些重要决定，因为这些决定会支持儿童的学习或者引导他们偏离某个学习主题。与此有关的一个绝佳案例就是现今关于进化论和创世论的争论。研究发现，家长与子女的不同交谈方式体现了他们为这一话题设定的不同目标和选择。同样，人们在青春期和成人期学到的内容与科学教育者期待的目标可能相符，也可能不符。这些都是将来需要进一步探究的问题。

方面6：认同科学事业

大部分人的日常活动都包括了可能促使人们进行科学思维和学习科学内容的经验和社会互动，尽管人们在把握这类机会的程度上存在不同。但更大、更明显的差异在于个体将自己视为科学学习者的可能性。因为必须克服很多影响他们参与的复杂因素，女孩和来自非主流群体的学生仍然很少参与到科学活动中来（Margolis and Fisher，2002；Tate and Linn，2005）。

比如，在布朗（Brown，2004）“话语身份”这一研究中，他讨论了这样一种现象：同一个儿童在不同的境脉之中有可能会提及互相抵触的宗教和科学信念。布朗发现：非洲裔美国儿童在关注老师如何看待他们时或许会以科学的方式来进行讨论，但当他们的科学对话方式受到同伴取笑之时，他们也可能会使用不同的话语风格。很显然，学习者对自身的科学学习能力的期望和意愿会受到一系列复杂问题的影响，而且这些问题的差异性取决于学习者的年龄和生活环境。

有确凿证据表明，一个人的社会关系会对其持续性兴趣的发展产生重要影响（Barron，2006；Lave and Wenger，1991；Nasir，2002）。发展并维持与科学的个人的、激励性的联系（也就是对科学学习者这一身份的认同）会受到个体的社会交互和社会支持的制约。正如很多个人轶事和系统化的证据所表明的，家长、同伴、指导者和教师能够鼓励学习者不断努力，帮助他们提高能力，尤其是在学习者的学习进入到艰难时期或尝试时期的时候（Barron，2006；Nasir，2002）。

然而，在考虑这些关于文化差异性的发现之时，我们必须牢记于心的是希思（Heath，2007）关于如何最好地思考文化的提醒（see also Gutiérrez and Rogoff，2003）。在希斯看来，关键问题是儿童在思考科学和科学主题方式上的社会化。重要的差异源自于文化实践（包括谈话方式）、而不是文化成员的身份。尽管父母的受教育程度经常被视为一个重要变量，但是希思提出了对如何看待这种受教育程度——包括权利问题——的担忧。来自不同社会经济和其他文化群体的家长都同样希望并努力支持儿童在学校中获得成功，但是家长的身份地位等因素会极大地影响到家长表现其支持的方式，以及其站在子女的角度改变教育系统的能力。

一些研究认为，非主流学生需要被帮助来构建联系日常实践、科学观念与更科学的思维方式之间的桥梁。比如，李和弗拉德（Lee and Fradd，1996）在不同的学生小组——西班牙双语、海地双语和单一说英语的学生小组——中发现了关于科学主题的小组内一致、但各小组间截然不同的谈话方式。正如前文中所指出的，一些研究者不赞成这种观点（e. g.，Warren et al.，2001；Warren and Rosebery，1996），相反，他们认为所有学生的日常思维方式都包括了诸如论证等科学技能。

性别是影响科学学习者身份认同的另一因素。大量的研究文献记录了科学成就中的性别差异（Lawler，2002；Mervis，1999；National Science Foundation，2002，2007；Sax，2001）。尽管在很多领域这种差异正在缩小（比如高中和大学学业成就、进入诸如生物学等科学领域的人数），但是一些科学领域仍然由男性占据着主导地位（比如最高层次的研究院、物理和工程之类的学科）。有关日常科学学习的研究表明：相比女孩，家长会给男孩提供更多的解释（Crowley，Callanan，Tenenbaum，and Allen，2001）。对课堂场境的类似研究（American Association of University Women，1995；Jones and Wheatley，1990；Tenenbaum and Leaper，2003）表明性别差异至少部分受到了社会的影响。

我们应该理解这一点：发展科学学习者这一身份是与发展其他的身份同

时进行的，并且还要受其他身份的发展情况制约。比如，泰特和林（Tate and Linn，2005）通过使用多重身份框架探索了身份认同如何影响其他种族的女性工程学学生的经验。他们的研究设计允许将性别身份和种族身份作为半独立的和相互影响的因素进行分析。他们探讨了三种身份的建构：①学术身份，或者说是学生如何通过诸如寻求帮助、指导和辅导这类的活动来融入学术环境；②社会身份，或者说是学生以什么方式、出于什么样的目的、与谁交往；③智力身份，或者说是理解知识基础、探索问题以及进行工程学领域的实践。他们发现学生倾向于在社会同伴群体与学术同伴群体之间做出区分。社会群体往往由来自相同种族背景的个体构成，但是学术群体则不是，学术群体的构成反映了项目中占主导地位的成员的种族背景。同样，学生很少出于非学术目的（比如休闲）而利用学术群体。他们还发现学生的身份认同感所起到的作用是与境脉相关的。在学术境脉中，这些女性表现出了非常强的学术身份认同：她们主动地参与和寻求帮助。同时，她们在学术境脉中对社会身份表现出一种差异感而不是归属感。

身份认同对塑造教育经历，形成广泛的学习经验所要充实的目标都会产生重要的影响。身份认同对所有学习者而言都是一个关键要素。尽管对身份的讨论，包括这部分中涉及的很多研究案例，依据的都是人们广泛认可的种族和文化身份，但是促进对科学学习的认同对来自不同背景的所有学习者而言都是很重要的。

结　论

学习者在日常和家庭场境中进行的思考和实践体现了科学学习六个方面所描述的所有学习类型。我们认为文献充分证明了日常科学学习活动与实验室和课堂中传统的科学学习之间存在交叉，并且还解释了两者之间的交叉方式。意识到这些联系，对于依然游离在科学实践和科学认同之外的学习者（无论他是儿童还是成人）而言，具有特别重要的意义。对涉及科学的日常实践的关注或许为促进科学学习机会的平等提供了极有用的工具。

我们认识到：证据表明，日常科学学习的场所对于方面 4 所提供的帮助要小于其他方面。文献更多关注的是学习者的学习承诺和对科学的看法（不管学习者是年轻人还是老年人），而不是日常场境促成这些承诺和看法的方式。实际上，研究往往通过面对面的反思来关注学习者能力的局限之处。我们认为这需要进一步的核实。

我们承认，日常科学不能够取代科学教育者已经发展起来的系统化的、累积性的教学。比如，学习级序这一概念已经引起了科学教育者和研究者的足够重视。学习级序要求 K－12 课程建立起数量不需要太多的、贯穿整个课程的核心科学概念。学生对这些主要概念反复学习，但是学习的深度和复杂性每一年都会不断递增。根据发展性研究的启示，学习级序也可以建立在一系列广泛的科学知识和技能的基础之上，比如，本报告的六个方面中所反映的那些知识和技能。日常学习不能够取代这种针对特定目标的知识和经验的系统化建构。但是，日常学习能对各种科学学习的课程方式起到增强和补充的作用。比如，它们或许能够较好地引发早期兴趣，为学习者更深入地探索特定的想法提供机会。

我们面临的主要挑战是，如何找到更多富有成效的方式来连接日常科学经验和相对正式的科学学习。我们很难知道，如何才能把单纯的、短期的非正式探究和探索与相对深入的、长期的科学教育目标最好地联系起来。比如，在有些场所中，科学对话和实践能够与日常活动同时发生，而对这些空间的创造性使用表明了将两者有机结合的可能性及必要性（Barton，2008）。

最后，我们号召人们对文献中有关日常经验在儿童形成科学思维中所起作用的分歧之处进行关注。一些研究者很乐观地认为：日常场境可以（最终）成为获得复杂成熟的科学知识的有力而有效的来源。另一些研究者则更为谨慎，他们关注于正式教学应该如何引出日常场境中形成的科学和类似科学的观点，以及如何修正这些观点。人们需要更进一步的研究来阐明日常科学和学校科学这两者之间微妙的相互作用。

参考文献

Agan, L., and Sneider, C. (2004). Learning about the Earth's shape and gravity: A guide for teachers and curriculum developers. *Astronomy Education Review, 2*(2), 90-117.

Allen, S. (2002). Looking for learning in visitor talk: A methodological exploration. In G. Leinhardt, K. Crowley, and K. Knutson (Eds.), *Learning conversations in museums* (pp. 259-303). Mahwah, NJ: Lawrence Erlbaum Associates.

American Association of University Women. (1995). *Growing smart: What's working for girls in school.* Researched by S. Hansen, J. Walker, and B. Flom at the University of Minnesota's College of Education and Human Development. Washington, DC: Author.

Amsterlaw, J., and Meltzoff, A.N. (2007, March). Children's evaluation of everyday thinking strategies: An outcome-to-process shift. In C.M. Mills (Chair), *Taking a critical stance: How children evaluate the thinking of others*. Symposium conducted at the Society for Research in Child Development, Boston.

Ash, D. (2002). Negotiation of biological thematic conversations about biology. In G. Leinhardt, K. Crowley, and K. Knutson (Eds.), *Learning conversations in museums* (pp. 357-400). Mahwah, NJ: Lawrence Erlbaum Associates.

Aukrust, V. (2002). What did you do in school today? Speech genres and tellability in multiparty family mealtime conversations in two cultures. In S. Blum-Kulka and C. Snow (Eds.), *Talking to adults: The contribution of multiparty discourse to language acquisition* (pp. 55-83). Mahwah, NJ: Lawrence Erlbaum Associates.

Azevedo, F.S. (2006). *Serious play: A comparative study of engagement and learning in hobby practices*. Unpublished dissertation, University of California, Berkeley.

Baillargeon, R. (2004). How do infants learn about the physical world? *Current Directions in Psychological Science, 3*, 133-140.

Ballantyne, R., and Bain, J. (1995). Enhancing environmental conceptions: An evaluation of cognitive conflict and structured controversy learning units. *Studies in Higher Education, 20*(3), 293-303.

Barron, B. (2006). Interest and self-sustained learning as catalysts of development: A learning ecology perspective. *Human Development, 49*(4), 153-224.

Barton, A.C. (2008). Creating hybrid spaces for engaging school science among urban middle school girls. *American Educational Research Journal, 45*(1), 68-103.

Bell, P., and Linn, M.C. (2002). Beliefs about science: How does science instruction contribute? In B. Hofer and P. Pintrich (Eds.), *Personal epistemology: The psychology of beliefs about knowledge and knowing* (pp. 321-346). Mahwah, NJ: Lawrence Erlbaum Associates.

Bell, P., Bricker, L.A., Lee, T.F., Reeve, S., and Zimmerman, H.H. (2006). Understanding the cultural foundations of children's biological knowledge: Insights from everyday cognition research. In A. Barab, K.E. Hay, and D. Hickey (Eds.), *7th international conference of the learning sciences, ICLS 2006* (vol. 2, pp. 1029-1035). Mahwah, NJ: Lawrence Erlbaum Associates.

Blum-Kulka, S. (1997). *Dinner talk: Cultural patterns of sociability and socialization in family discourse*. Mahwah, NJ: Lawrence Erlbaum Associates.

Blum-Kulka, S. (2002). Do you believe that Lot's wife is blocking the road (to Jericho)? Co-constructing theories about the world with adults. In S. Blum-Kulka and C.E. Snow (Eds.), *Talking to adults: The contribution of multiparty discourse to language acquisition* (pp. 85-116). Mahwah, NJ: Lawrence Erlbaum Associates.

Bricker, L.A., and Bell, P. (no date). *Evidentiality and evidence use in children's talk across everyday contexts*. Everyday Science and Technology Group, University of Washington.

Brodie, M., Hamel, E.C., Altman, D.E., Blendon, R.J., and Benson, J.M. (2003). Health news and the American public, 1996-2002. *Journal of Health Politics, Policy and Law, 28*(5), 927-950.

Brown, A.L., and Campione, J.C. (1996). Psychological theory and the design of innovative learning environments: On procedures, principles and systems. In L. Schauble and R. Glaser (Eds.), *Innovations in learning: New environments for education* (pp. 289-325). Mahwah, NJ: Lawrence Erlbaum Associates.

Brown, B.A. (2004). Discursive identity: Assimilation into the culture of science and its implications for minority students. *Journal of Research in Science Teaching, 41*(8), 810-834.

Bruner, J. (1996). *The culture of education*. Cambridge, MA: Harvard University Press.

Bullock, M., Gelman, R., and Baillargeon, R. (1982). The development of causal reasoning. In W.J. Friedman (Ed.), *The developmental psychology of time* (pp. 209-254). New York: Academic Press.

Callanan, M.A., and Oakes, L. (1992). Preschoolers' questions and parents' explanations: Causal thinking in everyday activity. *Cognitive Development, 7*, 213-233.

Callanan, M., Perez-Granados, D., Barajas, N., and Goldberg, J. (no date). *Everyday conversations about science: Questions as contexts for theory development*. Unpublished manuscript, University of California, Santa Cruz.

Callanan, M.A., Shrager, J., and Moore, J. (1995). Parent-child collaborative explanations: Methods of identification and analysis. *Journal of the Learning Sciences, 4*, 105-129.

Carey, S. (1985). *Conceptual change in childhood*. Cambridge, MA: MIT Press.

Chi, M.T.H., and Koeske, R.D. (1983). Network representation of a child's dinosaur knowledge. *Developmental Psychology, 19*(1), 29-39.

Chi, M.T.H., Hutchinson, J.E., and Robin, A.F. (1989). How inferences about novel domain-related concepts can be constrained by structured knowledge. *Merrill-Palmer Quarterly, 35*(1), 27-62.

Chouinard, M.M. (2007). Children's questions: A mechanism for cognitive development. *Monographs of the Society for Research in Child Development, 72*(1), 1-121.

Cohen, L.B., and Cashon, C.H. (2006). Infant cognition. In W. Damon and R.M. Lerner (Series Eds.) and D. Kuhn and R.S. Siegler (Vol. Eds.), *Handbook of child psychology: Cognition, perception, and language* (vol. 2, 6th ed., pp. 214-251). New York: Wiley.

Cole, M. (1996). *Cultural psychology: A once and future discipline*. Cambridge, MA: Harvard University Press.

Cole, M. (2005). Cross-cultural and historical perspectives on the developmental consequence of education. *Human Development, 48*(4), 195-216.

Collins, H.M. (1985). *Changing order: Replication and induction in scientific practice*. Beverley Hills, CA: Sage.

Crowley, K., and Galco, J. (2001). Everyday activity and the development of scientific thinking. In K. Crowley, C.D. Schunn, and T. Okada (Eds.), *Designing for science: Implications from everyday, classroom, and professional settings* (pp. 123-156). Mahwah, NJ: Lawrence Erlbaum Associates.

Crowley, K., and Jacobs, M. (2002). Islands of expertise and the development of family scientific literacy. In G. Leinhardt, K. Crowley, and K. Knutson (Eds.), *Learning conversations in museums* (pp. 333-356). Mahwah, NJ: Lawrence Erlbaum Associates.

Crowley, K., Callanan, M.A., Tenenbaum, H.R., and Allen, E. (2001). Parents explain more often to boys than to girls during shared scientific thinking. *Psychological*

Science, 12(3), 258-261.

Csikszentmihalyi, M. (1996). *Creativity: Flow and the psychology of discovery and invention*. New York: HarperCollins.

Csikszentmihalyi, M., and Larson, R. (1984). *Being adolescent*. New York: Basic Books.

Dickerson, S., Reinhart, A.M., Feeley, T.H., Bidani, R., Rich, E., Garg, V.K., and Hershey, C.O. (2004). Patient Internet use for health information at three urban primary care clinics. *Journal of American Medical Information Association, 11*, 499-504.

diSessa, A. (1988). Knowledge in pieces. In G. Forman and P. Pufall (Eds.), *Constructivism in the computer age* (pp. 49-70). Mahwah, NJ: Lawrence Erlbaum Associates.

Driver, R., Leach, J., Millar, R., and Scott, P. (1996). *Young people's images of science*. Buckingham, England: Open University Press.

Dunbar, K. (1999). The scientist in vivo: How scientists think and reason in the laboratory. In L. Magnanai, N. Nersessian, and P. Thagard (Eds.), *Model-based reasoning in scientific discovery* (pp. 89-98). New York: Plenum.

Eccles, J.S., Lord, S., and Buchanan, C.M. (1996). School transitions in early adolescence: What are we doing to our young people? In J. Graber, J. Brooks-Gunn, and A. Petersen (Eds.), *Transitions through adolescence: Interpersonal domains and context* (pp. 251-284). Mahwah, NJ: Lawrence Erlbaum Associates.

Epstein, S. (1996). *Impure science: AIDS, activism, and the politics of knowledge*. Berkeley: University of California Press.

Erickson, F., and Gutiérrez, K. (2002). Culture, rigor, and science in educational research. *Educational Researcher, 31*(8), 21-24.

Evans, E.M. (2001). Cognitive and contextual factors in the emergence of diverse belief systems: Creation versus evolution. *Cognitive Psychology, 42*(3), 217-266.

Evans, E.M. (2005). Teaching and learning about evolution. In J. Diamond (Ed.), *The virus and the whale: Explore evolution in creatures small and large*. Arlington, VA: NSTA Press.

Falk, J.H., and Dierking, L.D. (2002). *Lessons without limit: How free choice learning is transforming education*. Walnut Creek, CA: AltaMira Press.

Falk, J.H., and Storksdieck, M. (2005). Using the contextual model of learning to understand visitor learning from a science center exhibition. *Science Education, 89*(5), 744-778.

Farenga, S.J., and Joyce, B.A. (1997). Beyond the classroom: Gender differences in science experiences. *Education, 117*, 563-568.

Flynn, K.E., Smith, M.A., and Freese, J. (2006). When do older adults turn to the Internet for health information? Findings from the Wisconsin longitudinal study. *Journal of General Internal Medicine, 21*(12), 1295-1301.

Fox, S. (2006). *Online health search*. Washington, DC: Pew Internet and American Life Project.

Gelman, R., and Baillargeon, R. (1983). A review of some Piagetian concepts. In J. H. Flavell and E. Markman (Eds.), *Cognitive development: Handbook of child development* (vol. 3, pp. 167-230). New York: Wiley.

Gelman, S.A. (2003). *The essential child: Origins of essentialism in everyday thought*.

New York: Oxford University Press.

Gelman, S.A., and Gottfried, G.M. (1996). Children's causal explanations of animate and inanimate motion. *Child Development, 67*(5), 1970-1987.

Gelman, S.A., and Kalish, C.W. (2006). Conceptual development. In D. Kuhn and R. Siegler (Eds.), *Handbook of child psychology: Cognition, perception and language* (vol. 2, pp. 687-733). New York: Wiley.

Gelman, S.A., and Raman, L. (2003). Preschool children use linguistic form class and pragmatic cues to interpret generics. *Child Development, 74*(1), 308-325.

Gelman, S.A., Taylor, M.G., Nguyen, S., Leaper, C., and Bigler, R.S. (2004). Mother-child conversations about gender: Understanding the acquisition of essentialist beliefs. *Monographs of the Society for Research in Child Development, 69*(1), 145.

Gleason, M.E., and Schauble, L. (2000). Parents' assistance of their children's scientific reasoning. *Cognition and Instruction, 17*, 343-378.

Goodnow, J.J. (1990). The socialization of cognition: What's involved? In J.W. Stigler, R.A. Shweder, and G.H. Herdt (Eds.), *Cultural psychology: Essays on comparative human development* (pp. 259-286). New York: Cambridge University Press.

Goodwin, C. (1994). Professional vision. *American Anthropologist, 96*(3), 606-633.

Goodwin, M.H. (2007). Occasioned knowledge exploration in family interaction. *Discourse and Society, 18*(1), 93-110.

Gopnik, A. (1998). Explanation as orgasm. *Minds and Machines, 8*(1), 101-118.

Gopnik, A., and Wellman, H.M. (1992). Why the child's theory of mind really is a theory. *Mind and Language, 7*(1-2), 145-171.

Gopnik, A., Glymour, C., Sobel, D., Schulz, L., Kushnir, T., and Danks, D. (2004). A theory of causal learning in children: Causal maps and Bayes nets. *Psychological Review, 111*, 1-31.

Gopnik, A., Meltzoff, A., and Kuhl, P. (1999). *The scientist in the crib*. New York: Morrow.

Gopnik, A., Sobel, D.M., Schulz, L., and Glymour, C. (2001). Causal learning mechanisms in very young children: Two, three, and four-year-olds infer causal relations from patterns of variation and covariation. *Developmental Psychology, 37*(5), 620-629.

Gutiérrez, K., and Rogoff, B. (2003). Cultural ways of learning: Individual traits or repertoires of practice. *Educational Researcher, 32*(5), 19-25.

Halford, G.S., and Andrews, G. (2006). Reasoning and problem solving. In D. Kuhn and R. Siegler (Eds.), *Handbook of child psychology: Cognitive, language and perceptual development* (6th ed., vol. 2, pp. 557-608). Hoboken, NJ: Wiley.

Hall, R., and Schaverien, L. (2001). Families' participation in young children's science and technology learning. *Science Education, 85*(4), 454-481.

Harris, P.L., and Koenig, M.A. (2006). Trust in testimony: How children learn about science and religion. *Child Development, 77*(3), 505-524.

Harris, P.L., Pasquini, E.S., Duke, S., Asscher, J.J., and Pons, F. (2006). Germs and angels: The role of testimony in young children's ontology. *Developmental Science, 9*(1), 76-96.

Heath, S.B. (1983). *Ways with words: Language, life and work in communities and classroom*. New York: Cambridge University Press.

Heath, S.B. (1999). Dimensions of language development: Lessons from older children. In A.S. Masten (Ed.), *Cultural processes in child development: The Minnesota symposium on child psychology* (vol. 29, pp. 59-75). Mahwah, NJ: Lawrence Erlbaum Associates.

Heath, S.B. (2007). *Diverse learning and learner diversity in "informal" science learning environments*. Commissioned paper prepared for the National Research Council Committee on Science Education for Learning Science in Informal Environments. Available: http://www7.nationalacademies.org/bose/Brice%20Heath_Commissioned_Paper.pdf [accessed February 2009].

Hidi, S., and Renninger, K.A. (2006). The four-phase model of interest development. *Educational Psychologist, 41*(2), 111-127.

Hood, L., and Bloom, L. (1979). What, when, and how about why: A longitudinal study of early expressions of causality. *Monographs of the Society for Research in Child Development, 44*(6), 1-47.

Howe, C., McWilliam, D., and Cross, G. (2005). Chance favours only the prepared mind: Incubation and the delayed effects of peer collaboration. *British Journal of Psychology, 96*(1), 67-93.

Howe, C., Tobmie, A., and Rodgers, C. (1992). The acquisition of conceptual knowledge in science by primary school children: Group interaction and the understanding of motion down an incline. *British Journal of Psychology, 10*(2), 113-130.

Inagaki, K., and Hatano, G. (1996). Young children's recognition of commonalities between animals and plants. *Child Development, 67*(6), 2823-2840.

Ioannides, C.H., and Vosniadou, S. (2002). The changing meaning of force. *Cognitive Science Quarterly, 2*(1), 5-62.

Irwin, A., and Wynne, B. (Eds.). (1996). *Misunderstanding science? The public reconstruction of science and technology*. New York: Cambridge University Press.

Jipson, J.L., and Gelman, S.A. (2007). Robots and rodents: Children's inferences about living and nonliving kinds. *Child Development, 78*(6), 1675-1688.

Johnson, K., Alexander, J., Spencer, S., Leibham, M., and Neitzel, C. (2004). Factors associated with the early emergence of intense interests within conceptual domains. *Cognitive Development, 19*(3), 325-343.

Jones, G., and Wheatley, J. (1990). Gender differences in teacher-student interactions in science classrooms. *Journal of Research in Science Teaching, 27*(9), 861-874.

Kelly, L., Savage, G., Landman, P., and Tonkin, S. (2002). *Energised, engaged, everywhere: Older Australians and museums*. Canberra: National Museum of Australia.

Klahr, D. (2000). *Exploring science: The cognition and development of discovery processes*. Cambridge, MA: MIT Press.

Knorr-Cetina, K.D. (1999). *Epistemic cultures: How the sciences make knowledge*. Cambridge, MA: Harvard University Press.

Korpan, C.A., Bisanz, G.L., Bisanz, J., and Lynch, M.A. (1998). *Charts: A tool for surveying young children's opportunities to learn about science outside of school*. Ottawa: Canadian Social Science and Humanities Research Council.

Krist, H., Fieberg, E.L., and Wilkening, F. (1993). Intuitive physics in action and judgment: The development of knowledge about projectile motion. *Journal of*

Experimental Psychology: Learning, Memory, and Cognition, 19(4), 952.

Kuhn, D. (1989). Children and adults as intuitive scientists. *Psychological Review, 96*(4), 674-689.

Kuhn, D. (1996). Is good thinking scientific thinking? In D. Olson and N. Torrance (Eds.), *Modes of thought: Explorations in culture and cognition* (pp. 261-281). New York: Cambridge University Press.

Kushnir, T., and Gopnik, A. (2005). Young children infer causal strength from probability and intervention. *Psychological Science, 16*, 678-683.

Latour, B., and Woolgar, S. (1986). *Laboratory life: The social construction of scientific facts*. Princeton, NJ: Princeton University Press.

Lave, J., and Wenger, E. (1991). *Situated learning: Legitimate peripheral participation*. New York: Cambridge University Press.

Lawler, A. (2002). Engineers marginalized, MIT report concludes. *Science, 295*(5563), 2192.

Layton, D. (1993). *Inarticulate science? Perspectives on the public understanding of science and some implications for science education*. Driffield, England: Studies in Education.

Lederman, N.G. (1992). Students' and teachers' conceptions of the nature of science: A review of the research. *Journal of Research in Science Teaching, 29*(4), 331-359.

Lee, O., and Fradd, S. (1996). Interactional patterns of linguistically diverse students and teachers: Insights for promoting science learning. *Linguistics and Education, 8*(3), 269-297.

Lehrer, R., and Schauble, L. (2006). Scientific thinking and scientific literacy. In W. Damon, R. Lerner, K.A. Renninger, and E. Sigel (Eds.), *Handbook of child psychology* (6th ed., vol. 4, pp. 153-196). Hoboken, NJ: Wiley.

Leibham, M.E., Alexander, J.M., Johnson, K.E., Neitzel, C., and Reis-Henrie, F. (2005). Parenting behaviors associated with the maintenance of preschoolers' interests: A prospective longitudinal study. *Journal of Applied Developmental Psychology, 26*(4), 397-414.

Lumpe, A. (1995). Peer interaction in science concept development and problem solving. *School Science and Mathematics, 6*, 302-310.

Luo, Y., and Baillargeon, R. (2005). When the ordinary seems unexpected: Evidence for incremental physical knowledge in young infants. *Cognition, 95*, 297-328.

Lutz, D.R., and Keil, F.C. (2002). Early understanding of the division of cognitive labor. *Child Development, 73*(4), 1073-1084.

Madden, M., and Fox, S. (2006). *Finding answers online in sickness and in health*. Washington, DC: Pew Internet and American Life Project.

Margolis, J., and Fisher, A. (2002). *Unlocking the clubhouse: Women in computing*. Cambridge, MA: MIT Press.

McDermott, R.P., Goldman, S.V., and Varenne, H. (1984). When school goes home: Some problems in the organization of homework. *Teachers College Record, 85*(3), 391-409.

Mervis, J. (1999, April). High-level groups study barriers women face. *Science, 284*(5415), 727.

Nasir, N.S. (2002). Identity, goals, and learning: Mathematics in cultural practice. *Mathematical Thinking and Learning, 4*(2-3), 213-248.

Nasir, N.S., Rosebery, A.S., Warren B., and Lee, C.D. (2006). Learning as a cultural process: Achieving equity through diversity. In R. Keith Sawyer (Ed.), *The Cambridge handbook of the learning sciences* (pp. 489-504). New York: Cambridge University Press.

National Research Council. (2000). *How people learn: Brain, mind, experience, and school* (expanded ed.). Committee on Developments in the Science of Learning, J.D. Bransford, A.L. Brown, and R.R. Cocking (Eds.), and Committee on Learning Research and Educational Practice, M.S. Donovan, J.D. Bransford, and J.W. Pellegrino (Eds.), Commission on Behavioral and Social Sciences and Education. Washington, DC: National Academy Press.

National Research Council. (2007). *Taking science to school: Learning and teaching science in grades K-8*. Committee on Science Learning, Kindergarten Through Eighth Grade. R.A. Duschl, H.A. Schweingruber, and A.W. Shouse (Eds.). Board on Science Education, Center for Education, Division of Behavioral and Social Sciences and Education. Washington, DC: The National Academies Press.

National Science Foundation. (2002). *Gender differences in the careers of academic scientists and engineers*. (NSF 04-323.) Arlington, VA: Author.

National Science Foundation. (2007). *Women, minorities, and persons with disabilities in science and engineering* (NSF 07-315.) Arlington, VA: Author. Available: http://www.nsf.gov/statistics/wmpd [accessed October 2008].

Nussbaum, J., and Novak, J.D. (1976). An assessment of children's concepts of the earth utilizing structured interviews. *Science Education, 60*(4), 535-555.

Ochs, E., Gonzales, P., and Jacoby, S. (1996). When I come down I'm in the domain state: Grammar and graphic representation of the interpretive activity of physicists. In E. Ochs, E.A. Schegloff, and S.A. Thompson (Eds.), *Interaction and grammar* (pp. 328-369). New York: Cambridge University Press.

Ochs, E., Smith, R., and Taylor, C.E. (1996). Detective stories at dinnertime: Problem solving through co-narration. In C.L. Briggs (Ed.), *Disorderly discourse: Narrative, conflict and inequality* (pp. 95-113). New York: Oxford University Press.

Palmquist, S., and Crowley, K. (2007). From teachers to testers: How parents talk to novice and expert children in a natural history museum. *Science Education, 91*(5), 783-804.

Pereira, J.L., Koski, S., Hanson, J., Bruera, E.D., and Mackey, J.R. (2000). Internet usage among women with breast cancer: An exploratory study. *Clinical Breast Cancer, 1*(2), 148-153.

Prentice, R. (2004). *Bodies of information: Reinventing bodies and practice in medical education*. Unpublished doctoral dissertation, Massachusetts Institute of Technology.

Prentice, R. (2005). The anatomy of a surgical simulation: The mutual articulation of bodies in and through the machine. *Social Studies of Science, 35*(6), 837-866.

Rogoff, B. (2003). *The cultural nature of human development*. New York: Oxford University Press.

Rogoff, B., Paradise, R., Mejía Arauz, R., Correa-Chávez, M., and Angelillo, C. (2003).

Firsthand learning by intent participation. *Annual Review of Psychology, 54*, 175-203.

Ross, N., Medin, D., Coley, J.D., and Atran, S. (2003). Cultural and experiential differences in the development of folkbiological induction. *Cognitive Development, 18*(1), 35-47.

Sabbagh, M.A., and Baldwin, D.A. (2001). Learning words from knowledgeable versus ignorant speakers: Links between preschoolers' theory of mind and semantic development. *Child Development, 72*(4), 1054-1070.

Sachatello-Sawyer, B. (2006). *Adults and informal science learning*. Presentation to the National Research Council Committee on Learning Science in Informal Environments, Washington, DC. Available: http://www7.nationalacademies.org/bose/Learning_Science_in_Informal_Environments_Commissioned_Papers.html [accessed November 2008].

Sachatello-Sawyer, B., Fellenz, R.A., Burton, H., Gittings-Carlson, L., Lewis-Mahony, J., and Woolbaugh, W. (2002). *Adult museum programs: Designing meaningful experiences*. American Association for State and Local History Book Series. Blue Ridge Summit, PA: AltaMira Press.

Samarapungavan, A., Vosniadou, S., and Brewer, W.F. (1996). Mental models of the earth, sun and moon: Indian children's cosmologies. *Cognitive Development, 11*(4), 491-521.

Sandoval, W.A. (2005). Understanding students' practical epistemologies and their influence on learning through inquiry. *Science Education, 89*(4), 634-656.

Sax, L.J. (2001). Undergraduate science majors: Gender differences in who goes to graduate school. *Review of Higher Education, 24*(2), 153-172.

Saxe, R., Tzelnic, T., and Carey, S. (2007). Knowing who dunnit: Infants identifying the casual agent in an unseen casual interaction. *Developmental Psychology, 43*(1), 149-158.

Schauble, L. (1996). The development of scientific reasoning in knowledge-rich contexts. *Developmental Psychology, 32*(1), 102-119.

Simon, H.A. (2001). "Seek and ye shall find": How curiosity engenders discovery. In K. Crowley, C. Schunn, and T. Okada (Eds.), *Designing for science: Implications from everyday, classroom, and professional settings* (pp. 5-20). Mahwah, NJ: Lawrence Erlbaum Associates.

Smith, J.P., diSessa, A.A., and Roschelle, J. (1993). Misconceptions reconceived: A constructivist analysis of knowledge in transition. *Journal of the Learning Sciences, 3*(2), 115-163.

Snir, J., Smith, C.L., and Raz, G. (2003). Linking phenomena with competing underlying models: A software tool for introduction students to the particulate model of matter. *Science Education, 87*, 794-830.

Snyder, C.I., and Ohadi, M.M. (1998). Unraveling students' misconceptions about the earth's shape and gravity. *Science Education, 82*(2), 265-284.

Songer, N.B., and Linn, M.C. (1991). How do students' views of the scientific enterprise influence knowledge integration? *Journal of Research in Science Teaching, 28*(9), 761-784.

Spelke, E.S. (2002). Developmental neuroimaging: A developmental psychologist looks ahead. *Developmental Science, 5*(3), 392-396.

Spradley, J.P. (1980). *The ethnographic interview.* New York: Holt, Rinehart, and Winston.

Springer, K., and Keil, F. (1991). Early differentiation of causal mechanisms appropriate to biological and nonbiological kinds. *Child Development, 62,* 767-781.

Stevens, R., and Hall, R. (1998). Disciplined perception: Learning to see in technoscience. In M. Lampert and M.L. Blunk (Eds.), *Talking mathematics in school: Studies of teaching and learning* (pp. 107-149). New York: Cambridge University Press.

Tardy, R.W., and Hale, C.L. (1998). Bonding and cracking: The role of informal, interpersonal networks in health care decision making. *Health Communication, 10*(2), 151-173.

Tarlowski, A. (2006). If it's an animal it has axons: Experience and culture in preschool children's reasoning about animates. *Cognitive Development, 21*(3), 249-265.

Tate, E.D., and Linn, M.C. (2005). How does identity shape the experiences of women of color engineering students? *Journal of Science Education and Technology, 14*(5-6), 483-493.

Tenenbaum, H.R., and Callanan, M.A. (2008). Parents' science talk to their children in Mexican-descent families residing in the United States. *International Journal of Behavioral Development, 32*(1), 1-12.

Tenenbaum, H.R., and Leaper, C. (2003). Parent-child conversations about science: The socialization of gender inequities? *Developmental Psychology, 39*(1), 34-47.

Tharp, R.G., and Gallimore, R. (1989). *Rousing minds to life: Teaching and learning in social context.* New York: Cambridge University Press.

Tizard, B., and Hughes, M. (1984). *Young children learning.* Cambridge, MA: Harvard University Press.

Treagust, D.F. (1988). Development and use of diagnostic tests to evaluate students' misconceptions in science. *International Journal of Science Education, 10*(2), 159-169.

Tschirgi, J.E. (1980). Sensible reasoning: A hypothesis about hypotheses. *Child Development, 51,* 1-10.

Tversky, A., and Kahneman, D. (1986). Rational choice and the framing of decisions. *Journal of Business, 59*(4), 251-278.

Valle, A. (2007, April). *Developing habitual ways of reasoning: Epistemological beliefs and formal bias in parent-child conversations.* Poster presented at biennial meeting of the Society for Research in Child Development, Boston.

Valle, A., and Callanan, M.A. (2006). Similarity comparisons and relational analogies in parent-child conversations about science topics. *Merrill-Palmer Quarterly, 52*(1), 96-124.

von Hofsten, C. (2004). An action perspective on motor development. *Trends in Cognitive Sciences, 8*(6), 266-272.

Vosniadou, S., and Brewer, W.F. (1992). Mental models of the earth: A study of conceptual change in childhood. *Cognitive Psychology, 24*(4), 535-585.

Warren, B., and Rosebery, A.S. (1996). This question is just too, too easy! Students' perspectives on accountability in science. In L. Schauble and R. Glaser (Eds.),

Innovations in learning: New environments for education (pp. 97-126). Mahwah, NJ: Lawrence Erlbaum Associates.

Warren, B., Ballenger, C., Ogonowski, M., Rosebery, A., and Hudicourt-Barnes, J. (2001). Rethinking diversity in learning science: The logic of everyday sense-making. *Journal of Research in Science Teaching, 38,* 529-552.

Wason, P.C. (1960). On the failure to eliminate hypotheses in a conceptual task. *Quarterly Journal of Experimental Psychology, 12*(4), 129-140.

Waxman, S.R. (2005). Why is the concept "living thing" so elusive? Concepts, languages, and the development of folkbiology. In W. Ahn, R.L. Goldstone, B.C. Love, A.B. Markman, and P. Wolff (Eds.), *Categorization inside and outside the laboratory: Essays in honor of Douglas L. Medin.* Washington, DC: American Psychological Association.

Waxman, S., and Medin, D. (2007). Experience and cultural models matter: Placing firm limits on anthropocentrism. *Human Development, 50,* 23-30.

Zimmer-Gembeck, M.J., and Collins, W.A. (2003). Autonomy development during adolescence. In G.R. Adams and M.D. Berzonsky (Eds.), *Blackwell handbook of adolescence* (pp. 175-204). Malden, MA: Blackwell.

Zimmerman, C. (2000). The development of scientific reasoning skills. *Developmental Review, 20*(1), 99-149.

第五章
经过设计的场境中的科学学习

本章描述了为理解科学、了解物质世界和自然世界而有意设计的非正式环境。经过设计的场境包括诸如博物馆、科学中心、水族馆、环保中心等机构，还包括在这些场境中的一些活动如展品、展览会、演示和短期项目。同日常学习一样，在经过设计的场境中，学习既是参与者主动构建起来的，又反映了设计者和教育家所期望达成的传播目标和教育目标。经过设计的场所与科学学习课程在很大程度上存在不同。科学学习课程服务于一个预设的群体并且周期性重复，然而在经过设计的场所中，学习更趋于流动性和偶发性。在这些场境中组织学习的一个重要特征是：它们通常是偶发的，而不是连续的。

经过设计的场所的另一个定义性特征是：有丰富的导览，却很少或根本没有机构工作人员的直接辅导。观众可以自由选择他们要观摩的展品，并且在探索时几乎很少得到关于探索方法的指导。这一设计具有典型性，反映了学习者在这些场境中对学习的个人选择。如果学习者想就某一主题进行系统学习，也是可行的。这些机构通常不会直接开设一个特定的课程，而会选择提供多种层次的入场政策和各种可能的导览途径来使用公共空间。与课堂有老师、童子军有训导所不同的是，经过设计的场境主要依赖于实物、标签、空间设计、录音和简洁的解释性说明来促进学习者的参与，偶尔还依赖于讲解员。这些被设计用来在它们所组成的多种社会组织中服务于不同的公众。因此，个人、家庭和青少年同伴群体都被理解为参与者，在设计的场所中应当考虑他们的需求和兴趣。

对于学习者个体或群体来说在经过设计的场所中取得怎样的学习结果，则取决于他们自身的决定（Moussouri，2002）。将学习作为一种主动、建构性过程的当代观点导致了对学习者动机、先前经验、隐性知识和文化身份的日益关注（National Research Council，2007）。尽管职业教育者——设计者、促进者、教师、管理者——对参与者设有科学的、社会的、实践的或其他的目标，但这些目标只能通过与学习者合作而实现，这一点在经过设计的场所中有一个显著特征，学习者不像在学校、教育课程和工作场境中一样被迫学习，他们并不是在强烈的文化压力下来参与学习或实现某一特定目标。在经过设计的科学学习场境中，学习者掌握着他们自身的学习安排。

在经过设计的场境中发生的科学学习，是由有意的设计、个人的解读和选择以及机会等要素而决定的。环境因素，包括机构的总体特征与展品和项目的具体特点，都有助于指导和调整参与者的态度和观点、他们与内容和机构的关系、他们活动的意义以及机构如何看待他们。学习者通常出于自身的意愿并以自己的步调进行参与。他们有可能是科学专家，也可能是科学新手，或是介于两者之间。

毫无疑问，这些场所中经验的设计，常常为了引发参与者对科学和自然现象的情绪或感官反应。比如，动物园和水族馆可能会引发与植物、动物以及人类健康相关的环保主题。科学中心使用多媒体手段来引发参与者的多种感知，或是建造具有传奇色彩的模型来使得现象可视化，并激发参与者的敬畏之心。情绪和交互性感官体验是设计中必须优先考虑的事，尽管它们通常与特定的知识目标或认知目标一同考虑。

从科学学习的视角来看，经过设计的场所的重要挑战是将情绪的和感官的反应与具体的科学现象联系起来。将科学思维与具有魅力的和令人愉悦的活动以及真实世界的结果联系起来，可以在个体水平上创建重要联结。促进和支持多种情绪反应（惊奇、困惑、敬畏等）和多种处理方式（观察、发现、沉思等）增加了更多人与科学现象建立联结的可能性，并鼓励他们成为学习者（Jacobson，2006）。

在经过设计的空间中学习

经过设计的场境中的学习过程，尽管不必一定与日常场境或科学课程中的科学学习过程有别，但经过设计的空间的确使用了特别的方法来组织、教授、指导和促进学习。

经过设计的学习空间的规模各有不同，公众与这些空间进行交互的方式也各有不同。从机构层面上说，馆藏或收集的题材和物品种类各有不同。比如，动物园、水族馆和自然中心的收藏通常是有生命的，而传统的博物馆和科学中心通常（但不总是）组织的是无生命的收藏，其中可能包括科学类人工制品（比如矿石标本）、科学探究中使用的工具（比如望远镜）和教学用的展示品（比如一支用来探索振动和音调的笛子）。某一特定机构的藏品收藏重点往往暗示着该机构的目标。比如，以鲜活的动物为展品的设计空间，可能主要关注环保目标——这种目标具有可以观察到的行为暗示（比如，参与者可能在以后的消费选择中考虑到环境保护）。科学中心可以追求较为广泛的或者不太容易观察到的目标，比如支持未来的探究和鼓励人们的好奇心。

有关经过设计的空间中的学习，许多研究已经为学习的六个方面提供了证据。一些研究关注通过与他人互动而产生的科学观点和科学过程的重要性（Ash，2003；Crowley and Jacobs，2002；Tunnicliffe，2000）。另外一些研究将非正式场境中的科学学习描述成运用语言或是参与科学“文化”的机会（Borun et al. ，1998；Crowley and Callanan，1998；Ellenbogen，2003）。还有一些研究探索了学习涉及身份转变这一观点，即人们如何看待或展示他们自己，以及其他人如何看待他们（Holland，Lachicotte，Skinner and Cain，1998；Wenger，1999）。

在我们深入探讨具体方面之前，我们不应当忽视这一事实，即：个体自行选择他们在这些场境中所花的时间，并且这种选择实质上可以被视为他们参与科学的指标（正如方面5所指出的），至少它是对学习的一个弱表达。正如第一章中所提到的，在经过设计的场境中，参与的范围肯定非常大，尽管这只是粗略的估计：美国的博物馆和科学中心每年接待几亿的观众。尽管计算人数不能替代对学习者的参与方式和所学内容的细致分析，而且倾向参与这些场境的个体和家庭就其文化和人口统计学特征而言，存在明显的偏向；但是，很多人选择入场，而且常常通过购买入场券的方式，这一事实对于以学习者选择为基础的领域而言，是一个重要的衡量尺度。此外，参观记录和很多大规模观众调查表明：公众对非正式环境对科学学习的作用持有正面观点，他们在闲暇时寻找此类机会（Hilke，1987；Ivanova，2003；Briseno-Garzon，Anderson，and Anderson，2007；Moussouri，1998），并且重视这类机构所提供的娱乐和学习价值。这表明：在很大程度上，人们是积极看待这类机构的。有些机构声称它们是整个国家的基础教育结构的一部分（St. John and Perry，1993），是整个系统效应的一个量度。虽然我们主要关注经过设计的场境，但是我们注意到学校和实地考察也起到了重要作用；案例 5 - 1 总结了对实地考察的相关研究。

案例 5 - 1

实地考察

学生群体在科学学习机构的观众中占据了很大的比例。有几项研究已经指出了实地考察可能产生的长期影响——通常是对特定经验的记忆（Anderson and Piscitelli，2002；Falk and Dierking，1997）。实际上，法尔克和德尔金（Falk and Dierking，1997）在一项对实地考察博物馆的学生进行的研究中发现：所有受访的中小学生和成年人都可以回忆起他们在实地考察过程中学习的至少一项事物，但是学生参观的性质以及当即的影响却各有不同（Kisiel，2006；Orion and Hofstein，1994；Price and Hein，1991；Storksdieck，2006）。尽管有关实地考察非正式机构对儿童态度、兴趣和科学知识所起到作用的研究结果很复杂，但是大多数已经测量了知识和态度的研究都发现了儿童积极的变化（Koran，Koran，and Ellis，1989）。大多数对有讲解的博物馆参观活动的研究，都考察了实地考察的结构并且探讨了如何提高其有效性。

通常，诸如参观博物馆、动物园和自然中心这类实地考察的影响取决于几个重要因素：预先的内容准备（Anderson，Kisiel，and Storksdieck，2006；Falk and Balling，1982；Griffin and Symington，1997；Kubota and Olstad，1991），活动中的主动参与（Griffin，1994；Griffin and Symington，1997；Price and Hein，1991），教师的参与（Griffin，1994；Price and Hein，1991），以及后续的活动（Anderson，Lucas，Ginns，and Dierking，2000；Griffin，1994；Koran，Lehman，Shafer，and Koran，1983）。

预先的准备

预先的准备活动，为学生提供了框架来解释他们将要看到的事物，并且指导学生在参观中留意什么。通过观察研究以及事前和事后的调查研究，人们已经注意到：学生在教师的帮助下进行适当预准备，诸如参观前的活动或指导，其后在参观中注意力更集中并且学到更多（Griffin，1994；Griffin and Symington，1997；Anderson，Lucas，Ginns，and Dierking，2000；Orion and Hofstein，1994）。

预先的准备对于降低实地考察活动时的学生在认知上、心理上和地域上的新异性最为有效（Kubota and Olstad，1991；Orion and Hofstein，1994）。这类准备活动使得学生花费更多时间与展品互动，从参观中学习（Orion and Hofstein，1994）。然而，研究却显示：教师没有花费多少时间来为学生做实地考察活动的准备。

积极参与博物馆活动

对非正式机构的实地考察活动的200多份评估显示：有效的考察活动既包括动手活动，也包括比较结构化的教学时间（比如看电影、听报告、参加与馆员和同伴的讨论等）（Price and Hein，1991）。通常，有能力处理材料、参与科学活动、观察动物和物体的儿童对参加实地考察很兴奋并且享受他们的考察体验，展示出合作学习的策略。考兰与他的同事们对1939年至1989年这些早期的实地考察研究进行了类似的回顾，结果发现：相比被动体验而言，动手参与引发了更多的态度和兴趣的变化（Koran，1989）。同时，格里芬和赛明顿（Griffin and Symington，1997）却极力主张用结构化的活动来帮助学生对考察活动的自始至终的参与。通过观察30次以班级为单位对博物馆的松散型实地考察活动，他们注意到：在头半个小时的动手活动之后，几乎很少有学生继续有意识地对博物馆进行探索。相反，他们发现很多学生在咖啡吧聊天，坐在走廊长椅上休息，互相抄作业单或只是在一个又一个展品前溜达。

教师和家长的参与

任课教师的参与是成功的实地考察的一个重要组成部分，但研究一贯发现：教师在制订和实施活动中根本没有发挥作用或是作用不大，而是由参观机构的人员来负责将展品与课堂内容联系起来（Anderson and Zhang，2003；Griffin，1994；Griffin and Symington，1997；Tal，Bamberger， and Morag，2005）。

教师在实地考察中参与的量和程度有着很大的不同（Griffin，1994；Griffin and Symington；1997；Kisiel，2006；Price and Hein，1991）。普莱斯和海因（Price and Hein，1991）考察了一系列教师参与的案例，从教师们聚集在诸如咖啡馆此类的地方，不参加实地考察活动，到教师和学生们在一起并且主动参与到考察的所有过程中来。他们的回顾揭示：教师的参与在制订实地考察计划和实施考察的多个方面中都很重要。比如，人们发现了在参与规划考察活动和教师支持之间的关联。当教师参与制订考察计划时，这些活动更有可能与学校课程相互配合，教师也会把这些活动视为一种重要的经验。此外，课堂教学内容、实地考察内容与教师支持之间的配合十分重要，因为它们与学生实地考察中的学习紧密联系。

实地考察之后的强化

教师经常计划在参观非正式机构之后做些后续工作，但是他们实际上只不过是收集和批改学生在实地考察中完成的作业（Griffin，1994；Griffin and Symington，1997）。在格里芬（Griffin，1994）对13所澳大利亚学校的学生进行的实地考察活动的研究中，几乎有半数的教师声称他们计划做后续活动，但是只有四分之一的教师声称他们完成了这些后续活动。此外，学生对接受有意义的后续教学都没有预期，这可能是学生的共同经验。

开展有效的参观后活动经常是比较复杂的，因为课堂中涉及的主题与实地考察的内容不一致（Griffin and Symington，1997），因此人们很难在不扰乱正常课堂活动的前提下计划后续的活动。但是，即使在两者一致的时候，实地考察的经验与课堂主题也经常没有联系起来（Griffin，1994）。此外，当后续活动确实发生时，它们的设计也并非面向持久影响。比如，一项对36项实地考察的研究揭示：18位声称进行了后续活动的教师中，只有9位教师不仅仅提问学生是否喜欢参观，而且做了更多的指导（Storksdieck，2001）。然而，人们注意到：经过较好设计的课堂后续活动的案例都产生了积极的教育影响（Anderson et al.，2000；Griffin，1994）。

方面 1：发展科学兴趣

对非正式环境中的学习的重要假设有：令人兴奋的体验引发了内部驱动的学习，这些经验对个人非常有意义，它们为更高级的科学学习提供了经验性基础。比如，佩里（Perry，1994）提出：好奇心、信心、挑战和娱乐，都是内部驱动的博物馆学习经验中不可或缺的要素。这是非正式科学教育者非常感兴趣的一个领域，并且已经在评价者和实践者的论述中得到广泛证明。在此，我们整合已发表的、经过同行评议的传统形式的文献资料与叙事材料及评价报告的形式进行摘录，做出一个内容丰富的概括。

兴奋

大量的评估研究显示：非正式环境的观众报告说感受到了这些体验带来的兴奋感。比如，请思考以下摘自蒂斯德尔（Tisdal，2004，p. 24）的记录：

> 另一位观众记录了他喜欢看到孩子因科学而兴奋："当时我正在和那名男孩的母亲交谈——随便聊聊，但我们谈的是孩子玩耍的东西，你能看见孩子在玩耍这些物体时有多么兴高采烈。孩子把足球抛向空中时，我们继续开着玩笑（小声地），孩子对整个事情有点兴奋。看到他开心简直是太酷了——你知道，对这些孩子来说，科学通常不那么好玩。因此我想这就是一种酷吧，我们在那儿玩得很愉快。"（案例 6，男，18 岁）

研究者常常还观察观众中积极的兴奋感有哪些信号。他们列举了高兴、愉快、敬畏、疑惑、欣赏、惊奇、着迷、感兴趣、关心、灵机一动、满足和意味深长等表情。比如：

> "你看啊！那动物那么大……我简直目瞪口呆。但它们受到特别好的保护。我看到的一切都很生机勃勃。它们可不仅仅是活着而已。"（120404 - 3）（Beaumont，2005，p. 14）
>
> "我认为（这个展览）给了我灵感——普通人可以发明东西。这就是当我读到那位凯夫拉尔女士时的感觉。"① （美国历史博物馆；

---

① 这里的凯夫拉尔女士，指的是斯蒂芬妮 · 夸勒克（Stephanie Kwolek），她为杜邦公司工作期间发明了凯夫拉尔纤维（Kevlar），一种牢固但是重量轻的合成纤维。——译者注

女性，42 岁）（Korn，2004，p. 44）

“很好玩，很美。冰的晶体，它的颜色很漂亮。我认为这个展品很棒。这是我第一次看到这种展品——每个晶体都是不同的，每次你看它都有不同。”（Tisdal，2004，p. 29）

艾伦（Allen，2002）注意到：在参观蛙类展览时，观众对话中的情感反应（定义为对感受的言语表达）是三种最普遍的“学习性交谈”中的一种。在观众停下来观看的全部展品中，观众对其中的 57% 说出了自己的感受（如 Steidl，Mohi-uddin，and Anderson，2006）。其中，最普遍的感受是惊讶/好奇（37%）和愉悦（26%）。

实验社会心理学和神经心理学提供的证据表明了兴奋和其他形式的学习之间的联系（e. g.，Steidl，Mohi-uddin，and Anderson，2006）。关于情绪与实际认知过程之间关系的模式以及有关操作性条件反射的研究，预测和证实了在实验室情境中，情绪状态和内部反应影响了信息加工过程中所用的信息（Bower，1981；Eich et al.，2000）。但人们尚未准确理解这之间的联系，兴奋的影响可以交替地促进或妨碍学习。人们尚未研究情感、思维和活动场境之间的特定联系，但显然这是有待进一步研究的。

兴趣

兴趣的结构使人们更深入地思考了这一问题，即人们从非正式环境的经验中学到了什么。海蒂和伦宁格（Hidi and Renninger，2006）区分了情境兴趣（短暂的，通常是由环境引起的兴趣）和个人兴趣（比较稳定，是个人特有的）。在一系列研究的基础之上，他们提出了一个兴趣发展四阶段的模式：① 触发的情境兴趣。通常，触发这种兴趣是由于环境具有不协调的或令人惊异的信息或环境与个人有关联；②持续的情境兴趣。它是通过有意义的任务和个人参与而得以保持的；③逐渐产生的个人兴趣；④发展良好的个人兴趣。个体通过使用系统性方法来提问和寻找答案从而参与到拓展的研究中来。有意思的是，这种投入递增的序列和重要意义，与一批博物馆专业人士的工作异曲同工，后者在观众研究文献得出的原则基础上，研制优秀展览的标准。这些专业人士将“优秀的展览”定义为：①令人放松：为其他的积极体验打开大门；②有吸引力的：吸引观众来参与；③强化的：提供了强化的经验，支持观众感觉自己是胜任的；④有意义的提供与个人相关的经验，从认知和情感两方面使观众产生变化（Serrell，2006）。

各种不同场境中的研究已经显示：兴趣，其实是通往更深刻的、可持续的学习的敲门砖。比如，当学习者对科学有了更多的兴趣之时，他们会好奇地提出问题并且更愿意学习并使用系统化的方法来找寻答案（Engle and Conant，2002；Kuhn and Franklin，2006；Renninger，2000）。人们感兴趣了，也就更有可能激发起学习动机，找出困难和寻求挑战，运用有效的学习策略以及利用反馈（Barron，2006；Csikszentmihalyi，Rathunde，and Whalen，1993；Lipstein and Renninger，2006；Renninger and Hidi，2002）。

方面1的另外一个层面是动机。有研究者区分了内在动机和外在动机。内在动机指的是，人们从事自己感兴趣的或者令人自然而然愉悦的活动。外在动机指的是，人们从事活动是为了获得预期的结果（比如好的分数或职业的升迁）。德西和瑞安（Deci and Ryan，2002）认为内在动机是终生学习的重要因素，因为人们学习的很多东西都起源于自发的兴趣、好奇心以及对解决问题和影响周围环境的渴望。他们指出，有大量研究证明了各种场境中这类学习的优点。比如，格洛尔尼克和瑞安（Grolnick and Ryan，1987）对91名5年级学生进行了一次实验，他们让学生阅读一份材料，阅读之前告诉一组学生读后要测验，而告诉另一组学生在读后会提问他们对什么感兴趣以及遇到哪些困难。实验结果显示：第二组的学生对材料的兴趣和理解力都高于第一组，此外，总体来说，那些具有自主学习风格的学生表现出了更好的概念性学习。

厄特曼（Utman，1997）的一项元分析表明：内在动机和外在动机对简单性的任务而言都比较有效，但是对创造性的和复杂性的任务而言，内在动机会导致更大的成就。与此相关的是，朱克曼和同事们（Zuckerman and colleagues，1978）发现：当问题解决者可以选择活动以及所花费的时间时，他们的内部动机就会得到了促进。最近，有关学习动机的研究强调了“目标定向理论”中一套更广泛的结构成分，这些成分包括需求、价值观以及情境化的意义生成过程（reviewed by Kaplan and Maehr，2007）。但是，这一理论尚未运用到非正式环境中。

舒适

方面1主要关注唤起诸如兴奋之类的情绪，同时，很多研究还揭示了舒适在经过设计的场境中作为学习的前提条件的重要性，包括物理环境的舒适和思维环境的舒适。例如，麦克斯韦尔和埃文斯（Maxwell and Evans，2002）将物理环境与学习通过心理过程连接起来，比如认知疲劳、注意力分散、动机和焦虑。此外，他们还提供了一些证据来证明：学习在比较安静的、比较小的、更好划分开来的空间中得到了促进。实物的和概念化的指导（使用地图、指导手册和电影等）也被揭示有助于令学习者感到舒适，这可能是通过降低学习者的认知挫败感并且允许他们对自己将要参与什么事情做出更知情的选择。瑟雷尔（Serrell，2006）和克兰、尼克尔森、陈和比特古德（Crane，Nicholson，Chen，and Bitgood，1994）对很多这方面的文献进行了总结。

方面 2：理解科学知识

研究显示：人们即使在参观一次博物馆后也可以增强他们对科学概念、科学争论、科学解释、科学模式和科学事实的理解力。例如，盖查德（Guichard，1995）研究了为帮助观众理解人类骨骼的结构和功能而设计的一个交互性展品的效果。这一展品包括一辆观众可以骑的固定住的自行车，自行车旁边是一面很大的反射玻璃窗。当观众踩动自行车脚蹬的时候，玻璃窗中就会反射出这个人正在运动的骨骼。腿部和骨骼的运动吸引观众去关注下肢骨骼的作用和结构。

即使没有任何其他干预，这次展览体验似乎也让儿童的理解发生了转变。人们向 6 ~7 岁的儿童概述了人体的结构，并且要求他们在体验骑车后“在轮廓内画出骨骼”。抽样的 93 名儿童中，有 96% 正确画出了骨骼结构，其中骨骼两端都衔接到人体关节。与这一结果形成鲜明对比的是先前的一个研究，儿童没有骑车看骨骼镜像这一展品的这种体验，在一个同龄儿童的样本中只有 3% 可以正确画出这种结构。更令人印象深刻的是，儿童的理解随着时间的流逝而持续，在这次参观的 8 个月后，在没有额外授课、操练或告诫他们要测验的情况下，92% 的儿童仍然保持住了这一概念，即：骨是在人体两个弯曲部位间延展的。

这类多侧面的认知学习还在一系列展品中得到了证实。例如，法尔克、穆索里和库尔森（Falk，Moussouri and Coulson，1998）使用了绘制概念图的技术，要求观众填充参观前和参观后的图表，来记录观众参观展览的效果，即对其中的科学主题理解的深化和拓展情况。

通常，展览评估还包括观众的自我报告，提到他们学习到了哪些内容知识。这些内容知识通常是局部的、反直觉的事实，而不是整体的抽象或原理。比如：

超过半数的受访者认为他们在参观温室时学到了关于植物的新知识。尽管学习是高度个体化和个性化的，但这些受访者一致提到了温室展览和文本中所呈现的主题。例如，有几个人提到了食肉植物，他们都惊奇于捕蝇草的形状之小和猪笼草摄取食物的机制。有一些人惊讶于睡莲的授粉过程，而另外一些人则对沼泽有了第一手的体验。一些受访者提到的其他主题有：附生植物（“能够生长在其他植物上的植物”），植物花蜜和授粉者的共同进化（“不同浓度的花蜜吸引不同的动物”），洛杉矶和热带雨林在降雨量上的比较，大象作为种子传播者。有些回答比较独特；比如，一位受访者说了解了“树叶是有孔的”；另一位说香草豆来源于兰花。（Jones，2005，p. 8）

多数观众的概念理解表现为对反直觉现象的惊奇，比如当他们看到物体悬浮在气流上：

“哦，这样啊？我本以为……哦，我以前不知道。我不知道它能悬浮这么久。我以为它最终会掉下去的，物体的重量将会克服气压啥的。但是物体一直在悬浮，就像是足球一直在凌空翻滚那样的。真是有意思。”（案例 6，男性，13 岁）（Tisdal，2004，p. 28）

“这一展览讲的是我们星球上的所有不同的生命形式，以及这些生命形式存在于其他星球上的可能性。我只知道海洋里面有火山口，我还从来不知道还有那么多东西存在。现在我知道了火星冰层下面有可能存在生命是怎么一回事。这是我以前从来不了解的，我认为它拓展了我的世界。”（成人）（Korn，2006，p. 18）

有时候，一次展览的体验可能非常强烈，足以对观众的普遍观念提出挑战。在一个经典的有关短期展览效果的观众研究中，博伦、马西和勒特尔（Borun，Massey，and Lutter，1993）证明：在体验了一次球在真空管中运动的交互式展览后，很多观众至少在短期内都改变了他们认为重力需要空气才能发挥作用的错误观点。

对儿童而言，玩耍可能会产生这种类型的科学学习，尽管有些玩耍看上去有效而另一些则不太有效。伦尼和麦克拉夫弗蒂（Rennie and McClafferty，1993）研究使用交互式展品的中小学生，结果表明：如果学生参与探究式的玩耍而不是在空想中玩耍，他们更有可能学到展馆机构希望他们掌握的科学概念和原理。这或许是因为年长的儿童比较熟悉学校的常规和期望要求，因此他们从围绕这类期望而建构的经验中获益更多。

非正式场境中长期的概念变化，尚未进行深入研究。有确切的证据表明：观众能够综合某一展览或项目中的重要概念，并且能够在一段时间后回忆或精炼它们，尽管记忆会因多种主观或客观变量而逐渐消退或发生改变（有关博物馆记忆的研究文献回顾，请参考：Anderson，Storksdieck，and Spock，2007）。由于众多变量的作用，对博物馆参观的长期效果进行测量比较困难（请参考第三章中的讨论）。但是也有一些积极的发现，比如史蒂文森（Stevenson，1991）所作的一个研究范例，他对参观过博物馆 6 个月后的一些英国家庭进行家访，共计访问了 79 名成人和儿童。这项研究发现：平均每个人能够自发回忆起展览中 15 件展品中的 5 件，并且这种回忆通常都比较清晰和具体。而且，有超过四分之一的回忆可以认为是“思索”（而不是感觉或是对展品的描述），在某种方式上这为思考和反思展品提供了证据。

展览评估中普遍报告的一个结果是：通过直接的感知或沉浸式的体验，学习者自我报告说对概念有了更加深入的理解。比如，科恩（Korn，2006，p. 17）收集了参加过“寻找生命”展览的一位成年观众的观察日志：

> 我认为这个水展览确实很出色。我可以在图片中读到些东西，我并不真的知道 16 加仑水是什么概念。展览中的图例很精美并且令人吃惊。我之前并不知道人体内有那么多水。我认为纽约科学馆的工作人员的工作很出色，他们对内容进行了摘要，并且使展览内容具体到让你可以亲自触摸和亲眼看到。这就是我为什么喜欢带孩子们来这里的原因。你总会学习到一些东西，即使你根本没有真正地努力去做什么。

除了直接经验的重要作用之外，还有证据显示说明材料，比如标签、符号、语音导览，都对这一方面的科学学习具有重要作用。举例来说，在各种科学和自然历史博物馆中对展品进行的控制实验的研究显示：与观众单纯通过感官体验相比，给展品贴上标签会使观众获得更多认知方面的收益（Allen，1997；Borun and Miller，1980；Peart，1984）。

有关非正式科学学习场境中的环境设计的文献还有很多，涉及建筑学和室内设计、展品排列、标签设计和布置、图表和文字设计、照明以及其他的物理特征等方面。这些文献中的很多建议都是以实践为基础的，尽管这其中也有很多的实验性研究，比如比特古德（Bitgood，2002）、卢米斯（Loomis，1993）和斯克里文（Screven，1992）在他们的综述中所概括的研究。限于本报告关注的重点，委员会没有对这些文献进行详细的综述。原因在于，尽管它有助于实践，但是它主要强调的是观众的活动和行为的结果，而不是我们在六个方面中所描述的对学习的直接评价。

评估文献中另一个经常提到的结果是：学习者自我报告说参观使他们想起了早期生活中的学习经历。既然重复对记忆很关键，我们便在方面 2 中将其作为一种重要的活动形式。比如，琼斯（Jones，2005，p. 5）在一位参观植物园温室的成年男性观众的自我报告中听到了这样一段话：

> （你最喜欢温室的什么地方？）“我特别喜欢并且感到愉悦的一个地方是植物实验室。因为它向我展示了植物形成生命的方式，显微镜可以让你看到种子、树叶和根部的不同形状——那么多我以前从来不知道的东西……这里的很多东西都唤起了我儿童时期和学生时代的记忆。”（男性，28 岁；通过西班牙语翻译）

总之，案例记录表明，人们参与到经过设计的教育经历中，能够生成、解释新的知识并将其运用到新的例子中去，他们还能够对熟悉的或新的现象进行概括（抽象化）性思考。但是，作为知识建立的基础，概念的理解和现象的心智模型的形成需要花费时间（National Research Council，1999，2007；Lehrer and Schauble，2000），并且可能取决于一个人现有的知识基础（Inagaki and Hatano，2002；Carey，1985）和文化实践（Rogoff，2003）。要确定经过设计的环境是否支持概念性知识发展的更为精炼的形式，可能需要更长的时间，需要对跨越场境的学习进行周全的分析。

方面 3：参与科学推理

科学研究的过程，通常被归到“科学探究”名下，教育家和研究者认为它是科学素养的有机组成部分（e. g.，American Association for the Advancement of Science，1993；Minstrell and van Zee，2000；National Research Council，1996，2000）。经过设计的环境为人们提供了机会来参与这些过程，观众操作、验证、探索、观察、预测和提问，以及建构对自然世界和物质世界的意义。在观众可以参与这些过程的环境中，人们研究最多的是在科学中心举行的亲身体验式交互展览，它们通常比动物或生态系统展览支持更广泛的探究行为。人们研究的最常见的观众是家庭小组，家庭小组是很多科学中心最多的观众类型（从数量上和经济角度而言）。

交互

该领域的一个重要发现是，互动体验吸引学生来进行参与。麦克莱恩（McLean，1993）对互动进行了定义："观众作用于展览，展览反过来也对观众产生作用"（p. 92）。在一般意义上，实践领域认可得到研究有力支持的这一观念。学习，不管人们从纯心智的角度或是更广阔的社会视角去看待它，在本质上都是互动的。

对博物馆展览进行的终结性评价常常证实：学习者，尤其是家长，都认为互动是这些环境的一种设计性特征，并且欢迎这种设计，尽管他们通常用相关的词汇比如"动手活动"来表达他们这一观念。比如：

> "（展览）通过让孩子觉得科学很好玩，努力使其参与到科学中来。科学并不总是意味着在什么地方去读些枯燥的书，真的是有好玩的、动手的事情可以做。（展览）力图为孩子们提供机会，通过使用动手材料学习更复杂的原理。"（美国国家历史博物馆；女，33 岁）（Korn，2004，p. 45）

非常确定的是，互动展览往往能够比静态化展览吸引更多的观众，观众参加互动展览的时间也更长（e. g.，Allen，2007；Brooks and Vernon，1956；Borun，2003；Korn，1997；Rosenfeld and Terkel，1982；Serrell，2001）。与此同时，互动的具体效果又很难确定，因为仿真性互动展览通常在多种设计特征上不同于非互动展览，并且将较长参与时间所产生的效应从智力刺激的效应中分离出来也很难（Lucas，1983）。科兰和郎吉诺（Koran，and Longino，1986）确实发现：单单是移去某一次贝壳展览中展品的树脂玻璃封盖，就可以增加驻足的观众的人数和停留时间，虽然只有 38% 的观众停下来拿起贝壳观看。

即便在具有活体动物参与的活动中，观众也在寻找特别的互动。比如，泰勒（Taylor，1986）发现，家庭成员寻求与水族馆活生物的互动。戈尔多奥斯基（Goldowsky，2002）通过对企鹅展观众的学习经验进行比较，对互动进行了实验研究。在这项实验研究中，控制条件使用了一个典型的水族馆展览，包括活企鹅、企鹅的自然栖息地以及相关的图表。研究者在互动环境中加入了一个设计用以中介参与者和企鹅之间互动的设施，这一设施允许观众沿着池子的底部移动光束，企鹅们纷纷追赶这些光束。戈尔多奥斯基对301个参观组（756名观众）的视频资料进行了分析，他发现那些与企鹅进行互动的观众更有可能思考企鹅这样做的动机。

除了支持与物质世界的互动之外，互动式展览还有可能创造一个更广阔的时空，在这一时空中额外的学习能够发生，相比静态的展览，它更能促进家长和儿童之间的建构性交流（Blud，1990）。观众在自我报告中表明了从互动中获得的多种成果，包括学习知识和技能、获得新的观点以及产生热情和兴趣（Falk et al.，2004）。

尽管互动体验在经过设计的场境中比较普遍，但它们不见得在所有的展览中都是可取的，并且有可能被过度使用了。比如，艾伦和格特威尔（Allen and Gutwill，2004）记录了几个展览设计样例，它们含有过多互动特征，引起了参与者的误解或让他们感到不知所措。这些有问题的设计特征包括：多个很难区分的选项，一些特征让用户之间互相干扰，一些选项鼓励用户扰乱正在显示的现象，一些特征使用户很难发现关键现象，以及一些次要特征模糊了主要特征等。

做与看

考虑到互动性在经过设计的场所中的广泛应用，我们不奇怪的是，最经常观察到的科学过程就是那些被兰德尔（Randol，2005）描述成“做与看”的过程：观众对展品进行操作以探索其性能并且观察产生的结果。兰德尔对观众在参观三个科学中心的八种互动展览中的探究行为进行了细致研究。这些展品都经过挑选，目的是使得科学探究过程的可能性达到最大化，并且使博伦、钱伯斯和克莱格霍恩（Borun，Chambers，and Cleghorn，1996）在其有影响的研究中所定义的家庭学习的可能性达到最大化。特别之处在于，由于存在很多可能的结果，家庭可以根据自己的选择来进行一系列的探究。兰德尔发现观众有意识地、顺利地使用了展品，他们的主要互动聚焦在操作展品所提供的功能上（如拨号、转动舵盘等）以及观察发生的现象。这两种动作被编码为“操作变量”和“观察”，它们解释了超过半数的观众在展览上所做的与探究相关的活动（请参见图5－1）。戴蒙得（Diamond，1986）报告了典型家庭式行为的一个类似模式。

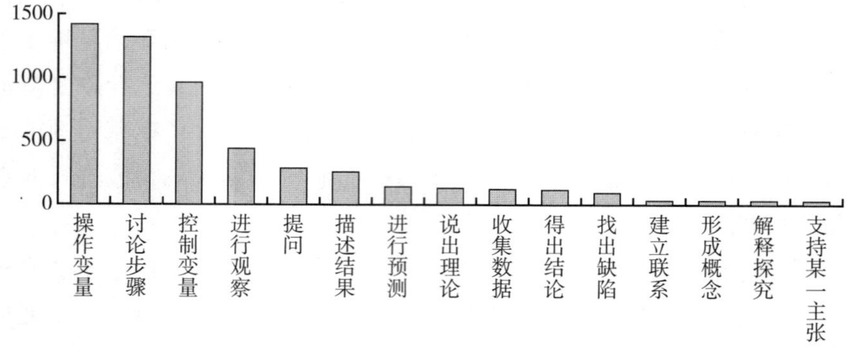

图5－1　互动展览中参观者行动的频率

来源：Randol（2005）

令人感兴趣的是，伦尼和麦克拉夫弗蒂（Rennie and McClafferty，2002）发现这些相同的探究活动确实引起了儿童对科学概念的学习。这一发现为这六个方面是相互强化的这一观点提供了支持。通过运用赫特（Hutt，1981）对象征性（或假想性）游戏（“我能用这个物体做什么?”）与探究（“这个物体能做什么?”）的区分，伦尼和麦克拉夫弗蒂对操作一个互动式科学展品的儿童进行了研究。这一展览叫磁铁迷宫，目的是让儿童理解磁铁能够吸引一些物体，即使将磁铁隔着一段距离或是在物体和磁铁中间放上其他材料。除此以外，展览的设计还支持一系列学习体验：愉悦、神秘、角色扮演和手－眼协调的发展。伦尼和麦克拉夫弗蒂发现：基本上，只有对展品采用了探究方式的儿童才能够达到随后的科学内容的学习目标。换句话说，兰德尔所说的经常观察到的“做和看”方式，确实促进了儿童对预设科学内容的理解。

另一种普遍的观察形式是向他人指出某种特别令人感兴趣的特征。艾伦（Allen，2002）将这种类型的口述式观察称为“知觉谈话”，并且将其作为对学习的一种重要的过程性测量，因为它是一种对复杂环境中重要之处进行识别和分享的行动。她定义了知觉谈话的四个亚型：识别（哦，看这个人）、命名（这是一只金线蛙）、指出特征（检查它头部的肿块）和引述标签的内容。被录音采集的观众在他们驻足的展品单元中，对其中的70%都开展了知觉谈话，这是艾伦框架中关于交谈的最常见类型。卡拉南和吉普森（Callanan and Jipson，2001）认为，这类谈话是成人引导儿童科学素养发展的一种重要方式。他们认为：那些指出环境显著特征的成人对儿童注意力加以引导，对儿童的体验加以解释，并且将这些体验按照相关知识领域进行组织。这种做法不只局限于家长与儿童之间的对话，还同样适用于小组内任何成员与其他成员之间的交流。

意义建构和解释

意义建构（即对经验进行解释以赋予其个人意义）在描述非正式环境下的学习中逐渐变得十分重要，以至于它有时候被认为是本质的学习行为（e. g. ，Silverman，1995；Hein，1998；Ansbacher，1999；Rounds，1999）。卡拉南和吉普森（Callanan and Jipson，2001）指出，观众不仅在如何解释经验方面存在不同，而且在他们认为什么值得解释这一方面上也有不同。意义建构的程度和质量一直是很多对学习进行编码的系统的基础。比如，博伦及其同事（Borun et al. ，1998）定义了非正式环境下家庭学习的三个层次：识别、描述和解释/运用。他们发现88%的家庭处于前2个层次。莱因哈特和克努森（Leinhardt and Knutson，2004）将解释分了4个层次：列表、分析、综合和解释。

解释也一直是拓展研究的主题。研究似乎一致认为：在经过设计的场所中的解释往往是具体的、局部的和片面的。在研究博物馆境脉中家长对儿童解释的过程中，卡拉南和吉普森（Callanan and Jipson，2001）定义了3种类型的解释：①抽象的科学原理（比如，“这是由于地球引力”）仅仅被用于12%的解释中；②因果联系（比如“这些图片中每一幅马的姿势略有不同，因此看上去马就像在飞驰一样”）占54%的解释；③与先前经验的联系（比如，“记得医院的听诊器吗？我们可以听你的心跳声”）在成人的解释中占25%。作者们认为：通过将儿童的经验与他们的先前知识和历史联系起来，儿童的当前经验被境脉化了，这就为实践者一个世纪以来一直在使用的、用于帮助观众发现他们在展览和项目中的个人意义的设计策略提供了强有力的证据。同样，在各种经过设计的场境中的研究表明：家长往往关注于帮助儿童理解身边的特定事件，而不是帮助他们学习更抽象的原理。

卡拉南、吉普森和索恩内科森（Callanan，Jipson，and Soennichsen，2002）的相关工作研究了家庭对表征性物体例如地图和地球仪的使用情况，结果发现：家长倾向于将特定的指示物当成真实的物体（例如“那就是你的学校”）来对儿童进行解释，而不是解释表征和表征所指向的真实世界之间的更抽象的联系。他们指出：不仅仅是儿童从科学推理片段中学有所获；成人甚至是科学家也可以通过这种方式学习。

格利森和肖布尔（Gleason and Schauble，1999）表明：家长或许不能在一次展览中对他们孩子在科学探究的各个方面都进行同等的指导；家长或许在某些方面限制了儿童接触认知复杂性任务的机会。在一个内容是船在牵引下穿过小运河的互动展览中，研究者要求 20 对受过良好教育的家长和儿童来设计一项复杂的实验。具体要求每对家长和儿童用 45 分钟来设计一系列实验来确定哪些因素影响到牵引的速度，并要求他们对实验进行解释。研究者发现：家长和儿童将相当多的时间花费在用材料进行实验，而不是对结果进行解释。家长确实支持和促进了儿童的推理上，但是他们往往是亲自来完成活动中更具有挑战性的概念部分（比如查找以前实验的结果并大声做出结论），而很少鼓励孩子来承担这些任务。相比较而言，实验服务性工作或机械操作工作则是由儿童来完成的（比如在运河中释放小船、操作秒表等）。在 45 分钟快要结束的时候，是家长而不是儿童在理解船和运河系统真正的因果特征方面得到了收获。这一研究的发现提出了一个令人感兴趣的问题，即经过设计的场境如何可以更好地支持家长和其他的成人养育者来利用这些机会。

提问和预测

提问和预测是典型的探究行为，涉及在实际实验之前向他人清晰地表述观点。兰德尔（Randol，2005）的研究表明：在互动展品中，虽然观众确实参与了提问和预测，但是发生的频次比操作和观察要少 10 倍。艾伦（Allen，2002）在对一次关于蛙类的多学科展览中的观众谈话分析中发现，观众做出预测的频次更低（3%）。但是，她指出，这一频次特别低可能是因为展览的主要组成是活生生的动物而不是互动元素。

教育者普遍认为提问是支持非正式环境中学习的主要探究行为之一。博伦等人（Borun et al.，1996）发现，提出和回答问题是区别他们研究中所定义的不同层次家庭学习的关键行为：提问和回答的家庭更有可能参与“描述”过程（包括在展品和他们的个人经验之间建立联系）而不是低层次的“识别”过程。因此，兰德尔（Randol，2005）的研究中较少出现提问和回答问题这些行为，可能让人有些惊讶。对这一现象的一种解释是：提出和回答问题的发生可能是隐性的，而不是从参与者口中说出的。比如，如果人们走近一个互动展品确实都是想弄清“这个东西是干什么的?”，这就已经构建了一个隐含的不需要公开口述的问题。同样，观众惊奇和好奇的共同反应（“反直觉”类展品设计的重要反应）暗示着：可能是他们做出了某种隐性预测，从而唤起了惊奇的反应。卡拉南和吉普森（Callanan and Jipson，2001）报告说，与其他场境形成对比的是，在博物馆展品前解释性对话很少由儿童提出“为什么”这样的问题而引发。博物馆中可使用的实物交互元素和新异现象或许鼓励了更多包含隐性的“如果……怎么样”的问题而非“为什么”的问题的对话。

汉弗莱和格特威尔（Humphrey and Gutwill，2005）表明：观众提问的数量和种类部分地取决于他们使用的展品的设计。他们的研究小组创造和研究了一种能够支持积极、持久参与的互动展品（Active Prolonged Engagement，APE 展品）。这种 APE 展品是一些探究行为的组合，包括观众在展品前停留更长的时间和自问自答等。根据展品支持的活动的主要形式，这些展品采用了几种形式：探索、探究、观察和建构。研究者将 APE 展品与更传统的“有计划的发现”展品进行了对比，APE 展品中观众对贴上标签来解释的令人好奇的单个现象感到惊讶。研究者发现：与 APE 展品进行的交互中，参与者提出问题的种类和形式都各有不同。观众总体上提出了更多的问题，其中较多问题是关于使用和理解展品，而不是关于展品运行的安排方面或是有关其他人的体验。研究小组还发现：使用 APE 展品的观众更有可能通过操作和讨论展品而不是阅读标签来回答他们自己提出的问题。海因、凯利、贝莉和布罗内肯特（Hein，Kelley，Bailey，and Bronnenkant，1996）所进行的相关研究表明：波士顿科学博物馆的一系列开放性展品也同样鼓励了观众来提出问题，尽管没有与同时举行的其他展品进行量化的比较。

在经过设计的场境中，得出结论、概括和争论是极少被观察到的探究行为。兰德尔对八种互动展品的研究发现：尽管展品经过挑选来支持一系列探究行动，但是有些行动非常少见。最少观察到的活动有：支持某一论点，解释某一探究，概括，以及在展品现象和博物馆之外的情境之间建立起一般性的联系。研究者观察到的这些行为只是操作变量行为的 1/100。兰德尔使用几种不同的理论视角来看待与探究相关的行动，总结出：在他的研究中，大多数观众没有参与到专家所认为的高级探究行为中来，比如得出结论和进行概括。他们往往也没有参与提出备选方案或者对论点进行支持这样的活动中来，而这些都是建立科学理论和验证科学理论的重要特征。兰德尔将后一发现归结于：在那些以休闲和与同伴社会交往为主的情境中，观众往往不愿意去做那些看似有点咄咄逼人的事情。

方面 4：反思科学

很多经过设计的环境针对科学中的问题或针对如何从社会学和历史学视角来看待科学过程，创建了一些特定的展览和项目。这些展览给观众创造机会，将科学作为人类的一种努力进行反思，并思考科学知识的性质及其生成过程。

或许最知名的案例是安大略科学中心创建的“真理之问”，该展览要求观众思考影响科学活动的文化和政治因素。展览的三个主题是：①参照系（比如，以太阳为中心还是以地球为中心）；②偏见（比如种族观念、优生学和智力测验）；③科学和共同体（比如对不同群体的科学家进行访问）。佩德雷蒂（Pedretti，2004）对随即抽取的观众和来进行实地考察的学生进行了访谈，结果发现，展览促使观众思考科学和社会责任、争议和争论、决策制定以及伦理学等问题，从而促进他们对科学和社会的理解。佩德雷蒂发现，观众留下的评价卡中，有 84% 是正面的评价，例如，“称赞科学中心提供了科学实践的社会文化背景，努力对科学实践进行去神秘化和解构的工作”（Pedretti，2004，p. S43）。一位学生观众这样点评，“展览使我们思考了很多，关于我们的信念、我们的思维方式……我认为影响肤色的基因并非无足轻重。大多数人不像那样去思考事情。”另一位学生对科学与道德的观点进行了讨论：“‘我们认为科学与道德通常是不相干的’，这是错误的，因为科学让人去做各种各样可能改变人类生活的事情，它并不必然对人类社会有益……有些科学家就在说：我们真的应该这样做吗？”

佩德雷蒂及其同事（Pedretti et al.，2001）认为这类展览鼓励观众对科学过程、政治以及个人信念进行反思，通过将主题内容个性化、唤起情绪和通过从多重视角呈现材料激发争论，来达到这一目标。

对学习的自我反思

经过设计的环境也为观众提供了机会来反思他们自身的学习过程，尽管对这一方面的研究少于对有关探究的其他活动的研究。兰德尔（Randol，2005）发现，在科学博物馆使用八种互动展品的观众经常做出一些自我反思型的评论，这些评论通常聚焦于他们使用特定展品的方式。他具体地报告说，在被观察的小组中有超过70%至少做出了一条关于小组目标进程的陈述（比如“好啊，超过两个了”），或是一条有关可能的程序问题的评论（比如“等等——他们必须同时开始”）。

相比之下，艾伦（Allen，2002）在她录制的在蛙类展览前与若干对观众的谈话中，报告了自我反思型评论的频次要低得多。她区别了谈话的三个分类型：①元认知评论，即观众谈论他们自身现有的或先前的知识状态。在观众参与的所有展品单元中，可以听到观众在其中9%的单元面前的元认知评论。在展览的66个单元中（展品或其他展览成分），最经常引发元认知评论的单元是一个关于蛙类捕食和进食的纪录片特辑——“美食时分”（Mealtime）。观众反思了他们对蛙类进食的种类和性质的惊讶：“我以前从来不会相信的……”或是“我没有意识到蛙类是用舌头去捕食的”。②关于展品使用的评论，在驻足的观众中有16%发表这种评论，例如：“你应该从这里开始，然后跳得越远越好”。③评价性的评论，即观众来评判他们的表现和行动，有8%驻足的观众谈到了这点。引发后两种类型的评论最多的单元是“学青蛙，呱呱呱”（Croak Like a Frog），这是一项基于音频的多媒体展品，观众可以从中听到很多事先录好的蛙叫声，并且把他们对这些叫声的模仿进行录音。观众的评论包括：“你必须在红线消失之前模仿叫声，否则就不能录下来。”还有“这样做是对的，只是我用的时间太长了。”艾伦提出几项展品特征，或许可以解释评价性谈话的频度为什么这么高，这些特征包括：展品的总体吸引力强，具备用挑战性的问题解决界面或用电脑生成的、可以在视觉上支持学习者将人的叫声与标准的蛙叫声进行比较的图示。

大量的证据也表明观众在被提问时能够反思他们自身的学习。很多终结性评价中使用离场访谈询问观众，是否存在以前他们不知道的、没有意识到的或是不重视的内容。尽管这些反思只是提示性的而不是自发性的，它们却证明在经过设计的场境中，观众能够并且确实反思了他们自身的学习。请看下例：

> 人们学习着——太奇妙了……我都快要74岁了……我每天都在学习新的东西。当你听说科学家仍然没有对藻类是否是植物达成共识，就会知道藻类的生长有点像植物，但又不像，于是有人说“是”、有人说“不是”。我正在研究孢子——显微镜下神奇的微小标本——的品种。这太有趣了，我想任何人都会觉得它有趣。（男性，73岁）（Jones，2005，p. 6）

方面5：参与科学实践

> “到结束为止，（我儿子）正在和另外四名孩子一起合作，这是件很好的事情。我儿子对这四个孩子完全不认识。这就像在实验室中有时候你正在研究某一事物，你的同事来了，你们开始一起研究……我儿子当时想尝试做点啥，后来另外一个孩子也想尝试点啥。当做不成时，他们会尝试不同的方式。”（美国国家历史博物馆；女性，43岁）（Korn，2004，p. 42）

在非正式场境中，参与科学是令人期待的，也是被审慎地设计到经验中的。儿童之间，儿童与父母或是其他成人如团队领导者和博物馆职员一起做项目；成人在林荫小道上，一家人或在动物园或植物园里，一起走、一起观察。他们使用像显微镜或尺子这样的工具和器材来帮助学习（Jones，2003；Ma，2002）但不是一定要用科学设备。

在经过设计的场境中，言语交流和讨论是一种特别普遍的、得到比较充分研究的科学实践的形式。实际上，讨论在学习中的重要性在一系列学科领域和场境中是得到广泛认可的（e. g.，Cazden，2001；National Research Council，2007），并且对课堂的科学教育而言是相当有益的。研究者发现，成功的科学教育取决于学习者对各种形式的模仿科学共同体的交流和推理的参与（Gee，1994；Lemke，1990；National Research Council，2007）。在项目和展览设计中明确支持社会性的中介和对话，人们在这方面的兴趣日益增加（e. g.，Morrissey，2002；Schauble and Bartlett，1997）。

莱因哈特和克努森（Leinhardt and Knutson，2004）把讨论既看作是学习结果也看作是学习方式，并将这种观念整合进一种学习模式中。在研究了5种不同类型的博物馆举办的展览之后，他们将观众的描述分成4个层次，包括：列举、分析、综合和解释。然后他们研究了这4种描述如何有助于整体学习，这样的学习是由观众在展品前的停留时间和在参观后访谈时观众提及展览主题的频次结合起来而界定的。尽管他们对学习的测量不太正规，但是他们发现：在展览场地中具有较高诠释水平的观众，其学习的层次也稍微高一些。

在经过设计的场境中观察到的参与者的解释和评论，由于很多因素而存在不同，其中包括性别（Crowley，Callanan，Tenenbaum，and Allen，2001a）、年龄（Gleason and Schauble，1999）、教育方法和目标（Schauble et al.，2002；Ellenbogen，2002）、可获得的资源、领导者和参与者的技能和背景，以及情境需要（如可以对比夏令营与学校小组组织实地考察的两种情况）。例如，格尔曼、马西和麦克马纳斯（Gelman，Massey，and McManus，1991）发现很难设计一个能够促进科学观察和实验的独立展品，肖布尔和巴特利特（Schauble and Bartlett，1997）也有同样的发现。

亲子互动

很多有关语言运用的研究聚焦于家庭在博物馆和科学中心的互动。这方面研究可以追溯到 20 多年前（e. g.，Hensel，1987；McManus，1987；Taylor，1986），主要是对成人和儿童在参观水族馆、博物馆等场所时的行为和交谈特征进行具体的描述性研究。这种研究普遍强调的是亲子互动。

在这方面文献中，有一个关键的发现：家长的参与提高了儿童参与展览的质量。比如，克劳利及其同事（Crowley et al.，2001a）在加利福尼亚州圣何塞市的儿童发现博物馆（Children's Discovery Museum）中，观察了 91 个带着 4 ~ 8 岁儿童与万花筒展品互动的家庭。他们发现，与那些没有家长参与互动的儿童相比，家长一同参与的儿童对证据的讨论时间更长、更加专注。他们观察到，在帮助儿童选择合适的证据并将其识别出来的过程中，家长起着重要作用。在和孩子一起使用互动式展品时，家长倾向于关注对展品功能和原理的解释，将展品与真实现象联系起来，与正式的科学概念建立联系（Crowley and Callanan，1998）。这样的解释通常是简短的和片段的——克劳利和盖尔克（Crowley，Galco，2001）将其称为“解说”（explanatoids）——但它们看上去对短暂的真实性、协作性亲子活动很适合。在家长解释某一展品的特征之时，儿童则更有可能谈论与展品有关的经验。同样，正如之前所指出的，格利森和肖布尔（Gleason and Schauble，1999）发现，科学展览馆中展品的教育潜能取决于家长的中介作用。家长倾向于承担最困难的概念性任务，而将手工任务分给儿童做。此外，家长和工作人员几乎都不强调科学对话或思维。卡拉南、吉普森和索恩内科森（Callanan，Jipson and Soennichsen，2002）观察了科学展览中的亲子组合，他们注意到，家长关注于特定事件而不是一般原理。他们认为这有可能为更复杂的思维创造了条件，但是还没有对此进行实证研究。有科学经验的家长有可能相当容易地将展品作为道具来与孩子分享他们有关特定主题的知识。例如：

> 一位父亲解释了他如何使用滑轮图表来给他的儿子作解释和进行展示："多数情况下，我给儿子解释滑轮正在做什么。比如，指给他看一个滑轮组，看看把线绑在小滑轮和大滑轮之间有什么不同，这根线对其他轮子的作用是什么……另一名男孩也走进来，我让他们看，你转动得越快，滑轮组就运行得越快，运行速度取决于所使用的滑轮组尺寸，尺寸也同样决定了驱动力"（案例 24，男，40 岁出头）（Tisdal，2004，p. 12）。

家长的对话还取决于他们怎样看待场境与孩子学习之间的关系。比如，肖布尔等人（Schauble et al.，2002）在某一科学展览馆的一件展品前，对 94 名带着 6~10 岁孩子的家长以及 16 名正和儿童进行互动的博物馆工作人员进行了观察。研究者还对他们进行了访谈，从而找出每组人对学习的观念以及什么样的想法才有助于儿童在展品前的学习。接近半数的家长认为，活动、观察和动手材料的乐趣会通过感知体验和兴奋来引起学习；这样的家长中，许多都是袖手旁观，在一边看着他们的孩子玩耍，他们认为最好的帮助就是不干涉。其他的家长看起来将玩耍区别于学习，他们考虑如何通过博物馆的资源来丰富学习。他们往往不确定如何帮助孩子。博物馆工作人员比家长更重视中介的作用（介入儿童的活动），有些工作人员对被动的家长不满。工作人员讨论了很多帮助儿童学习的不同方式，强调向儿童提问引起争论的问题或解释事物原理的重要性，相比较而言，家长更关注后勤支持。研究者指出，工作人员积累了支持孩子学习的更大技艺库，可能源自他们在展览馆中每天都要决定如何帮助观众形成在博物馆中的体验。

针对性的科学谈话

不是所有形式的谈话都为经过设计的场境中的科学学习提供了同等有效的支撑。比如，克劳利和雅各布斯（Crowley and Jacobs，2002）指出：家长某些形式的高水平谈话，与儿童的学习紧密相关。特别是他们发现，对那些大声读出物品标签（在这一例子中，物品为化石）并且帮助儿童与化石谱系建立联系的家长而言，他们的孩子在博物馆参观之后能够更好地识别化石。

另一种针对性谈话形式是争论（National Research Council，2007；Bell and Linn，2000；Driver，Newton and Osborne，2000；Duschl and Osborne，2002）。学校课堂中的争论非常有趣。尽管几乎没有关于非正式环境下专门的科学争论和讨论模式的研究，但是很多观察者一致认为，这些非正式学习机构中的典型的科学表述，是以日常语言为基础的，其目的是吸引大众的参与。对基于课堂的科学争论的研究发现：这样的讲述普遍需要大量的指导和支持，需要有目的地发展共同标准，需要长期的反思实践（National Research Council, 2007）。因此，即使是探究和科学谈话在经过设计的场境中得到鼓励，经验也有可能不足以被学习者内化。正如以上所指出的，人们似乎认为科学争论会对学习者参观的社会互动目标和休闲目标产生威胁。尤其是在权利分享不均的多代混龄群体中，挑战同组中他人的概念结构得不到即刻的奖赏。因此，是否能在不危及非正式环境的定义性特征下将科学争论结合到这些场境中，对这一点人们还不明确。

人们记录了参观博物馆的观众在大声读出标签（Crowley and Jacobs, 2002; Borun et al., 1996）以及互相解释和评论展品特征时（Tunnicliffe, 1996; Ash, 2002）对科学术语和语言的使用情况。这些研究的时间范围通常都太短，以至于无法评价学习者内化这些科学术语并将其使用到其他场境中的情况。尚未有研究为了探索科学语言的使用是如何在设计的场所中随着时间而深化，而对经过设计的场境中的参与进行长达数月或者数年的充分分析。

科学工具

对学习的研究广泛运用了各种意义上的工具，这些工具不仅仅包括常规的科学工具（比如实验仪器），还包括一系列更广泛的表征性工具比如语言、图表和数学公式等。工具这一概念的拓展，明显体现在不断发展的大量课堂研究中（National Research Council, 2007）。然而，对在经过设计的场境中的科学学习的研究，则几乎不重视工具。此外，尽管人们在非正式环境下使用传统科学工具的方式尚未得到评估，但是，至少有一些项目不仅仅是要求参与者交流科学语言和概念，而且还要求他们使用实验器材、研究工具和测量工具。比如，在明尼苏达科学博物馆举行的“细胞实验室展览”中，参与者在参观展览及其7个生物实验室实验台的过程中，使用了很多工具。观众有机会使用很多科学仪器和工具，包括显微镜、照相机、检测器、载玻片、试管、孵化器、干式恒温器和紫外线探测器等（NSF, 2006）。

此外，不仅仅是场所和材料的设计，可访取的资源、领导者和参与者的技能和背景以及情境需要，都有可能决定接触的深度和谈话的深度（Gelman et al., 1991; Gleason and Schauble, 1999; Schauble and Bartlett, 1997）。格利森和肖布尔（Gleason and Schauble, 1999）发现，科学展览馆中展品的教育潜能取决于媒介，随着越来越多的展品或展点要求参与者运用科学工具时，媒介就显得格外重要。

群体影响

有证据表明：科学语言的使用情况有可能受到性别的影响（参看第七章）。有大量研究考察家长和机构服务者与男孩和女孩互动的方式。有几项研究（Crowley et al. , 2001a；Tenenbaum and Leaper, 1998；Tenenbaum, Snow, Roach, and Kurland, 2005）发现，家长对男孩使用的与高认知需求相关的对话模式的参与，这种情形出现的比例要比女孩高。比如，克劳利及其同事（Crowley et al. , 2001b）考察了某一科学博物馆举行的互动展览中家长和儿童之间自然发生的 298 次谈话。他们观察的对象是：有男孩和女孩的家庭，只有女孩的家庭，只有男孩的家庭以及单亲、双亲和没有家长的家庭。结果发现，家长，包括父亲和母亲，都更经常倾向于向男孩提供对现象的因果解释。尽管在带孩子到博物馆，使孩子参与到互动性科学活动，谈论展品的用途或是谈论在展览中的感受等方面，家长们看似没有对男孩女孩区别对待，但是家长显然更大程度地强调了向男孩解释科学。这一微妙的区别已经对女孩的科学学习产生了影响，引起了家长以及那些在经过设计的场境中对学习进行设计和促进的教育者的担忧。在“爱丽丝漫游仙境”这一家长认为会使女孩子感兴趣的展品中，人们没有发现对解释的性别区分，这意味着调整展品可以影响家长促使女孩参与科学的倾向（Callanan et al. , 2002）。

专长水平是另一个可能影响经过设计的场境中的小组学习过程的因素。小组成员不同的专长可以影响学习互动。比如，一个知识丰富的个体，即使是个孩子，也能通过指出关键的要素和信息，投入到比较聚焦的科学讨论并使之结构化，从而在促进他人的学习中起到重要作用（Moll, Amanti, Neff, and Gonzalez, 2005；Palmquist and Crowley, 2007）。在一次有关玻璃展览的小型研究中，芬伯格和莱因哈特（Fienberg and Leinhardt, 2002）发现：相比那些对玻璃的先前知识较少、兴趣不大的成人而言，对玻璃具备丰富的先前知识、兴趣盎然的成人倾向于参加更具解释性的谈话（即讨论事情发生或者运行的原因和过程）。

冯·莱恩、希斯和欣得马什（Vom Lehn, Heath, and Hindmarsh, 2001）发现：观众在一次展览中的活动可能在很大程度上受到其他观众行为的影响，这些其他观众可以是同伴，或者是陌生人。迈斯纳等人（Meisner et al. , 2007）发现：有时候观众会将他们与互动式展品的互动转变为一种戏剧性的自发性表演，让自己和其他家庭成员甚至是陌生人进行共享。科兰和福斯特（Koran and Foster，1988）证实，观众可以从陌生人处学到和展品有关的行为，即使是在没有发生任何对话的情况下。他们发现，博物馆观众，尤其是成人，如果事先亲眼看见有人在安静地进行诸如触摸某一操作性展品、听耳机或者是在一段时间内持续关注某一展品等行为的话，则更有可能从事这些同样的行为。

方面6：对科学事业的认同

科学学习的非正式环境，像所有的教育机构一样，可以被视为文化适应的场所（Bruner，1996；Martin and Toon，2005；Pearce，1994）。文化适应就是发展个体作为共同体某一部分的身份认同，非正式场境包括不同的环境，这些环境可能对人们作为科学学习者的身份产生影响（Ivanova，2003）。

个人身份被视为“观众带进来的知识、倾向和活动的集合”（Leinhardt and Knutson，2004，p. 50），它深刻地影响着博物馆观众的对话（Fienberg and Leinhardt，2002），并且能够在很大程度上塑造着学习经验（Ellenbogen，Luke，and Dierking，2004；Leinhardt and Gregg，2002；Falk et al.，1998；Leinhardt，Tittle，and Knutson，2002；Anderson，2003；Anderson and Shimizu，2007）。比如，法尔克、海姆利希和布罗内肯特（Falk，Heimlich，and Bronnenkant，2008）将4个动物园和水族馆的1555名观众分为以下类型：

1. 探索者：受好奇心所驱使，不管在这些机构里遇到什么，都想了解更多。
2. 指导者：主要关注在他们所陪伴的社会群体中激活他人的经验和学习。
3. 专业人士/业余爱好者：感到机构的内容与他们的专业或爱好有紧密联系。
4. 寻求体验者：主要从参观这一重要场所的事实中得到满足。
5. 精神追求者：主要寻求体验一种精神的沉思和恢复。

根据研究者的报告，55%的观众显示出上述框架中的其中一种主要动机。观众有关对话的态度差异，其中四分之一可以用动机的差异来解释，同时动机也与观众的长期记忆相关，这表明，身份的各个方面，可作为观众理解自身经验的一种框架。

这样的身份，可能就是参与者在经过设计的场境中做什么和学什么的驱动力。例如，希望发展一种特定的家庭身份认同的家长，就能够很快适应博物馆的一般经验和具体内容，从而加强所期待的身份认同。从期望（“我们才不像那样猛敲电脑屏幕呢”）到个人口述经历（“你记得上次我们看见一件和它相似的东西吗?”），这一切都可以用来强化家庭的价值观和身份认同（Ellenbogen，2003）。

参观计划

身份的一个方面是学习者的参观计划，也就是个体期望在参观活动期间追求或满足的认知性、情感性或社会性的期望与目标。比如，家庭往往将参观视为社会活动（Laetsch，Diamond，Gottfried，and Rosenfeld，1980），并且在自身参观博物馆时进行与身份有关的计划安排（Cohen，Winkel，Olsen，and Wheeler，1977；Falk，2008）。比如，法尔克（Falk）谈到了一位40岁的父亲弗兰克（Frank），弗兰克参观博物馆的安排与他自身童年时期的经历紧密联系在一起。弗兰克的父亲是一位忙碌的学者，虽然他很重视科学，但是他在弗兰克小时候几乎没怎么花时间来陪他。同样，弗兰克试图跟他的女儿一起探索科学，也同时试图在女儿的生活中起到一个更积极的作用。博物馆经历给了他机会来追求身份建构的体验。个体和小组的目标可能是多种多样的（比如，在单一事件中追求学习、愉悦和社会化），这些目标或许也和其他的实践安排结合在一起，比如为住在郊区的观众提供观光游览以及为年幼的儿童提供娱乐。

有几位研究者已经对他们的数据进行了解释，证明了学习者的行动具有目的性，是为了满足个体所在家庭的学习目标。比如，希尔克（Hilke，1989）从她对某一展览中的家庭行为的详细分析中得出结论：家庭为了从博物馆参观过程中进行学习而进行了参观安排。

安德森和他的同事们（Anderson，2003；Anderson and Shimizu，2007）发现：学习者参观计划的满足或落空的程度，可以很大程度上影响他或她对学习经历的回忆。他们在世博会结束差不多20年后与当年的观众进行的访谈过程中发现：包括参观计划在内的观众的“社会境脉”“主导着他们（在15～17年后）对当年某些经历的回忆”——影响远远大于他们能够报告出来的任何其他的世博邂逅或情节片段（Anderson，2003，p. 417）。

参与者的参观计划与某一特定的经过设计的场境中的教学和交流目标有可能一致，也有可能冲突或是无法建立联系。比如，德尔金、波特尼克、巴克纳和法尔克（Dierking，Burtnyk，Buchner，and Falk，2002）对动物园和水族馆中的参与和学习进行了文献综述。他们观察到动物园观众的参观计划与动物园的生态目标两者之间经常分离。动物园员工和机构的宗旨通常是拥护生态保护，但是，参观动物园的个人可能在参观中没有观察到生态原则和环保宗旨。实际上，他们发现：甚至是那些关注动物园也同时资助非动物园类生态组织的个体，也有可能无法将他们的生态和环保兴趣与参观动物园联系起来。相反，动物园仅仅被视为近距离观察动物的场所。

在历史上，科学性机构在重视观众的参观计划的程度方面就存在不同（Doering，1999）。将观众看成“陌生人”反映了这样一种传统：文化人士阶层的私人收藏是用于他们自身对自然历史的个别研究的。当观众被视为陌生人时，收藏机构主要关注它对收藏品或收藏主题的责任和兴趣，而不是参观公众的兴趣或需求。当观众被视为“客人”时，机构倾向于通过教育和娱乐活动来关注他们的兴趣。机构的价值观和工作的中心仍然是目标和观点，但他们也同样十分尊重观众。比如，一位阅读陨石展品标签的观众可能并不关注文字中的基础科学知识——陨石的起源，碰撞的证据，它所传递给我们的宇宙信息等。相反，观众或许可能关注标签中对其或其家庭而言具有个人意义的某一方面（比如陨石是在加拿大阿尔伯塔发现的），并且可能将这一发现作为机会来探索家庭身份（比如回忆一位曾经居住在阿尔伯塔的家庭成员）而不是某一科学意义（Ellenbogen，2003）。

设计者和研究者已经探索了以各种各样的方式来充实观众的参观计划，比如支持观众写出、说出或画出自己的想法（McLean and Pollack，2007），或者改一改科学化的标签，让它体现一种贴近观众的对话式语气（McManus，1989；Rand，1990；Serrell，1996）。这两种技术至少在某些案例中都被证明提高了观众与科学素材打交道的程度。

先前知识和经验

身份的另一方面是先前知识和经验，学习的认知和社会文化理论一直认为先前知识和经验是学习的关键。最近，对博物馆展览中对话的分析已经显示，家庭常常在先前经验和新异发现之间建立言语联系（Callanan and Jipson，2001；Allen，2002）。克劳利和雅各布斯（Crowley and Jacobs，2002）发现，年幼的儿童通过建立“专长知识岛”来学习科学，或是通过他们在几周内、几个月内、几年内所感兴趣的和所了解的话题来学习科学。这些话题逐渐与家庭活动，比如实地考察旅行、读书以及晚餐桌上的谈话等结合在一起。在这个意义上，先前形成的想法和兴趣在持续的一段时期内影响着学习活动的轨迹，成为个体、同伴和家庭成员活动的焦点。

实践者很早就意识到，观众期望将经过设计的场境中的感知经验与其先前知识和经验联系起来。实践者常常将这种联系称为科学内容与日常生活和熟悉活动的“钩连”。评估中普遍报告这样的联系，正如以下摘录的内容所提到的（Korn，2004，p. 59）：

> “我对科学家的工作方式很感兴趣，包括绘制细胞图形、发明一些工具来诊断疾病等。我这个年龄对保健十分感兴趣。”（女性，55 岁）
>
> “在日常生活中，尤其是作为一名母亲，当我需要解决某种问题时，（我感到我与发明过程紧密关联）。有时我没有合适的材料（来解决问题）的时候，我就得看看（周围有什么），并且试图发挥创造性，想出一些解决方法。”（女性，48 岁）

安德森等人（Anderson et al.，2002）发现：对儿童而言，那些镶嵌在他们所熟悉的儿童世界的社会文化境脉中的经验比如游戏、故事和熟悉的物体，起到了有力的媒介作用，为儿童回忆和反思他们的活动提供了支撑。由指导者主导的故事讨论是尤其难忘的。令人感兴趣的是，儿童的记忆非常独特。而且他们的经验中最值得记忆的方面往往是那些以他们熟悉的形式而呈现的内容（比如游戏和讲故事）。研究者得出结论：“那些有境脉支持，并和儿童自身文化相联系的展品与规划良好的博物馆经验……与那些本质上去境脉化的展品和经验相比，将会产生更强的效应和意义”（p. 229）。

同时，对于非正式场境中先前知识对学习的影响，人们尚未充分理解。莱因哈特和克努森（Leinhardt and Knutson，2004）在某一美术馆中对于学习的研究发现：观众带入博物馆的背景知识，是观众在某一展品上花费多少时间、从中学到什么的最佳预测因子：即已知的越多，停留的时间就越长，愿意谈论的东西就越多，从美术馆提供的话题中学的也就越多。但是这一发现与法尔克和斯托克斯迪克（Falk and Storksdieck，2005）的一项研究的结果相冲突。他们发现，尽管先前知识能够最有效地预测博物馆中的学习，但在这一案例中，当观众在进入展览馆时，他们对生命科学了解的越多，获得的收获则越少，这表明可被测量的那类学习结果，要么是有天花板效应，要么就是类型太局限，不足以显示所有的学习结果，而并不能据此否定先前知识的重要性。先前知识所起的作用似乎有可能取决于多种因素，包括：涉及的领域，博物馆所提供内容的精确性，被研究的观众特征，以及评价方法。显然，人们需要更多的研究来确定如何解释这些发现。

个人对行动的承诺

与科学相关的个人身份的另外一个方面是，个体逐步理解自身行动作用于世界的意义，以及根据科学证据可能改变这些行动的潜力。

很多在水族馆和动物园举办的展览和项目尤其关注这一方面，即强调保护和管理，并且已经取得了一些成果。比如，法尔克等人（Falk et al.，2007）对参观两个博物馆和两个动物园的观众进行了研究，他们得出结论：这样的参观促进了54%的个体去重新思考他们在环境保护行动中的角色，并且将他们自身视为解决环境问题的一部分。其他一些研究则没有证明参观促进了身份形成。比如，德尔金等人（Dierking et al.，2004）发现：参观迪斯尼动物王国保护站（Disney's Animal Kingdom Conservation Station）的人短期内在计划行动这一层次上得到了显著提高，但是两个月后的电话访谈揭示了他们没有发起预期的活动。

施奈德和切斯洛克（Schneider and Cheslock，2003）对一系列与行为改变领域有关的研究进行了回顾，这些领域包括观众研究和环境教育。他们得出结论，最成功的项目具有以下特征：目标明确的行动，根据特定观众量身定制的干预，建立自我效能以及使用提示或工具来引发行动。海沃德（Hayward，1998，摘自 Yalowitz，2004 报告的一个水族馆展览研究）揭示了，为观众提供具体建议很重要，可以帮助观众参与改善环境问题的行动；否则，相比控制组而言，观众会感到比较失望、比较缺乏信心和力量。

蒙特利湾水族馆海鲜食品监测体现了这一原则，这一项目已经在全国范围内运作了10多年。海鲜食品监测为观众提供了一个皮夹大小的卡片，这些卡片含有与各种各样的捕鱼活动有关的环境效应的信息，展览还对不宜购买的海鲜食品提出建议。一项采用了调查和焦点问题小组的大规模评估发现，参与海鲜食品监测带来的变化，不仅体现在观众的消费模式上，也体现在全国海鲜餐厅的销售实践上（Quadra Planning Consultants，Ltd.，2004）。尽管将环境知识与行为联系起来经常被认为很难，但是从海鲜食品监测项目的评估找到了证据，证明增加知识强化了保护环境的态度和行为。

有几项研究表明：相比于典型的人口统计学变量比如年龄、性别、种族和所受教育程度而言，个人在环保中的先前兴趣和参与程度或许可以更好地预测他们的反应和行动。比如，在一次环保主题的水族馆展览中，对环保具有高度兴趣的观众在展品前停留的时间更多（Yalowitz，2004；Hayward，1997）。再比如，动物园观众对动物的情绪反应更多地与情绪或个性变量紧密联系起来，而不是人口统计学变量。

这一领域的一个共同假设是，情感反应，比如对个体动物的关爱，将会是未来行为变化的基础。布鲁克菲尔德动物园的卡罗尔·桑德斯（Carol Saunders）正在发展“环保心理学”这一概念来描述某一新兴的领域，这一领域研究人类如何对待自然，尤其是人类是如何开始重视和关爱自然（Saunders，2003）。比如，一项对动物园观众自我报告的情绪反应的具体研究表明，某些情绪，包括爱、关联感和乐趣，与观众对动物的主观感受的兴趣以及他们保护动物的愿望紧密相关。这样的情绪感受往往带有选择性，即有些类型的动物比另外一些更能够唤起这种情绪。同时，惊奇和尊重的情感也与一种要拯救所关注动物的愿望相关联，这些都是观众在观看一系列动物时所体验的高层次的、等几率的情绪反应（Myers et al.，2004）。有趣的是，与爱和关怀相关的情绪，通常是由活跃的而不是被动的动物引起的，如果某一观众感觉到某一动物关注自己或他人，那么他和动物之间的关联感就尤其容易被加强。

有几项评估研究表明：为科学学习而设计的一系列场境为学习者提供了机会来体验对自然世界的这种惊叹和尊重。比如：

> “我学习关于植物的一切——它们来自哪里以及它们是如何生存的——因而使我更加尊重它们。”（男性，50 岁；由西班牙语翻译而成）（Jones，2005，p. 9）
>
> “（我认为这次非洲热带稀树大草原展览的主要目的是……）使人们意识到与热带稀树大草原有关的问题。这一展览帮助人们把稀树大草原个性化，因此如果当你听到关于热带稀树大草原的问题时，你更有可能伸出援助之手。”（Meluch，2006，p. 16－21）

建构跨越年龄和背景的科学身份

非正式环境下的一个最普遍的基础议题是：不仅使人们对科学产生兴趣，而且还要推进儿童参与科学事业，通过爱好和其他的日常活动来进行终生的科学学习。一流科学家和科学教育家讲述的扣人心弦的故事，通常告诉我们博物馆和类似的场境唤起了他们对科学产生的终生热情。（Csikszentmihalyi，1996；Spock，2000）这样的经历可能是促进光辉事业的某种一般的或特别的推动力，比如：

> 伊莎贝拉·卡利（Isabella Karle）回忆了一个相当典型的童年时代。她是世界顶级的晶体学家之一，是一位开创电子衍射分析和X射线分析新方法的先驱。她的父母是波兰裔移民，只接受过极少正式教育，收入很低。但即使是在最恶劣的大萧条时期，伊莎贝拉的妈妈还是从家用中节约出一点钱，让全家能够在东海岸度过两个礼拜的假期。父母带孩子们去图书馆、参观博物馆、听音乐会……因此，即使儿童不需要发展对某一领域的早期兴趣，以图日后在该领域有所创造，但是，儿童在早期接触到的生活的丰富性和多样性确实使其受益无穷。(Csikszentmihalyi，1996，p. 163)
>
> （E. O.）在10岁之前，威尔森想成为一名昆虫学家；国家地理杂志上的一些问题以及和朋友一起的一次华盛顿动物园之旅使他确认，自己一生中最想做的事就是成为探险家和博物学家。(Csikszentmihalyi，1996，p. 267)

萨谢特罗-索耶和同事们（Sachatello-Sawyer et al.，2002）的一项研究表明，人们在中年所追寻的学习经历往往转向他们在10岁左右时所感兴趣的主题。这些研究强调了人们在非正式环境下的早期经历对后来生活决定的影响，证明了科学的学习级序的持续发展性。有趣的是，这些进程或许会遇到挫折和停滞不前，尤其是没有持续参与的情况下。比如，贾维斯和佩尔（Jarvis and Pell，2005）对一组10~11岁的儿童进行了访谈，访谈发生在这组孩子参观太空中心，包括体验挑战者中心模拟的小组经历两个月之后。他们发现：20%的学生在参观后比以前对科学职业更感兴趣了，但是这种兴趣在4~5个月后逐渐下降。

实践工作者已经进行了一些尝试来在空间和时间上拓展参与者的学习轨迹。比如，肖布尔和巴特利特（Schauble and Bartlett，2002）通过使用漏斗这一概念来为科学学习设计了一种拓展的轨迹，漏斗中最外层、最大的物理空间的设计，是为了吸引学习者领略易于获得的、引人注目的、结构松散的学习经验。漏斗的外缘为所有的学习者提供服务，那些选择继续探索有疑问的重要概念的学习者，将会进一步深入到漏斗中。漏斗的第二层次是一些比较安静的、受限制的区域，这些区域被称为发现实验室。这其中的一个例子就是码头商店，参与者可以在那里探索船的设计，包括设计用来测试不同装载量的不同类型的船体以及设计各种类型的船帆，这些船帆可以用鼓风机来进行测试。漏斗的最深部分是为观众常客而设计，比如会员以及附近的儿童。展览馆的这一部分活动是根据儿童在博物馆、家庭和学校的先前经验而设计的。观众可以从博物馆借出成套的用品，这些用品也同样通过当地的图书馆来发放。这些用品所包含的材料允许儿童以更具体和更持续的方式来拓展其探索，也允许儿童以科学明信片的方式将探索结果寄到博物馆。对那些想要深入研究某一特定主题的学习者而言，他们需要找到一些方式将自己的学习拓展下去，或许是拓展到一个历时 90 分钟参观的课程之外，或者是拓展到下一次参观和其他活动（比如以后的阅读和观看教育电视等）。同样，很多机构已经建立了系统，可以让学习者借用一段时间的物品和解释性材料，比如书籍。一些机构（如加拿大北方科学馆）反过来借用了观众的智慧，发展了馆外做科学的活动。

一些更长期的身份发展的案例来源于对科学中心的青年实习生的研究（Beane and Pope，2002；Gupta and Siegel，2008）。这类研究表明：良师益友、支持、责任、实习提供的资源综合起来能够为个人的学习提供支撑，并且能够激励年轻人去选择一个与科学有关的职业。这其中的一个例子就是纽约科学馆讲解员项目，这一项目为年轻的讲解员提供了一个制度化的职业通道，为他们提供机会参加一个科学教学的培训项目。从 1987 年起，这一项目就一直通过使用各种交流形式跟踪大约 400 名的年轻人，使他们参与 4 种正式的评估中。博物馆人员发现：该项目促进这些年轻人在专业领域、社会关系和领导力方面具备了知识、教学技能以及职业技能（Gupta and Siegel，2008）。

对科学学习加强规划，也被证明对儿童作为学习者的身份构建具有长期的影响。对参加课外科学博物馆项目的来自城区、低收入、单亲家庭的年轻女性的纵向研究发现：90% 以上的女性会继续读大学（Fadigan and Hammrich，2004）。她们在最初参加这个项目 4 ~ 9 年之后，对职业道路选择最多的依次是：医学或与健康有关的职业，然后是与科学、数学和技术有关的职业。年轻女性们指出了 3 个最影响她们选择教育和职业道路的因素——有与博物馆人员可以交谈、学习工作技能以及将博物馆作为一个安全的去处。第六章将会更加深入地讨论拓展的项目。

正如第七章中所讨论的，非正式学习机构往往代表和反映主流文化，而主流文化有可能与那些来自非主流群体的人存在冲突（Ivanova，2003）。为了应付这些差异，来自边缘文化的一名儿童就会对科学学习经验采用一种临时的身份认同（Heath，1982）。如果我们能够更好地理解儿童将科学与其家庭文化结合起来的方式，而不是临时采用一种身份的话，这样的知识就能被用来创建一种更容易接近的、更有意义的科学学习环境（Warren，Rosebery，and Conant，1994）。

为了弄清个体学习者是否将非正式环境下的经验与他们个人以及与共同体相关的身份整合起来，人们需要进一步地研究以探索这些经验的长期影响。暂时采取一种专门的科学身份，无法促进一个人作为科学学习者的长期或永久意识。而在非正式环境下拿身份做实验，可能是低风险情境下的一种重要形式的创造性游戏。人们需要对身份发展以及在非正式环境中学习科学的可持续性进行进一步的研究，重点关注学习者的多重身份，关注对新身份的探索或对多重身份的整合如何导致更好地参与科学。

结　论

对经过设计的科学学习场境的文献研究，为贯穿这 6 个方面的学习提供了相当丰富的证据。对于方面 1，我们有证据证明学习者对科学世界和自然世界产生兴奋与强烈的积极情绪反应。这会引发其他形式的有价值的学习（比如持续的兴趣，灵活的推理等），尽管有关这方面的证据还不是很清晰并且研究比较有限。对于方面 2，我们也掌握了关于科学学习内容的清晰证据，这些证据是在经历经过设计的场境后，以事实回忆的形式呈现的。回忆似乎得到了经验联系的支持，这种经验联系使抽象建立在感性经验的基础之上。对于学习者究竟是如何吸取这些经验而组合成更广泛的概念性知识的，这点我们还不明确。这是未来研究的一个问题，这一问题有可能需要对参与者进行长期的以及跨场境的追踪。对于方面 3，我们有强有力的证据支持学习者参与探索和互动，学习者通过“做和看”、提问、解释以及理解自然世界和设计的世界。对于方面 4，有一些证据证明了在经过设计的场境中对科学的反思。尽管对观众行为的分析表明观众的反思是有限的，但是研究者和评估者在访谈中发现：参与者能够在经过设计的场境中反思科学事业，反思他们自身对科学的思考。专业人员的指导看上去对支持反思非常重要，但在设计的场境中提供大量专业指导可能做不到，而且也未必可取，因为它会妨碍参与者的闲暇经历，还会干扰参与者在体验中的其他重要方面的发展。

研究证据也有力地支持了方面 5 即参与科学对科学学习的促进，特别是以社交互动的一般性方式进行的参与，学习者在其中共同探索和解释自然世界。在多代群体的参观中，个人成员显著倾向于发生社交互动。但这里并不探讨学校场境中时常研究的反复操练，比如练习如何进行科学论辩。而且，对于大多数经过设计的科学学习场境而言，反复操练可能不是一个合适的学习目标，因为针对科学学习的设计情境不能够在学习共同体范围内支撑有指导的和时间较长的探索。

对方面6而言，有证据表明：学习者试图将科学学习经历个性化，并且将其与他们的价值观和身份整合起来。这就为调整教育内容和学习经验从而使之与学习者的议题相协调的教育实践提供支撑。

参考文献

Allen, S. (1997). Using scientific inquiry activities in exhibit explanations. *Science Education, 81*(6), 715-734.

Allen, S. (2002). Looking for learning in visitor talk: A methodological exploration. In G. Leinhardt, K. Crowley, and K. Knutson (Eds.), *Learning conversations in museums* (pp. 259-303). Mahwah, NJ: Lawrence Erlbaum Associates.

Allen, S. (2007). *Secrets of circles summative evaluation report*. Report prepared for the Children's Discovery Museum of San Jose. Available: http://www.informalscience.org/evaluation/show/115 [accessed October 2008].

Allen, S., and Gutwill, J. (2004). Designing science museum exhibits with multiple interactive features: Five common pitfalls. *Curator, 47*(2), 199-212.

American Association for the Advancement of Science. (1993). *Benchmarks for science literacy*. New York: Oxford University Press.

Anderson, D. (2003). Visitors' long-term memories of world expositions. *Curator, 46*(4), 400-420.

Anderson, D., and Piscitelli, B. (2002). Parental recollections of childhood museum visits. *Museum National, 10*(4), 26-27.

Anderson, D., and Shimizu, H. (2007). Factors shaping vividness of memory episodes: Visitors' long-term memories of the 1970 Japan world exposition. *Memory, 15*(2), 177-191.

Anderson, D., and Zhang, Z. (2003). Teacher perceptions of fieldtrip planning and implementation. *Visitor Studies Today, 6*(3), 6-12.

Anderson, D., Kisiel, J., and Storksdieck, M. (2006). Understanding teachers perspectives on field trips: Discovering common ground in three countries. *Curator, 49*(3), 365-386.

Anderson, D., Lucas, K.B., Ginns, I.S., and Dierking, L.D. (2000). Development of knowledge about electricity and magnetism during a visit to a science museum and post-visit activities. *Science Education, 84*(5), 658-679.

Anderson, D., Piscitelli, B., Weier, K., Everett, M., and Tayler, C. (2002). Children's museum experiences: Identifying powerful mediators of learning. *Curator, 45*(3), 213-231.

Anderson, D., Storksdieck, M., and Spock, M. (2007). The long-term impacts of museum experiences. In J. Falk, L. Dierking, and S. Foutz (Eds.), *In principle, in practice: New perspectives on museums as learning institutions* (pp. 197-215). Walnut Creek, CA: AltaMira Press.

Ansbacher, T. (1999). Experience, inquiry, and making meaning. *Exhibitionist, 18*(2), 22-26.

Ash, D. (2002). Negotiations of thematic conversations about biology. In G. Leinhardt, K. Crowley, and K. Knutson (Eds.), *Learning conversations in museums* (pp. 357-400). Mahwah, NJ: Lawrence Erlbaum Associates.

Ash, D. (2003). Dialogic inquiry in life science conversations of family groups in museums. *Journal of Research in Science Teaching, 40*(2), 138-162.

Barron, B. (2006). Interest and self-sustained learning as catalysts of development: A learning ecology perspective. *Human Development, 49*(4), 153-224.

Beane, D.B., and Pope, M.S. (2002). Leveling the playing field through object-based service learning. In S.G. Paris (Ed.), *Perspectives on object-centered learning in museums* (pp. 325-349). Mahwah, NJ: Lawrence Erlbaum Associates.

Beaumont, L. (2005). *Summative evaluation of wild reef-sharks at Shedd.* Report for the John G. Shedd Aquarium. Available: http://www.informalscience.com/download/case_studies/report_133.doc [accessed October 2008].

Bell, P., and Linn, M.C. (2000). Scientific arguments as learning artifacts: Designing for learning from the web with KIE. *International Journal of Science Education, 22*(8), 797-817.

Belmont, J.M., and Butterfield, E.C. (1971). Learning strategies as determinants of memory deficiencies. *Cognitive Psychology, 2*, 411-420.

Bitgood, S. (2002). Environmental psychology in museums, zoos, and other exhibition centers. In R.B. Bechtel and A. Churchman (Eds.), *The environmental psychology handbook* (2nd ed.). New York: John Wiley.

Bitgood, S., and Loomis, C. (1993). Introduction: Environmental design and evaluation in museums. *Environment and Behavior, 26*(6), 683-697.

Blud, L.M. (1990). Social interaction and learning among family groups visiting a museum. *Museum Management and Curatorship, 9*(1), 43-51.

Borun, M. (2003). *Space Command summative evaluation*. Philadelphia: Franklin Institute Science Museum. Available: http://www.informalscience.org/evaluations/report_24.pdf [accessed October 2008].

Borun, M., and Miller, M. (1980). *What's in a name? A study of the effectiveness of explanatory labels in a science museum*. Philadelphia: Franklin Institute Science Museum.

Borun, M., Chambers, M., and Cleghorn, A. (1996). Families are learning in science museums. *Curator, 39*(2), 123-138.

Borun, M., Dritsas, J., Johnson, J.I., Peter, N.E., Wagner, K.F., Fadigan, K., Jangaard, A., Stroup, E., and Wenger, A. (1998). *Family learning in museums: The PISEC perspective*. Philadelphia: Franklin Institute.

Borun, M., Massey, C., and Lutter, T. (1993). Naive knowledge and the design of science museum exhibits. *Curator, 36*(3), 201-219.

Bower, H. (1981). Mood and memory. *American Psychologist, 36*(2), 129-148.

Briseno-Garzon, A., Anderson, D., and Anderson, A. (2007). Entry and emergent agendas of adults visiting an aquarium in family groups. *Visitor Studies, 10*(1),

73-89.

Brooks, J.A.M., and Vernon, P.E. (1956). A study of children's interests and comprehension at a science museum. *British Journal of Psychology, 47,* 175-182.

Bruner, J. (1996). *The culture of education.* Cambridge, MA: Harvard University Press.

Callanan, M.A., and Jipson, J.L. (2001). Explanatory conversation and young children's developing scientific literacy. In K. Crowley, C.D. Schumm, and T. Okada (Eds.), *Designing for science: Implications from everyday, classroom, and professional settings.* Mahwah, NJ: Lawrence Erlbaum Associates.

Callanan, M., Esterly, J., Martin, J., Frazier, B., and Gorchoff, S. (2002). *Family conversations about science in an "Alice's Wonderland" exhibit.* Paper presented at the meetings of the American Educational Research Association, New Orleans, LA, April.

Callanan, M.A., Jipson, J.L., and Soennichsen, M. (2002). Maps, globes, and videos: Parent-child conversations about representational objects. In S.G. Paris (Ed.), *Perspectives on object-centered learning in museums* (pp. 261-283). Mahwah, NJ: Lawrence Erlbaum Associates.

Carey, S. (1985). *Conceptual change in childhood.* Cambridge, MA: MIT Press.

Cazden, C.B. (2001). *Classroom discourse: The language of teaching and learning* (2nd ed.). Westport, CT: Heinemann.

Cohen, M., Winkel, G., Olsen, R., and Wheeler, F. (1977). Orientation in a museum: An experimental visitor study. *Curator, 20*(2), 85-97.

Crane, V., Nicholson, H.J., Chen, M., and Bitgood, S. (1994). *Informal science learning: What the research says about television, science museums and community-based projects.* Dedham, MA: Research Communications.

Crowley, K., and Callanan, M.A. (1998). Identifying and supporting shared scientific reasoning in parent-child interactions. *Journal of Museum Education, 23,* 12-17.

Crowley, K., and Galco, J. (2001). Family conversations and the emergence of scientific literacy. In K. Crowley, C. Schunn, and T. Okada (Eds.), *Designing for science: Implications from everyday, classroom, and professional science* (pp. 393-413). Mahwah, NJ: Lawrence Erlbaum Associates.

Crowley, K., and Jacobs, M. (2002). Building islands of expertise in everyday family activity. In G. Leinhardt, K. Crowley, and K. Knutson (Eds.), *Learning conversations in museums* (pp. 333-356). Mahwah, NJ: Lawrence Erlbaum Associates.

Crowley, K., Callanan, M.A., Jipson, J., Galco, J., Topping, K., and Shrager, J. (2001a). Shared scientific thinking in everyday parent-child activity. *Science Education, 85*(6), 712-732.

Crowley, K., Callanan, M.A., Tenenbaum, H.R., and Allen, E. (2001b). Parents explain more often to boys than to girls during shared scientific thinking. *Psychological Science, 12*(3), 258-261.

Csikszentmihalyi, M. (1996). *Creativity: Flow and the psychology of discovery and invention.* New York: HarperCollins.

Csikszentmihalyi, M., Rathunde, K.R., and Whalen, S. (1993). *Talented teenagers: The roots of success and failure.* New York: Cambridge University Press.

Deci, E.L., and Ryan, R.M. (2002). The paradox of achievement: The harder you push, the worse it gets. In J. Aronson (Ed.), *Improving academic achievement: Impact of psychological factors on education* (pp. 61-87). Orlando, FL: Academic Press.

Diamond, J. (1986). The behavior of family groups in science museums. *Curator, 29*(2), 139-154.

Dierking, L.D., Adelman, L.M., Ogden, J., Lehnhardt, K., Miller, L., and Mellen, J.D. (2004). Using a behavior changes model to document the impact of visits to Disney's Animal Kingdom: A study investigating intended conservation action. *Curator, 47*(3), 322-343.

Dierking, L.D., Burtnyk, K., Buchner, K.S., and Falk, J.H. (2002). *Visitor learning in zoos and aquariums: A literature review*. Silver Spring, MD: American Zoo and Aquarium Association.

Doering, Z.D. (1999). Strangers, guests, or clients? Visitor experiences in museums. *Curator, 42*(2), 74-87.

Driver, R., Newton, P., and Osborne, J. (2000). Establishing the norms of scientific argumentation in classrooms. *Science Education, 84*(3), 287-312.

Duschl, R.A., and Osborne, J. (2002). Supporting and promoting argumentation discourse in science education. *Studies in Science Education, 38*, 39-72.

Eich, E., Kihlstrom, J., Bower, G., Forgas, J., and Niedenthal, P. (2000). *Cognition and emotion*. New York: Oxford University Press.

Ellenbogen, K.M. (2002). Museums in family life: An ethnographic case study. In G. Leinhardt, K. Crowley, and K. Knutson (Eds.), *Learning conversations in museums* (pp. 81-101). Mahwah, NJ: Lawrence Erlbaum Associates.

Ellenbogen, K.M. (2003). From dioramas to the dinner table: An ethnographic case study of the role of science museums in family life. *Dissertation Abstracts International, 64*(3), 846-847.

Ellenbogen, K.M., Luke, J.J., and Dierking, L.D. (2004). Family learning research in museums: An emerging disciplinary matrix? *Science Education, 88*(S1), S48-S58.

Engle, R.A., and Conant, F.C. (2002). Guiding principles for fostering productive disciplinary engagement: Explaining an emergent argument in a community of learners classroom. *Cognition and Instruction, 20*(4), 399-483.

Fadigan, K.A., and Hammrich, P.L. (2004). A longitudinal study of the educational and career trajectories of female participants of an urban informal science education program. *Journal of Research on Science Teaching, 41*(8), 835-860.

Falk, J.H. (2008). Calling all spiritual pilgrims: Identity in the museum experience. *Museum* (Jan./Feb.).

Falk, J.H., and Balling, J.D. (1982). The field trip milieu: Learning and behavior as a function of contextual events. *Journal of Educational Research, 76*(1), 22-28.

Falk, J.H., and Dierking, L.D. (1997). School field trips: Assessing their long-term impact. *Curator, 40*, 211-218.

Falk, J.H., and Storksdieck, M. (2005). Using the "contextual model of learning" to understand visitor learning from a science center exhibition. *Science Education, 89*, 744-778.

Falk, J.H., Heimlich, J., and Bronnenkant, K. (2008). Using identity-related visit motivations as a tool for understanding adult zoo and aquarium visitors' meaning-making. *Curator, 51*(1), 55-79.

Falk, J.H., Moussouri, T., and Coulson, D. (1998). The effect of visitors' agendas on museum learning. *Curator, 41*(2), 107-120.

Falk, J.H., Reinhard, E.M., Vernon, C.L., Bronnenkant, K., Deans, N.L., and Heimlich, J.E. (2007). *Why zoos and aquariums matter: Assessing the impact of a visit*. Silver Spring, MD: Association of Zoos and Aquariums.

Falk, J.H., Scott, C., Dierking, L., Rennie, L. and Jones, M.C. (2004). Interactives and visitor learning. *Curator, 47*(2), 171-192.

Fienberg, J., and Leinhardt, G. (2002). Looking through the glass: Reflections of identity in conversations at a history museum. In G. Leinhardt, K. Crowley, and K. Knutson (Eds.), *Learning conversations in museums* (pp. 167-211). Mahwah, NJ: Lawrence Erlbaum Associates.

Gee, J.P. (1994). First language acquisition as a guide for theories of learning and pedagogy. *Linguistics and Education, 6*(4), 331-354.

Gelman, R., Massey, C., and McManus, P.M. (1991). Characterizing supporting environments for cognitive development: Lessons from children in a museum. In L.B. Resnick, J.M. Levine, and S.D. Teasley (Eds.), *Perspectives on socially shared cognition* (pp. 226-256). Washington, DC: American Psychology Society.

Gleason, M.E., and Schauble, L. (1999). Parents' assistance of their children's scientific reasoning. *Cognition and Instruction, 17*(4), 343-378.

Goldowsky, N. (2002). *Lessons from life: Learning from exhibits, animals, and interaction in a museum*. UMI#3055856. Unpublished doctoral dissertation, Harvard University.

Griffin, J. (1994). Learning to learn in informal science settings. *Research in Science Education, 24*(1), 121-128.

Griffin, J., and Symington, D. (1997). Moving from task-oriented to learning-oriented strategies on school excursions to museums. *Science Education, 81*(6), 763-779.

Grolnick, W.S., and Ryan, R.M. (1987). Autonomy in children's learning: An experimental and individual difference investigation. *Journal of Personality and Social Psychology, 52*(5), 890-898.

Guichard, H. (1995). Designing tools to develop the conception of learners. *International Journal of Science Education, 17*(2), 243-253.

Gupta, P., and Siegel, E. (2008). Science career ladder at the New York Hall of Science: Youth facilitators as agents of inquiry. In R.E. Yaeger and J.H. Falk (Eds.), *Exemplary science in informal education settings: Standards-based success stories*. Arlington, VA: National Science Teachers Association.

Hayward, J. (1997). *Conservation study, phase 2: An analysis of visitors' perceptions about conservation at the Monterey Bay Aquarium*. Northampton, MA: People, Places, and Design Research.

Hayward, J. (1998). *Summative evaluation: Visitors' reactions to "Fishing for Solutions."* Northampton, MA: People, Places, and Design Research.

Heath, S.B. (1982). What no bedtime story means: Narrative skills at home and school. *Language Socialization, 11*(1), 49-76.

Hein, G.E. (1998). *Learning in the museum*. New York: Routledge.

Hein, G.E., Kelley, J., Bailey, E., and Bronnenkant, K. (1996). *Investigate: Summative evaluation report*. Unpublished report, Leslie College Program Evaluation Group.

Hensel, K.A. (1987). Families in a museum: Interactions and conversations at displays. *Dissertation Abstracts International, 49*(9). University Microfilms No. 8824441.

Hidi, S., and Renninger, K.A. (2006). The four-phase model of interest development. *Educational Psychologist, 41*(2), 111-127.

Hilke, D.D. (1987). Museums as resources for family learning: Turning the question around. *Museologist, 50*(175), 14-15.

Hilke, D.D. (1989). The family as a learning system: An observational study of families in museums. In B.H. Butler and M.B. Sussman (Eds.), *Museum visits and activities for family life enrichment* (pp. 101-129). New York: Haworth Press.

Holland, D., Lachicotte, W., Skinner, D., and Cain, C. (1998). *Identity and agency in cultural worlds*. Cambridge, MA: Harvard University Press.

Humphrey, T., and Gutwill, J.P. (Eds.). (2005). *Fostering active prolonged engagement: The art of creating APE exhibits*. San Francisco: The Exploratorium.

Hutt, C. (1981). Toward a taxonomy and conceptual model of play. In H.I. Day (Ed.), *Advances in intrinsic motivation and aesthetics*. New York: Plenum Press.

Inagaki, K., and Hatano, G. (2002). *Young children's naive thinking about the biological world*. New York: Psychology Press.

Ivanova, E. (2003). Changes in collective memory: The schematic narrative template of victimhood in Kharkiv museums. *Journal of Museum Education, 28*(1), 17-22.

Jacobson, W. (2006). *Why we do what we do: A conceptual model for the work of teaching and learning centers*. Presentation for the International Symposium on Excellence in Teaching and Learning (ISETL), National Taiwan University, November.

Jarvis, T., and Pell, A. (2005). Factors influencing elementary school children's attitudes toward science before, during, and after a visit to the UK National Space Centre. *Journal of Research on Science Teaching, 42*(1), 53-83.

Jones, J. (2003). *Cell lab summative evaluation*. St. Paul: Science Museum of Minnesota. Available: http://www.informalscience.org/evaluation/show/57 [accessed October 2008].

Jones, J. (2005). *Huntington Botanical Gardens summative evaluation conservatory for botanical science*. Report for Huntington Botanical Gardens. Available: http://www.informalscience.org/evaluation/show/105 [accessed October 2008].

Kaplan, A., and Maehr, M.L. (2007). The contributions and prospects of goal orientation theory. *Educational Psychology Review, 19*(2), 141-184.

Kisiel, J. (2006). An examination of fieldtrip strategies and their implementation within a natural history museum. *Science Education, 90*(3), 434-452.

Koran, J.J., Koran, M.L., and Ellis, J. (1989). Evaluating the effectiveness of field experiences: 1939-1989. *Scottish Museum News, 4*(2), 7-10.

Koran, J.J., Koran, M.L., and Foster, J.S. (1988). Using modeling to direct attention. *Curator, 31*(1), 36-42.

Koran, J.J., Koran, M.L., and Longino, S.J. (1986). The relationship of age, sex, attraction, and holding power with two types of science exhibits. *Curator, 29*(3),

227-235.

Koran, J.J., Lehman, J., Shafer, L.D., and Koran, M.L. (1983). The relative effects of pre- and post attention directing devices on learning from a "walk-through" museum exhibit. *Journal of Research in Science Teaching, 20*(4), 341-346.

Korn, R. (1997). *Electric space: A summative evaluation*. Boulder, CO: Space Science Institute. Available: http://www.informalscience.org/evaluation/show/19 [accessed October 2008].

Korn, R. (2004). *Invention at play: Summative evaluation*. New York: New York Hall of Science. Available: http://www.informalscience.org/evaluation/show/66 [accessed October 2008].

Korn, R. (2006). *Search for life: Summative evaluation*. New York: New York Hall of Science. Available: http://www.informalscience.org/evaluations/report_151.pdf [accessed October 2008].

Kubota, C.A., and Olstad, R.G. (1991). Effects of novelty-reducing preparation on exploratory behavior and cognitive learning in a science museum setting. *Journal of Research in Science Teaching, 28*(3), 225-234.

Kuhn, D., and Franklin, S. (2006). The second decade: What develops (and how)? In D. Kuhn and R. Siegler (Eds.), *Handbook of child psychology: Cognition, perception and language* (vol. 2, 6th ed., pp. 953-993). New York: Wiley.

Laetsch, W.M., Diamond, J., Gottfried, J.L., and Rosenfeld, S. (1980). Children and family groups in science centres. *Science and Children, 17*(6), 14-17.

Lehrer, R., and Schauble, L. (2000). The development of model-based reasoning. *Journal of Applied Developmental Psychology, 21*(1), 39-48.

Leinhardt, G., and Gregg, M. (2002). Burning buses, burning crosses: Pre-service teachers see civil rights. In G. Leinhardt, K. Crowley, and K. Knutson (Eds.), *Learning conversations in museums* (pp. 139-166). Mahwah, NJ: Lawrence Erlbaum Associates.

Leinhardt, G., and Knutson, K. (2004). *Listening in on museum conversations*. Walnut Creek, CA: AltaMira Press.

Leinhardt, G., Tittle, C., and Knutson, K. (2002). Talking to oneself: Diaries of museum visits. In G. Leinhardt, K. Crowley, and K. Knutson (Eds.), *Learning conversations in museums* (pp. 103-133). Mahwah, NJ: Lawrence Erlbaum Associates.

Lemke, J.L. (1990). *Talking science: Language, learning and values*. Norwood, NJ: Ablex.

Lipstein, R., and Renninger, K.A. (2006). "Putting things into words": The development of 12-15-year-old students' interest for writing. In S. Hidi and P. Boscolo (Eds.), *Writing and motivation* (pp. 113-140). Oxford, England: Elsevier.

Lucas, A.M. (1983). Scientific literacy and informal learning. *Studies in Science Education, 10*, 1-36.

Ma, J. (2002). *Outdoor exploratorium: Front end study. Open-ended exploration with a noticing toolkit at the Palace of Fine Arts*. San Francisco: The Exploratorium. Available: http://www.informalscience.org/evaluation/show/39 [accessed October 2008].

Martin, L., and Toon, R. (2005). Narratives in a science center: Interpretation and identity. *Curator, 48*(4), 407-426.

Maxwell, L.E., and Evans, G.W. (2002). Museums as learning settings: The importance of the physical environment. *Journal of Museum Education, 27*(1), 3-7.

McLean, K. (1993). *Planning for people in museum exhibitions.* Washington, DC: Association of Science-Technology Centers.

McLean, K., and Pollock, W. (Eds.). (2007). *Visitor voices in museum exhibitions.* Washington, DC: Association of Science-Technology Centers.

McManus, P.M. (1987). It's the company you keep: The social determination of learning-related behavior in a science museum. *International Journal of Museum Management and Curatorship, 6*(3), 260-270.

McManus, P.M. (1989). What people say and how they think in a science museum. In D. Uzzell (Ed.), *Heritage interpretation* (pp. 174-189). London: Bellhaven Press.

Meisner, R., vom Lehn, D., Heath, C., Burch, A., Gammon, B., and Reisman, M. (2007). Exhibiting performance: Co-participation in science centres and museums. *International Journal of Science Education, 29*(12), 1531-1555.

Meluch, W. (2006). *San Francisco Zoo African savanna exhibit summative evaluation.* San Francisco: San Francisco Zoo. Available: http://www.informalscience.org/evaluation/show/54 [accessed October 2008].

Minstrell, J., and van Zee, E.H. (Eds.). (2000). *Inquiring into inquiry learning and teaching in science.* Washington, DC: American Association for the Advancement of Science.

Moll, L., Amanti, C., Neff, D., and Gonzalez, N. (2005). Funding of knowledge for teaching: Using a qualitative approach to connect homes and classrooms. In L. Moll, C. Amanti, and N. Gonzalez (Eds.), *Funds of knowledge: Theorizing practices in households, communities, and classrooms* (pp. 71-88). London: Routledge.

Morrissey, K. (2002). Pathways among objects and museum visitors. In S.G. Paris (Ed.), *Perspectives on object-centered learning in museums* (pp. 285-299). Mahwah, NJ: Lawrence Erlbaum Associates.

Moussouri, T. (1998). Family agendas and the museum experience. *Museum Archeologist, 24,* 20-30.

Moussouri, T., (2002). *Researching learning in museums and galleries, 1990-1999: A bibliographic review.* Part of the Leicester Museum Studies Series. Leicester, England: Research Centre for Museums and Galleries, Department of Museum Studies.

Myers, G., Saunders, C.D., and Birjulin, A.A. (2004). Emotional dimensions of watching zoo animals: An experience sampling study building on insights from psychology. *Curator, 47,* 299-321.

National Research Council. (1996). *National science education standards.* National Committee on Science Education Standards and Assessment. Washington, DC: National Academy Press.

National Research Council. (1999). *How people learn: Brain, mind, experience, and school.* Committee on Developments in the Science of Learning. J.D. Bransford, A.L. Brown, and R.R. Cocking (Eds.). Washington, DC: National Academy Press.

National Research Council. (2000). *Inquiry and the national science education standards: A guide for teaching and learning.* Committee on the Development of an Addendum to the National Science Education Standards on Scientific Inquiry. S. Olson and S. Loucks-Horsley (Eds.). Washington, DC: National Academy Press.

National Research Council. (2007). *Taking science to school: Learning and teaching science in grades K-8*. Committee on Science Learning, Kindergarten Through Eighth Grade. R.A. Duschl, H.A. Schweingruber, and A.W. Shouse (Eds.). Washington, DC: The National Academies Press.

National Science Foundation. (2006). *Now showing: Science Museum of Minnesota "Cell Lab."* Available: http://www.nsf.gov/news/now_showing/museums/cell_lab.jsp [accessed October 2008].

Orion, N., and Hofstein, A. (1994). Factors that influence learning during a scientific field trip in a natural environment. *Journal of Research in Science Teaching, 31*(10), 1097-1119.

Palmquist, S., and Crowley, K. (2007). From teachers to testers: How parents talk to novice and expert children. *Science Education, 91*(5), 783-804.

Pearce, S. (Ed.). (1994). *Interpreting objects and collections*. London: Routledge.

Peart, B. (1984). Impact of exhibit type on knowledge gain, attitudes, and behavior. *Curator, 27*(3), 220-227.

Pedretti, E.G. (2004). *Perspectives on learning through research on critical issues-based science center exhibitions*. Hoboken, NJ: Wiley.

Pedretti, E.G., MacDonald, R.G., Gitari, W., and McLaughlin, H. (2001). Visitor perspectives on the nature and practice of science: Challenging beliefs through "a question of truth." *Canadian Journal of Science, Mathematics and Technology Education, 4*, 399-418.

Perry, D.L. (1994). Designing exhibits that motivate. In R.J. Hannapel (Ed.), *What research says about learning in science museums* (vol. 2, pp. 25-29). Washington, DC: Association of Science-Technology Centers.

Price, S., and Hein, G.E. (1991). More than a field trip: Science programmes for elementary school groups at museums. *International Journal of Science Education, 13*(5), 505-519.

Quadra Planning Consultants, Ltd., and Galiano Institute for Environmental and Social Research. (2004, June). *Seafood watch evaluation: Summary report*. Saltspring Island, BC, Canada: Author.

Rand, J. (1990). Fish stories that hook readers: Interpretive graphics at the Monterey Bay Aquarium. In *Proceedings of the 1986 American Association of Zoological Parks and Aquariums* (pp. 404-413). Columbus, OH: American Association of Zoological Parks and Aquariums.

Randol, S.M. (2005). *The nature of inquiry in science centers: Describing and assessing inquiry at exhibits*. Unpublished doctoral dissertation, University of California, Berkeley.

Rennie, L.J., and McClafferty, T.P. (1993). Learning in science centres and science museums: A review of recent studies. *Research in Science Education, 23*(1), 351.

Rennie, L.J., and McClafferty, T.P. (2002). Objects and learning: Understanding young children's interaction with science exhibits. In S.G. Paris (Ed.), *Perspectives on object-centered learning in museums* (pp. 191-213). Mahwah, NJ: Lawrence

Erlbaum Associates.
Renninger, K.A. (2000). Individual interest and its implications for understanding intrinsic motivation. In C. Sansone and J.M. Harackiewicz (Eds.), *Intrinsic motivation: Controversies and new directions* (pp. 373-404). San Diego: Academic Press.
Renninger, K.A., and Hidi, S. (2002). Student interest and achievement: Developmental issues raised by a case study. In A. Wigfield and J.S. Eccles (Eds.), *Development of achievement motivation* (pp. 173-195). New York: Academic Press.
Rogoff, B. (2003). *The cultural nature of human development*. New York: Oxford University Press.
Rosenfeld, S., and Terkel, A. (1982). A naturalistic study of visitors at an interactive mini-zoo. *Curator, 25*(3), 187-212.
Rounds, J. (1999). Meaning-making: A new paradigm for museum exhibits? *Exhibitionist, 18*(2), 5-8.
Sachatello-Sawyer, B., Fellenz., R.A., Burton, H., Gittings-Carlson, L., Lewis-Mahony, J.L., and Woolbaugh, W. (2002). *Adult museum programs: Designing meaningful experiences*. Walnut Creek, CA: AltaMira Press.
Saunders, C.D. (2003). The emerging field of conservation psychology. *Human Ecology Review, 10*(2), 137-149.
Schauble, L., and Bartlett, K. (1997). Constructing a science gallery for children and families: The role of research in an innovative design process. *Science Education, 81*(6), 781-793.
Schauble, L., Gleason, M., Lehrer, R., Bartlett, K., Petrosino, A.J., Allen, A., Clinton, C., Ho, E., Jones, M.G., Lee, Y.L., Phillips, J., Seigler, J., and Street, J. (2002). Supporting science learning in museums. In G. Leinhardt, K. Crowley, and K. Knutson (Eds.), *Learning conversations: Explanation and identity in museums* (pp. 425-452). Mahwah, NJ: Lawrence Erlbaum Associates.
Schneider, B., and Cheslock, N. (2003). *Measuring results: Gaining insight on behavior change strategies and evaluation methods from environmental education, museum, health and social marketing programs*. San Francisco: Coevolution Institute. Available: http://www.pollinator.org/Resources/Metrics%20Executive%20Summary.pdf [accessed October 2008].
Screven, C.G. (1992). Motivating visitors to read labels. *ILVS Review, 2*(2), 183-221.
Serrell, B. (1996). *Exhibit labels: An interpretive approach*. Walnut Creek, CA: AltaMira Press.
Serrell, B. (2001). *Marvelous molecules: The secret of life*. Corona Park: New York Hall of Science. Available: http://www.informalscience.org/evaluation/show/41 [accessed October 2008].
Serrell, B. (2006). *Judging exhibitions: A framework for assessing excellence*. Walnut Creek, CA: Left Coast Press.
Silverman, L.H. (1995). Visitor meaning-making in museums for a new age. *Curator, 38*(3), 161-170.
Spock, M. (Ed.) (2000). *Philadelphia stories: A collection of pivotal museum memories*. Video and study guide. Washington, DC: American Association of Museums.
St. John, M., and Perry, D.L. (1993). Rethink role, science museums urged. *ASTC Newsletter, 21*(5), 1, 6-7.

Steidl, S., Mohi-uddin, S., and Anderson, A (2006). Effects of emotional arousal on multiple memory systems: Evidence from declarative and procedural learning. *Learning & Memory, 13*(5), 650-658. Available: http://www.pubmedcentral.nih.gov/picrender.fcgi?artid=1783620&blobtype=pdf [accessed March 2009].

Stevenson, J. (1991). The long-term impact of interactive exhibits. *International Journal of Science Education, 13*(5), 521-531.

Storksdieck, M. (2001). Differences in teachers' and students' museum field-trip experiences. *Visitor Studies Today, 4*(1), 8-12.

Storksdieck, M. (2006). *Field trips in environmental education*. Berlin: Berliner Wissenschafts-Verlag.

Tal, R.T., Bamberger, Y., and Morag, O. (2005). Guided schools visits to natural history museums in Israel. *Science Education, 89*(6), 920-935.

Taylor, S.M. (1986). *Understanding processes of informal education: A naturalistic study of visitors to a public aquarium*. Unpublished doctoral dissertation, University of California, Berkeley.

Tenenbaum, H.R., and Leaper, C. (1998). Mothers' and fathers' responses to their Mexican-descent child: A sequential analysis. *First Language, 18*(53), 129-147.

Tenenbaum, H.R., Snow, C., Roach, K., and Kurland, B. (2005). Talking and reading science: Longitudinal data on sex differences in mother-child conversations in low-income families. *Journal of Applied Developmental Psychology, 26*(1), 1-19.

Tisdal, C. (2004). *Going APE (active prolonged exploration) at the Exploratorium: Phase 2 summative evaluation*. Available: http://www.informalscience.org/evaluation/show/67 [accessed October 2008].

Tunnicliffe, S.D. (1996). A comparison of conversations of primary school groups at animated, preserved, and live animal specimens. *Journal of Biological Education, 30*(3), 195-206.

Tunnicliffe, S.D. (2000). Conversations of family and primary school groups at robotic dinosaur exhibits in a museum: What do they talk about? *International Journal of Science Education, 22*(7), 739-754.

Utman, C.H. (1997). Performance effects of motivational state: A meta-analysis. *Personality and Social Psychology Review, 1*(2), 170-182.

vom Lehn, D., Heath, C., and Hindmarsh, J. (2001). Exhibiting interaction: Conduct and collaboration in museums and galleries. *Symbolic Interaction, 24*(2), 189-216.

Warren, B., Rosebery, A., and Conant, F. (1994). Discourse and social practice: Learning science in language minority classrooms. In D. Spener (Ed.), *Adult biliteracy in the United States* (pp. 191-210). McHenry, IL: Center for Applied Linguistics and Delta Systems.

Wenger, E. (1999). *Communities of practice: Learning, meaning, and identity*. New York: Cambridge University Press.

Yalowitz, S.S. (2004). Evaluating visitor conservation research at the Monterey Bay Aquarium. *Curator, 47*(3), 283-298.

Zuckerman, M., Porac, J., Lathin, D., Smith, R., and Deci, E.L. (1978). On the importance of self-determination for intrinsically motivated behavior. *Personality and Social Psychology Bulletin, 4*(3), 443-446.

第六章 面向青年人和老年人的项目

本章重点关注面向儿童、青年和成年人的科学学习项目。这些项目在多种不同环境中进行，包括学校、社区中心、大学以及一系列非正式机构。它们也可以发生在室内、室外、市区、郊区和农村。项目时间安排各不相同，有的是每天都安排，有的是每周或每月安排一次。参与者的参与方式也各有不同。某些项目反映了传统的课堂结构——项目指导者来教授微格课程，学生来练习技能。有些项目在社区之外实施，另外一些发生在科学实验室或田野研究场境中。项目目标可能包括：基础的科学知识，提高学校学业目标，或者运用知识改善参与者或社区居民的生活质量。

这些项目的共同点是都有一个有组织的目标，即完成项目课程——正是这一目标使它们区别于日常学习活动和设计环境中的学习。科学学习项目通常由某一专业教育工作者或指导者领导，而不是偶然发生的，也不是自发组织的。这些项目通常持续几周或几个月，并且服务于特定的学习者。理想情况下，项目的设计是非正式的——项目由学习者驱动，建立在识别参与者的兴趣和动机的基础之上，并且应用建设性的和形成性的评价方式给学习者提供有用的、有价值的信息。虽然项目学习仍然保留了很多与学校相似的结构——如根据时间而规定的课程，指导者或教师，有固定的参与者——但是，项目是在非学校时间内进行的，这里就自然存在一种矛盾。这种矛盾在课后项目的讨论中最为明显：尤其是在学习目标的建立、学习结果的评价和其中的问责过程上都争论不休。(见案例 6－1)。

这一章节中，我们围绕三种不同年龄段的人群来组织讨论科学学习项目：儿童和青少年的课后和校外项目；成年人，包括 K－12 教师的学习项目；以及针对具有独特发展能力并对终生教育感兴趣的老年人的项目。出于下述原因，本章节的重点是面向学龄儿童的项目，特别是课后项目：

- 委员会的职责是找到学校和非正式场境之间的相联之处；
- 针对校外时间（此处包括课后和校外时间）的学习项目的规模及其增长速度；
- 关于这一主题已有大量研究，这些研究中有很多引起了争议，而这些争议正是委员会希望说明和指出的；
- 关于成人（包括年长者）项目的研究相对贫乏；
- 将课后项目作为促进不同背景的儿童和青年参与科学的一种方式具有诱人前景（e. g. , U. S. Department of Education，2003）。

案例 6－1

学校与校外项目之间的关系

从历史上看，学校和校外项目——尤其是基于社区的校外项目——经常是以互不信任和相互冲突为其特点。在一篇基于对整个美国大约 120 个青年社区组织长达 10 年的研究报告中，麦克劳林（McLaughlin，2000）表明，与青年组织一起工作的成人经常认为学校的人不尊重和不重视他们的年轻人。而教育工作者则普遍认为青年组织仅仅是用来“取乐”的，对学校工作没有什么贡献。此外，教育工作者往往围绕学习和教学建立专业界限，将其视为教师独有的权限。如果我们想要更好地服务于我们的青年，反思学校与校外项目之间的关系是非常必要的，尤其是像科学项目这样关注学术性内容的校外项目。

关于课后教育，诺姆、比安卡罗萨和德查萨伊（Noam，Biancarosa，Dechausay，2003）概述了学校和校外项目之间关系的不同模式，目的是改善两者之间的关系，加强两者之间的管理联系和创造有趣的课程和教材。其中一极是“统一”项目的模式，相当于现在所谓的拓展课程。在这种模式下，校外项目与学校本质上没有区别，因为他们发生在同一空间并有同一个领导（学校校长）。另一极是“自主”项目，即有目的地选择与学校分离。项目在不同的地点发生，通常提供给学生与学校完全不同的经验。这两极之间有另外三个模式：“相联”、“协调”和“独立”，每个模式将校外项目与学校不同程度地联系起来。诺姆和他的同事也概括了这些联系发生的不同方式，将它们分为：人际关系的、系统的和课程领域的联系。在校外科学与校内科学之间关系的讨论中，课程领域的联系也许是最重要的——尽管它很明显地受地理位置、理念和人际关系等因素的影响。校外项目和学校关系的这些模式可以作为描述校外科学与学校科学更具体的关系模式谱系的基础。

在“相联”模式中，校外课程与学校课程联系紧密。校外的协调员和工作人员掌握了每周教师在课堂运用的材料，并且也能够将这些材料与校外活动联系起来。校外科学本质上是学校科学的延伸，只是具有更加非正式的感觉。这一模式的优势在于将校外和学校科学明显联系起来。

在“协调”模式中，校外科学项目的活动与普通的学校科学课程和标准联系起来，但并没有与学生们每日或每周的课堂学习内容联系起来。这种模式避免了校内科学和校外项目的一些冲突，同时允许校外项目支持学生在校内的学习。它不要求学校教师和校外工作人员进行同等程度的规划和日常交流，因此它还有后勤管理上的优势。

最后，在“独立”模式中，校外科学与学校科学不再关联。校外项目确保参与者参与到高品质的科学实践中来，但不希望学生将校外科学与学校科学联结起来。通过保持学校和校外两个世界的独立，独立的校外项目认为，如果它们脱离学校科学，就能为学生走进科学提供另一个入口。

在校外时间项目中学习科学

校外项目已存在了一段时间，它最早出现在 19 世纪末[①]，随着时代的发展，这些项目针对不同的目的、需求和关注点不断做出变化和调整，调整的方向包括：提供安全的环境、学业充实、社会化、文化渗透、问题矫正以及游乐（Halpern，2002）。由于目标发散以及多个机构与专业共同体负责这些项目，从而导致矛盾频频发生（见案例 6－2）。

① 我们使用“校外”这一术语来指发生在教学日之前或之后的广泛的教育项目，以及发生在非教学期间的项目，比如暑期教育项目。

案例 6－2

科学学习项目的学习目标

关于校外项目的目标和用以评估目标的适当方法的争论一直持续不断。争论的一方认为校外时间是常规的学校时间的拓展。持此类观点的人认为，在问责制时代，当很多学生都达不到州或者国家的学术水平标准之时，应当将校外时间用于推进学校的学术目标。

争论的另一方则认为校外时间应是更广阔发展领域的一部分。他们认为，通过在身体、智力、心理、情感和社会发展领域发展个人和社会的有利价值，校外项目应当确保参与者的健康发展和幸福（Institute of Medicine，2002）。项目规划的重点不是获得特定的学术技能和知识，而是提供一个带有支持关系和归属感的生理和心理的安全环境。增加对科学的关注并没有与这些非学术性的结果相冲突。因为如果要学习者在科学学习的六方面取得进步的话，就必须让他们觉得参与科学学习是安全的，并发现科学的价值所在。

对科学的关注要求人们仔细留意社会情感和认知结果的特征——也就是说，留意校外项目有可能以哪些方式促进科学学习的六个方面的发生。事实上，校外场境或许可以为科学学习提供一个能够产生更大影响的场所，因为校外项目可以提供比设计场境中的偶然经历更系统的学习经历而又不使参与者丧失非正式的感受。课后公司（The After-School Corporation）的总裁露丝·弗瑞德曼（Lucy Friedman）写到，“虽然课后项目和科学领域均处在一个十字路口，但这两者的联合能够提升彼此蓬勃发展的潜力”（Friedman，2005，p. 75）。

在校内学习科学的时间逐渐减少的时候，为科学学习寻找新的场所变得更加重要（Dorph et al，McMurrer，2007）。特别是在“不让一个孩子掉队法案”（No Child Left Behind Act）颁布之后，那些被定义为“需要改进”的学校限制了科学教学的时间；43%的学校已把科学课删减到平均每周91分钟（McMurrer，2007）。

如今，校外项目往往包含三个板块，它们分别用于：①家庭作业辅导和家教；②丰富学习经验；③非学业性活动，如体育、艺术或游戏（Noam，Biancarosa and Dechausay，2003）。项目的不断拓展在很大程度上得益于联邦政府和私人的鼎力支持。当然在未来这些项目将继续受到多方利益相关者的支持，并且会由于支持者的不同关注而追求不同的目标。

在过去的 20 年中，政府与公众对大部分有关校外项目的研究的支持程度日益增加。政治家、家长和教育工作者逐渐将这些项目视为青年生命历程中重要的发展贡献者和公共教育的必要组成部分。反映这些项目重要性的一个标志是对“21 世纪社区学习中心”（21st Century Community Learning Centers CCLCs）项目的资助，这是一个提供校外时间护导的联邦项目，对该项目的资金资助一直在增加当中：从 1994 年的零投入，到 1998 年的 4000 万美元，再到 2002 年的 10 亿美元资金（U. S. Department of Education，2003），再到 2007 年，众议院投票将对这个项目拨款增至 11 亿美元（Afterschool Alliance，2008）。

过去的 20 年，社会也同时见证了劳动力结构的变化，这些变化造成了所有成年人都参加工作的家庭越来越多，导致了更多的学生参与校外时间项目和其他护导项目。2005 年，40% 的 K－8 年级学生每周至少参与一次无父母陪同的校外时间护导安排（National Center for Education Statistics，2006），其中基于学校或基于中心的项目是最常见的护导安排。校外时间项目拥有提供大量机会的潜力，而这些机会曾经只有富裕家庭才能拥有。事实上，在 21 世纪社区学习中心，半数以上的参加者来自少数民族或低收入家庭。参加最频繁的学生更有可能是黑人，他们来自单亲、低收入家庭并接受公共救济。这意味着校外时间项目服务的大多是弱势群体。这一人口结构造成的结果之一是：许多对校外时间项目中学习的研究集中于弱势群体，这个特点在本章将获得证实。

科学学习的证据

尽管校外项目的历史悠久，但对该项目中学习的研究通常是有争议的、没有结论的（Miller，2003；Dynarski et al.，2004；Bissel et al.，2003）。然而，一系列的评估研究表明：校外项目对参加者看待科学、成绩、考试分数、毕业率、具体的科学知识和技能的态度都有积极的影响（Gibson and Chase，2002；Building Science and Engineering Talent，2004；Archer，Fanesali，Froschl，and Sprung，2003；Project Exploration，2006；Ferreira，2001；Harvard Family Research Project，2003；DeHaven and Weist，2003；Jarman，2005；Campbell et al.，1998，as cited in Fancsali，2002；Brenner，Hudley，Jimerson， and Okamoto，2001；Johnson，2005；Fusco，2001；Jeffers，2003）。然而，针对校外科学项目的综述性文献非常少。

在这一领域的研究中，项目目标、用于评估项目的结果测量以及研究方法都有极大的不同。一些借鉴了社会心理学和青年发展传统的研究者主要关注积极的态度、技能和社会关系的发展。其他研究人员则更关注学术技能以及学业成就的提高，这些可以通过标准化考试成绩、分数、毕业率和对校内科学的持续参与性进行测量（Campbell et al.，1998；Building Engineering and Science Talent，2004；Brenner et al.，2001）。鉴于这些不同的方法（和我们在第三章中提到的对仅仅依赖于学业成果的担忧），我们无法提供关于可以得到什么样的学习成果的确切结论。我们的目标是：组织科学导向的学习结果的证据，为未来能够彻底探索以下两个问题奠定基础：这些证据资料在多大程度上反映了本报告所描述的各种以科学为导向的目标？非正式教育的承诺，比如为学习者提供选择和低风险的评价，是如何在校外场境中决定项目和评估议题的？

在很多案例中，青年发展的优势、学业责任或科学特定性的观点在项目目标和结果测量中得到了充分体现。为了将研究发现整合在一起并且识别出明显表现出科学特定性的学习结果的证据模式，我们将这些证据根据不同观点进行了整合。我们根据科学学习的六大方面对证据进行了审核——有些证据在基于校外项目的研究中很明显，但并非所有都如此。

方面 1：发展科学兴趣

促进对科学的兴趣是校外科学项目的一个共同目标（e. g.，Brenner et al.，2001；Building Science and Engineering Talent，2004；Gibson and Chase，2002；Archer et al.，2003；Project Exploration，2006）。大量评估对这一结果进行了考察，表明了持续参与校外科学项目可以提高人们的科学兴趣。

例如，吉布森和蔡斯（Gibson and Chase，2002）的比较研究考察了为期两周的初中生暑期科学项目所产生的效果，这一项目采用了基于探究的教学。研究人员采用分层随机抽样，选出一组 158 名学生来参加暑期项目，其中的 79 人参与了此项研究。此外，对照组包括：由虽然申请了该项目但未被选中的 35 名学生组成的小组，以及由没有申请参加这一暑期项目的 500 名学生组成的小组。研究者使用了两项调查来判断学生对科学的兴趣，并且从 22 名参加暑期项目的学生那里收集了定性的访谈数据。申请但没有被选中参加项目的 35 个学生中，只有 8 人形成了完整的纵向数据。

通过对这三个小组为时5年的跟踪研究，研究人员得以确定这一为期两周的项目是否对参与者的科学态度产生了即时的影响，而且还确定了这种兴趣是否会随着时间的推移持续下去。三个组中所有人的科学兴趣都下降了，但参加了为期两周的科学项目的学生对科学持有更积极的态度，并且对从事科学事业的兴趣也高于其他两组。虽然这些结果并未与项目特征和构成密切联系起来，但该研究确实关注到，采用基于探究的方法教科学，对学生提高对科学的长期兴趣所起的作用。在项目结束的若干年后进行的访谈中，项目参与者指出：项目的动手参与和基于探究的特性是他们最难以忘怀和最喜欢的一点（Gibson and Chase，2002）。

其他的很多研究也表明：参与关注科学和数学的校外项目能够支持更积极的科学态度，尤其是对女孩而言。例如，对 Operation SMART 这一项目的几项非比较研究（一个面向6～18岁女生的校外项目）表明：在项目之后，这些女生立即表现出对科学和数学的信心程度和舒适度的提高（Building Science and Engineering Talent，2004）。Operation SMART 行动的课程还包括动手活动和基于探究的活动。

探索计划（Project Exploration）是一个校外时间项目，主要服务于那些来自科学领域中未被充分代表的学生群体——80%的学生来自低收入家庭，90%的学生来自少数民族群体，73%的学生是女性——关于该项目参与者对科学的持续兴趣的统计数据十分显著：在大学里主修科学的学生占项目全体学生的25%，占项目全体女生的35%（Archer et al.，2003；Project Exploration，2006）。探索计划服务于芝加哥公立学校的学生，一个与学区关联的联盟将此服务延伸到传统上惠及不到的人群，这是颇具战略眼光的。相比于在同一所学校就读但是未参加该项目的学生，该项目参与者的高中毕业率要高出18个百分点。这些数据显示了一个正面的结果，但评估报告中没有解释项目挑选学生的基础是什么，而只是声明说："学业成就不是探索计划进行挑选的要求之一……学生们是否能准确代表他们各自的学校这点不得而知。我们需要额外的数据来增强对这一测量的信心"（Project Exploration，2006，p. 6）。

在一项由非裔美国女中学生和女性工程师一起参与的项目中，女生在参加了项目之后对科学课和科学职业的态度变得更积极（Ferreira，2001）。这项研究强调了女性导师在改变女孩的科学态度过程中所起的重要作用（需要特别说明的是，要想非常成功的话，导师必须拥有学科相关专业知识以及关于合作学习策略的教学法知识)。

另外两项针对女生的暑期科学项目的研究也显示了类似的正面结果。对“提高科学和工程学兴趣”这项为时 3 年的项目评估发现：86% 的参与者打算从事数学与科学领域的职业，52% 的参与者在参与项目之后改变了她们的职业规划（此项目旨在提高女中学生对数学和科学的信心和减少在中学水平阶段的数学和科学班级人数减损的情况）（Jarvis，2002）。该项目的一个重要组成部分是：每名参加者都有一位女性导师，其中大部分导师是学习工程学专业的拉丁裔和非裔的美国女大学生。“女生数学和技术项目”（The Girls Math and Technology Program）同样强调了女性在女中学生中的榜样作用，并基于前测和后测的数据说明了女生对数学信心的增强（Dehaven and Weist，2003）。

这些研究也支持我们在第二章和其他地方所获得的观察，即科学学习的六个方面是互相关联的。例如，这里的证据表明兴趣（方面 1）可持续多年。而在某个时刻，持续的科学兴趣可能会改变个体理解某一领域的概念的方式（方面 2），以及个体看待自身与科学的关系的方式（方面 6）。

方面 2：理解科学知识

有些针对学生对科学概念和解释的学习的研究都主要依赖于学生的考试分数、成绩和毕业率。一个例外的项目就是对“放学后的活跃城市”（Kinetic City After School）的评估（Johnson，2005）。该项目包括：各种调查、动手活动、游戏以及科学探险交互式网站，所有这些都被组织用来支持完成项目的标准，这些标准借鉴了《科学素养的基准》①（American Association for the advancement of Science，1993）的内容。评估包含了基于该项目学习目标的前测和后测，而学习目标包括动物生物学的有关概念（例如分类和适应）。学生们还完成了一项文学创作活动，这个活动融合了他们对项目中习得的科学概念的理解。前/后测和写作任务的平均得分在项目完成后均有所提高，这表明学生通过参与掌握了科学知识。约翰逊（Johnson）还比较了那些参与了额外的基于计算机的项目活动（“活跃城市”网站）的学生和那些没有参与该活动的学生。她发现网络内容的纳入对学生所获得的科学知识产生了更显著的正面效应。

另外三个项目——入门（Gateway）、MESA 学校项目（数学、工程和科学成就）以及 Gervirtz 暑期学院——通过学业成果测量显示出了项目所带来的

---

① 《科学素养的基准》中文版已由科学普及出版社出版。——译者注

正面效应。入门项目是面向来自弱势群体的高中生的校外数学和科学项目。它包括一个暑期学术性项目和在校内单独为入门项目参与者开设的数学和科学课程（Campbell et al.，1998）。对入门项目影响的研究包括由不参加项目的学生组成的匹配的对照组。研究发现：相比控制组，参与者的高中毕业率更高，SAT成绩更好，也更有可能完成高中数学和科学课的学业。92%完成入门项目的学生进入了大学学习，录取他们的大学的SAT平均录取成绩要高于他们自身的SAT成绩。尽管入门项目的结果表明，支持科学和数学的项目能够很大程度地影响学校中的测验成绩，但需要指出的是，由于入门项目包括了很多不同形式的支持（例如暑期学校和校内活动），因此我们不清楚是应该将这种影响归功于该项目某一组成部分的作用还是应该归功于所有组成部分的协同作用。

MESA学校项目的设计目标是提高初高中学生的数学和科学成就，并增加来自非主流文化背景的追求从事科学、技术、工程和数学事业的学生人数。该项目包括：学业辅导和咨询、同伴支持（例如学习小组，约定共同参加普通课程的同伴等）、实地考察、暑期实习和校园暑期项目。1982年进行的一项研究结果表明：MESA学生的平均绩点（GPA）高于非MESA学生；在高年级时，MESA的学生修读更多的数学和科学课程（Building Engineering and Science Talent，2004）。

Gevirtz暑期学院是一项为期5周的实验性学术拓展项目。该项目的课程反映了当地的课程标准，并且采用了一种经验性的和整合性的教学方法。该项目将科学作为教授语言艺术、数学和科学的统一主题。对前测和后测的评估考察了项目对学生态度以及标准化考试成绩产生的影响（Brenner et al.，2001）。第一年共有94名学生参与了评估，第二年和第三年各有120名学生参与评估。与之匹配的对照组是来自同一学校的学生。在比较前测和后测的数据之后，评估人员发现学生对科学和科学事业的兴趣、信心和参与科学的动机都有显著提高。学生的科学测验成绩有所提高，但数学成绩没有提高。

Gervitz暑期学院项目的评估者（Brenner et al.，2001）也指出使用标准化测验来测量项目中发生的学习的局限性。他们这样解释："学区和赞助机构要求我们必须使用标准化测验分数来证明该项目的优势，但为期5周的项目将极大地影响用于衡量一整个学年学习的测验分数，这有点不现实。"他们还指出这样一个事实，即他们使用的SAT9测试，特别是数学考试，侧重于基本技能的考察，而该项目的课程主要适合概念学习以及对数学、科学和语言艺术的整合。

凯恩（Kane，2004）也注意到了用标准化测验的分数来衡量校外时间学习所存在的问题。他讨论了测验校外项目的影响，应该持有的合理预期是什么。他指出，一个完整学年的课堂教学，预计可以将学业成就测验的成绩提高四分之一个标准差。按这种度量方式，校外项目给学生提供每周 5 天、每天 1 小时的授课，则预计可以将测验成绩提高 0.05 个标准差（假设每天有百分之百出席率）。Gervitz 项目选择关注有限的几条课程标准，考虑到项目的有限时间（5 周）的话，标准化测验中只有几个问题在项目涵盖的材料之内。在该项目的第三个年头，教师们决定设计基于他们自身课程的数学测验，并在学生的测验成绩中发现了项目的正面效应。

同样值得注意的是，入门项目、MESA 学校项目和 Gervitz 暑期学院项目都使用了传统的校外项目所没有采用的元素（例如延长的课时、整合的学校科目内容等）。同样，“活跃城市”项目的后续研究发现：增加的媒体环境改善了结果（更多有关媒体产生的影响参见第八章）。关于如何整合环境以及校外和校内课程的最佳关系，我们没有确凿的发现，然而值得一提的是，对学习者而言，整合的结果是正面的。至少，这些结果支持这一断言：通过对概念、实践和现象的多重表征来拓展学习者在不同情境中的经历是一种有前景的设计方式。

方面 3：从事科学推理

我们没有找出明确强调方面 3 的校外项目，也没有发现哪些研究对强调方面 3 技能的项目的有效性进行了评估。然而，在某些情况下，方面 3 的技能确实是项目的一部分。例如，方面 5 中所描述的为萨拉多河服务（Service at Salado）项目是一个有关环境教育和整治的项目，该项目引导学生整理科学报告，这其中往往会包括检验和假设，而这些是科学推理的关键要素。

方面 4：反思科学

虽然较少有研究将对科学的反思作为校外项目的结果加以关注，但的确有一些项目强调这个领域。例如，活跃城市项目评估（Johnson，2005）描述了参与者如何被要求书写一篇论文，论文要求他们从热带雨林生物视角来回忆项目的特定方面，并要求他们整合在实施项目设计中的学习活动的过程中所获得的信息。在这种情况下，尽管没有明确强调反思科学，但参与者确实重新思考了他们的经验和所学内容。

在科学学习的场所之中，校外项目可能是认真开展与方面 4 相关的学习最合理的地方。正如第四章中所讨论的，存在强有力的证据表明，许多儿童和成年人努力把科学当做一个动态的过程来理解，在这一动态过程中，知识得到了发展和检验，并通过复杂的社会进程得以共享。校外项目作为参与者能够长期和同伴一起发展知识的场境，似乎相当适合于对科学学习的这一重要方面进行探索。

方面5：参与科学实践

参与科学是一个很广泛的概念，其中包括使用特定的科学讨论方式和科学工具来做科学。在一般意义上，我们可以将校外科学项目的辐射广度作为科学参与度的粗略估计。在更精细的意义上，参与可以通过专门的社会结构得以促进，这些社会结构将权力分散并创建了即使是初学者也能够参与的多种方式，例如以小组成员相互依赖的方式进行工作，从而在复杂的问题的思维上获得进步。案例6－3描述了这样一个项目——“第五维度”，尽管该项目不是专门的科学项目，但该项目在支持学习者参与方面取得了很大的成功。

一些科学特定性的校外项目也同样关注参与。例如在“重要科学（Critical Science）”这一项目中，学生提出并实施了一个方案，该方案计划将纽约的一块空地建设成为一个社区花园（Fusco，2001）。学生们参与了与很多中学科学学业成就标准有关的活动，这些学业成就标准是由学校来定义的，如科学关系、科学思维、科学工具和技术与科学交流。该项目的评价采用了产品导向的评价模式，这种模式类似于档案袋评价，即以反映了学生项目参与情况的描述和成果作为学习的证据。

在“为萨拉多河服务”这一结合了服务和学习的课后科学项目中，中学生、本科生导师和大学中的科学家一起工作，通过课堂教学、服务以及学习活动来了解城市的河床栖息地（Saltz，Crocker and Banks，2004）。该项目包括案例6－3中描述的成功项目“第五维度”中所证明的很多元素。在课堂上，学生在城市场境下学习生态学、团队工作和领导力。在项目实施的一学期里，小组会参观当地的城市河床栖息地两到三次，并在此过程中探索和应用他们在课堂上所学到的知识。在项目的末期，实习生与学生一起为改善城市河床栖息地而努力。

在评估“为萨拉多河服务”这一项目时，评估者使用了项目的参与性目标——参与者会做什么，而不是他们知道些什么——来构建评估框架（Saltz et al.，2004）。项目的结果包括：学生能够实施一项科学行动计划并整理、展示并捍卫自己的成果，同时表现出对城市生态问题的认识。该项目的评估者使用了观察清单，重点关注小组的反应来测量学生对科学报告和科学技术的使用，同时他们还使用了一种观察方案来评估团队合作和领导力。他们在前后测调查中使用了简答题来判断学生对接受高等教育的兴趣和未来的职业选择，并且使用了李克特量表进行前后测调查来评价学生的公民责任心。在这些测量的基础上，参与的因素就和以下几个因素联系起来：参与者对科学报告和技术使用程度的增加，团队工作和领导力的改善，对能够保护人类和动物这类事业的兴趣的提高以及对公民责任的更好理解。然而，这些测量没有使用对照组，因此难以得出有关参加这一项目的经历带来了何种影响的因果结论。

方面 6：认同科学事业

我们在查阅以往关于校外科学项目的研究和评估中发现使用“身份”这一概念的研究很少。然而，很多研究进行了有可能共同指向身份发展的一系列结果测量。例如，一些研究表明：当科学项目深深植根于社会问题并切合学生的文化背景时，它能够支持浓厚的科学兴趣发展。这种兴趣在参与后能够持续很长的时间，对那些来自少数群体和低收入家庭或居住在贫困社区的学生来说尤其如此（Au，1980；Davidson，1999；Erickson and Mohatt，1982；Zacharia and Barton，2003）。

还有一些研究关注创建有助于将科学和个体身份认同交织起来的空间。莫耶、科拉佐、卡洛里和马克思（Moje，Collazo，Carillo，Marx，2001）记录了科学课堂上相互竞争的学校话语和社区话语的冲突，他们赞成建构连接课堂和社区的“第三空间”的必要性（见第二章和第四章关于第三空间的讨论）。“在许多方面，尤其是对那些徘徊在主流课堂生活之外的边缘学生而言，在课堂上建构和谐的第三空间要求解构课堂和社区的界限。”（p. 492）。莫耶和他的同事建议将学生的家庭生活和学校生活连接在一起，通过创建有意识地将学生的日常话语体系引入课堂而不是试图抵触课堂的空间，来促进学生的科学学习。校外项目能够很好地形成这样一个第三空间，为学校、家庭和社区指明方向（Noam，2001；Noam et al.，2003）。

案例 6－3

“第五维度”课后项目

“第五维度”的目的是在课后场境中向学生教授科技素养技能，以及基本的识字、算术和问题解决的能力（Cole and Distributed Literacy Consortium，2006）。这个项目被特别设计成在实际约束条件下运转的课后项目。特别之处在于，这个项目平衡了趣味性和学术性目标，采用了适中的预算，并且在策略上改善了人力资源以弥补低水平的受训员工所造成的不足。

“第五维度”使用了一种独特的社会结构来吸引学习者的参与，并使用了复杂性任务来促进学习者的认真参与。在它的理想形式中，项目使用大学教师和本科生作为教学资源。参加涵盖了项目的发展性原理的课程的本科生在儿童们的游戏和学习中起到了合作参与者的作用。在每个阶段之后，本科生写下田野笔记，用于为后续阶段作安排以及和全体人员进行交流探讨。一个网上“高手”给参与者指派任务，参与者在一个或几个阶段中集体完成这些任务。

参与者两到三人一组在电脑上工作，花费大量时间玩游戏，比如玩在线填字游戏或下棋，或者参与诸如折纸之类的活动。“高手”定期与参与者进行交流以指派任务和做冒险活动，要求参与者去学习新的游戏、技能，或者在小组游戏中测试特定的问题解决策略。“高手”通过网页、电子邮件和聊天工具与参与者保持联系，以促进和支持任务的完成。

贯穿“第五维度”的一系列受控评估，包括前－后测评价和受控准实验设计，显示出多方面的有意义的收获。通过在10～20个阶段后对学生进行研究，迈尔和他的同事们（Mayer，1997）发现正面的结果表现在以下几个方面：计算机技能（关于新的术语和事实的知识，以及如何操作计算机）、阅读理解以及解决问题的能力。虽然学习成果还不是科学特定性的，但广泛的正面结果表明这个项目设计很有前景。

项目的另一特点也值得一提。“第五维度”成功地创造了一个课后环境，在这一环境中，不同的小组有规则地参与共同的、对话式的问题解决活动。这即使是在训练水平和其他资源都更加充分的课堂之中也是很难做到的，更不用说将如此丰富的认知活动嵌入到一个只是偶尔开展的项目当中。布朗和柯尔（Brown and Cole，1997）将这一成功归功于社会结构——儿童、作为帮助者和协作参与者的大学本科生、网上“高手”——在这种社会结构中，权威被分散，参与者们的好奇心被引发，他们的持续参与得以支持。

未来的研究和发展可以考察这一方法的哪些要素能够在科学特定性项目的设计中被仿效，特别是就如何安排学习者和促进者的角色进行验证，以建立富有成效的科学探究。

据我们观察，许多研究表明校外时间科学项目都涉及儿童和青少年对科学和科学事业的兴趣。也有研究证据表明：一些项目已经与毕业率、成绩和考试分数联系起来。评估表明：通过参与校外科学项目，学生的科学内容知识得以扩展，科学技能得以增强，科学思考能力得以发展。反复的研究、越来越严密的设计以及对科学特定性的学习的测量方法的审慎定义，均有助于让这些发现具有更广阔的前景。

尽管对校外科学项目的研究是相对比较新的一个领域，但是它具有巨大的潜力。为了实现这一潜力，不仅需要极大地扩展关于校外科学项目的研究文献的数量，还需要界定期望的结果。立足于发生在各个独立项目中的具体的科学学习成果，而不是以标准化测验为依据或对科学职业的兴趣来界定这些成果，也许是更加有效的策略。

面向成年人的科学学习项目

成年人对科学的兴趣往往比孩子们的兴趣更加务实。成年人的科学学习经验往往是自我激励的，并且与个人兴趣或生活环境密切相关。成年人对科学学习的追求往往不在于成为一个通才，而是倾向于成为他们感兴趣的与日常生活问题相关的特定领域的专家（正如在第四章中讨论的那样），从而了解和熟悉特定领域的概念和解释（Sachatello-Sawyer，2006）。

无论成年人是作为促进者或是作为学习者，他们参与科学的很多场所跨越了日常生活和校外项目的某些人为界限。比如，作为参观非正式学习机构的家庭或学校群体的陪同者，成年人通过回答问题、领导小组讨论并使用多种其他策略来支持他人的科学学习。在他们的日常经验中，成年人通过观察自然界、参加基于媒体的科学节目以及和其他成年人的对话来形成自身对科学的理解。这一章中尤其值得注意的是，成年人可能选择参与更多基于项目的学习从而追求其感兴趣的主题。然而，人们多次发现，成年人学习者认为非正式学习机构本质上针对儿童而不是成年人学习者的兴趣（Sachatello-Sawyer，2006）。这一点对理解面向成年人学习者的科学项目的设计而言是至关重要的，因为这种成年人知觉往往是误解。事实上，非正式机构主办和组织了许多成年人项目，如果这些项目能够引发成年学习者兴趣的话，它们就可能吸引更多的成年人参与。

本部分描述了非正式场境中面向成年人的科学学习的多种不同项目。它们包括：与文化机构联合的项目（如博物馆、大学、科学中心、实验室、诊所等）和由自发组织的科学爱好者、积极分子开展和持续的项目。它们也包括与健康相关的项目和为 K－12 教师及非正式场境下的科学教育工作者设计的项目。我们还考察了老年人独特的思维角度以及为他们设计的项目。委员会回顾的大多数研究是描述性的而没有关注学习结果，因此根据各个方面来对文献进行综合似乎是不可行的。取而代之的是，我们在每个项目种类的描述中都强调了相关方面的学习。

成年人项目的特点

为了评价成年人项目的数目和类型，萨谢特罗－索耶（Sachatello-Swayer，2002）和同事在全国范围内调查了超过 100 所提供科学学习经历的机构。研究调查了来自不同规模和类型的非正式机构中的工作人员和参与者（例如艺术学院、自然和文化历史博物馆、科学中心、植物园等）和各种类型的项目（例如学分课程和非学分课程、教师培训班、讲座等）。他们发现几乎所有的机构 94% 都提供某种类型的面向成年人的博物馆项目，但大部分项目（63%）都是为家庭和儿童设计的。

他们还发现相关机构的报告显示现在面向成年人的项目比以往都增加了（Sachatello-Swayer et al.，2002）。然而，对 508 名博物馆项目参与者、75 名教育者和 143 名博物馆设计者进行访谈的结果表明，许多项目乏人问津。项目最常以讲座的方式进行，而在成年人学习者看来它们是枯燥乏味的。成年人希望从博物馆项目中学到更多，并希望接触独特的人物、场地和物体。他们对那些呈现了新观点、新态度、新见解和新价值的项目留下了积极的印象。还有一点特别值得注意：研究结果显示接受调查的项目都存在同样的局限性，即参与项目的人口结构具有高度同一性——这些人大多是白人，而且受教育程度要高于这些机构所在地的社区人口的平均受教育程度。

研究发现，适用于所有情境的单一的教学方法或辅导方法是不存在的。关键在于，指导者或教学者协调了学习者的需求和兴趣，并且帮助他们讨论、整合、反思和应用新的见解。事实上，许多参与者都表示他们与指导者的关系是该项目最重要的方面。从收集到的数据来看，作者认为科学中心和博物馆具有很大的潜力去开发满足成年学习者的展品和项目。对满足老年人的需求来说也是如此，设计者可以通过将对老年人的了解融入到教学框架中，解决参观者结构多样性所带来的问题（包括文化问题和与年龄相关的问题）来做到这一点——当然这也是为服务于那些出生于美国婴儿潮时期，而今即将面临退休的人们做好准备。

项目的参与者报告了这些项目的一系列广泛影响。萨谢特罗和他的同事将这些影响描述成金字塔，金字塔的底部是最普通和最基础的影响——获得新的知识，金字塔的顶端是较为罕见的影响——改变生活的经历。这两个极端之间是参与者所报告的四种不同水平的影响：拓展或产生新的关系，增加喜爱程度，改变态度和转变观点。这些发现表明成年人项目可以对学习的六个方面都产生影响。本章之后的部分将通过审视三种类别的成年人项目（这些项目是我们从最相关的文献中找到的）更详细地分析这些影响，这三种类别分别是：大众科学类、卫生健康类和教师专业发展类项目。

大众科学和志愿者监测项目

大众科学和志愿监测项目鼓励志愿者，包括成年人和儿童，形成网络，通过收集科学调查数据来参与科学实践（方面5），这些项目给成年人提供了机会以获取科学知识（方面2）、验证和探索物质世界（方面3）、将科学理解为求知的一种方式（方面4）以及发展对科学的积极态度（方面6）。它们往往由科学机构来进行组织和管理，如大学实验室和当地环保组织。大众科学项目的广泛目标包括：与没有志愿者的参与的情况相比，能使科学家以更可行的方式进行研究，并且促进公众对科学的理解。正如克拉斯尼和波尼（Krasny，Bonney，2004）所指出的，大众科学项目还可以帮助非科学家参与到包含了技术或科学成分的政策问题的决策制定中来，同样也使科学家参与到民主决策过程中来。某一志愿者科学项目的具体关注点可能包括基本的科学目标——例如追踪迁移的物种、收集气候数据或记录物种的行为（Cornell Lab of Ornithology，2008）。项目还可以关注变化中的行为（例如保护环境目标），还有项目与信息丰富的、特定的政策密切地联系起来。

一个由美国国家科学基金会资助的、以提高大众科学素质和获得成功的能力为设计目的的研究项目发现：到 2007 年 11 月为止，超过 50 篇公开发表的科学文章是基于大众科学项目的数据，其他文章则评价了此类项目的数据质量、教育过程和影响（http：//www. citizenscience. org）。例如，“社区雨雹雪合作网络”（Community Collaborative Rain，Hail and Snow Network）项目主要关注一个基本的科学问题——收集有关美国大平原中部地区气候模式的数据（Albright，2006）。训练有素的志愿者，其中包括成人和儿童，使用了并不昂贵的工具来测量整个地区的降雨量——通常不同区域的降雨量情况差异很大。通过网络收集的数据给科学家提供了当地详细的降雨量数据，从而帮助他们对天气情况进行更完善的建模。

其他项目则注重含有明确的政策意义的基本科学问题。例如，李、杜克和奎因（Lee，Duke，Quinn，2006）对“途经道路观察”（Road Watch in the Pass）项目进行了报道，该项目吸引公民报告在公路沿线目击到野生动物的情况。这些数据资料生成了以往模式中所没有的关于汽车与野生动物相撞地点的新观点，为政策制定者在计划公路维修和建设时提供了实证性准则。

大众科学项目的数目和规模正在逐渐扩大（Cohe，1997；http：//pathfinderscience. net/，http：//www. citizenscience. org）。但这些项目对参与者的科学知识和科学态度的影响鲜有记录（Brossard，Lewenstein and Bonney，2005），尽管人们正在努力增加对这些项目的评价（http：//www. citizenscience. org）。现有的证据在一些程度上关注了参与者的学习，但是这些证据是有限的并且在某些方面是自相矛盾的，这在后文的文献综述中有所说明。为了表明其中部分项目的积极性并描述需要进一步分析的领域，我们考虑从以下两个密切联系的研究结果着手。

布罗萨德等人（Brossard，2005）对“鸟之家网络”（The Birdhouse Network，TBN）项目的参与者进行了研究，目的在于探索这样的假设：参与此项目生成了（与鸟类生物学相关的）新知识和行为（方面2）、（像科学家所体验的那样对科学）更丰富的感受（方面4）和（对科学）更积极的态度（方面6）。参与者被要求在他们的院子里或附近院子里摆放一个或多个鸟巢箱、遵循四项不同方案中的一种或多种来观察和报告鸟巢箱以及箱内栖息动物的数据。这四项方案分别关注：每个鸟巢箱内的卵数、鸟的钙摄取量、鸟巢内使用的羽毛和巢址选择。参与者得到对需要遵循的科学方案的详细解释，得到关于筑巢动物的生物信息以及关于巢箱设计、施工和监理的相关实用信息。项目非常鼓励参与者与“鸟之家网络”项目职员通过电话、电子邮件、电邮表单等进行沟通（p. 1103）。

布罗萨德和他的同事使用准实验设计，对非随机抽样出来的“鸟之家网络”项目参与者实施了前测和后测（300 个参与者进行了前测，200 个进行了后测，400 名对科学感兴趣的新 TBN 成员但非参与者组成控制组）。结果是实验组的反应率分别为 57%（前测）和 63%（后测）；而控制组，分别是 29% 和 53%。为了测量科学知识、科学态度与科学兴趣，研究人员使用了科学教育研究中常用的几个工具（如系统性科学态度量表，Attitudes Towards Organized Science Scale，ATOSS）。此外，由科学家、科普工作者和科学教育工作者组成的小组研制了一种工具来检测参观者有关鸟类行为和生物学的10个具体概念和相关的知识，通过参与者的陈述，例如“大多数鸣禽在繁殖季节每天生一个蛋”、“每一窝的多少是由雌鸟的窝里可以容纳的蛋的数目来决定”以及“所有鸟巢内都铺满了羽毛”等，来反映他们所掌握的知识。

人们发现实验组关于鸟类生物学和行为的具体知识有显著改善，而控制组无显著变化。实验组或对照组对科学过程的理解或对科学和环境的态度没有显著变化。这有可能归结为天花板效应。控制组和对照组都是“鸟之家网络”项目的一部分，因此两组研究对象可能在研究之前就对有关科学和环境的知识感兴趣并且有所了解。作者推论道：该项目有可能影响参与者对科学本质的理解，但需要使参与者明白这一特定目标。

来自对另一不同项目的参与者的研究揭示了不同模式的结果。奥维迪维斯特和他的同事（Overdevest et al.，2004）研究了“水行动志愿者”（Water Action Volunteer，WAV）项目（这是一个河流监测的志愿者项目）的参与者，寻找该项目对参与者在以下几方面所产生的影响：对个体的关于水流知识的影响（方面2），对个体参与有关资源管理活动的水平的影响（方面5）以及对社区中有关资源管理问题的联网程度的影响。类似于“鸟之家网络”项目，“水行动志愿者”项目是一个持续性项目，由个体志愿者在某一科学组织的帮助下，运用科学项目规划对科学问题进行历时性追踪——在本案例中，追踪的是水质问题。

奥维迪维斯特及其同事采用了不等组准实验设计，将研究对象分为两个小组：155名有经验的参与者，他们参与这一项目已经至少1年；105名无经验的参与者，他们曾表示了有兴趣加入小组但还没有参加过“水行动志愿者”项目。

与布罗萨德和其同事的研究发现所不同的是，奥维迪维斯特和他的同事发现：有经验的参与者在与水质有关的政治问题中表现出较强的积极性，增强了他们的个人关系网，并且在各组志愿者中建立了社区链接。但与没有经验的参与者相比，有经验的参与者并未由于他们的参与而表现出掌握更多与河流相关的知识。

这两项研究放在一起进行比较，揭示出参与此类项目能够促使成年参与者发展多种能力，但并没有回答以下问题：哪些能力在特定类型的项目中得到了最好的发展？哪些特定的项目特征与学习结果联系在一起？什么种类的项目或项目特征支持了概念和事实的学习（方面2）？项目的哪些方面与参与科学活动紧密相连（方面5）？支持其他各方面的项目应是什么样子？虽然仅仅对于这两个项目的研究远远不够奠定观察总结的基础，但我们利用这两个研究探索了该领域希望继续研究的一些问题。我们这样做也是充分认识到这些项目或许会使参与者获得额外的、可能迄今尚未报告过的学习结果，谨请读者牢记这一点。

这两个项目之间的明显区别是：一个与环境管理明确挂钩，另一个项目则更多地与记录动物行为的基本科学任务紧密联系。主要目标的这些差异可能会影响成人对项目的选择性参与，并影响他们通过参与而获得的特殊技能和知识。但是，理解任务性质如何与参与相关联，参与如何与特定学习结果相关联，还需要更多的研究。

健康教育

另一个研究小组考察了专门应对人体健康的成人项目。这些项目通常着眼于改善病人对健康的理解（方面2），并影响他们对科学的态度（方面6）。一些研究考察了为个体身体状况的诊断提供支持的非正式网络，这些网络提供的诊断帮助包括多发性硬化症（Pfohl，1997）、糖尿病（Gillard et al.，2004）以及母乳喂养这样的实际问题（Abbott，Renfrew，and McFadden，2006；Lottero-Perdue，2008）。[①]

非正式健康项目通常由卫生保健机构组织和管理，其服务目标是：通过讨论小组、讲座和相关文献的发放来扩大医学专业人士的影响。例如，波弗尔（Pfohl，1997）报告了为多发性硬化症患者提供治疗的项目。该项目的设计是用来让患者感到放松和愉快，参与项目可以达到辅助药物治疗和控制药物副作用的效果。项目包括的活动有：向需要接受定期注射治疗的病人教授解剖课（方面2）；为了鼓励学习和降低隔离感可能带来的焦虑，患者们组成小组分享病史和治疗故事。

委员会所能确认的评价非正式健康项目的少量研究，关注的是参与者的学习以外的问题。这些研究着重测量医护专业人员的参与水平，确定可持续性因素（Abbott et al.，2006），建立卫生保健领域的创新实践案例（Pfohl，

---

① 第八章中讨论了检验社会营销保健措施的国际化发展的一些相关情况。

1997）以及考察那些广泛的社会现象，比如对科学的偏见和态度（方面 4）是如何对非正式健康教育项目产生影响的。

不过，在一个旨在监测和治疗与糖尿病有关的眼科疾病的门诊筛查试点的研究中，吉拉德和他的同事（Gillard et al.，2004）考察了参与者的行为结果。在三次年度门诊过程中，患者接受体检和糖尿病筛检，与其他患者和一位糖尿病专家就糖尿病及其治疗进行非结构化讨论，可以查阅有关糖尿病和眼睛护理的手册，能够与保健专业人士一起讨论自己的检查结果。患者在门诊过后的 30 天后会收到一封邮件，里面是他们的化验结果以及解释说明。病人自我报告从第一次到第三次门诊期间对血糖水平的管理，这是用来确定参与项目是否导致自我管理行为的改变。研究人员发现，患者在胰岛素使用和血糖自我监测方面的自我管理发生了显著的积极变化。在这次试点研究中，研究人员没有就导致行为变化的经历的性质得出任何具体结论，也没有追踪参与者对特定概念或实践观念或态度变化的过程。但是考虑到项目带来的积极的健康行为结果，他们呼吁健康卫生工作者将促进糖尿病患者的学习看成“每个糖尿病护理人员都需要面对的一部分”（p. 42）。

面向科学教师的项目

同面临健康问题的成年学习者一样，科学教师构成了一个特殊的成人群体，这个群体迫切需要学习科学的多个方面（National Research Council，2007）。在过去的几十年中，教师专业发展领域获得重要进展。项目活动、对教育领导力的研究兴趣以及有关教师专业发展的研究随着标准化改革运动的进行而兴起。随着美国国家科学基金会资助发起几个主要的学校变革行动，科学得到了广泛的关注。包括国家、地方、城市和农村在内的改革的系统举措都强调了教师的专业发展，其目的是为了增加教师的科学知识，使教师享受科学以及帮助教师找到合适的教学法。支持在非正式场境中学习科学的这些机构被认为是这一努力的关键参与者，前提是这些机构重视现象丰富的、由学习者驱动的与科学的互动，并且与 K－12 科学教育改革的根本理念相符。

虽然许多机构为科学教师提供了长期的专业发展项目，但直到最近，它们在教师专业发展领域的作用才得到证实。就在 10 年前，一个著名的全国性研究认为这些机构是支持 K－12 科学教育的“无形的基础设施”，但是这一研究没有包括教师专业发展的数据（Inverness Research Associates，1996）。不过，非正式学习和学校研究中心的研究人员试图在一项描述教师专业发展项目的规模和质量的研究中记录这些机构所做的努力（Phillips，Finkelstein，and Wever-Frerichs，2007）。该研究的目的是回答以下两个问题：

1. 基于非正式科学机构的教师专业发展的设计特征是什么？

2. 基于非正式科学机构的教师专业发展项目在何种程度上整合已有的研究成果，才能产生对教师实践的可测量影响？

菲利普斯和他的同事将调查表邮寄给了305个研究机构，其中279个机构先前已经回答过一个调查，表明它们曾经提供过教师专业发展项目；其余的调查对象来自其他26个已知提供过该类项目的机构。这项调查请受访者描述项目特征和工作人员教育资格证书的特征，并要求他们描述项目的特色或者是项目“为教师提供其他项目无法或没有可能提供的”内容是什么。

这305封邮件调查的答卷回收率较低（28%），对其进行的研究发现：这些机构对教师的专业发展投入大量精力，它们的项目强调支持教师学习他们在课堂上能够应用的活动，以及将机构的资源整合到教师的课程中的方法。但我们仍然不知道这些项目是如何影响教师的知识和实践的。

委员会还回顾了两个整合了非正式经验的在职教师预备项目的案例研究（Anderson，Lawson，and Mayer-Smith，2006；Zinicola and Delvin-Scherer，2001）。在这些项目中，教师可以学习内容以及如何教授这些内容，学习如何辨别和创造课程教材，学习如何在具体学科中组织管理学生和进行教学。他们可以探索新的认识论，探索与科学建立个性化联系的不同方式。通过在项目中建立的关系，他们也可以建立一个网络用以继续他们自身的专业发展教育。

安德森（Anderson）和他的同事介绍了一个基于水族馆的职前教师项目，这一项目的设计围绕学校的教学实习。职前教师参加了为期三天的项目适应活动。该项目以学生为中心、动手做教学理念，机构的教育目标被描述成“激发海洋保护的灵感和好奇心；认识到生态系统的重要性；促进对捕鱼业的历史和经济方面的认识，增长有关本地无脊椎动物的知识等”（Anderson，Lawson，and Mayer-Smith，2006，p. 344）。在适应活动后，这些职前教师们花了10周时间来参加一项学校的任务，紧接着他们回到水族馆并在馆内工作人员的指导下进行了为时三周的工作。

安德森及其同事和这些教师进行了两次小组讨论，分析了教师在项目实施的一个学期中撰写的两篇反思性论文，并在水族馆中进行了人种学观察。他们主要基于教师对其经历的反思而得出一些结论，主要涉及如下领域：拓展教师对教育的认识，提升他们对教育理论的理解，改进他们的课堂授课技能，提高他们的自主意识和自我效能，增强他们协作工作的责任感，并帮助他们认识到动手经验在科学学习中的重要作用（Anderson，Lawson，and Mayer-Smith，2006，p. 350）。虽然研究主要基于单个案例的自我报告数据，但结果表明这是整合教师教育和非正式教育机构的一种大有希望的做法；当然我们也需要对此进行进一步的研究和发展。

面向老年人的项目

老年人是非正式机构越来越关注的一个特殊人群。他们的能力、需求和兴趣——像其他学习者的一样——需要我们关注，从而创建合适的项目来为他们服务。尽管有关非正式场境中的老年科学学习者的研究比较少，但对有关这些人的学习的一般文献的回顾有助于我们理解科学学习的哪些方面最值得探索这一问题。

像其他群体一样（我们会在第七章中有所讨论），老年人也经常遭到误解。老年人具有丰富的知识和经验基础，这一点对设计面向老年人的非正式教育项目非常重要，但是人们却常常遗忘这一点。老年人的家庭生活经验、工作经验和追求爱好的经验都很丰富。相对于“普遍是新手”的儿童（Brown，DeLoache，1978）而言，老年人拥有几十年的生活经验。他们拥有能够详细阐述的丰富经验和知识，他们能够通过对这些经验和知识的类比来获得对新的概念和观点的理解。

人们一般都会认为老年人有记忆力下降和其他方面的精神迟缓的毛病，而这往往会导致一种错误的假设，即老年人缺乏能力。对老年人的这种看法被广泛流传和认同，甚至包括老年人自己也这么想（Parr and Siegert，1993；Ryan，1992）。克雷克和萨尔特豪斯（Craik，Salthouse，2000）对文献进行了回顾并发现：老年人面临逐渐丧失流体智力或加工能力这一问题。这种下滑趋势通过注意力下降（Salthouse，1996）、加工速度的减缓（Madden，2001）和多种记忆表现的衰退（Bäckman，Small，and Wahlin，2001），从而对日常工作和学习表现产生不利影响。由于老年人往往也面临着听力、视力和自控能力的下降，这些流体智力的不济可能看上去会更加严重。麦科伊等人

(McCoy et al. , 2005）的研究得出这样的结论：有听力障碍的听众为了顺利完成某一任务需要付出额外的努力，其代价是原本用作记忆编码的资源被用来进行信息加工，从而导致记忆能力弱化。

对老年人使用计算机方面的流体智力下降趋势的研究表明，在完成多项同样任务时，老年人比年轻人犯的错误更多，表现能力更低（Charness, Schumann, and Boritz, 1992; Czaja, 2001; Czaja and Sharit, 1993; Echt, Morrell, and Park, 1998)。此外，在排除不必要的信息时他们表现得相对困难（Rogers and Fisk, 2001)。随着婴儿潮一代人的渐渐老去，他们对电脑和网络的熟悉度会日益增加，其中大多数人将会定期上网（Czaja et al. , 2006)。为这些老年人服务的网站设计人员和网络辅助程序员应着重考虑这些发现并做出调整。

并非所有人体功能都随着年龄的增长而削弱。有关研究发现：只要人还活着，大脑的海马区域就会不断产生新的神经元，并且新的神经元的连接由于生命经验的继续而不断形成。这一发现有助于重塑有关终生学习的思想(McKhann and Albert, 2002)。关于世界的一般事实和信息的知识（晶体智力）不会随年龄的变化而改变，而经验和生活技能的增加会带来对世界的更加全面的了解（Baltes, 1987; Beier and Ackerman, 2005; Heckhausen, 2005; Schaie, 2005)。自我价值、自主意识和对情感的控制能力随年龄的增长而不断增加或保持稳定（Brandstadter, Rothermund, and Schmitz, 1998; Sheldon, Houser-Marko, and Kasser, 2006)。研究表明老年人的边缘和自主神经系统的活动保持稳定（Lawton, Kleban, and Dean, 1993; Lawton, Kleban, Rajagopal, and Dean, 1992; Levenson, Carstensen, Friesen, and Ekman, 1991)。

有证据表明老年人能比年轻人更好地调节消极情绪，并且在同样强度和频率下表现出更加积极的情绪（Carstensen, Pasupathi, Mayr, and Nesselroade, 2000)。马瑟和他的同事(Mather et al. , 2004）发现，老年人对正面形象的记忆能力要远高于对中性或负面形象的记忆能力。磁共振成像（MRI）的数据表明，只有在应对正面刺激时，杏仁核激活才会增加（Lindberg, Carstensen, and Carstensen, 2007)。卡斯特森（Carstensen）和她的同事提出了一种社会情感选择理论，该理论认为老年人追求有意义的并且与情感信息相关的体验从而获得更幸福的感觉。

本博（Benbow, 2002）列出了一些有用的教学提示以支持老年人的有效学习：

- 教学必须反映成年人带入学习环境中的经验、技能以及对全局的理解。它可能还需要花时间纠正先前存在的误解。
- 教学应当包括教授老年学习者如何对信息和新的加工进行编码以刺激回忆。
- 由于有关记忆丧失会影响学习能力的“刻板印象”的存在，教学应强调这一信念：学习者能够记忆，并应该在练习机会中不断强化记忆。
- 随着年龄的增长，人们越来越有兴趣把学习及其对社会的影响联系起来。因此，教学设计应和现实生活的简单情境和复杂情境相关联。
- 教学应当建立在对人、物和信仰的情感联结上，这种联结随着年龄的增长而越来越强。

乔利（Jolly，2002）提醒非正式科学教育共同体应当通过开发可产生“可持续多样性”的新项目来为大批老年人提供教育，这些老年人将在 2010 年和 2030 年期间在博物馆和科学中心寻求学习的机会。这需要深入整合政策和实践，从而将多样性纳入体制框架。他列举了共同体需要考虑的一些重要目标：

- 建立信托基金会并聘用能够代表老年人共同体的适当观点的工作人员。
- 在所有项目的设计中处理与年龄有关的残疾问题（即视力、听觉、活动和精细运动协调方面的问题）。从这个过程中产生的项目最终将会吸引各年龄段的学习者。
- 设计更多可以带回家的、可以通过网络展开的虚拟项目，使其可以惠及不能来到博物馆和科学中心的人群。
- 加强非正式科学共同体和本地的老年人服务网络之间的合作。这将使项目的发展能够根据该地区的老年人文化而做出调整，形成增进信任和尊敬的合作方式。
- 结合辅助性技术，使所有场所包括运动场所都能获得平等的学习机会，从而增加因年事增高而患上残疾的老年人的参与。

虽然我们缺乏对面向老年科学学习者的项目的实证分析，但一些由实践和基本人权发展研究驱动的议题以及几个现行的项目用具体例证（在不同程度上）说明了这些原则。虽然未经检验，下列实践仍然值得进一步发展和实证检验：

- 发展和促进与当地和区域性老龄服务网络的对话与合作。
- 在项目和展览设计中吸纳来自老年人共同体的代表。
- 在展览和项目教材中使用普适教学设计原则。

- 在项目设计中纳入有关成人学习者的发现。
- 为支持学习的辅助技术寻求资助。
- 设计和构造学习结果体系和评价体系向非正式科学共同体提供数据。

为老年人设计的某些项目正在迈出解决这些问题的第一步。在这里我们谈谈其中的两个。

"探 索"

"探索"，是新墨西哥州阿尔布开克的一家博物馆，在拉古纳 · 皮尤洛（Laguna Pueblo）有一所拥有 30 名成员的科学俱乐部，这些成员的年龄在 54～101岁之间 。该俱乐部是探索项目的扩展部分，在一些老年之家、生活助理和护理中心开展。博物馆制作了一份涵盖 44 个为老年人提供的科学、技术和艺术项目的指南。他们举办的成人之夜邀请 18 岁以上的人参加，并改建空间，使之拥有足够的座椅、轮椅通道、残疾人辅助技术和可调节材料。当地所有社区的老年人都被包括在项目设计之中，项目还聘请老年人担任博物馆和项目中的教育工作者（Leigh，2007）。

麦道兰环境中心

由美国国家科学基金会资助的老年环境体验中心（Senior Environmental Experiences）计划在新泽西拉马波学院开展。它代表了麦道兰环境中心、拉马波学院、地方性的老年社区服务机构，包括博根县（新泽西州）老年之家分部这几家机构之间的合作关系。该项目使用互动视频会议技术对来自新泽西麦道兰地区的残疾人辅助生活机构、私人疗养院、老年社区中心以及该州北部地区的老年人机构的老年公民进行教育，并促进他们的科学学习。参加者收集信息，并通过视频会议与环境科学家进行对话。老年环境体验中心提供视频会议设备、能安装和拆卸设备的工作人员，组织所有项目活动以及提供会前和会后的材料。

结 论

考虑到更多的社会人口类型，科学学习项目的潜力巨大。与科学学习项目相关的人口统计学问题有两个：一是儿童和青少年在校外时间对高质量项目及其所需基础设施的巨大需求；另一个是婴儿潮一代的老年人的需求。对这两个问题，我们需要进行仔细的考虑。

为了全面了解校外项目在校外科学学习的广泛教育体系中所发挥的潜在作用，我们需要工具和资源来达成这一目的，同时工具和资源的开发会受益于实证研究。我们发现在这一领域的探究中存在局限性：文献主要由评估构成，而评估并不必然建立在同行评审的证据基础上并且与其他研究相关联。因此，将观察科学学习的研究整合起来，并与建立在校外项目和成年人项目中非科学特定性的更广泛的证据相结合，这么做是非常有建设性的。

人们也特别需要研究发生在面向老年人项目中的科学学习。老年学习者需要特别的服务以满足他们科学学习的兴趣和需要。对他们能够获得的学习体验进行规划也很有必要。开发和完善老年人项目需要人们对此进行持续的研究。目前的知识基础包括：一般的认知和发展的研究以及为老年学习者设计的项目的描述。从广义上讲，各种年龄的成年人都需要理解这一点，即科学学习的资源不仅服务于儿童，也力图服务于成人。

有证据表明：项目可以导致多方面的科学学习和理解。在我们所回顾的项目类型中，我们确实发现学龄儿童在项目参与过程中发生的科学学习结果和少量针对成人的研究。但是，在关于科学特定性项目的影响或是有效科学学习项目的质量方面，我们没有明确的、有组织的和综合的知识。我们在这章中已经开始把一些相关研究组织起来。相比我们在本章中回顾的而言，可能有更多的评估报告考察了科学特定性项目的成果。在未来的研究中对已有文献进行进一步整合是一件很有意义的事情。

从长远来看，确定一套能够跨项目应用的最佳实践对我们获益匪浅。但完成这项任务可能涉及一系列复杂的问题：课程选择、人员培训、管理、场地等其他问题。然而，考虑到这项任务所拥有的潜力——大规模地扩大参与各类项目的儿童、青年和成年人的人数——这确实值得我们为此付出努力。

最后，我们敦促该领域的专业人士仔细关注项目发展和评估中使用的目标和措施，并将科学学习的六大方面作为重要的资源来加以应用和促进。对项目目标的确认能够使工作人员、参与者和评估者更关注他们的经验和工作，从而有助于为该领域的理论和实践的发展建立牢固的实证基础。

参考文献

Abbott, S., Renfrew, M.J., and McFadden A. (2006). "Informal" learning to support breastfeeding: Mapping local problems and opportunities. MIRU No: 2006.28. *Maternal and Child Nutrition*, *2*(4), 232-238.

Afterschool Alliance. (2008). *21st century learning centers providing supports to communities nationwide*. Available: http://www.afterschoolalliance.org/researchFactSheets.cfm [accessed October 2008].

Albright, L. (2006). *Summative evaluation: Bringing CoCoRaHS to the central great plains*. Colorado State University. Available: http://www.informalscience.org/evaluation/show/89 [accessed October 2008].

American Association for the Advancement of Science. (1993). *Benchmarks for science literacy*. New York: Oxford University Press.

Anderson, D., Lawson, B., and Mayer-Smith, J. (2006). Investigating the impact of a practicum experience in an aquarium on pre-service teachers. *Teaching Education, 17*(4), 341-353.

Archer, E., Fanesali, C., Froschl, M., and Sprung, B. (2003). *Science, gender, and afterschool: A research action agenda*. New York: Educational Equity Concepts and Academy for Educational Development.

Au, K.H. (1980). Participant structures in a reading lesson with Hawaiian children: Analysis of a culturally appropriate instructional event. *Anthropology and Education Quarterly, 11*(2), 91-115.

Bäckman, L., Small, B.J., and Wahlin, A. (2001). Aging and memory: Cognitive and biological perspectives. In J.E. Birren, and K.W. Schaie (Eds.), *Handbook of the psychology of aging* (5th ed., pp. 288-312). San Diego: Academic Press.

Baltes, P.B. (1987). Theoretical propositions of life-span developmental psychology: On the dynamics between growth and decline. *Developmental Psychology, 23*(5), 611-626.

Beier, M.E., and Ackerman, P.L. (2005). Age, ability, and the role of prior knowledge on the acquisition of new domain knowledge. *Psychology and Aging, 20*(2), 341-355.

Benbow, A.E. (2002). *Communicating with older adults: A guide for health care and senior service professionals and staff.* Seattle, WA: SPRY Foundation/Caresource Healthcare Communications.

Bissell, J.S., Cross, C.T., Mapp, K., Reisner, E., Vandell, D.L., Warren, C., and Weissbourd, R. (2003). Statement released, May 10, by members of the Scientific Advisory Board for the 21st Century Community Learning Center evaluation. Available: http://childcare.wceruw.org/pdf/publication/statement.pdf [accessed February 2009].

Brandtstadter, J., Rothermund, K., and Schmitz, U. (1998). Maintaining self-integrity and efficacy through adulthood and later life: The adaptive functions of assimilative persistence and accommodative flexibility. In J. Heckhausen and C.S. Dweck (Eds.), *Motivation and self-regulation across the life span* (pp. 365-388). New York: Cambridge University Press.

Brenner, M., Hudley, C., Jimerson, S., and Okamoto, Y. (2001). *Three-year evaluation of the Gevirtz Summer Academy, 1998-2000*. Santa Barbara: University of California, Gevirtz Research Center, Gevirtz Graduate School of Education.

Brossard, D., Lewenstein, B., and Bonney, R. (2005). Scientific knowledge and attitude change: The impact of a citizen science project. *International Journal of Science Education, 27*(9), 1099-1121.

Brown, A., and DeLoache, J.S. (1978). Skills, plans and self-regulation. In R. Siegler (Ed.), *Children's thinking: What develops?* (pp. 3-35). Mahwah, NJ: Lawrence Erlbaum Associates.

Brown, K., and Cole, M. (1997). Fifth dimension and 4H: Complementary goals and strategies. *Youth Development Focus: A Monograph of the 4-H Center for Youth Development University of California, Davis. 3*(4). Available: http://cyd.ucdavis.edu/publications/pubs/focus/pdf/FO97V3N4.pdf [accessed April 2009].

Building Engineering and Science Talent. (2004). *What it takes: Pre-K-12 design principles to broaden participation in science, technology, engineering, and mathematics.* Available: http://www.bestworkforce.org/publications.htm [accessed October 2008].

Campbell, P.B., Wahl, E., Slater, M., Iler, E., Moeller, B., Ba, H., and Light, D. (1998). Paths to success: An evaluation of the gateway to higher education program. *Journal of Women and Minorities in Science and Engineering, 4*(2-3), 297-308.

Carstensen, L.L., Pasupathi, M., Mayr, U., and Nesselroade, J. (2000). Emotional experience in everyday life across the adult life span. *Journal of Personality and Social Psychology, 79*(4), 644-655.

Charness, N., Schumann, C.E., and Boritz, G.M. (1992). Training older adults in word processing: Effects of age, training technique, and computer anxiety. *International Journal of Technology and Aging, 5*(1), 79-106.

Cohen, K.C. (Ed.). (1997). *Internet links for science education: Student-science partnerships.* New York: Plenum Press.

Cole, M., and the Distributed Literacy Consortium. (2006). *The fifth dimension: An after-school program built on diversity.* New York: Russell Sage.

Cornell Lab of Ornithology. (2008). *Citizen science central.* Available: http://www.birds.cornell.edu/citscitoolkit/ [accessed October 2008].

Craik, F.I.M., and Salthouse, T.A. (Eds.). (2000). *The handbook of aging and cognition.* Mahwah, NJ: Lawrence Erlbaum Associates.

Czaja, S.J. (2001). Technological change and the older worker. In J.E. Birren and K.W. Schaie (Eds.), *Handbook of the psychology of aging* (5th ed., pp. 547-568). San Diego: Academic Press.

Czaja, S.J., and Sharit, J. (1993). Age differences in the performance of computer-based work. *Psychology and Aging, 8*(1), 59-67.

Czaja, S.J., Charness, N., Fisk, A.D., Hertzog, C., Nair, S.N., Rogers, W.A., and Sharit, J. (2006). Factors predicting the use of technology: Findings from the Center for Research and Education on Aging and Technology Enhancement (CREATE). *Psychology and Aging, 21*(2), 333-352.

Davidson, A.L. (1999). Negotiating social differences: Youths' assessments of educators' strategies. *Urban Education, 34*(3), 338-369.

DeHaven, M., and Weist, L. (2003). Impact of a girls' mathematics and technology program on middle school girls' attitudes towards mathematics. *Mathematics Educator, 13*(2), 32-37.

Dorph, R., Goldstein, D., Lee, S., Lepori, K., Schneider, S., and Venkatesan, S. (2007). *The status of science education in the Bay area: Research study e-report.* Lawrence Hall of Science, University of California, Berkeley.

Dynarski, M., James-Burdumy, S., Moore, M., Rosenberg, L., Deke, J., and Mansfield, W. (2004). *When schools stay open late: The national evaluation of the 21st century community learning centers program: New findings*. National Center for Education Evaluation and Regional Assistance. Washington, DC: U.S. Department of Education.

Echt, K.V., Morrell, R.W., and Park, D.C. (1998). Effects of age and training formats on basic computer skill acquisition in older adults. *Educational Gerontology, 24*(1), 3-25.

Erikson, F.D., and Mohatt, G. (1982). Cultural organization in two classrooms of Indian students. In G.D. Spindler (Ed.), *Doing the ethnography of schooling: Educational anthropology in action* (pp. 132-175). New York: Holt, Rinehart and Winston.

Fancsali, C. (2002). *What we know about girls, STEM, and afterschool programs*. Prepared for Education Equity Concepts. New York: Academy for Educational Development.

Ferreira, M. (2001). *The effect of an after-school program addressing the gender and minority achievement gaps in science, mathematics, and engineering*. Arlington, VA: Educational Research Spectrum, Educational Research Services.

Friedman, L.N. (2005). *Where is after-school headed and how do science learning opportunities fit into the after-school landscape*. Available: http://www.afterschool resources.org/kernel/images/tascsci.pdf [accessed January 2009].

Fusco, D. (2001). Creating relevant science through urban planning and gardening. *Journal of Research in Science Teaching, 38*(8), 860-877.

Gibson, H., and Chase, C. (2002). Longitudinal impact of an inquiry-based science program on middle school students' attitudes towards science. *Science Education, 86*(5), 693-705.

Gillard, M., Nwankwo, R., Fitzgerald, J.T., Oh, M., Musch, D.C., Johnson, M.W., and Anderson, R. (2004). Informal diabetes education: Impact on self-management and blood glucose control. *Diabetes Educator, 30*, 136-142.

Halpern, R. (2002). A different kind of child development institution: The history of after-school programs for low-income children. *Teachers College Record, 104*(2), 178-211.

Harvard Family Research Project. (2003). *A profile of the evaluation of SECME raising interest in science and engineering*. Cambridge, MA: Author. Available: http://www.hfrp.org/out-of-school-time/ost-database-bibliography/database/secme-rise-raising-interest-in-science-engineering [accessed October 2008].

Heckhausen, J. (2005). Competence and motivation in adulthood and old age: Making the most of changing capacities and resources. In A.J. Elliot and C.S. Dweck (Eds.), *Handbook of competence and motivation* (pp. 240-256). New York: Guilford.

Institute of Medicine. (2002). *Community Programs to Promote Youth Development*. Committee on Community-Level Programs for Youth. J. Eccles and J.A. Gootman (Eds.). Washington, DC: National Academy Press.

Inverness Research Associates. (1996). *An invisible infrastructure: Institutions of informal science education, executive summary*. Washington, DC: Association of Science-Technology Centers.

Jarman, R. (2005). Science learning through scouting: An understudied context for informal science education. *International Journal of Science Education, 27*(4), 427-450.

Jarvis, C. (2002). *SECME RISE (Raising Interest in Science & Engineering): Final evaluation report, September 1, 1998-August 31, 2001*. Miami: Miami Museum of Science.

Jeffers, L. (2003). *Evaluation of NYC first!* New York: Education Development Center, Center for Children and Technology. Available: http://cct.edc.org/report_summary.asp?numPublicationId=141 [accessed October 2008].

Johnson, A. (2005). *Summative evaluation of Kinetic City afterschool*. Report for the American Association for the Advancement of Science. Available: http://www.kcmtv.com/juneevaluation.pdf [accessed October 2008].

Jolly, E. (2002, February). *Confronting demographic denial: Retaining relevancy in the new millennium*. Washington, DC: Association of Science and Technology Centers. (Reprinted 2002 in *Journal of Museum Education, 27*(2-3).)

Kane, T. (2004). *The impact of after-school programs: Interpreting the results of four recent evaluations*. New York: William T. Grant Foundation.

Krasny, M., and Bonney, R. (2004). Environmental education through citizen science and participatory action research. In E.A. Johnson and M.J. Mappin (Eds.), *Environmental education or advocacy: Perspectives of ecology and education in environmental education*. New York: Cambridge University Press.

Lawton, M., Kleban, M., and Dean, J. (1993). Affect and age: Cross-sectional comparisons of structure and prevalence. *Psychology and Aging, 8*(2), 165-175.

Lawton, M., Kleban, M., Rajagopal, D., and Dean, J. (1992). Dimensions of affective experience in three age groups. *Psychology and Aging, 7*(2), 171-184.

Lee, T., Duke, D., and Quinn, M. (2006). Road watch in the pass: Using citizen science to identify wildlife crossing locations along Highway 3 in the Crows Nest Pass of Southwestern Alberta. Poster presentation in C.L. Irwin, P. Garrett, and K.P. McDermott (Eds.), *Proceedings of the 2005 International Conference on Ecology and Transportation* (p. 638). Raleigh: North Carolina State University, Center for Transportation and the Environment, North.

Leigh, K. (2007, Jan/Feb). *In their own right: Adult learning at Explora*. Washington, DC: Association of Science-Technology Centers.

Levenson, R., Carstensen, L., Friesen, W., and Ekman, P. (1991). Emotion, physiology, and expression in old age. *Psychology and Aging, 6*, 28-35.

Lindberg, C.M., Carstensen, E.L., and Carstensen, L.L. (2007). *Lifelong learning and technology*. Background paper for the Committee on Learning Science in Informal Environments. Available: http://www7.nationalacademies.org/bose/Lindberg_et%20al_Commissioned_Paper.pdf [accessed October 2008].

Lottero-Perdue, P. (2008). *Critical analysis of science-related texts in a breastfeeding information, support, and advocacy community of practice*. Unpublished manuscript, Towson University, MD.

Madden, D.J. (2001). Speed and timing of behavioral processes. In J.E. Birren and K.W. Schaie (Eds.), *Handbook of the psychology of aging* (5th ed., pp. 288-312). San Diego: Academic Press.

Mather, M., Canli, T., English, T., Whitfield, S., Wais, P., Ochsner, K., Gabrieli, J.D.E., and Carstensen, L.L. (2004). Amygdala responses to emotionally valenced stimuli in older and younger adults. *Psychological Science, 15*, 259-263.

Mayer, R.E., Quilici, J., Moreno, R., Duran, R., Woodbridge, S., Simon, R., Sanchez, D., and Lavezzo, A. (1997). Cognitive consequences of participation in a fifth dimension after-school computer club. *Journal of Educational Computing Research, 16*(4), 353-369.

McCoy, S.L., Tun, P.A., Cox, L.C., Colangelo, M., Stewart, R.A., and Wingfield, A. (2005). Hearing loss and perceptual effort: Downstream effects on older adults' memory for speech. *Quarterly Journal of Experimental Psychology, 58*(1), 22-33.

McKhann, G., and Albert, M. (2002). *Keep your brain young*. New York: Wiley.

McLaughlin, M. (2000). *Community counts: How youth organizations matter for youth development*. Washington, DC: Public Education Fund Network.

McMurrer, J. (2007). *Choices, changes, and challenges: Curriculum and instruction in the NCLB era*. Washington, DC: Center for Education Policy.

Miller, B.M. (2003). *Critical hours: After-school programs and educational success*. Quincy, MA: Nellie Mae Education Foundation.

Moje, E., Collazo, T., Carillo, R., and Marx, R. (2001). "Maestro, what is quality?": Language, literacy, and discourse in project-based science. *Journal of Research in Science Teaching, 38*(4), 469-498.

National Center for Education Statistics. (2006). *Digest of education statistics: 2006 digest tables*. Available: http://nces.ed.gov/programs/digest/2006menu_tables.asp [accessed October 2008].

National Research Council. (2007). *Taking science to school: Learning and teaching science in grades K-8*. Committee on Science Learning, Kindergarten Through Eighth Grade. R.A. Duschl, H.A. Schweingruber, and A.W. Shouse (Eds.). Washington, DC: The National Academies Press.

Noam, G. (2001). *After-school time: Toward a theory of collaboration*. Paper presented at the Urban Seminar Series on Children's Mental Health and Safety, Out of School Time, Cambridge, MA.

Noam, G., Biancarosa, G., and Dechausay, N. (2003). *After-school education: Approaches to an emerging field*. Cambridge, MA: Harvard Education Press.

Overdevest, C., Huyck Orr, C., and Stepenuck, K. (2004). Volunteer stream monitoring and local participation in natural resource issues. *Research in Human Ecology, 11*(2), 177-185.

Parr, W.V., and Siegert, R. (1993). Adults' conceptions of everyday memory failures in others: Factors that mediate the effects of target age. *Psychology and Aging, 8*(4), 599-605.

Pfohl, D.C. (1997). A multiple sclerosis (MS) center injection training program. *Axone (Dartmouth, N.S.), 19*(2), 29-33.

Phillips, M., Finkelstein, D., and Wever-Frerichs, S. (2007). School site to museum floor: How informal science institutions work with schools. *International Journal of Science Education, 29*(12), 1489-1507.

Project Exploration. (2006). *Project exploration youth programs evaluation*. Available: http://www.projectexploration.org [accessed October 2008].

Rogers, W.A., and Fisk, A.D. (2001). Understanding the role of attention in cognitive aging research. In J.E. Birren and K.W. Schaie (Eds.), *Handbook of the psychology of aging* (5th ed., pp. 267-287). San Diego, CA: Academic Press.

Ryan, E.B. (1992). Beliefs about memory changes across the adult life span. *Journal of Gerontology: Psychological Sciences, 47*(1), 41-46.

Sachatello-Sawyer, B. (2006). *Adults and informal science learning*. Presentation to the Committee on Learning Science in Informal Environments, December 13-14, Keck Center, National Research Council, Washington, DC.

Sachatello-Sawyer, B., Fellenz, R.A., Burton, H., Gittings-Carlson, L., Lewis-Mahony, J., and Woolbaugh, W. (2002). *Adult museum programs: Designing meaningful experiences*. American Association for State and Local History Book Series. Blue Ridge Summit, PA: AltaMira Press.

Salthouse, T.A. (1996). Constraints on theories of cognitive aging. *Psychonomic Bulletin and Review, 3*, 287-299.

Saltz, C., Crocker, N., and Banks, B. (2004). *Evaluation of service at the Salado for fall 2004*. Tempe: Arizona State University International Institute for Sustainability. Available: http://caplter.asu.edu/explorers/riosalado/pdf/fall04_report.pdf [accessed October 2008].

Schaie, K.W. (2005). *Developmental influences on adult intelligence: The Seattle longitudinal study*. New York: Oxford University Press.

Sheldon, K.M., Houser-Marko, L., and Kasser, T. (2006). Does autonomy increase with age? Comparing the goal motivations of college students and their parents. *Journal of Research in Personality, 40*(2), 168-178.

U.S. Department of Education, Office of the Under Secretary. (2003). *When schools stay open late: The national evaluation of the 21st century community learning centers program: First-year findings*. Washington, DC: U.S. Government Printing Office.

Zacharia, Z., and Calabrese Barton, A. (2003). Urban middle-school students' attitudes toward a defined science. *Science Education, 88*(2), 1-27.

Zinicola, D., and Devlin-Scherer, R., (2001). A university-museum partnership for teacher education field experiences in science. *Clearing House, 74*(5), 248-250.

第三部分

横向特征分析

第七章
差异与公平

非正式环境下学习科学的重要价值是面对所有人的。然而，社会经济的、文化的、种族的、历史的和制度的因素都会影响到这些环境提供给学习者怎样的通道和机会（Health，2007）。“出身于一个经济和社会资源丰富的主流族裔家庭，还是出身于一个历史上就被边缘化的经济水平和社会资源匮乏的群体，会导致截然不同的生活经历，其中包括不平等的学习机会、挑战以及学习和发展的潜在风险”（Banks，2007，p. 15）。

研究表明，使非主流群体参与科学学习面临以下挑战：

1. 大多数小学缺乏足够的科学教学，尤其是那些生源来自低收入地区和农村地区的学校；

2. 女孩通常不太认同于学习科学或从事科学职业；

3. 来自非主流群体的学生在标准化的科学学业成就测验中成绩低于同伴；

4. 尽管接受中学后教育的残障者人数有所增加，但是他们极少从事科学或工程学的职业；

5. 对所有学习者来说，学习科学都具有挑战性，因为科学中包含许多专业语言（Banks，2007；Allen and Seumptewa，1993；Cajete，1993；Malcom and Matyas，1991；Snively，1995）。

上述研究结果揭示了来自非主流群体的学习者参与科学学习时的诸多障碍。为了保证所有个体都得到公平对待，为了持续培养训练有素的劳动力，为了培养有知识的、具有科学素养的公民，以及为了增加科学家和科学教育者队伍的多样性（他们能带来新的科学视野和理解），考虑差异问题和非主流群体的科学学习变得至关重要。

尽管人们倾向于从文化无涉或是中立的角度看待与表征科学，但科学话语、科学教学和科学学习并不是文化中立的，就科学本身而言，它代表着它自身所独有的一种文化。非正式环境中的科学学习强调一个重要观点，即尽管将文化这一概念视为同质型变量是有问题的，但无论如何人是“文化地生活着的”（Nasir，Rosebery，Warren and Lee，2006；Gutiérrez and Rogoff，2003）。从这一点出发，研究的一个关键对象是人们（特别是在日常境脉中）所参与的、广泛而多样的各类意义建构实践库。

古铁雷斯和罗戈夫（Gutiérrez and Rogoff ，2003）指出，“个体发展和心理倾向只有在文化和历史境脉中（而不能脱离它们）才能被理解”（p. 22）。所有人们从事的复杂学习都受到了他们生存于其中的文化和境脉条件的影响。从这个意义上讲，所有人都学习，但是某特定群体可能学习的是不同的知识和实践，或者可能是以不同的方式组织学习。这一章探讨的是与非正式环境下的科学学习相关的差异性问题。在差异性的众多维度中，我们在这里采取的是学习的文化 - 历史观视角，并阐释它对于科学学习以及搭建科学学习所发生的非正式环境的意义。

在回顾关于不同群体的科学学习经验及其参与科学学习的研究文献之前，我们首先对文化和公平的概念进行界定。然后根据以往的研究传统，我们关注四个非主流群体的科学学习：女孩与妇女，美国印第安人，农村社区中的个体与残障者个体。在对与这四个群体相关的研究进行回顾的过程中，我们探讨与差异性和科学学习相关的一些问题，如参与、认同、自我效能和边界跨越。最后，我们为开发文化回应性的、有效的非正式科学学习环境提出一系列指导原则。

文化和公平

文化是一个复杂的概念，很难言简意赅地界定。然而，大多数学者认为，文化包括符号、故事、仪式、工具、共享价值观和人们用以行动、思考、交流、评价和理解自身日常生活与未来憧憬的参与规范（Brumann，1999）。将文化视为一个名词的利弊，人们意见不一。因为与将文化视为一个修饰语相比，如“人是文化地生活着”，将文化视为一个名词易于造成刻板印象。一个紧密相关的问题是如何研究文化和文化进程（Medin and Atran，2004）。

如果文化的研究被概念化为识别共享的规范和价值观的话，那么很自然地可以认为个体经由社会化的过程成为文化的一部分——即他们习得文化。

相反，如果文化被看作是动态的、具有争议的、多样性地分布于群体内和群体间，那么很自然地会将文化的学习视为个体目标、观点、能力、价值观与其所处环境之间存在的一种互惠关系（Hirschfeld，2002）。根据此观点，例如，在年幼阶段，一个人的社会化过程一部分依赖代理或其他监护人，同时依赖个体对环境的解释和反应。而且，随着年龄的增长，同伴、朋友、组织和机构成为各种社会化过程的一部分，但是这些影响都取决于个体特征，反之亦然。因此，社会化的过程有赖于是否有文化接触的通道和时机，以及个体对这些机会所持的观点和态度。事实上，从这个角度看，我们可以认为，当文化经常被用来指代族群或种族背景时，任何具有某一共同属性的群体（例如残障者、女性）都可以被认为拥有一些共享的文化价值观和资源。

学习中的文化多样性的研究倾向于以某种静态的方式描述某种族群或种族背景下的文化群体。尽管历史的延续性将一代一代的个体联系在一起（Lee，2003），但为了区分不同群体而用类型学的方式描述文化，常常会导致一些试图描写群体“性质”的陈述。这样可能会导致刻板印象，例如认为亚洲儿童擅长数学或是女生学习科学很困难。这样的观点将文化视为一组固定的特性，并且认为群体中的所有成员都共享相同的经验、技能和兴趣（Gutiérrez and Rogoff，2003），因此，他们往往忽略非主流（或主流）文化的异质性。除此之外，即便刻板印象的形成是源于人们对非主流群体的优势进行阐释或对不同群体进行不断地比较，这种简化的倾向也会对某群体成员带来消极的影响（Steele，1997）。例如，亚洲儿童在学好数学方面会从他们的教师和家长那里受到更大的压力，这样的说法会影响另外一些儿童的自尊心，因为他们的数学没像这种说法所声称的那样优秀。

关于个体和群体学习的文化 - 历史观，引导我们超越文化群体的特征是同质的且独立存在于个体之内的这种假设。文化历史观强调，文化不是一套静态的特性，而是比较动态化的，并通过个体参与各种实践的历史得到发展。根据这种观点，文化是一个如何将社会实践和群体历史情境化的问题，而不是赋予群体某些风格的问题。换言之，文化是“共同体为实现所重视的目标而动态性地塑造、历史性地发展起来的实践集”（Nasir et al.，2006）。

差异与公平

在过去的几十年里，对非主流群体（以及没有得到充分利用的国家人力资源）公平参与科学学习的关注已经成为科学公平问题研究的强大动力。为实现这一目标，科学教育中的公平问题主要聚焦在界定和识别科学内容标准上——即科学课上要求学生学习和掌握的内容（Lee，1999）。在这些标准之中，科学通常被表征为客观而普遍的知识，并在文化上处于中立。而且，一些教育者强调，科学是界定某种单一“科学文化”的一系列实践，想要成为科学家就必须习得这种文化。这种观点或明或暗地认为，科学文化并不反映人们在参与科学学习时的文化价值观。我们对这种假设表示质疑，它类似于认为第二语言学习者能够在说话时不带有口音和母语的痕迹。这种假设造成促进公平的方式不足以解决有可能限制或阻碍非主流群体中的个体参与科学和认同科学的系统性问题（Secada，1989，1994）。

因此，追求科学的公平常常使得人们致力于为非主流群体提供与主流群体同等的参与机会，而没有考虑文化或境脉的问题。非正式环境下的科学教学和学习经验通常会优先考虑中产阶级白人的相关科学实践，而没有辨别其他群体的相关科学实践。在科学学习的非正式场所中（如博物馆），一些举措的意图是吸引新的观众参观博物馆已有的科学内容，如向非主流群体提供门票减免或把为主流群体提供过的现成的科学节目带到非主流社区去等推广活动。此类举措的目标是在不改变现存科学体制的情况下使学生成为科学共同体的成员（Good，1993，1995；Matthews，1994）。这种科学公平的观点被称为科学公平的同化观（Lee，1999），其逻辑是特定群体没有充足的机会来获得科学学习的经验。因此，为改变这种情况，教育者把本来提供给主流群体的学习经验同样传递给非主流群体。

然而，科学的参与与成就需要考虑复杂的社会文化和系统性因素，致力于解决科学公平问题的努力通常会忽略这些因素。这些因素中最重要的一点就是一个人身处的社会世界和境脉造就了其价值观、技能和期望（Nasir et al.，2006）。因此，让所有个体接触相同的学习环境这一做法并不能实现科学公平，因为环境本身是按照支持主流文化的文化内容设计的。

还有一些理论将科学学习中的公平描绘为一种政治过程（Lee，1999，2005）。这种观点认为，随着那些来自弱势人群的学生获得参与科学学习的机会的增多，他们学会掌握科学的语言和会话的能力逐渐增强，并运用它去解决当地问题或个人问题。该观点假设，弱势人群在科学中的参与，将会为科学本质的转变带来政治性的驱动力，通过这种转变可以更好地反映弱势人群的文化实践和关注兴趣，并产生更加公平的权力结构（Calabrese Barton，1997，1998a，1998b；Calabrese Barton and Osborne，1998；Rodriguez，1997）。

由此，这种取向成为与同化观的主要区别之处——同化观将科学视为处于边缘地带的学生所要达到的中心目标，并且认为科学实践在他们的参与之后仍能保持不变（Calabrese Barton，1998a，1998b）。

有关科学公平的第三个观点来源于文化人类学视角。从这个视角来看，如果为来自不同背景的个体所提供的科学参与机会考虑到了并能尊重不同的观点和这些个体在日常世界中的认识方式，同时也为其提供参与已有科学共同体实践的机会的话，那么科学学习的公平性便会实现（Aikenhead，1996；Cobern and Aikenhead，1998；Costa，1995；Gallard et al.，1998；Maddock，1981；Pomeroy，1994）。这种方法强调的是通过将不同学生的家庭文化、社区文化与科学联结，从而使科学变得可接近、有意义，并且与他们息息相关。李（Lee，1999）将这种视角比作二元素养或二元文化主义，依靠这些个体可以成功地联结科学文化。

卡罗尔·李（Carol Lee，1993，1995，2001）使用这种方法设计了支持学科内容学习（她研究的是识字练习）的学习环境，该环境同时考虑到了知识与日常经验。李这种被称为文化建模的方法致力于验证的假设是，说美国黑人英语（African American vernacular English，AAVE）的学生已经参与了一些文学概念的复杂推理和解释，例如修辞和体裁。她让学生参与到元认知会话中，由此学生将他们在讨论中使用的论据和推理显性化。例如，对话可能聚焦于学生如何知道说唱歌词不是按照字面意思理解的，以及学生用于解释和重构预期意义的策略。这些对话反映了美国黑人英语的规则，例如多方谈话和对骂游戏。

按照这个框架，各种文化实践可以被视为提供不同的视角。换言之，不带有文化色彩或是文化中立的视角是不存在的，正如不存在无视角的照片或绘画一样。一切都是文化使然，包括如何安排经过设计的经历，如博物馆（Bitgood，1993；Duensing，2006），学校科学教学的相关实践（Warren et al.，2001）。例如，在一项由 9 个博物馆合作的研究中，加里贝、吉尔马丁和谢弗（Garibay，Gilmartin，and Schaefer，2002）发现，之前没有经常参观博物馆的参与者一开始需要工作人员的较多帮助来理解展览的学习和实验目标。因此，一个人对文化和境脉在学习尤其是科学学习中的作用理解得越透彻，就越能有效地保证所有儿童和成年人都有参与科学学习的机会。

学习是一种文化过程

学习本质上是一个文化过程（Nasir et al.，2006；Rogoff，2003），在此过

程中学习这一概念植根于历史性的和地域性的情境之中。从这个角度出发，科学学习被视为一种社会文化活动。科学学习的实践与假设反映了科学家的文化、文化实践和文化价值观。在这一部分，我们首先从一般性的角度描述学习的文化属性，然后聚焦于使得科学学习成为一种文化活动的具体特征（参见第二章的相关讨论）。

着眼于工薪阶层家庭父母的优势，冈萨雷斯、莱兹、莫尔和阿曼迪（Gonzaález，Moll and Amanti，2005）指出，儿童发展“知识资本”——即历史性地形成和积累起来的策略（技能、能力、观点）以及相关知识，它们被证明在家庭、群体或共同体中是有用的。这代表了在对非主流群体的学习进行分析和讨论方面的根本性转变。传统观点通常暗示，甚至明确指出，非主流群体中流传的文化价值观和知识是有缺陷、毫无用处的，甚至是起反作用的（Lareau，1989，2003；Rogoff and Chaavajay，1995）。然而，对儿童抚养和培育实践的进一步分析证实了非主流文化群体中的交流与价值观是富有成效的，同时也为研究者和教育者阐明了它们是如何在教育实践中发挥作用的。

世界各地的儿童探索着他们的世界，并就一些因果关系进行着对话。他们所讨论的话题和他们学习探索世界的方式很可能是不同的，这取决于他们成长中的文化实践（Heath，2007；Rogoff，2003）。人们在其一生中生活在不同的环境中，会参加很多不同科学领域（如渔业、农业、计算机技术）的相关活动。什么才是真正的学习、哪种知识被认为是“重要的”，这些问题与一个共同体的价值观以及判断什么是有用的共同体境脉之间有着紧密的关联（Bruner，1996；McDermott and Varenne，2006）。

在儿童的生活中，日常境脉和情境具有重要的意义，它不仅影响儿童的实践技艺库，而且很可能有助于复杂认知技能的开发。在对来自不同美国文化的个体参与的有意义活动的研究中，这一点是显而易见的（Nasir，2000，2002；Nasir and Saxe，2003；Rose，2004）。纳西尔阐明了打篮球可能关系到改善对统计和其他数学概念的理解，而玩多米诺骨牌可以发展复杂认知策略。这些研究表明，对这些爱好的深度参与，关系到和这些文化所推崇的知识有关的认知成果。例如，纳西尔研究了美国黑人在小学、高中和成人多米诺骨牌锦标赛的参赛者。她的研究表明，参赛者重要的一般认知能力得到了发展，这些能力包括换位思考、计算能力和同时权衡多种因素及目标的能力。这些技能的发展与多米诺骨牌所处的社会文化背景的变化紧密相连。对这些数据的分析，描绘了发生在不同年龄群体选手身上的认知转变，社会文化场境与认知转变相互交织的方式，以及社会场境自身的不断转变的本质。

罗斯（Rose，2004）对不同蓝领工人认知和身体技能发展的描述进一步说明了学习的社会文化本质。在工作场所中，群体和组织发展出专业语言、仪式、共享价值观和参与规范。在这些场所中，通过他们自身的体验以及与其他人的互动，成年人学习胜任工作所需的认知和身体技能。人们通常不会将服务员、理发师、管道工、焊接工和电工的工作生涯和学习或科学学习相联系。然而，罗斯的案例研究阐明，学习，甚至科学学习，是如何在他们工作的非正式环境下发生的。

蓝领工作的认知技能和身体技能的习得方式反映了非正式环境学习的定义特征，如直接接触现象或向他人学习（如通过学徒制关系）（Rose，2004）。例如，罗斯通过对一个木工班级的观察，指出高中学生通过设计制作班级里的物品、到人类家园国际组织（Habitat for Humanity）网点当志愿者这些方式来学习。当学生们以小组的方式制作橱柜、桌子、房屋时，他们学到了许多木工必备的身体技能（例如测量、研磨、锯工法）。在这些小组中，学生们在"有指导的参与"下学习。经验丰富的学生为新手学生提供指导，或帮助新手学会使用工具或理解所有部件是如何组装成一个整体的。

哪怕只是在别人身边看他是如何工作，学生们也能从中受益良多。例如一个学生说，"你看到你周围所有的工作在进行。你看到人们在犯小小的错误，而你就可以从中学到东西"（Rose，2004，p. 76）。教师在课堂中也起着重要的作用，他的帮助主要是以与学生分享他通过多年经验积累下来的学习诀窍这种形式体现的。例如，当他注意到一个学生使劲想把钉子钉入木板时，他解释到，如果学生把手往锤子的柄端移下去一些，那么他将产生更大的力。当学生做出调整后，他惊讶地发现挥动锤子的感觉不一样了，锤子显得更有力量了。罗斯的解释是，这种互动不仅让学生学会了身体技能，而且还认识到工作和这种科学原理（如力、摩擦力和平衡等）之间的关系。当然，在知道握住锤子什么位置以便对钉子施加最大力和掌握一种科学解释之间还存在本质的不同。然而，正如迪赛萨（diSessa，1993）所认为的那样，通过这样的经验，学习者可以快速发展自身知识或"现象学原理"。以后，学习者就可以将这些现象学原理与更多抽象概念相联系（如力、动量、杠杆作用等）。

学习的文化性和历史性不仅与事实和概念的积累有关，而且与身份的发展有关。正如莱夫和温格（Lave and Wenger，1991）所解释的，"学习包括身份的建构……（它是）成员资格的演变形式"（p. 53）。"我们的身份是丰富、复杂的，因为它们是在一套丰富和复杂的实践关系中形成的”（Wenger，1998，p. 162）。谈到身份，人们经常首先考虑人口统计学特征，如年龄、性别、社会经济地位、人种、种族等。尽管这些因素毫无疑问会影响到人们的态度和行为，乃至社会上他人对待他们的方式，但是芬伯格和莱因哈特提出，“身份的另一概念是人们所拥有的、与某特定活动相联系的知识种类和经验模式。此观点将身份当做社会境脉的一部分，其中身份特征中哪一部分更重要是不固定的，它取决于特定时刻社会境脉的哪些方面最为显著”（Fienberg and Leinhardt，2002，p. 168）。

将学习作为一种文化过程的讨论阐明了学习是如何发生的，同时说明了从孩童时期到成人时期个人因素和境脉因素对所学知识的影响。运用社会文化的视角来看待学习的不同方式，看待文化间及文化内所重视的知识，可以促使有关学习的讨论从一种缺陷模式向一种认同和重视多样化文化群体贡献的模式进行转变。

科学学习是文化性的

人们总是通过比较非主流群体和主流群体儿童的技能和知识来研究科学学习中的文化多样性（Chavajay and Rogoff，1995）。在这些对比中，主流技能和教养被认为是“正常的”，而非主流群体所表现的差异，则被认为是会产生缺陷的偏差，这种看法支持的是差异性缺陷模型。这种研究没有恰当地对教育环境和各种科学实践的文化性质做出解释。

一些研究者将科学描述成一种“高度依赖文化境脉、权力关系、价值体系、意识形态和人们情感需求”（Harding，1998，p. 3）的社会建构。尽管这种科学观存在争议，即把科学当做是“思维和认知的文化中介方式，暗示学习可以被定义为对科学实践的参与”（Brickhouse，Lowery and Schultz，2000，p. 441），但这一观点能够导致深深影响谁参与科学以及怎样从事科学的期望和局限。当人们进入科学实践时，他们不会立刻显露其文化世界观。加拉布雷西·巴顿（Calabrese Barton，1998b）认为，应该允许科学和科学理解来源于鲜活经验，在此过程中人们会“去除从事科学与不从事科学、置身于科学之中或置身于科学之外的二元区分……更容易使学习者的生活世界和科学之间产生联系……同时为聆听和发现多元声音提供空间”（p. 389）。当你思考科学学习的非正式环境的目标之时，这种观点是非常有力的。

还有人认为，科学领域本身在方法的运用上是非常多元的。诺贝尔奖获得者物理学家布里奇曼（P. W. Bridgeman）认为，“不存在严格意义上的科学方法”（Bogdan and Biklen，2007，引自 Dalton，1967）。他继续阐述到，“许多出色的物理学家、化学家和数学家都质疑，究竟是否存在一种所有研究者都能够和应当遵循的可复制的方法，然而他们在自己的研究中已经显示出，他们常常采用多样的、通常带有不确定性的步骤来发现和解决问题”（Dalton，1967，p. 41）。对科学的这种概念认识，说明需要培养认识、学习和评价论据的多元途径。

认识、学习和评价论据的方法与科学和科学学习所使用的语言、话语风格相关。人们发现，传统的课堂实践对于大部分来自中产阶级和中上阶层的欧洲裔美国家庭的学生来说是成功的，这些学生在家庭中的话语实践与学校科学是相似的（Kurth，Anderson，and Palincsar，2002）。这样的实践使科学产生了排外的一面，其中科学话语充当了看门人的角色，将非主流群体的个体拒之科学门外，其原因是他们的有关科学的实践得不到这种话语的承认（Lee and Fradd，1998；Lemke，1999；Moje，Collazo，Carillo and Marx，2001；Brownm，2006）。

认识到在不同文化群体之间语言使用和话语方式可能不同，研究者指出了认识非正式语言和本族语言使用的重要性，同时也指出了在科学教育中文化发展交流和互动方式的重要性（如 Lee and Fradd，1996；Warren et al.，2001；Moschkovich，2002）。李和弗拉德（1996）指出不同背景的学生群体围绕科学话题有不同的话语方式（例如同时说话还是交替说话）。前面已提到，罗斯伯里、沃伦和科南特（1992）识别了海地克利奥尔语学生的讲故事技能与论证、科学探究技能之间的关系，他们运用这些关系来支持自己的科学知识的学习和科学实践的参与。海德考特 - 巴恩斯（Hudicourt-Barnes，2001）证实了，bay odyans（一种海地人论证式的讨论方式）是如何作为学生实践科学和科学会话的一种宝贵资源的。

由于在诸如文化、性别和父母教育背景、经济背景和职业背景等很多问题上存在不同，儿童进行科学思考的体验也有很大的不同。例如，瓦尔（2007）发现，那些大学专业是工程学的父母在各种说法互相矛盾的境脉下更有可能与他们的孩子讨论科学依据（例如食品添加剂的相对利弊），具有人文背景的父母则很少讨论。

这一节所描述的科学的文化本质，阐明了在认识什么是科学思维与能力方面拓宽视野的必要性。科学教育通常倾向于使用某些特定的方式来阐明对某一现象或主题的理解（Bellenger，1997）。因此，来自不同背景的学生很难协调自身散乱无章的规范与通常体现在学习的正式或非正式环境下的科学话语规范之间的关系。这种科学实践的狭隘观点所引起的潜在后果是，学生或许无法对科学产生认同感，而认为科学与他们自身的文化价值观是不相容的（Lederman，Sbd-EL-Khalick，Bett and Schwartz，2002）。

文化和科学知识

探讨某一群体的科学接触机会和科学参与的研究总体上很少。即便如此，针对少数非主流文化群体在非正式环境下的科学学习的研究基础正在形成当中。这里，我们综合了关于四个群体及其在非正式环境下科学学习经验的研究。在综合的过程中，我们对潜藏在不同文化和历史背景中的个体经验的共同主题进行阐释。

性　别

关于科学学习的机会和公平性的大部分研究集中在性别上，女性在科学参与中的不足尤其得到了关注。性别可以从许多视角进行思考并研究。这一领域中有关性别的最流行的观点是，它并非一个既定的属性，而是在社会互动中建构起来的（Murphy and Whitelegg，2006）。尽管女性之间有相互重叠的相似性，但是，性别只是构成多样性的其中一个因素，种族、阶级、文化等问题都会影响到社会化过程，并且在学习中起着作用。

从统计上来说，确实存在这样的情况，即性别对职业成功和职业兴趣的影响与女性的成就水平并不一致。尽管有确切证据表明性别不代表能力，但是性别对技能和能力建构到底有什么影响，仍然是未知数。

性别差异的统计证据

统计数据表明，有许多领域存在不公平性，但是总体上，科学参与中涉及性别的公平问题有很大改进。最近的统计表明，2000 年以来，女性获得科学与工程学学士学位的人数已经超过了男性（National Science Foundation，2007）。然而，具体到科学的不同领域来看，这些数据又不那么准确。例如，在计算机科学上，男女获得学位人数的差距实际上在过去几年进一步拉大了（National Science Foundation，2007）。哈尔彭和他的同事们（Halpern et al.，2007）回顾了数学和科学学习中的性别差异的相关研究后发现，男性分数的内部方差或女性分数的内部方差都比较大，与此相对照，男性和女性的科学成就和能力之间平均差比较小。男性分数的方差相应地大于女性分数的方差，其结果是在科学成就和能力的测验中，分数最高的四分之一和分数最低的四分之一区域中，男性人数都多于女性人数。

总的来说，在过去的20年中，男性和女性参与科学的差异一直在逐渐减小（National Science Foundation，2002）。与1994年相比，2004年科学专业毕业生中女性的比例有了一定的提高，从37%增长到42%。在不同的科学领域，这个比例有所不同。在2004年，心理学专业的女性毕业生占74%，生物学专业的女性毕业生占56%，社会科学专业的女性毕业生占53%。然而，工程学专业的毕业生中女性只占22%，计算机科学专业的毕业生中则占27%，另有30%～45%是在大多数其他科学领域（National Science Foundation，2007）。参与科学方面的差异随着教育序列递增而随之扩大（Lawler，2002；Mervis，1999；Sax，2001）。西摩和休伊特（Seymour and Hewitt，1997）发现，女大学生相比同等学力的男性更有可能离开科学领域。

科学工作者中的变化已经慢慢显现。事实上，有迹象表明，女性科学工作者的比例从1999年的46%下降到了2002年的24%（NSF，2002）。最近数据也说明了女性在科学和工程学领域较少获得终身教授（在四年制大学里，女性比例是29%，男性比例是58%）和正教授职称（女性比例是23%，男性比例是50%；Ginther and Kahn，2006）。在数量上，拥有博士学位的男性科学和工程学教研人员是女性的2倍多（National Science Foundation，2007，p. 20）。艾森哈特（Eisenhart，2001）提出，物理科学课程的结构和要求更加严格，造成女性由于家庭、兴趣爱好等其他原因而与之疏远。

这些差异不仅仅发生在美国。“国际数学和科学研究趋势（TIMSS）”项目的研究结果显示（National Science Foundation，2003），四年级的男生和女生的科学成绩没有明显差异。然而，八年级男生的平均成绩在各国都要明显高于女生。在46个参加国中，28个国家的男生成绩明显高于女生，而7个国家的女生成绩显著高于男生。一些国家（乌干达、菲律宾、加纳、芬兰和日本）的成绩差距已经明显缩小甚至填平。总体上，对科学的参与仍然处于不平等状态。导致美国和其他国家在科学成绩和科学参与上性别差异的原因仍不得而知。欧盟委员会出版了一本有关科学中的性别平等的出版物，呼吁“在性别和跨学科性别研究方面的社会文化理解”（European Commission，2008）。加拉布雷西·巴顿和布里克豪斯（Calabese Barton and Brickhouse，

2006）也重申："为什么好的成绩未必导致在科学中获得更高的地位，理解其原因……看起来很重要。如果想理解为什么走进许多科学领域仍然是个挑战，就必须超越成绩，更广泛地审视性别认同是如何建构的，以及它们如何与执行重要的筛选功能的教育系统发生交互作用"（p. 227）。

社会文化影响：因性别而异的经验

美国教育科学研究院（The Institute of Education Sciences，2007）指出，稳定的性别差异发生和受影响的三个因素是：①对能力的信念；②对职业重要性的感知；③对激发兴趣和在学校生活中培养这种兴趣的重视。女生或许在标准化成就测试中取得成功，但是她们未必认同科学（Calabrese Barton and Brickhouse，2006）。越来越多的研究领域关注相关的问题。信念和身份认同如何与未来的选择联系在一起的？认同科学意味着什么，如何促进认同感的发展？科学成绩和对科学的实际参与有何不同，为什么？发展性差异，如果存在的话，它们是何时出现的？社会文化的积极和消极影响又是何时出现的？

身份认同　利普斯（Lips，2004）、帕卡德和纽因（Packard and Nguyen，2003）已经开始考察一个框架，来思考女孩将自己想象成未来的科学家是如何影响其未来选择的。例如，自我效能信念已经与数学和与科学相关的选择联系在一起（Simpkins，DavisKeans and Eccles，2006）。研究者以物理科学为重点，寻找五年级到十二年级的学生在与数学和与科学相关的活动、信念和选课实践之间的纵向关系。在五年级时对校外数学和科学活动的参与情况，可以预测到随后若干年里对这些领域的自我概念和兴趣水平及主观认为其重要性的程度。与自我概念相关的是刻板印象威胁的研究（Steele and Aronson，1995）。麦格隆和阿伦森（McGlone and Aronson，2006）在比较男性和女性的成绩差异前，事先提供了积极成就身份和消极刻板印象。他们看到了相应的成绩变异，这表明社会境脉和思维定势可能非常重要。

有关科学的性别身份在何时出现还不得而知。大量证据记录了男女生从幼年时期开始就通过多种方式接触到性别化的信息、经验和刻板印象式看法，获得渠道包括从家庭到学校乃至校外的项目和境脉。家长在男孩和女孩的社会化上的区别对待，经常被认为是影响到科学感知和科学参与中性别差异的一个可能因素。事实上，一些研究表明，家长和成人在科学上的鼓励取决于其子女的性别。家长针对不同性别子女的交谈、提问、提供资源、赋于期望，以及对孩子与科学学习、科学兴趣、科学成绩有关的能力的看法，显然是区别对待的（Crowley et al.，2001a）。特别是，家长往往可能相信，与儿子相比，女儿对科学的学习兴趣较小，学习难度较大（Tenenbaum and Leaper，2003）。母亲会低估女儿的数学能力和高估儿子的数学能力（Frome and Eccles，1998）。父亲在子女参与科学任务时，倾向于使用的说话方式对儿子要比对女儿的认知要求更高（Tenenbaum and Leaper，2003）；而且，与孩子一起玩游戏时，母亲在跟男孩交流时，比跟女孩交流时更有可能谈论相关的科学过程（Tenenbaum，Snow，Roach and Kurland，2005）。据观察，女孩对数学的兴趣随着父亲对性别刻板印象的增强而降低，而男孩子对数学的兴趣则随着这种刻板印象的增强而增加（Jacobs et al.，2005）。总体上，儿童对科学玩具、计算机以及与科学相关经验的接触，显示出因性别的不同而不同（Kahle，1998；Kahle and Meece，1994；Sadker and Sadker，1992，1994）。

据观察，和父母一样，教师对不同性别的学生以不同的方式进行提问，对学生发展与科学相关的技能（提出问题、运用工具等）的鼓励也因性别的不同而不同。例如，在科学课上，教师更有可能鼓励男孩子提出问题和解释概念（American Association of University Women），1995；Jones and Wheatley，1990）。这一点引起人们关注成年人在支持科学学习中的关键作用和在多种境脉中成人作为促进者角色的重要性（Crowley et al.，2001a；Falk and Dierking，1992，2000；McCreedy，2005）。

在家庭和学校之外，人们一直在努力关注性别化的科学发展轨迹（Seeing Gender，2006）。然而，尽管许多项目产生了立竿见影的影响（虽然是自我报告），但是很少有项目具有资金和机会方面的优势来纵向观察它们的影响（Gender Equity Expert Panel，2000）。正如在第五章讨论过的，有几项研究专门考察博物馆环境中性别关系和家庭成员的互动，其中记录了男孩与女孩多种参与和交互结构（Borun et al.，1998；Crowley et al.，2001b；Diamond，1996；Dierking，1987；Ellenbogen，2002；Laetsch，Diamond，Gottfried and Rosenfeld，1980）。

在英国一项关于女孩参与物理学的研究回顾，强调了观念差异是如何影响参与策略的（Murphy and Whitelegg，2006）。在解决问题时，对于什么是重要的，男孩和女孩各有不同的看法。这些差别可能会导致对能力的看法的差异。男孩和女孩所学知识的差异与他们对问题的理解相关，并对理解问题具有重要的影响。女孩在定义问题时更有可能重视产生任务的社会境脉；男孩则更有可能不“注意”境脉（Murphy and Whitelegg，2006）。学习者关注什么，或者哪些被学习者当做重要信息关注，都可能影响着他们学习什么，也可能导致教师和家长对他们能力的消极看法。

职业选择 关于职业选择，有些研究者已经关注早期干预（Jovanovica and King，1998），因为他们注意到女孩在接受学校教育期间对自身科学能力的意识逐年减弱。戴、刘、马尔特斯和范（Tai，Liu，Maltese and Fan，2006）观察了青年在中学时代首次提出、随后伴随他们走进成年人生涯的职业榜样，证实了职业期望对青少年的重要性，并提出早期教育经历（八年级以前）可能是至关重要的。法迪根、哈姆里克（Fadigan and Hammrich，2005）的纵向研究证实，高中女生参与国家科学研究院提供的课外、暑假和周末项目的经历对职业选择的影响。特别是，他们发现参与这个项目的152名来自城区、低收入家庭以及单亲家庭的女生中，有109名上了大学，同时，大多数学生报告说，他们的教育和职业抉择受以下几个方面的影响：与项目工作人员交流的机会，锻炼工作技能的机会，有博物馆作为一个安全场所可去，等等。

儿童的日常生活牵扯到许多成年人，包括亲密的家庭成员或看护人、教师以及与儿童一起度过校外时间的成年人（例如青年群体领导者、课外辅导者和儿童护导者）。早期经历和角色榜样对支持女性参与科学所可能发生的影响，进一步反映在关于启发女性科学家走上职业道路的因素的回溯性研究中。这些女性常常提到校外的具体个人或境脉，对她们追求科学事业具有重大影响（Baker，1992；Fort，Bird and Didion，1993）。在女性科学家取得成功的障碍和策略的研究（Hathaway，Sharp and Davis，2001）中，女性反映了通过家庭和外部渠道找到非正式网络和支持者的重要性。除此之外，正如艾森哈特和芬克尔（Eisenhart and Finkel，1998）所发现的，“一旦突破了传统学校科学的限制，从事于更有意义的活动中，女性似乎既不缺乏对科学的兴趣，也不缺乏学习科学的能力”（p. 239）。因此，更多理解关于非传统境脉和个人在影响年轻女性参与科学中发挥的重要作用，看起来非常必要；同时，非正式环境所具有的非传统境脉和代际境脉为女性学习科学提供机会，这可以扭转与科学有关的性别化信息一再复制的状况，理解这一点也十分有必要。

总而言之，在科学参与中仍存在性别不平等；然而在科学参与和学业成就方面减少这些性别不平等已经向积极的方向发展。在教育和职业的阶梯上每递进一个层次，这种差异就会更加明显。境脉因素和个人因素都与这些不平等问题相关。自我效能和性别刻板印象关系到女孩对科学的参与，也关系到父母、老师和其他成年人给予男孩和女孩不同方式的鼓励。在正式学习环境之外的境脉中，与科学家和科学打交道，对于调节年轻女性自我效能以及性别刻板印象问题带来的影响，是充满希望的。

美洲印第安人

对来自非主流群体的人来说，在各种系统和共同体之间协商可能是存在压力和问题的。艾肯黑德（Aikenhead，1996）描述了与科学教育相关的过程，在这个过程中学生必须进行“边界跨越”，从他们的日常文化进入到科学亚文化中。这些边界跨越通常包含代码切换（不同的话语实践和讨论方式），因此，需要学生熟练掌握一种以上的语言传统（McCarthy，1980）。为阐述这些观点，我们对美洲印第安人的科学和西方科学进行了比较（Brayboy and Castagno，2007）。

有两点很重要，首先，要知道土著文化并非只有一种，同时，要抵制住把众多部落文化进行提炼简化的企图。美国有500多个联邦承认的部落，有同样多，甚至更多的语言，它们来自50多个语系。不同部落民族在认识论和本体论上存在相似性，但是，这并不意味着所有部落民族或所有土著人只拥有单一的或统一的土著科学或土著认识论。

历史上可以明显看出，土著人很久以来就是科学家和科学观念的发明者。在美洲的土著民族发明了雪橇来运输大量梅花鹿和北美驯鹿的尸体；建造了适合航海的皮船和独木舟；制造了雪鞋和雪镜；种植了大范围的植物，包括玉米、土豆、南瓜、豆类和花生；创造了许多居住的建筑杰作和烹饪的烤箱；用原油生产橡胶，利用星星成功确定陆地的方位；寻找到了将肉风干的方法以备储存及未来之需，等等。

人们并不是现在才意识到改善土著学生的科学教育的必要性。三十年前，美国科学促进协会意识到，土著居民参与科学的一个主要的障碍是科学与他们的生活缺乏相关性。基于此观察，美国科学促进协会提出了许多改善土著青年科学教育和学习的建议。这些建议包括，使用民族科学的方法教授科学和在特定环境下使用双语教学方法。作为回应，学者们要求科学教育直接与土著学生和部落社区的生活相联系。大多数学者认为，最有效的方法是，学习环境必须是与当地社区——而不是某些学者认为的单一土著民族的社区息息相关（Aikenhead，2001；Allen and Seumptewa，1993；Cajete，1998，1999；Davison and Miller，1998）。

通过一种多元文化或文化回应性的视角来进行科学教育，目的不仅是将土著学生的生活与科学联系起来，而且要培养具备强烈批判思维能力的更优秀的科学家和学生。这是学者和部落社区成员的共同目标。卡瓦格雷（Kawagley，1999）和马丁（Martin，1995）发现，来自尤皮克（Yup'ik）和易洛魁（Iroquoian）社区的部落长者让青年人学习多种世界观，并能够在主流社区和部落社区加以运用。科学教育的另一个目标是在土著社区中培养对科学更积极的态度。的确，研究人员已经发现将文化回应的方法结合到科学教育中能够对科学产生更积极的态度，而这反过来会影响学习成绩（Matthews and Smith，1994；Ritchie and Butler，1990）。的确，如果首要的目标是为土著学生提供更有效的科学教育，那么应该意识到认识论和社会文化问题。

世界观或本土认识论的问题对于文化的科学十分重要，正如纳尔逊－巴伯和埃斯特林（Nelson-Barber and Estrin，1995）指出：

> 我们在思考构成一门课程的要素和一种对特定文化群体有效的教学方法时，必须首先思考这个群体的认知和习得知识的习惯方式。我们面对的是基本的认识论问题，例如："哪些是重要的知识和认识？""主张某事物为真时什么可以作为证据？""知识和理解应该在何时、以何种方式表达和共享？"……那些不考虑社会文化因素的笼统方法，是不可能影响到所有学生的（p. 22）。

土著科学这一概念，承认在理解世界时的文化、主体性和视角的作用，引发人们关注这一观念，即人是通过特定的文化视角解释现实的。认识论关怀和社会文化因素必须作为讨论土著的或本土的科学的中心，同时也是努力为土著学生提供一个文化回应性科学教育的核心。

哈古斯和勒博（Haukoos and LeBeau，1992）进一步阐述了此观点：

> 科学也同样存在问题，因为科学没有考虑到学生和共同体生存的社会文化环境，它呈现出的科学知识是客观的和普世的，因此没有认识到科学知识其本身是社会建构的……这意味着，西方科学的客观性和普遍性解释了我们无法接受其他认识方式的原因。同时，斯内维勒和克尔西格利亚（Snively and Corsiglia，2001，p. 15）指出，"许多科学家和科学教育者仍然认为土著科学的贡献是'有用的'，但是却不属于'真正科学'的领域。"

正如这一章所讨论的，科学本身是西方文化的亚文化之一，因此对许多学生来说参与科学教育已经是一种跨文化的事情（Aikenhead，1998；Cobern and Aikenhead，1998）。许多试图学习西方科学的土著学生必须跨越文化界限，在另一种文化中习得能力。他们必须能够使用自己文化和主流文化的双重语言传统。德尔皮（Delpit，1988，1995）认为，教师必须明确地教授学生“权力的文化”的规则和编码，从而使非此文化成员的学生在选择与此文化打交道时能够拥有必要的技能来与之进行协商。对在非正式环境中学习科学而言，明确这些规则和编码也需要做出同样的努力。

最后，更详细地研究土著人的世界观和他们对自然的理解，对设计的环境而言具有重要意义。例如，西方人普遍认为，自然是外部的事物，是需要保护的，当人类只是它的参观者而不是居住者时（例如，国家公园），它才处于最佳状态。这种观点导致西方人认为生态系统不包括人类，即使人类可能在这些生态系统的生机活力中扮演着主导的角色。美洲印第安人则把自己视为自然的一部分，他们可能对这种把人类排除在自然之外的疏漏感到困惑（Bang，Medin and Atran，2007）。

总之，来自美洲印第安人等非主流文化的学生在参与科学时，必须实现从日常文化到科学亚文化的跨越。在非正式环境中为非主流文化发展更有效的科学教育，必须认识和考虑到认识论和社会文化问题。例如，美洲印第安文化中关于自然世界的不同世界观通常得不到重视，这可能使从事和参与科学活动变得尤其困难和令人困惑。

残障人士

认知能力、身体能力和感官能力上的差异，是在科学学习的非正式环境下需要加以思考和调节的多样性的另一方面。根据美国残障者教育法案（Individuals with Disabilities in Education Act，IDEA），在学龄儿童中，大约有670万儿童是残疾的（National Center for Education Statistics，2006），年龄在25～64岁的人群中，大约有2440万人是残障者，其中大约有1610万人是严重残疾（Steinmetz，2006）。根据2002年人口普查的结果，老年人的残疾比率要比年轻人的高。例如，年龄为15岁以下的人中，残疾儿童占8.4%，25～44岁的人中残疾的比例为11%，年龄在45～54岁的人中残疾的比例为19.4%，年龄超过80岁的人中残疾的比例为72%。残障者是一个很大的群体（占美国人口的18%），他们可以在非正式环境的科学学习中得到很好的服务。

对残障者而言，接触科学存在很多限制，包括物理空间、入口处的导引设置和对语言的处理。接触限制常常各种各样，它们一起发挥作用而导致对残障人士科学学习机会的限制。例如，在适合正常听力的人的各种科学场境中，听力损伤者就会有受阻的感觉。正常人在工作或在家时，可以把电视或收音机上播放的科学新闻故事当做“背景噪音”而被动地吸收，但有听力损伤的人却做不到。鉴于受到口头语言传播的限制，有听力损伤的学生很少有机会学习专业化的科学语言（e. g. ，Lemke，1990；Lehrer and Schauble，2006；National Research Council，2007）。制约残障者学习科学的因素的复杂性，对非正式场所的科学学习而言，既是一个严峻的挑战，也是一个振奋人心的机会。

有关残障者在非正式环境下的科学学习的文献极其薄弱，但还是提供了一些关于需要思考的因素，以及对或许可以激发或加强参与的各种实践的有用分析。我们可以从两个主要方面来看待这一问题。一方面，教育者和研究者在当前分析非正式环境下的科学学习经验的同时，也探讨获得这些经验的具体困难。这包括分析参与非正式场所所需技能及实践与学习者能力情况之间的差距，从而开发能够激发参与的干预措施和技术。另一方面，残障可以被理解为一个情境化的概念，它是由文化来决定的（McDermott and Varenne，1995，1996）。从这个观点出发，能力的概念是根据特定的任务和场境以及个人完成任务的能力来定义的，因此传统的用以描述“残障”的标签是没有意义的。相反，残障的标签适用于在一个特定个体和一项特定任务之间的互动。

为处理可通达性问题，教育者和研究者考虑了各种各样的想法，从简单地帮助参与者进入学习环境，到如何适应身体和感官障碍者需要，使之能够获得相关经验。加入到非正式场境中的科学学习项目和参观非正式机构来学习科学，对于残障者而言成本是高昂的，因为他们失业率很高（National Center for Education Statistics，2006）。对许多个体而言，亲身进入到基于场所的科学学习和项目，是一个复杂的问题，甚至是不可能实现的[①]。视力受损的人可能会费力地穿过经设计的空间以寻找自己感兴趣的展览。为不同公众规划互动的科学体验（例如参与性实验室、田野式调查等），也需要分析残障者能参与哪些方式和不能参与哪些方式。例如，一个身体有残疾的人在参与当

① 美国残障者法案要求获得联邦基金的所有单位做出合适的调整以确保无障碍设施的使用。请参考辅助设施指导：http：//www. access-board. gov /adaag/html/adaag. htm。

地生态系统的物种统计时就会有限制。同样，动手操作的演示可能需要运用视力和听力。

适应性实践和技术可以帮助解决部分可通达性约束。例如，几个有趣的创新就解决了展览的导引问题。纽约科学馆已经用手机做实验，允许参观者给展览打电话，此种展览已经配备了一种铃，在有电话打进来时它就被启动。然后，人们通常会循着铃声来找到展品的位置。赖克、钦和孔兹（Reich，Chin and Kunz，2006）发表了虚拟个人数字助手的使用报告，它使用波士顿科学博物馆里科学/科幻展览会上所使用的美国符号语言。研究参与者的感受是：他们从依赖解释器或者其他听众中解放出来。他们有更大的自由按照自己的步调参观。

学习困难者在科学学习上同样面临着独特挑战，有限的研究已经描述了他们参与的障碍。这些研究大多考察了探究取向的课堂里的儿童体验，确认障碍来源于：用高度抽象理论的形式呈现的科学、对学生书面交流形式的过多依赖、对个体（而不是群体）的科学任务的倚重，以及同伴群体的排斥（Morocco，2001；Palincsar，Collins，Marano and Magunsson，2000）。尽管为学习困难者传递科学的途径还未得到充分研究，在科学学习的非正式环境下甚至还没什么研究，但是，有些前瞻性的观点已经涌现。这些观点包括：在真实世界的场景与科学抽象之间建立联系，使用同伴对话，为书面任务提供支持，允许儿童在向全班同学展示想法之前，先跟老师或助教尝试一下，等等（Palincsar et al.，2000；Rivard，2004）。研究者还观察了用于有学习障碍的儿童的研究实践。他们所需要的评价体系，要为他们示范适当的语言（而不是要求他们生成语言），同时需要使用多元方式来测量学生的思维（Carlisle，1999）。

尽管适应性技术和实践使得进入科学学习的非正式环境变得容易，但是我们仍然要面对更为根本性的文化问题，这就需要对科学教育非正式场所中的实践进行整体性再评估，同样也要对研究和发展性框架做出整体性再评估。理解残障共同体，将他们纳入科学中来，远远超越了适应性技术的范畴。正如麦克德莫特和瓦雷尼所建议（McDermott and Varenne，1995，1996），或许将残障作为文化的概念来思考更为准确，参与就是科学文化与科学学习机构和残障者共同体文化的一种有机交融。

在此意义上，参与障碍的产生是文化性的，参与障碍的解决也是文化性的。与其他少数群体一样，残障者可能无法认同科学，面临语言障碍，受到科学准则、主办机构和他们的文化群体之间存在的政治或意识形态的压力。例如，麦克兰德、佩德森和诺雷尔（Mclander, Pedersen and Norell, 2001）研究和观察了一个听力残疾的学生群体拒绝接受科学的情况。对听力残疾的学生执行两套访谈方案，目的是评估听力残疾的学生与听力健全的学生在进行科学推理方面是否存在差异。研究使用了一项来自美国义务教育评估（the National Evaluation of Compulsory Schools）的调查，以便将听力残障学生访谈的结果与先前报告过的听力健全学生的反应进行比较。第一套访谈是以三名15岁八年级学生为访谈对象，研究他们使用科学概念或模型来回答与科学现象相关的访谈问题的可能性。在第二套访谈中，对七名17岁十年级的学生提出同样的问题，还呈现了一个由第一套访谈中的学生所描述、解释物质回收过程的科学实验。在访谈境脉下，普通学生可以自如地将他们自身体验与科学观察结合起来，但是大部分听力残疾的学生则做不到。这些学生对自己在科学学习上的能力也持消极评价。研究者将这一现象解释为文化抵制，并推测学生认为融入科学文化将意味着拒绝听力残疾的文化。类似地，在对7～17岁听力残疾学生关于宇宙学理解的研究中，罗尔德和欧依文德（Roald and Oyvind, 2001）观察到，低龄的听力残疾学生的表现与听力健全的同伴一样好，而年龄较大的听力残疾学生的表现则不如听力健全的同伴。

普适的学习设计是一种哲学和教育的实践，它建立在能力和学习的文化概念基础之上，旨在为每一个人创造更好的学习环境。根据应用和专业技术中心（The Center for Applied and Specialized Technologies, CAST）的观点，普适设计的原则包括以多元形式和媒体来表征信息，提供多种路径使学生参与行动和表达，提供多种途径激发学生的兴趣和动机等（Rose and Mayer, 2002）。作为一个研究和开发的框架，普适设计还刚刚起步，但是对科学学习的非正式场所，它或许是一个极其有用的框架。

例如，赖克、钦和孔兹（2006）对一家科学博物馆的机房的易用性进行了许多案例研究。他们抽取了16个学习者作为样本，包括年龄17～77岁的健康学习者和残障学习者。研究的目的是了解波士顿科学博物馆中三台不同的交互式计算机演示仪的有效性。赖克的研究证实了这三件展品共有的、所有参与者都成功使用的某些设计因素（如按钮界面的设计），也确定了阻碍参观者参与展览设计的某些方面。赖克的工作还验证了能力是情境化的这一观点。例如，她观察到，健全的计算机使用者们都在电脑前疲于应付，而一位视力损伤的非电脑使用者却在电脑环境中轻松自如。

总之，本文探讨的是适应性技术如何使非正式环境下的科学学习变得更易接近。总体上，研究建议，将残疾视为文化性的，可以更好地理解残障学习者，并促使他们参与科学活动。将参与的障碍视为文化的观点要求非正式场所对他们的实践做出整体性的重新评估。新兴的研究和开发框架，例如普适设计，阐明了这种整体性重新评估的潜在影响。

城市和农村环境

每个人所处环境的性质影响其对科学原理和认知方式的观念。有证据显示，户外体验能促进社会性发展和学业成功（Hattie，Marsh，Neill and Richards，1997），同时置身于大自然对儿童起到减压作用（Well and Evans，2003）。如果考虑这一点，那么令人惊讶的是，竟然没人关注不同的户外（非设计的）环境中的科学学习。本章我们描述几个研究，这些研究表明儿童文化的一些特征受到他们在城市还是在农村环境下成长的影响，文化中的这些差异影响到人们对生物学的理解。

大多数关于儿童生物学的研究针对城市的中产阶级的儿童进行。一种源于这种传统研究范式的观点认为，幼儿有一种强烈的以人类为中心的观点——即儿童倾向于通过将生物界的实体与一个单一标准（人类）进行对比从而做出解释。

支持这一观点的主要证据，来源于幼儿在基于类型的归纳任务中的表现。在这项任务中，告诉儿童一个单一属种（例如狗、蜜蜂、人等），让他们听这个属种的一个新异特征（例如，狗体内有雄烯二酮①），然后询问他们这一特征是否也为其他属种（生物的或非生物的，例如鸟、浣熊、鱼、树、自行车等）所拥有。

通过将此方法应用于儿童，凯里（Carey，1985）报告了几个引人关注的结果。首先，当把人而非动物属种（无论是狗还是蜜蜂）引入给儿童时，他们做出了较多的归纳性概括。这一结果违反了基于生物相似性的概括形式。例如，4～5岁的儿童从人类推论到虫子，要多于从狗推论到虫子。除此之外，还存在着强烈的不对称性现象，例如儿童更有可能从人的特性类推到狗而不是从狗类推到人。

凯里认为，这种不对称性揭示了，在生物推理中人类置于中心地位。她

---

① 一种雄性荷尔蒙。——译者注

进一步认为，如果儿童想要接受“人类不是最中心的范型或原型，而是众多生物体中的一员”的西方科学观点，早期的那种人类中心主义必须予以推翻。

儿童为什么会特别以人类为中心呢？一个可能的因素是，他们接触人比其他生物要多。另一种观点是，在缺乏关于广泛的生物物种知识的情况下，儿童很难做出概括。为支持这个观点，正如第四章所讨论的，稻垣（Inagaki，1990）考察了东京儿童对生物特性的概括，其中部分儿童具有很多饲养金鱼的经验。她发现，没有宠物的儿童同样表现出了常见的人类中心的概括范式，然而，那些饲养金鱼的儿童则表现出了两种概括梯度——一种围绕人类，即从人直接推到某种动物；一种围绕金鱼，例如从金鱼推到海龟。

如果对生物物种的亲密体验支配着概括范式，那么农村儿童应该一点也不会表现出人类中心主义。罗斯、梅丁、科利和阿特恩（Ross，Medin，Coley and Atran，2003）使用相似的、但又与凯里不完全相同的方法，考察了城市儿童、农村欧裔美国儿童、农村美洲印第安儿童从不同属种出发进行的归纳性概括。

对两组农村儿童而言，对人类做出归纳并不比对其他哺乳动物做出归纳更容易。年幼的城市儿童表现出粗略的和尚未分化的概括。罗斯等人（2003）还发现了一种替代性概括策略的证据。年龄较大的农村欧裔美国儿童和所有年龄段的美洲印第安儿童有时根据生态关系或因果关系进行概括。例如，当告诉他们蜜蜂身体里有雄烯二酮时，他们或许回答熊体内也有雄烯二酮。他们说当蜜蜂叮咬熊时，雄烯二酮或许会传染到熊的身体里；或雄烯二酮可能在（熊吃的）蜂蜜里，以此证明他们的判断是正确的。

其他结果表明，幼儿人类中心主义的证据要视具体的任务和方法而异（Waxman and Medin，2007），但只有在年幼城市儿童身上能看到这种证据。尽管人类中心主义可能反映了城市儿童缺乏与生物世界的亲密接触，但也可能反映一种人类中心主义的文化模式，正如迪士尼动画片中或城市中人们对待宠物的方式所能观察到的（例如狗通常被认为是家庭的一部分）。

相关研究进一步证实了城市环境对儿童的生物学认识的发展的影响。例如，考利及其同事（Coley，Vitkin，Seaton and Yopchick，2005）研究了分类学概括和生态学概括是否可看作年龄和经验的函数。考利没有把儿童分成城市和乡村两类，而是使用了根据人口密度制定的一个连续的测量尺度。他发现，分类学概括很少（如果有的话）随着年龄或人口密度的变化而变化（Waxman and Medin，2007），使用不同的范例得到相似的结果，但生态学概括却随着年龄的增长而系统性地增加，随着人口密度的减少而系统性地减少。此外，对可能由生态性因素所引起的属性与生物内在属性之间的区分也随着年龄的增长而增长，随着人口密度的减少而减少。概言之，对生态关系的敏感性是随着文化和地理的变化而变化的。

在波兰进行的研究也表明环境因素的影响。仿照罗斯等人（Rose et al.，2003）的基于分类的归纳任务，塔尔科夫斯基（Tarlowski，2006）发现，城市里的4~5岁儿童采用一种宽泛的、基本无差别的方式以人类、其他哺乳动物、昆虫作为基准进行概括，而农村儿童按照生物学的（分类学的）相似性进行概括，并没有表现出人类中心主义。塔尔科夫斯基在他的研究中添加了一个有趣的处理，即增加了儿童的父母是否是生物学专家这一变量。结果发现，儿童是否有专家父母，在生物型概括与在非生物型概括上会有很大不同。一般说来，农村父母比城市父母、专家父母比外行父母对孩子做出生物型概括上的影响看起来更大。

总之，这些研究倾向于认为相比于城市儿童，农村儿童的人类中心主义较弱，对生态关系也较为敏感。在生物学上具有专门知识的父母也显然有助于儿童表现出对生物学更成熟的理解。这一研究还质疑了当前的实践，即认知发展在科学学习——尤其是在非正式环境中的科学学习的认知发展中，总是将城市的、中产阶级的儿童作为主要标准。

在非正式场境中不同群体的科学学习

所有权与延伸

正如上面所讨论的，科学学习的非正式场境本身就渗透着文化假设，倾向于主流文化的世界观、话语实践、境脉化因素。非主流文化群体的人们倾向于将这些机构看做是主流群体所拥有和运作的。加里贝（Garibay，2006a，2006b，2007）指出，许多因素导致第二代拉美裔人在博物馆里感到自己不受欢迎，这些因素以缺乏多种族职员、感觉内容与文化无关、双语或多语资源匮乏等方面尤为明显。

当博物馆工作人员用“延伸”的观念来表示扩大参与的努力时，他们实际上是隐性地支持这种“所有权”的观点。“延伸”一词意味着有些共同体现在还没有被包容到这些非正式学习机构。合作、伙伴关系和权力与“所有权”的多元化，可以为非主流群体提供更多机会，来找到他们自己在非正式场境、经过设计的环境和实践中的意义建构方式。

观众出席模式似乎反映了这种断裂。例如，有研究已经注意到科学学习的非正式机构（例如博物馆、自然中心、动物园等）在接纳和服务非主流群体方面面临挑战。一项关于博物馆中的成年人节目的研究发现，与普通美国成年人整体相比，参与者具有较高的教育水平，超过70%的人具有大学或研究生学历（Sachatello-Sawyer，1996）。同样，洛克曼等人（Rockman et al.，2007）注意到，科学媒介的受众往往是社会上地位高的白人、老年人、富人和接受过良好教育的人。在芝加哥一项有关文化参与的研究中，也涉及了几个非正式科学机构，研究发现，尽管许多博物馆所在区域居住着很大比例的非主流文化群体家庭，但是，参与度最高的仍然以城市中心的白人、高收入人群为主（LaLonde et al.，2006）。

非正式科学学习共同体和许多相关机构正在努力解决不公平问题。这些努力通常借助于推广活动、降低入场费等方法，争取引导新观众来参加现成的科学节目。他们通常不会考虑不同群体的背景、观点和需求。

面向不同群体的设计

尽管关注如何组织科学学习机会以便更好地为非主流群体服务的研究不多见，但是，这些有限的研究又的确包含着充满前景的见解和实践。这些实践应该成为继续研究和发展议题的基础。

环境的开发应该特别利用参与者的文化实践，包括日常语言、语言实践和当地文化经验。科学学习的非正式项目和空间的设计者很早就认识到参与者和参观者带进学校和其他学习环境的先前知识的重要性。这种知识通常被认为是文化中性的（Heath，2007；McDermott and Varenne，2006）。我们需要更多地关注文化是如何塑造知识、导向和观点的。

上述研究和其他研究的结果削弱了这样一种观点，即典型的科学实践大部分是抽象的、逻辑的派生，与自然世界的日常经验没有关系。这些研究同时还强调了在经过设计的环境中，教育者有机会更好地利用不同学习者可能带到环境中的文化实践（Cobb et al.，2003；Bell et al.，2006；Bricker and Bell，2008）。

在经过设计的环境中，例如博物馆、双语或多语标签不仅能帮助观众有机会获取特定内容，而且可以促进不同群体间的对话和意义建构。举例来说，双语解说可以加强具备不同语言能力的代际群体间的社会交往和学习（Garibay and Gilmarin，2003；Garibay，2004a）。加里贝观察到，在这样的群体中，双语解释标签（英语和西班牙语）使得英语不熟练的成年人能够阅读标签并与孩子讨论内容，这直接增加了这些群体对展览与学习结果的关注。

阿什（Ash，2004）有关博物馆中的西班牙语家庭的研究工作显示，不同背景的家庭感兴趣的科学话题是相似的，但是需要为他们提供额外的支持，如西班牙语作为中介，科学对话才有可能发生。阿什讨论了分布式专长、共同的创造性活动以及渐进性意义建构在促进对话探究中的重要性。然而，对于不能运用符号或阅读英语的非英语家庭来说，动力就发生变化了。惠顿和阿什（Wheaton and Ash，2008）关于非正式项目的科学教育的研究发现，参与者中女孩欢迎和喜欢双语项目，因为她们用两种语言学习了科学术语和概念，因此能更好地与父母（她们的父母主要是说西班牙语）交流她们在营地中做到的或学到的。这一点增加了她们的自信，并且有助于将营地与家庭环境连系起来。

具备熟悉的、安全的、基于共同体的联系在使家庭参与到科学探究和会话中也是至关重要的，甚至在更基本的层面上，它能帮助不同群体减少对博物馆的神秘感，把博物馆看做是一家人的好去处（Garibay，2004b）。不同文化群体的成员在项目的发展和实施中起着关键性的作用，他们可以是设计者、建议提供者、一线教育者和这些努力的评估者。

李（Lee，2001）强调，我们需要认识和运用学习者的语言资源，她指出尊重学习者文化身份、建立平衡取向的重要性。例如，“美国水资源”项目（Native Waters project）试图传播文化敏感的水资源教育，包括建立在美洲印第安人世界观基础上的主题要素。代数项目明确针对低收入和少数民族儿童而服务，运用学生的生活体验和当地环境作为起点，帮助他们建构对数学概念的理解。如利用城市儿童乘坐地铁的经验，参与者可能乘坐一段地铁，然后画一张图来重建走过的路程，以此来表现一条数轴，在这条数轴上他们来探究代数概念，如相等、正数和负数（即“走了多少”和“哪个方向”）。“美国水资源”项目和代数项目都考虑到了共同体参与是他们工作的中心，而且在它们的设计过程中都有共同体成员（例如年长者、大学生指导者）加入。

社会结构（例如家庭结构、支配性别关系的准则、非主流的形式等）的文化可变性，也应该反映在科学学习的非正式环境的设计中。例如，在一项九个博物馆合作的研究中，最初遇到的一个问题就是，项目的一个环节是为小家庭设计的，要求父母带着 9 ~ 10 岁的孩子前来参加，而没有考虑到当地社区期望的是几代同堂的大家庭群体来参与。这一期望，一半是由于全家人希望待在一起，一半是由于父母确实面对照看孩子的实际困难（Garibay, Gilmartin and Schaefer，2002）。为家庭设计的空间应当考虑到大家庭参观时的需求。在另一项研究中，巴苏和加拉布雷·西巴顿（Basu and Calabrese Barton，2007）指出，教育环境必须尊重学习者自身所重视的关系。巴伦（Barron，2006）发现，在儿童社会网络中的某个地方通常会有一个成年人，他具有相关的知识，并且与学习者一起做事。这个人可能是父母，也可能不是父母。开发同伴网络对培养非主流群体持续参与到非正式环境下的科学学习可能也是尤为重要的。

总之，为某一文化群体和共同体设计非正式环境，应该按照这些群体内心的关注和兴趣去发展和实施。项目目标应该由教育者以及他们所服务的文化群体和共同体一起来决定。

开发一些策略，帮助学习者用适合自己的方式来认同科学，这也同样重要。黄（Wong，2002）提倡“帮助学习者体验科学家个人的故事，‘好像’学习者就是科学家，而不是局外的观察者”（p. 396）。德博尔（DeBoer，1991）建议，科学教育，“像所有的教育一样，应该引导独立的自行活动。它应该使人们能够思考和行动。它应该为个体提供新的观点，提供有助于增强自律、个人满足感和社会责任感的研究技能”（p. 240）。加拉布雷西·巴顿（Calabrese Barton，1998b）分析了科学表征的教育学问题（科学是用来干什么的）和做科学中的身份认同（我认为什么人才能从事科学）。她解释道：“教育学涉及有关科学知识创造和验证的价值观与信念的生产，还涉及我们必须让谁参与到这个过程……教师选择怎样为学生呈现科学，就是在引导某种参与、某种活动和某种身份（Calabrese-Barton，1988b，p. 380）。”

教育场境中的科学建构，最终源于在这个过程中教师（或其他成年人）和学习者的合作，“是一种受到各种联系影响的共同行动，这种联系来源于生活、经验、价值观、信念和科学”（Calabrese-Barton，1988b，p. 380）。校内、校外以及家庭背景中的研究，也正在开始探讨人格结构和科学身份怎样才能受到影响。

加拉格尔和霍根（Gallagher and Hogan，2000，p. 108）建议：“科学学习经验拓展了典型学校教育的边界，对科学学习经验的研究会赋予‘系统教育改革’这一术语新的含义，当‘系统’包括整个共同体……（并）鼓励其他人创造、实施和系统研究代际和基于共同体的科学教育时”，这样的探究具有激发新思维的潜力，这种新思维可以拓展此领域中关于学习和实践科学的基本概念。

结　论

在学习或科学上都不存在无文化的或中性的观点——就如一张照片或一幅画不可能没有视角。科学是社会文化活动；它的实践和认识论假设反映了文化、文化实践和科学家的文化价值观。科学家和科学教育者的多样性是至关重要的。提供新的研究视角对科学有益，而提供对科学更好的理解，则有益于科学教育。非正式环境中的科学学习本身是镶嵌在文化假设之中的。非主流文化群体的人们往往会认为主流文化群体拥有和操控这些机构。而且，科学或许被广泛解读为精英的事业。

从事科学学习的非正式机构正努力解决不平等问题和鼓励不同共同体的参与。然而，由于缺少对内容的组织进行基本的和必要的改变以及更好地为不同团体服务的经验，这些努力通常会停止。人们需要更多地关注文化造就知识、信仰和观点的方式。人们需要更深入地理解家庭文化实践、特别适于非正式学习环境的实践和与科学相联系的文化实践三者之间的关系。为了识别非主流群体在科学领域的优势，需要考察和扩大什么是科学的概念。

我们强调两个关于如何更好地支持非主流背景的人们的科学学习充满前景的见解。首先，发展和实施非正式学习环境应该时刻记住共同体和文化群体的兴趣和关注：项目目标应该由教育者以及共同体和文化群体共同决定。再者，社会结构的文化变异性应当反映在教育设计中。例如，开发同伴网络或许对培养非主流群体可持续的参与非常重要。为家庭服务的空间设计应该考虑大家庭。

一般意义上说，开发环境应该充分利用参与者的文化实践，包括日常用语、语言实践和共同的文化体验。作为设计者、顾问、一线教育者和评估者，不同文化群体的成员可以在项目的发展和实施中扮演重要的角色。

参考文献

Aikenhead, G. (1996). Science education: Border crossing into the subculture of science. *Studies in Science Education*, *27*, 1-52.

Aikenhead, G. (1998). Many students cross cultural borders to learn science: Implications for teaching. *Australian Science Teachers' Journal*, *44*(4), 9-12.

Aikenhead, G. (2001). *Cross-cultural science teaching: Praxis*. A paper presented at the annual meeting of the National Association for Research in Science Teaching, St. Louis, March 26-28.

Allen, G., and Seumptewa, O. (1993). The need for strengthening Native American science and mathematics education. In S. Carey (Ed.), *Science for all cultures: A collection of articles from NSTA's journals* (pp. 38-43). Arlington, VA: National Science Teachers Association.

American Association for the Advancement of Science. (1976). *A report on the barriers obstructing entry of Native Americans into the sciences.* Washington, DC: Author.

American Association of University Women. (1995). *Growing smart: What's working for girls in school.* Researched by S. Hansen, J. Walker, and B. Flom at the University of Minnesota's College of Education and Human Development.

Ash, D. (2004). Reflective scientific sense-making dialogue in two languages: The science in the dialogue and the dialogue in the science. *Science Education, 88,* 855-884.

Baker, D. (1992). I am what you tell me to be: Girls in science and mathematics. *Association of Science-Technology Centers Newsletter, 20*(4), 5, 6, 14.

Ballenger, C. (1997). Social identities, moral narratives, scientific argumentation: Science talk in a bilingual classroom. *Language and Education, 11*(1), 1-14.

Bang, M., Medin, D.L., and Atran, S. (2007, August). Cultural mosaics and mental models of nature. *Proceedings of the National Academy of Sciences, 104*(35), 13868-13874.

Banks, J.A. (2007). *Educating citizens in multicultural society* (2nd ed.). New York: Teachers College Press.

Barron, B. (2006). Interest and self-sustained learning as catalysts of development: A learning ecology perspective. *Human Development, 49*(4), 193-224.

Basu, S.J., and Calabrese Barton, A. (2007). How do urban minority youth develop a sustained interest in science? *Journal of Research in Science Teaching, 44*(3), 466-489.

Bell, P., Bricker, L.A., Lee, T.R., Reeve, S., and Zimmerman, H.T. (2006). Understanding the cultural foundations of children's biological knowledge: Insights from everyday cognition research. In S.A. Barab, K.E. Hay, and D. Hickey (Eds.), *Proceedings of the seventh international conference of the learning sciences* (pp. 1029-1035). Mahwah, NJ: Lawrence Erlbaum Associates.

Bitgood, S. (1993). Social influences on the visitor museum experience. *Visitor Behavior, 8*(3), 4-5.

Bogdan, R., and Biklen, S.K. (2007). *Qualitative research for education: An introduction to theory and methods* (5th ed.). Boston: Pearson/Allyn and Bacon.

Borun, M., Dritsas, J., Johnson, J.I., Peter, N.E., Wagner, K.F., Fadigan, K., Jangaard, A., Stroup, E., and Wenger, A. (1998). *Family learning in museums: The PISEC perspective.* Philadelphia: Franklin Institute.

Brayboy, B.M.J., and Castagno, A.E. (2007). *How might native science inform "informal science learning"?* Background paper for the Committee on Learning Science in Informal Environments. Available: http://www7.nationalacademies.org/bose/Brayboy_and%20Castagno_Commissioned_Paper.pdf [accessed October 2008].

Bricker, L.A., and Bell, P. (2008). *Evidentiality and evidence use in children's talk across everyday contexts*. Everyday Science and Technology Group, University of Washington.

Brickhouse, N.W., Lowery, P., and Schultz, K. (2000). What kind of a girl does science? The construction of school science identities. *Journal of Research in Science Teaching, 37*(5), 441-458.

Brown, B.A. (2006). "It isn't no slang that can be said about this stuff": Language, identity, and appropriating science discourse. *Journal of Research in Science Teaching, 43*(1), 96-126.

Brumann, C. (1999). Writing for culture: Why there is no need to discard a successful concept. *Current Anthropology, 40*(1), S1-S27.

Bruner, J. (1996). *The culture of education*. Cambridge, MA: Harvard University Press.

Cajete, G. (1988). *Motivating American Indian students in science and math*. Las Cruces, NM: ERIC Clearinghouse on Rural Education and Small Schools.

Cajete, G. (1993). *Look top the mountain: An ecology of Indian education*. Skyland, NC: Kivaki Press.

Cajete, G. (1999). The Native American learner and bicultural science education. In K. Swisher and J. Tippeconnic (Eds.), *Next steps: Research and practice to advance Indian education* (pp. 135-160). Charles Town, WV: ERIC Clearinghouse on Rural Education and Small Schools.

Calabrese Barton, A. (1997). Liberatory science education: Weaving connections between feminist theory and science education. *Curriculum Inquiry, 27*, 141-163.

Calabrese Barton, A. (1998a). Teaching science with homeless children: Pedagogy, representation, and identity. *Journal of Research in Science Teaching, 35*(4), 379-394.

Calabrese Barton, A. (1998b). Reframing "science for all" through the politics of poverty. *Educational Policy, 12*, 525-541.

Calabrese Barton, A., and Brickhouse, N.W. (2006). Engaging girls in science. In C. Skelton, B. Francis, and L. Smulyan (Eds.), *Handbook of gender and education* (pp. 221-235). Thousand Oaks, CA: Sage.

Calabrese Barton, A., and Osborne, M.D. (Eds.). (1998). Marginalized discourses and pedagogies: Constructively confronting science for all. *Journal of Research in Science Teaching, 35*(4), 339-340.

Carey, S. (1985). *Conceptual change in childhood*. Cambridge, MA: MIT Press.

Carlisle, J.F. (1999). Free recall as a test of reading comprehension for students with learning disabilities. *Learning Disability Quarterly, 22*(1), 11-22.

Chavajay, P., and Rogoff, B. (1995). What's become of research on the cultural view of cognitive development? *American Psychologist, 50*(10), 859-877.

Cobb, P., Confrey, J., diSessa, A., Lehrer, R., and Schauble, L. (2003). Design experiments in education research. *Education Researcher, 32*(1), 9-13.

Cobern, W.W., and Aikenhead, G.S. (1998). Cultural aspects of learning science. In B. Fraser and K. Tobin (Eds.), *International handbook of science education* (Part One, pp. 39-52). Dordrecht, Netherlands: Kluwer Academic.

Coley, J.D., Vitkin, A.Z., Seaton, C.E., and Yopchick, J.E. (2005). Effects of experience on relational inferences in children: The case of folk biology. In B.G. Bara, L. Barsalou, and M. Bucciarelli (Eds.), *Proceedings of the 27th Annual conference of the cognitive science society* (pp. 471-475). Mahwah, NJ: Lawrence Erlbaum Associates.

Costa, V.B. (1995). When science is "another world": Relationships between worlds of family, friends, school, and science. *Science Education, 79*, 313-333.

Crowley, K., Callanan, M.A., Jipson, J., Galco, J., Topping, K., and Shrager, J. (2001a). Shared scientific thinking in everyday parent-child activity. *Science Education, 85*(6), 712-732.

Crowley, K., Callanan, M.A., Tenenbaum, H.R., and Allen, E. (2001b). Parents explain more often to boys than to girls during shared scientific thinking. *Psychological Science, 12*, 258-261.

Davison, D.M., and Miller, K.W. (1998). An ethnoscience approach to curriculum issues for American Indian students. *School Science and Mathematics, 98*(5), 260.

DeBoer, G. (1991). *A history of ideas in science education: Implications for practice*. New York: Teachers College Press.

Delpit, L. (1988). The silenced dialogue: Power and pedagogy in educating other people's children. *Harvard Educational Review, 58*(3).

Delpit, L. (1995). *Other people's children: Cultural conflict in the classroom*. New York: W.W. Norton.

Diamond, J. (1986). The behavior of family groups in science museums. *Curator, 29*(2), 139-154.

Dierking, L.D. (1987). *Parent-child interactions in a free choice learning setting: An examination of attention-directing behaviors*. Unpublished doctoral dissertation, University of Florida, Gainesville.

diSessa, A.A. (1993). Toward an epistemology of physics. *Cognition and Instruction, 10*(2-3), 105-225.

Duensing, S. (2006). Culture matters: Science centers and cultural contexts. In Z. Bekerman, N. Burbules, and D. Silberman-Keller (Eds.), *Learning in places: The informal education reader* (pp. 183-202). New York: Peter Lang.

Eisenhart, M. (2001). Moving women from school to work in science: Curriculum demands, adult identities, and life transitions. *Journal of Women and Minorities in Science and Engineering, 7*, 199-213.

Eisenhart, M., and Finkel, E. (1998). *Women's science: Learning and succeeding from the margins*. Chicago: University of Chicago Press.

Eisenhart, M., Finkel, E., and Marion, S.F. (1996). Creating the conditions for scientific literacy: A re-examination. *American Educational Research Journal, 33*, 261-295.

Ellenbogen, K.M. (2002). Museums in family life: An ethnographic case study. In G. Leinhardt, K. Crowley, and K. Knutson (Eds.), *Learning conversations in museums* (pp. 81-101). Mahwah, NJ: Lawrence Erlbaum Associates.

European Commission. (2008). *Gender Impact Assessment of the Specific Programmes of the Fifth Program, An Overview*. Brussels, Belgium.

Fadigan, K.A., and Hammrich, P.L. (2005). Informal science education for girls:

Careers in science and effective program elements. *Science Education Review, 4*(3), 83-90.

Falk, J.H., and Dierking, L.D. (1992). *The museum experience*. Washington, DC: Howells House.

Falk, J., and Dierking, L.D. (2000). *Learning from museums*. Walnut Creek, CA: AltaMira Press.

Fienberg, J., and Leinhardt, G. (2002). Looking through the glass: Reflections of identity in conversations at a history museum. In G. Leinhardt, K. Crowley, and K. Knutson (Eds.), *Learning conversations in museums* (pp. 167-211). Mahwah, NJ: Lawrence Erlbaum Associates.

Fort, D.C., Bird, S.J., and Didion, C.J. (1993). *A hand up: Women mentoring women in science*. Washington, DC: Association for Women in Science.

Frome, P.M., and Eccles, J.S. (1998). Parents' influence on children's achievement-related perceptions. *Journal of Personality and Social Psychology, 74*(2), 435-452.

Gallagher, J., and Hogan, K. (2000). Intergenerational, community-based learning and science education. *Journal of Research in Science Teaching, 37*(2), 107-108.

Gallard, A., Viggiano, E., Graham, S., Stewart, G., and Vigliano, M. (1998). The learning of voluntary and involuntary minorities in science classrooms. In B. Fraser and K. Tobin (Eds.), *International handbook of science education* (Part Two, pp. 941-954). Dordrecht, Netherlands: Kluwer Academic.

Garibay, C. (2004a). *Animal secrets bilingual labels formative evaluation*. Unpublished manuscript, Garibay Group, Chicago.

Garibay, C. (2004b). *Museums and community outreach: A secondary analysis of a museum collaborative program*. Unpublished master's thesis, Saybrook Graduate School and Research Center, San Francisco.

Garibay, C. (2006a). *Washington metropolitan area Latino research study*. Unpublished manuscript, Garibay Group, Chicago.

Garibay, C. (2006b). *Chicago area Latino audience research for the Brookfield Zoo*. Unpublished manuscript, Garibay Group, Chicago.

Garibay, C. (2007). *Palm Springs Art Museum: Latino audience research*. Unpublished manuscript, Garibay Group, Chicago.

Garibay, C., and Gilmartin, J. (2003). *Chocolate summative evaluation at the Field Museum*. Unpublished manuscript, Garibay Group, Chicago.

Garibay, C., Gilmartin, J., and Schaefer, J. (2002). *Park Voyagers summative evaluation*. Unpublished manuscript, Garibay Group, Chicago.

Gender Equity Expert Panel. (2000). *Exemplary and promising gender equity programs 2000*. Washington, DC: U.S. Department of Education. Available: http://www.ed.gov/pubs/genderequity/gender_equity.pdf [accessed October 2008].

Ginther, D.K., and Kahn, S. (2006). *Does science promote women? Evidence from academia 1973-2001*. Cambridge, MA: National Bureau of Economic Research.

González, N., Moll, L.C., and Amanti, C. (Eds.). (2005). *Funds of knowledge: Theorizing practices in households, communities, and classrooms*. Mahwah, NJ: Lawrence Erlbaum Associates.

Good, R. (1993). Editorial: The slippery slopes of postmodernism. *Journal of Research in Science Teaching, 30*(5), 427.

Good, R.G. (1995). Comments on multicultural science education. *Science Education, 79*(3), 335-336.

Gutiérrez, K.D., and Rogoff, B. (2003). Cultural ways of knowing: Individual traits or repertoires of practice. *Educational Researcher, 32*(5), 19-25.

Halpern, D.F., Benbow, C.P., Geary, D.C., Gur, R.C., Hyde, J.S., and Gernsbacher, M.A. (2007). The science of sex differences in science and mathematics. *Psychological Science in the Public Interest, Supplement, 8*(1), 1-51.

Harding, S. (1998). *Is science multicultural? Postcolonialisms, feminisms, and epistemologies*. Bloomington: Indiana University Press.

Hathaway, R.S., Sharp, S., and Davis, C.S. (2001). Programmatic efforts affect retention of women in science and engineering. *Journal of Women and Minorities in Science and Engineering, 7*, 107-124.

Hattie, J.A., Marsh, H.W., Neill, J.T., and Richards, G.E. (1997). Adventure education and Outward Bound: Out-of-class experiences that make a lasting difference. *Review of Educational Research, 67*(1), 43-87.

Haukoos, G., and LeBeau, D. (1992). Inservice activity that emphasizes the importance of culture in teaching school science. *Journal of American Indian Education, 32*(1), 1-11.

Heath, S., (2007). *Diverse learning and learner diversity in "informal" science learning environments*. Background paper for the Committee on Science Education for Learning Science in Informal Environments. Available: http://www7.nationalacademies.org/bose/Learning_Science_in_Informal_Environments_Commissioned_Papers.html [accessed November 2008].

Hirshfeld, L.A. (2002). Why anthropologists don't like children. *American Anthropologist, 104*(2), 611-627.

Howes, E.V. (1998). Connecting girls and science: A feminist teacher research study of a high school prenatal testing unit. *Journal of Research in Science Teaching, 35*(8), 877-896.

Hudicourt-Barnes, J. (2001). Bay odyans: Argumentation in Haitian Creole classrooms. *Hands On!, 24*(2), 7-9.

Inagaki, K. (1990). The effects of raising animals on children's biological knowledge. *British Journal of Developmental Psychology, 8*, 119-129.

Institute of Education Sciences. (2007). *Encouraging girls in math and science: IES practice guide* (NCER 2007-2003). Washington, DC: U.S. Department of Education.

Jacobs, J.E., Davis-Kean, P., Bleeker, M., Eccles, J.S., and Malanchuk, O. (2005). "I can, but I don't want to": The impact of parents, interests, and activities on gender differences in math. In A.M. Gallagher and J.C. Kaufman (Eds.), *Gender differences in mathematics: An integrative psychological approach* (pp. 246-263). New York: Cambridge University Press.

Jones, G., and Wheatley, J. (1990). Gender differences in teacher-student interactions in science classrooms. *Journal of Research in Science Teaching, 27*(9), 861-874.

Jovanovic, J., and King, S.S. (1998). Boys and girls in the performance-based science classroom: Who's doing the performing? *American Educational Research Journal, 35*(3), 477-496.

Kahle, J.B. (1998). Equitable systemic reform in science and mathematics: Assessing progress. *Journal of Women and Minorities in Science and Engineering, 4*, 91-112.

Kahle, J.B., and Meece, J. (1994). Research on gender issues in the classroom. In D. Gabel (Ed.), *Handbook of research on science teaching and learning* (pp. 542-557). New York: Macmillan.

Kawagley, A.O. (1999). Alaska native education: History and adaptation in the new millennium. *Journal of American Indian Education, 39*(1), 31-35.

Keller, E. (1982). Feminism and science. *Signs: Journal of Women in Culture and Society, 7*(3), 589-602.

Kurth, L.A., Anderson, C., and Palincsar, A.S. (2002). The case of Carla: Dilemmas of helping all students to understand science. *Science Education, 86*(3), 287-313.

Laetsch, W.M., Diamond, J., Gottfried, J.L., and Rosenfeld, S. (1980). Children and family groups in science centres. *Science and Children, 17*(6), 14-17.

LaLonde, R.J., O'Muircheartaigh, C., Perkins, J., English, N., Grams, D., and Joynes, C. (2006). *Mapping cultural participation in Chicago*. Monograph. Chicago: University of Chicago, Cultural Policy Center.

Lareau, A. (1989). *Home advantage: Social class and parental intervention in elementary education* (2nd ed.). Lanham, MD: Rowan and Littlefield.

Lareau, A. (2003). *Unequal childhoods: Class, race, and family life*. Berkeley: University of California Press.

Lave, J., and Wenger, E. (1991). *Situated learning: Legitimate peripheral participation*. New York: Cambridge University Press.

Lawler, A. (2002). Engineers marginalized, MIT report concludes. *Science, 295*(5563), 2192.

Lederman, N.G., Abd-El-Khalick, F., Bell, R.L., and Schwartz, R.S. (2002). Views of the nature of science questionnaire: Towards valid and meaningful assessment of learners' conceptions of the nature of science. *Journal of Research in Science Teaching, 39*(6), 497-521.

Lee, C. (1993). *Signifying as a scaffold for literary interpretation: The pedagogical implications of an African American discourse genre*. Urbana, IL: National Council of Teachers of English.

Lee, C. (1995). A culturally based cognitive apprenticeship: Teaching African American high school students skills in literary interpretation. *Reading Research Quarterly, 30*(4), 608-630.

Lee, C. (2001). Is October Brown Chinese? A cultural modeling activity system for underachieving students. *American Educational Research Journal, 38*(1), 97-141.

Lee, C. (2003). Toward a framework for culturally responsive design in multimedia computer environments: Cultural modeling as a case. *Mind, Culture, and Activity, 10*(2), 42-61.

Lee, O. (1999). Equity implications based on the conceptions of science achievement in major reform documents. *Review of Educational Research, 69*(1), 83-115.

Lee, O. (2005). Science education and English language learners: Synthesis and research agenda. *Review of Educational Research, 75*(4), 491-530.

Lee, O., and Fradd, S.H. (1996). Interactional patterns of linguistically diverse students and teachers: Insights for promoting science learning. *Linguistics and Education: An International Research Journal, 8*(3), 269-297.

Lee, O., and Fradd, S.H. (1998). Science for all, including students from non-English-language backgrounds. *Educational Researcher, 27*(4), 12-21.

Lehrer, R., and Schauble, L. (2006). Scientific thinking and science literacy. In K.A. Renninger, W. Damon, I.E. Sigel, and R.M. Lerner (Eds.), *Handbook of child psychology: Child psychology in practice* (vol. 4, 6th ed.). Hoboken, NJ: Wiley.

Lemke, J.L. (1990). *Talking science: Language, learning and values*. Norwood, NJ: Ablex.

Lips, H.M. (2004). The gender gap in possible selves: Divergence of academic self-views among high school and university students. *Sex Roles, 50*(5/6), 357-371.

MacIvor, M. (1995). Redefining science education for aboriginal students. In M. Battiste and J. Barman (Eds.), *First nations education in Canada: The circle unfolds* (pp. 73-98). Vancouver: University of British Columbia Press.

Maddock, MN. (1981). Science education: An anthropological viewpoint. *Studies in Science Education, 8*, 1-26.

Malcom, S.M., and Matyas, M.L. (Eds.) (1991). *Investing in human potential: Science and engineering at the crossroads*. Washington, DC: American Association for the Advancement of Science.

Martin, K. (1995). The foundational values of cultural learning: The Akhkwasahsne science and math pilot project. *Winds of Change, 10*(4), 50-55.

Matthews, C., and Smith, W. (1994). Native American related materials in elementary science instruction. *Journal of Research in Science Teaching, 41*(3), 363-380.

Matthews, M.R. (1994). *Science teaching: The role of history and philosophy of science*. New York: Routledge.

Mayberry, M. (1998). Reproductive and resistant pedagogies: The comparative roles of collaborative learning and feminist pedagogy in science education. *Journal of Research in Science Teaching, 35*(4), 443-459.

McCarthy, T.L. (1980). Language use by Yavapai-Apache students with recommendations for curriculum design. *Journal of American Indian Education, 20*(1), 1-9.

McCreedy, D. (2005). Engaging adults as advocates. *Curator, 48*(2), 158-176.

McDermott, R., and Varenne, H. (1995). Culture as disability. *Anthropology and Education Quarterly, 26*, 324-348.

McDermott, R., and Varenne H. (1996). Culture, development, disability. In R. Jessor, A. Colby, and R.A. Shweder (Eds.), *Ethnography and human development: Context and meaning in social inquiry* (pp. 101-126). Chicago: University of Chicago Press.

McDermott, R., and Varenne, H. (2006). Reconstructing culture in educational research. In G. Spindler and L. Hammond (Eds.), *Innovations in educational ethnography* (p. 3-31). Mahwah, NJ: Lawrence Erlbaum Associates.

McGlone, M.S., and Aronson, J. (2006). Stereotype threat, identity salience, and spatial reasoning. *Journal of Applied Developmental Psychology, 27*(5), 486-493.

Medin, D.L., and Atran, S. (2004). The native mind: Biological categorization, reasoning and decision making in development across cultures. *Psychological Review, 111*(4), 960-983.

Mervis, J., (April, 1999). High level groups study barriers women face. *Science, 284*(5415), 727.

Moje, E., Collazo, T., Carillo, R., and Marx, R. (2001). "Maestro, what is quality?": Language, literacy and discourse in project-based science. *Journal of Research in Science Teaching, 38*(4), 469-498.

Molander, B., Pedersen, S., and Norell, K. (2001). Deaf pupils' reasoning about scientific phenomena: School science as a framework for understanding or as fragments of factual knowledge. *Journal of Deaf Studies and Deaf Education, 6*(3), 200-211.

Morocco, C.C. (2001). Teaching for understanding with students with disabilities: New directions for research on access to the general education curriculum. *Learning Disability Quarterly, 24*(1), 5-23.

Moschkovich, J.N. (2002). A situated and sociocultural perspective on bilingual mathematics learners. *Mathematical Thinking and Learning, 4*(2-3), 189-212.

Murphy, P., and Whitelegg, E. (2006). Girls and physics: Continuing barriers to belonging. *Curriculum Journal, 17*, 281-305.

Nasir, N.S. (2000). "Points ain't everything": Emergent goals and average and percent understandings in the play of basketball among African American students. *Anthropology and Education Quarterly, 31*(3), 283-305.

Nasir, N.S. (2002). Identity, goals, and learning: Mathematics in cultural practice. *Mathematics Thinking and Learning, 2*(2-3), 213-248.

Nasir, N., and Saxe, G. (2003). Ethnic and academic identities: A cultural practice perspective on emerging tensions and their management in the lives of minority students. *Educational Researcher, 32*(5), 14-18.

Nasir, N.S., Rosebery, A.S., Warren B., and Lee, C.D. (2006). Learning as a cultural process: Achieving equity through diversity. In R.K. Sawyer (Ed.), *The Cambridge handbook of the learning sciences* (pp. 489-504). New York: Cambridge University Press.

National Center for Education Statistics. (2003). *Trends in international mathematics and science study (TIMSS)*. Available: http://nces.ed.gov/timss/results03.asp [accessed October 2008].

National Center for Education Statistics. (2006). *Digest of education statistics: 2006 digest tables*. Available: http://nces.ed.gov/programs/digest/2006menu_tables.asp [accessed October 2008].

National Research Council. (2007). *Taking science to school: Learning and teaching science in grades K-8*. Committee on Science Learning, Kindergarten Through Eighth Grade. R.A. Duschl, H.A. Schweingruber, and A.W. Shouse (Eds.). Board on Science Education, Center for Education, Division of Behavioral and Social Sciences and Education. Washington, DC: The National Academies Press.

National Science Foundation. (2002). *Gender differences in the careers of academic scientists and engineers*. (NSF 04-323.) Arlington, VA: Author.

National Science Foundation. (2007). *Women, minorities, and persons with disabilities in science and engineering*. (NSF 07-315.) Arlington, VA: Author.

Nelson-Barber, S., and Estrin, E. (1995). *Culturally responsive mathematics and science education for Native students*. Washington, DC: Native Education Initiative of the Regional Educational Labs.

Packard, B.W.-L., and Nguyen, D. (2003). Science career-related possible selves of adolescent girls: A longitudinal study. *Journal of Career Development, 29*(4), 251-263.

Palincsar, A.S., Collins, K.M., Marano, N.L., and Magnusson, S.J. (2000). Investigating the engagement and learning of students with learning disabilities in guided inquiry science teaching. *Language, Speech, and Hearing Services in the Schools, 31*, 240-251.

Pomeroy, D. (1994). Science education and cultural diversity: Mapping the field. *Studies in Science Education, 24*, 49-73.

Reich, C., Chin, E., and Kunz, E. (2006). Museums as forum: Engaging science center visitors in dialogue with scientists and one another. *Informal Learning Review, 79*, 1-8.

Ritchie, S., and Butler, J. (1990). Aboriginal studies and the science curriculum: Affective outcomes from a curriculum intervention. *Research in Science Education, 20*, 249-254.

Rivard, L.P. (2004). Are language-based activities in science effective for all students, including low achievers? *Science Education, 88*(3), 420-442.

Roald, I., and Oyvind, M. (2001, April). Configuration and dynamics of the earth-sun-moon system: An investigation into conceptions of deaf and hearing pupils. *International Journal of Science Education Journal, 23*(4), 423-440.

Rockman Et Al. (2007). *Media-based learning science in informal environments*. Background paper for the Committee on Learning Science in Informal Environments. Available: http://www7.nationalacademies.org/bose/Rockman_et%20al_Commissioned_Paper.pdf [accessed October 2008].

Rodriguez, A.J. (1997). The dangerous discourse of invisibility: A critique of the National Research Council's national science education standards. *Journal of Research in Science Teaching, 34*(1), 19-37.

Rogoff, B. (2003). *The cultural nature of human development*. New York: Oxford University Press.

Rogoff, B., and Chavajay, P. (1995). What's become of research on the cultural basis of cognitive development? *American Psychologist, 50*, 859-877.

Rose, D., and Meyer, A. (2002). *Teaching every student in the digital age: Universal design for learning*. Alexandria, VA: Association for Supervision and Curriculum Development.

Rose, M. (2004). *Mind at work: Valuing the intelligence of the American worker*. New York: Penguin Group.

Rosebery, A.S., Warren, B., and Conant, F. (1992). Appropriating scientific discourse: Findings from language minority classrooms. *Journal of the Learning Sciences, 2*, 61-94.

Ross, N., Medin, D., Coley, J.D., and Atran, S. (2003). Cultural and experiential differences in the development of folk biological induction. *Cognitive Development, 18*(1), 25-47.

Sachatello-Sawyer, B. (1996). *Coming of age: An assessment of the status of adult education methodology in museums*. Doctoral dissertation, Montana State University, Bozeman.

Sadker, M., and Sadker, D. (1992). Ensuring equitable participation in college classes. *New Directions for Teaching and Learning, 49*, 49-56.

Sadker, M., and Sadker, D.M. (1994). *Failing at fairness: How America's schools cheat girls*. New York: Scribner.

Sax, L.J. (2001). Undergraduate science majors: Gender differences in who goes to graduate school. *Review of Higher Education, 24*(2), 153-172.

Secada, W.G. (1989). Educational equity versus equality of education: An alternative conception. In W.G. Secada (Ed.), *Equity in education* (pp. 68-88). Philadelphia: Falmer Press.

Secada, W.G. (1994). Equity and the teaching of mathematics. In M.M. Atwater, K. Radzik-Marsh, and M. Strutchens (Eds.), *Multicultural education: Inclusion of all* (pp. 19-38). Athens: University of Georgia.

Seeing Gender. (2006). *Seeing gender: Tools for change*. Available: http://www.meac.org/Resources/ed_services/SG_WEB/SeeingGender/Resources.html [accessed October 2008].

Seymour, E., and Hewitt, N.H. (1997). *Talking about leaving: Why undergraduates leave the sciences*. Boulder, CO: Westview Press.

Simpkins, S.D., Davis-Kean, P.E., and Eccles, J.S. (2006). Math and science motivation: A longitudinal examination of the links between choices and beliefs. *Developmental Psychology, 42*, 70-83.

Snively, G. (1995). Bridging traditional science and western science in the multicultural classroom. In G. Snively and A. MacKinnon (Eds.), *Thinking globally about mathematics and science education* (pp. 53-75). Vancouver: University of British Columbia, Centre for the Study of Curriculum and Instruction.

Snively, G., and Corsiglia, J. (2001). Discovering indigenous science: Implications for science education. *Science Education, 85*(1), 6-34.

Steele, C. (1997). A threat in the air: How stereotypes shape intellectual identify and performance. *American Psychologist, 52*(6), 613-619.

Steele, C.M., and Aronson, J. (1995). Stereotype threat and the intellectual test performance of African Americans. *Journal of Perspective Social Psychology, 69*(5), 797-811.

Steinmetz, E. (2006). Americans with disabilities: 2002. *Current Population Reports*, P70-P107.

Tai, R.H., Liu, C.Q., Maltese, A.V., and Fan, X. (2006). Planning early for careers in science. *Science, 312*(5777), 1143-1144.

Tarlowski, A. (2006). If it's an animal it has axons: Experience and culture in preschool children's reasoning about animates. *Cognitive Development, 21*(3), 249-265.

Tenenbaum, H.R., and Leaper, C. (2003). Parent-child conversations about science: Socialization of gender inequities. *Developmental Psychology, 39*(1), 34-47.

Tenenbaum, H., Snow, C., Roach, K., and Kurland, B. (2005). Talking and reading science: Longitudinal data on sex differences in mother-child conversations in low-income families. *Journal of Applied Developmental Psychology, 26*(1), 1-19.

Valle, A. (2007, April). *Developing habitual ways of reasoning: Epistemological beliefs and formal bias in parent-child conversations.* Poster presented at biennial meeting of the Society for Research in Child Development, Boston.

Warren, B., Ballenger, C., Ogonowski, M., Rosebery, A.S., and Hudicourt-Barnes, J. (2001). Rethinking diversity in learning science: The logic of everyday sense-making. *Journal of Research in Science Teaching, 38*(5), 529-552.

Waxman, S., and Medin, D. (2007). Experience and cultural models matter: Placing firm limits on childhood anthropocentrism. *Human Development, 50*(1), 23-30.

Wells, N., and Evans, G. (2003). Nearby nature: A buffer of life stress among rural children. *Environment and Behaviour, 35*(3), 311-330.

Wenger, E. (1998). *Communities of practice: Learning, meaning and identity.* New York: Cambridge University Press.

Wheaton, M., and Ash, D. (2008). Exploring middle school girls' ideas about science at a bilingual marine science camp. *Journal of Museum Education, 33*(2), 131-143.

Williams, H. (1994). A critique of Hodson's "In search of a rationale for multicultural science education." *Science Education, 78*(5), 515-519.

Wong, E.D. (2002). To appreciate variation between scientists: A perspective for seeing science's vitality. *Science Education, 86*(3), 386-400.

第八章
媒　体

星期天傍晚七点，你刚从当地的一个水族馆回到家，你们一家人在那里玩了整整一天，看到了很多奇特的鱼，并从鱼缸旁边的标签上了解到它们的习性；还看了一场 IMAX 电影，讲述的是生活在自然栖息地中的一些鱼。虽然你在家里休息，但你女儿想看更多的鱼，所以她要求看迪士尼/皮克斯影片《海底总动员》。之后，你决定在睡觉前坐下来看一会电视。一个频道正在播出好莱坞电影《水中生活》，它的灵感来自著名的科学电影导演雅克－伊夫·库斯托（Jacques-Yves Cousteau）的职业生涯。与此同时，在楼上，另一个频道的老牌新闻节目“60 分钟”正在播出度假客为了近距离观察鲨鱼而潜入海水中，结果入侵了鲨鱼领地的片段。这个片段吸引了你儿子，于是他登录到“60 分钟”的网站去看人们对这个节目内容的实时评论。

一个家庭可能不会在一天中有这么多机会去学习水生生物，但是不应忽视的事实是，非正式环境下的科学学习经常与各种形式的媒体结合在一起。电视纪录片、电影中对科学和自然的曼妙描绘、互联网网站、书面新闻故事、在线社区等，提供了向个体传播科学内容的机会。这些资料经常被人们自愿接受，使得它们成为非正式场境中科学教育的重要部分。

科学学习的境脉和工具

“媒体”可以指代很多东西，可以采用多种形式。它可以是一个书面故事或一段广播镜头的内容，也可以指用于传递某种形式的信息的技术（例如电视、报纸、博物馆标识等）。它还可以被调整，用来表示一种特定媒体的功用：“互动媒体”、“定向媒体”或“大众媒体”。媒体研究涉及的领域很宽泛，从某类故事内容的批判分析，到内容分析和公众舆论的定量关系，再到与网站互动时的眼动分析，均在研究之列。近年来，“大众媒体”和“人际沟通”之间的传统学术区分受到挑战，即我们需要创造新的观点来解释这些途径之间的相互作用。

然而，在科学学习的境脉中，现有的文献在很大程度上仍然束缚于陈旧的分析方式，理所当然地按照传统的方式将媒体分为“大众媒体”和“互动媒体”。媒体在不同的社会境脉中发挥不同的作用，理解这一点也非常重要。例如，为家庭观看而制作的电视纪录片也可以在教室里播放，可以作为博物馆展览的一部分进行展示，或者在基于计算机的学习环境下播放。为了评价用于科学学习的媒体的效果，人们必须考虑到媒体最适当的使用方式以及它们在不同非正式场境之间的使用方式。

在本章中，我们首先在传统的大众媒体分类的基础上进行概述。然后，我们提出一些建议性的方法，新的分析模式可以用这些方法来阐明非正式环境下的科学学习。存在哪些工具？公众如何才能获得这些工具？个人和团体如何通过媒体来获取他人的知识并施以影响？个人和团体如何使他们自己的观点被广泛接受？我们限定分析的范围，主要处理的是学习结果和本领域新兴的或人们非常感兴趣的问题（例如，用于教育的新技术工具和日常生活中数字媒体的广泛影响）。

印刷媒体

虽然印刷媒体的历史最为悠久，但很少有研究探讨过它对科学学习的特定影响。许多研究支持科学书籍（包括一般书籍和课本在内）、杂志［包括科学类的杂志如《大众科学》（*Popular Science*）或《科学美国人》（*Scientific American*）］和报纸的内容要具备科学性、普及性和思想性（Bauer，Durant，Ragnarsdottir，and Rudolfsdottir，1995；Bauer，Petkova，Boyadjieva，and Gornev，2006；Broks，2006；Burnham，1987；Dornan，1989；Hansen and Dickinson，1992；Haynes，1994；LaFollette，1990）。不过这些主张很少经过实证检验。其他研究探讨了印刷媒体的创作，集中探讨印刷媒体内容得以塑造的机遇和约束条件（Burnham，1987；LaFollette，in press；Lewenstein，in press；Nelkin，1987）。

特别是在危机传播领域（即研究和发展如何传播特定行为对于健康的意义），一些研究考察了以特定印刷形式表征的科学信息对个体的危机知觉的影响（Singer and Endreny，1993；Walters，Wilkins，and Walters，1989；Weiss and Singer，1988；Wilkins and Patterson，1990）。总的来说，这些研究已经发现，媒体确实影响参与者对可能产生即时影响的事件（危险、自然灾害等）的危机知觉。然而，个人对这些事件的长远考虑并不受影响。文献还证实了，故事发生的社会境脉（如新闻报道的一般样式，读者和卷入这个危机事件的政府或公司机构之间的信任程度等）通常比个人故事的类型（无论他们是煽情的还是量化的和分析的）对参与者的危机知觉更有影响力。

近年来，关注政治性沟通的政治学家和其他学者努力把有关科技问题的公共舆论与核能、生物技术、纳米技术等争议性问题的媒体报道关联起来（Bauer and Gaskell，2002；Brossard，Scheufele，Kim，and Lewenstein，2008；Brossard and Shanahan，2003；Ten Eyck，1999，2005；Ten Eyck and Williment，2003；Gamson and Modigliani，1989；Gaskell and Bauer，2001；Gaskell，Bauer，Durant，and Allum，1999；Nisbet，Brossard，and Kroepsch，2003；Priest，2001；Scheufele and Lewenstein，2005）。尽管有证据表明人口统计学特征和心理特征都可以影响舆论，而且有观点认为，那些特征与特定媒体环境之间是有联系的（Nisbet and Goidel，2007；Nisbet and Huge，2006），但是，无论是特定印刷媒体对广泛的公众舆论的影响，还是对个人特定知识（方面2）和态度（方面6）的影响，都还没有足够的证据来得出什么结论。

某些科学书籍有时被认为对后来科学家的兴趣和职业选择有影响，特别是保罗·德·克鲁伊夫（Paul de Kruif）在1929年出版的《微型猎人》和詹姆斯·沃森（James Watson）在1968年出版的《双螺旋模型》（Lewenstein，in press），但是极少有实证证据表明书籍对科学学习的任一方面的直接影响。

教育性广播媒体

通过媒体来学习科学，这一领域中研究最多的就是广播电视的作用，特别是电视在教育中的作用。已有文献探讨了普通的广播媒体和专门用于教育目的的广播媒体对学习者的影响。

电视和收音机都提供了以科学为主题的节目，这些节目被广泛传播，在发达国家几乎每一个人以及发展中国家的大部分人都能收听和收看这些节目。在美国、欧洲以及发展中国家，超过98%的家庭都有电视（Clifford，Gunter，and McAleer，1995；Dowmunt，1993）。电视对日常生活的很多方面产生了重大影响，毋庸置疑是现代最有影响力的传播手段（Huston et al.，1992；Kubey and Csikszentmihalyi，1990）。科学广播采用每周 1～2 小时的节目形式以及每周播报或“90 秒”简讯的形式，在公共广播电台和商业电台播放，其中大部分内容是针对成年听众的。节目形式既包括现场直播脱口秀，也包括纪录片和科学家专访。在发布科学新闻、宣传健康政策目标（如计划生育、疾病预防等）以及在有限范围内通过娱乐性更强的节目传递科学等方面，当代广播节目起着重要作用。

很多教育工作者已经非常关注广播媒体特别是电视的价值（Gunter and McAleer，1997；Hartley，1999），它确实是受过教育和没受过教育的人群最容易获得的信息来源之一。对儿童、青年人和成年人来讲，广播媒体都特别易于使用。在美国，电视毫无疑问是科学技术一般信息的主要来源（National Research Council，2008）。

> 每年，科学和数学的电视节目、广播节目的受众（包括儿童和成年人）可达上亿。电视科教节目，曾一度主要是公共电视网（PBS）[①] 的领地，现在也可在一些探索频道，如国家地理频道、学习频道（TLC）、美国航空航天总署电视（NASA TV）及其他节目上找到。目前收视率最高的教育节目包括《变焦》（*Zoom*，该节目由美国波士顿公共电视台（WGBH）出品，适合 5～11 岁）、《赛博追击》（*Cyberchase*，由 WNET 出品，适合 8～12 岁）、《蜻蜓电视》（*Dragonfly TV*，由 TPT 出品，适合 9～12 岁）以及《窥视》（*PEEP*）和《野生大世界》（*The Big Wild World*）[这两个节目由 WGBH/TLC 和发现儿童（Discovery Kids）出品，适合学龄前的孩子]。上述这些节目也都提供网上辅助活动，这使得 pbs.org 成了最受欢迎的非盈利组织网站和世界范围非正式学习的资源（Ucko and Ellenbogen，2008，p. 253）。

从最早《观看巫师先生》（*Watch Mr. Wizard*）这样的电视广播科学节目开始（Ucko and Ellenbogen，2008），科教节目在 1990 年美国儿童电视法案颁

---

① 美国公共电视网（Public Broadcasting Service，PBS，也称公共广播协会或美国公共电视台），是美国的一个公共电视机构，由 354 个加盟电视台组成，主要制播教育与儿童节目。知名的儿童节目《芝麻街》就是该台制作的。——译者注（资料来源：维基百科）

布后越来越多，该法案要求建立传播针对儿童的教育电视节目网络（U. S. Congress，1990）。1996年，为了加强美国国会对儿童电视主导权的规定，联邦通信委员会（Federal Communications Commission，1996）制定了新的规定。这些规定包括：要求电视台每周至少播放三小时的核心教育节目，时段必须在早七点至晚十点之间，节目要定时定期，时长至少30分钟。规定还要求在核心教育节目播放时，要有荧屏上的字幕或图形作为明确的信号提醒。

历史上，有关电视节目影响力的证据很大程度上都是依赖口碑（Newsom，1952）。然而，对科学电视节目的评价性和学术性研究最近有所增长（e. g. ，Fisch，2004；Rockman et al. ，1996）。这些研究描绘了科学电视对儿童、青年和成年人的影响。虽然研究的质量和数量都有所增长，但这些研究极其难找，因为它们经常只存在于赞助商和评估者的文件柜里。我们也很难确定总揽全局的调查结果，因为大部分报告是关于个别项目的。然而，一些细心的综述已经把这些研究整合在了一起。洛克曼等人有关广播媒体的综合研究曾准备揭晓这些报告，该研究注意到（2007，p. 16）：

> 很多材料都是不确定的文献，对材料提供者和发布者甚至一些研究人员发出的请求，并不总是能得到回应。对于我们的很多疑问，回应者（包括材料提供者和研究人员）并不确定他们的报告是否是公开文件，是否可以未经允许就可共享。我们所获得的报告，几乎所有都是由美国国家科学基金会资助的。我们无法获得商业广播电台、商业电视台资助的关于科学节目的研究报告。

节目及其研究的方式在一定程度上随给定节目的目标受众的年龄而有所变化。针对儿童和青少年节目的研究通常会考虑观看10～40集给定节目的影响，要求参与者回答节目中呈现的具体科学内容的有关问题（方面2）。对成年人科学节目的评估不太多，评估的设计反映了节目结构的基本区别。与儿童节目通常建立一个贯穿多集节目的概念性或话题式主题（如问题解决策略、机械效益原理等）所不同的是，成年人科学教育节目通常在给定的一集电视或广播节目中呈现单一话题，与随后节目不再相关。对成年人学习的研究通常使用调查法和问卷法，促进学习者对与特定节目有关的知识的获得进行自我评估（方面2）或回忆节目本身的具体信息（Rockman et al. ，2007）。

虽然有一些证据表明参与者可以通过电视或广播节目获得科学知识，但这些证据主要集中在儿童身上。一些针对儿童和青少年的流行节目，包括《3－2－1 联系》（*3－2－1 Contact*）、《比尔教科学》[①]、《神奇校车》（*The Magic School Bus*）和《克罗》（*Cro*），已被证明对观众的科学知识有积极影响（方面 2）（Rockman et al.，1996；Fisch，2007）。对成年人节目的评估记录了参与者自我报告的知识获得情况和对后续行为的影响。例如，弗拉格（Flagg，2000，2005b）对两个全国公共广播科学节目：《科学星期五》（*Science Friday*，一个热线节目）和《地球与天空》（*Earth & Sky*，90 秒钟系列短片），进行了一系列评估。听众报告说他们学到了科学和科学方法（方面 3），寻找更多的信息并与同伴交流他们从节目中听到的内容。有关成年人的研究暗示了科学学习结果。然而，正如我们从其他领域观察到的一样，目前还缺乏有关参与者学到了什么的清晰记录和测量，自我报告也缺乏和其他测量结果的相互印证。

极少数研究关注了学习者增进科学理解的实践或活动方式。例如，对《神奇校车》的研究考察了儿童对节目中人物角色是如何学习的回忆。对《比尔教科学》和《第一广场电视》（*Square One TV*）的评估着眼于观众自己如何运用科学和数学过程。一份关于《比尔教科学》影响力的准实验研究发现，收看节目者比未收看者观察了更多、进行了更加复杂的分类（Rockman et al.，1996）。这项研究收集了对 1350 名在校儿童的评价材料（前测和后测），其中收看节目组约 800 人，对照组约 500 人。参与者来自三个城区：萨克拉门托、费城和印第安纳波利斯。前测和后测的结果显示，收看节目的学生与没收看之前相比，可以提供对科学概念更完整更复杂的解释。此外，在动手实践评价中，经常收看节目的学生通常可以对科学观念做出更好的解释和拓展（方面 2）。

一些评估已经检验了广播节目对行为的影响，这些广播是在农村和发展中地区传播公共卫生信息的途径。以公共卫生为导向的广播节目通常采用“寓教于乐”的形式，把所需的健康信息（如水质、性安全等）放进有关计划生育和性安全的肥皂剧似的戏剧、短片或歌曲中。一组研究显示了健康广播节目的广泛影响，以及这些节目与计划生育及其他健康行为之间的关联

---

① 《比尔教科学》（*Bill Nye the Science Guy*）是美国迪士尼公司制作的科学教育节目，于 1993 年 9 月 10 日至 1997 年 10 月 3 日在美国公共电视网播出，由美国知名节目主持人兼机械工程师比尔·奈主持该节目。来自：http：//www.techcn.com.cn/index.php? doc-view-148557.html。——译者注

(Kane et al., 1998; Piotrow et al., 1990; Piotrow, Kincaid, Rimon, and Rinehart, 1997; Singhal and Rogers, 1989, 1999; Valente et al., 1994, 1997; Valente, Poppe, and Merritt, 1996; Valente and Saba, 1998)。

然而，雪莉（Sherry，1997）敦促要谨慎解释这些结果。她考察了来自8个发展中国家的17项娱乐教育研究，发现支持这些节目影响力的证据是存在问题的。这些研究的基础，毫无例外都是对影响力进行高度主观推论的自我报告。它同时也受制于研究的设计方面的问题，比如样本来自毛遂自荐等。更多近期的研究采用准实验设计，清晰地表明卫生政策导向的广播节目影响范围很广，并证实节目对计划生育行为确有影响（Kane et al.，1998；Karlyn，2001）。然而，这些节目并不是总能抵达目标受众。此外，没有迹象表明行为的改变与科学概念知识（方面2）或科学推理知识（方面3）的增长有关。看起来，与行为改变相关的是关于使用避孕药具的实际意义和社会含义方面的知识，以及对意外怀孕在健康、经济和社会方面会造成怎样影响的态度。

科教广播节目在提升科学兴趣（方面1）上呈现出复杂结果。菲什（Fisch，2004）注意到，研究表明科学电视对儿童的科学兴趣的影响具有中等效果。洛克曼等人（Rockman et al.，1996）对《比尔教科学》的研究支持了这一结果。然而，洛克曼等人提出科学电视的效果可能被低估了，因为后测成绩低于预期后测成绩可能是“天花板效应”造成的。洛克曼和他的同事们发现，他们研究的参与者——8～10岁的儿童已经表明了对科学极大的兴趣，所以，前－后测的研究设计可能很难侦测到显著变化。

同样，聚焦于科教节目对性别刻板印象的影响的研究，证明了这些节目对态度的一些影响（Steinke，1997，1999，2005；Steinke and Long，1996）。然而，研究设计尚未能确认节目的长期影响。

一些研究发现了电视观众和广播听众的科学兴趣（方面1）与收听、观看科学节目的频率之间的相互关系。例如，科学广播系列短剧《地球和天空》的评价报告发现，定期收听节目的听众受到的吸引程度和参与度是最高的。对《科学星期五》的评估发现了相似的结果。那些对科学更感兴趣且享受节目的听众更常收听节目。然而，这些只是相关，但并未表明节目的影响。这些研究都没有考察，收听节目的频率更高到底是参与和享受的副产品，还是反之，即收听频率高导致了更多参与和享受。

菲什和他的同事（Fisch，2004；Fisch et al.，1997）深入研究了节目的组织以探查不同节目之间内容表征的差异。菲什（Fisch，2004）描述了在讲述一个连贯的故事时，教育内容（故事传递的潜在概念和信息）和故事情节（事件、人物以及他们目标之间的相互作用）的区别。教育电视在这些方面的相互作用也许会对观众学什么有所启发。以《比尔教科学》的一段情节为例，该情节重点是与植物和树有关的环境问题。科学教育内容包括如何估计树龄和对伐木的担忧。故事线索通常是从比尔画出一个树干并数它的年轮开始，然后到伐木工人解释他们的工作，逐渐呈现不同的话题。

呈现教育概念、方法和信息的故事情节内容，可以被分为两大类——纪录片形式和故事片形式。费舍尔等人（Fischer et al.，1997）比较了《克罗》的故事片形式和《3－2－1 联系》的纪录片形式。他们发现，纪录片形式运用了平铺直叙的较为说教的方式，相比之下，在故事片形式中，科学解释则分散到多个角色中。在故事片形式中，内容也受到需要符合场境要求的限制［如《冰河世纪》（*The Ice Age*）］。在使用纪录片形式或故事片形式组织科学节目时，或许需要对学习进行权衡。纪录片形式允许直接解释科学现象，故事片形式则有摆脱历史约束或新闻约束的自由。《3－2－1 联系》是一个面向年轻人的教育节目，通常采用纪录片形式。菲什通过对比《3－2－1 联系》和《克罗》，得出了以下结论（pp. 108－109）：

> 完全直接的演示和解释可能适用于《3－2－1 联系》，只要让里面的角色直接向观众或者主持人或采访者陈述即可，而在《克罗》中，这些都要合乎小说式的叙述，衔接要自然。《克罗》中的角色不能突然打破“第四堵墙”①，要打断正在进行的故事，应给观众一个很长的解释；相反，这样的解释应该出现在角色之间交谈的过程中。为了显得自然，这经常意味着解释要被打破并分散在故事的整个过程中，而不是发生在一个长篇大论中。

例如，在《3－2－1 联系》中，探讨光及其折射的话题是通过以下两种方式实现的：对不同形状透镜的效果进行演示（一个十几岁的主持人直接对着摄像机讲话）；参观灯塔来了解光束如何聚焦，从而能够照射到更远的距离。相比之下，《克罗》是通过一个故事来探索光及其反射的，故事里的史前

---

① 第四堵墙（fourth wall）：戏剧术语。在镜框式舞台上，一般写实的室内景只有三面墙，沿台口的一面不存在的墙，被视为“第四堵墙”。它是由对舞台“三向度”空间实体联想而产生的。——译者注

人类看到一些磨光的或反光的岩石，他们称之为“能看见自己的东西”（即天然的镜子）。

另一些研究关注共同参与广播媒体的效果（例如和其他人一起收看或收听节目）。一系列研究检验了儿童与父母和同龄人一起观看教育电视的影响，并把这些结果与那些单独观看节目的儿童进行比较。研究表明，和其他人一起收听、收看广播媒体可以促进学习（如 Fisch，2004；Haefner and Wartella，1987；Reiser，Tessmer，and Phelps，1984；Reiser，Williamson，and Suzuki，1988；Salomon，1977）。

瑞泽及其同事们（Reiser et al.，1984）以 23 名中产阶级的 3～4 岁的白人孩子为研究对象，开展了一项针对成人指导观看《芝麻街》系列节目的随机实验研究。在实验组，成人进行干预，要求孩子说出屏幕上描绘出的字母和数字。观看节目三天后，与对照组相比，这些孩子们能更好地说出这些字母和数字。这些发现——尽管结果既不特别针对科学，也不特别复杂——表明成年人在共同收看时稍微给予指导可以支持学习。

海夫纳和沃特拉（Haefner and Wartella，1987）以 42 名一年级和二年级的孩子为研究对象开展了随机实验，考察兄弟姊妹对观看教育节目的影响。在这项研究中，哥哥或姐姐比他们的弟弟妹妹大 0～6 岁。在一起观看时，要求哥哥或姐姐向他们的弟弟妹妹主动解释重要的情节。研究者发现共同观看确实导致了一些哥哥姐姐的“教学”，但这样的教学很少集中在关键事件上，未能促进孩子们对儿童科教节目或成年人科教节目的解释。在某种程度上，这可以从弟弟妹妹提问的问题类型得到解释，因为通常他们要求哥哥姐姐说明或解释的都是不怎么重要的事情。他们还注意到，哥哥姐姐的很多评论并不是为了促进学习，因此可能发挥的影响十分有限。不过，研究人员发现年龄间隔大的哥哥姐姐的并不明确的教学有助于理解。通过这些活动，其中包括笑声和评论，“年长儿童确实影响了年幼儿童对节目中人物角色的一般评价”（Haefner and Wartella，1987，p. 165）。

共同观看节目的研究结果呼应了早期研究者报告的对科学中心中家庭学习的研究（Callanan，Jipson，and Soennichsen，2002；Callanan and Jipson，2001；Crowley and Callanan，1998；Gleason and Schauble，2000）。儿童可以单独接触科学媒体节目——不论是电视节目还是科学中心的互动展览——成年人的互动，也许还有兄弟姐妹或同伴之间的互动，都可以丰富和扩展他们的经验和学习。

总的来说，虽然关于通过广播媒体进行科学学习的文献是有限的，但是仍然形成了几个重要的观点。首先，当儿童经常观看科学主题的教育电视节目时，他们可以在概念理解（方面2）和对科学过程的理解（方面4）上取得重要收获（Fisch，2006；Rockman et al.，1996）。然而，我们也应该注意到，这些研究过于依赖征募的参与者。儿童如何在众多的科学电视节目中进行选择，他们在自然状态下的参与是否产生类似的收获，这些问题都还没有弄清楚。同时，委员会发现，几乎还没有对成年人学习结果的研究。

与他人的互动对学习结果所产生影响的证据是令人乐观的（如 Fisch，2004；Haefner and Wartella，1987；Reiser et al.，1984，1988；Salomon，1977），但这些证据似乎对后续研究没有产生什么影响。对群体和社交网络的收视和收听行为的其他分析，或许可以为节目特征提供些有益的见解。

大众电影和电视

前面所讨论的多数广播媒体都是为科学教育专门设计的。然而，科学和科学家也会出现在大众电视节目、电影和其他娱乐媒体中。人们很少把大众媒体中的科学表征放到学习的境脉中来研究。但是很明显，大多数美国人更熟悉小说中的科学家如弗兰肯斯坦（Frankenstein）博士或是《急诊室故事》里的医务人员而不是最近的诺贝尔奖得主（Gerbner，1987；Weingart and Pansegrau，2003）。就印刷媒体而言，大多数研究集中在娱乐性电影、电视的制作和内容上（Kirby，2003a，2003b）。总的来说，这些研究发现科学家的主导形象不是单一的，既有拙劣的小丑、不适应社会的书呆子，也有邪恶的天才和高尚的人类救星等（Hendershot，1997；Jones，1997，2001；Kirshner，2001；Sobchak，2004；Vieth，2001）。

大众电影偶尔也被用在正式的教育环境下来解释科学概念和数学概念（方面2）。在这些情况下，教育者用熟悉的电影提供问题解决的境脉和动机（方面1）。例如：范德比尔特认知和技术小组（CTGV）使用《夺宝奇兵》（*Raiders of the Lost Ark*）开头的 12 分钟让学生进入数学学习（Bransford，Franks，Vye，and Sherwood，1989）。在那个场景中，主角印第安纳·琼斯（Indiana Jones）在丛林中试图找回一个贵重的雕像。同学们观看了这个场景，被要求规划一个去丛林中寻找印第安纳遗失文物的往返行程。他们使用与电影中近似的测量工具（例如印第安纳·琼斯的身高）来做与这个往返行程相关的计算（例如计算需要跨越的坑的相对宽度）。尽管这部影片并没有明确的教学顺序，但是可以从中提取数学数据为学生提供问题解决的机会。

大众电影也可用来补充科学教育，支持学生对科学概念的理解（方面2）。佛罗里达中部大学的“电影中的物理”课程，目的就是为非科学专业的本科生提供一个有吸引力的物理科学导论（Efthimiou and Llewellyn，2006，2007）。例如，电影《末日》（*Armageddon*）的一个场景中使用一个核弹把一个小行星劈成两半，从而挽救地球不被毁灭。他们用这个场景来介绍这些概念：质量、动量守恒、能量和偏转角。最后，学生通过学习物理，发现影片的结果，即两个较小的行星偏离地球而去，在物理学上是不可能的。相反，他们了解到两个较小的部分将以几个街区之遥分别撞击到地球表面（Efthimiou and Llewellyn，2006）。“电影中的物理”课程的一个重要部分是帮助学生看到大屏幕上的科学不一定符合物理原理。同样的方法已被广泛应用于生物学领域和其他领域（Rose，2003）。

许多电视剧也是基于科学概念的，特别是医学（Turow，1989；Turow and Gans，2002）。犯罪节目如《数字追凶》（*Numb3rs*）和《犯罪现场调查》（*Crime Scene Investigation*，*CSI*），因为影响了公众的科学认知，最近受到关注。实际上，术语“*CSI* 效应”用来描述观看大众科普节目造成的两种不同现象。

在一种情况下，人们相信法医学方面的节目像《犯罪现场调查》，会导致陪审员在庭审中增加对物证的要求，因为这是他们在虚构的电视实验室里看到的（Houck，2006）。例如，地方检察官表明，现在陪审员期望在所有法律诉讼中使用先进技术，使用 DNA 检测作为证据。曾经有若干令人震惊的判例，因为陪审员没有看到在《犯罪现场调查》和有关节目中突出表现过的 DNA 检测证据和其他物证，而导致案件被驳回。在其中一个案件中，尽管被告已经承认他在犯罪现场，但陪审员还在力争 DNA 证据（Houck，2006）。

CSI 效应的这个例子表明，观众可能不明白虚构的科学描述和现实实践之间的差异。它还证明了娱乐媒体在教导观众做科学是怎么回事时的力量，因为这些节目看起来提高了人们对法庭审判的期望。*CSI* 可能偶尔会导致对真实科学的误解，但同时，它也在提高观众对法医学的认识和兴趣（方面 1）方面有积极成效（Podlas，2006）。

CSI 效应的第二种解释集中在科学家的表现上。琼斯和班戈特（Jones and Bangert，2006）抽取 388 个不同族裔的中学生为样本，让他们参与“绘画科学家测试”（Draw-A-Scientist test，DAST，Chambers，1983），来了解儿童对

科学家的看法。他们的结果显示，与九年级和十一年级的女生相比，七年级女生画出女科学家的比例较大。对男生和女生样本的附加访谈发现，七年级女生提到 *CSI*、《杀手本能》（*Killer Instinct*）等节目使得法医学看起来“有趣”，同时也提到男性和女性人物都可以作为科学家。虽然研究设计未能得出确凿结论，但是作者指出，由于她们接触到像 *CSI* 这类的新节目，中学女生有可能具有与她们的学长不同的科学家形象认知。不像过去的很多电视节目，这些节目并没有把科学家塑造成穿着实验服的奇怪的、古怪的人（e. g. , Gerbner，1987），而是把女性塑造成重要的科学角色——描绘出学生尤其是年轻女性更容易认同的角色（方面6）。

CSI 效应的两种解释都可能促进高等教育中法医学课程的大量增加（Houck，2006；Jones and Bangert，2006）。显然，接触这些节目可能会有助于初中生和高中生对科学职业产生兴趣（方面6）。在某些情况下，学生的兴趣推动高校建立法医学专业，以满足日益增长的需求（Houck，2006）。*CSI* 和相关节目关注法医学，而关注科学相关内容的其他节目［例如《急诊室的故事》和《实习医生格雷》（*Grey's Anatomy*）等医院剧］，也会影响观众对科学与科学实践的态度与观念（方面4）。鉴于对大众媒体作为非正式环境下科学学习工具的研究是有限的，还需要进一步的研究来了解电视和电影对观众的知识和态度的作用。

巨幕电影和其他浸入式媒体

研究人员研究了一种特殊类型的电影——巨幕影院（主要是 IMAX，但也有其他供应商）——对非正式环境下科学学习的贡献。大约三分之一的科学博物馆以及其他场所都安装有这些巨幕影院，用于播放科教纪录片和其他电影。虽然大屏幕电影的基本特征与电视和电影相似——都运用一个屏幕，通常让学习者安静地观看影视作品——但它们之间存在着重要区别。与其他屏幕体验相比，巨幕电影的尺幅和背景可能产生独特的浸入式体验。由于这项技术包含巨大的框架尺寸和极高的屏幕分辨率，从而使观众沉浸在影像中，无论它是由特殊相机拍摄的还是由计算机合成的。

其他类型的浸入式媒体包括天文馆和激光投影系统。天文馆采用光学或数字投影系统，创造出将天空、宇宙、有时也包含其他科学主题的影像结合起来的电影。对天文馆体验的研究（e. g. ，Fisher，1997）集中在有可能影响学习或吸引特定观众（如学生团体）的节目特征上，如幽默（e.g.，Storksdieck，2005）。激光投影系统，包括3D格式，已被用于天文馆和剧院中，这些系统可以产生大多数人无法通过任何其他手段获得的、令人惊异的科学影像。影像主题可以包括科学家们正在探索的自然现象，或者呈现科学探究的过程（例如对深海探索的描述）。

除了对巨幕电影的评价外，很少有研究考察过这些浸入式媒体的学习潜能。最近的一篇文章以数字化、全穹顶系统（full-dome systems）为例，认为它是学习天文的有力工具，呼吁对使用这项技术的最佳方式进行研究（Yu，2005）。迄今，最综合的研究是对10个巨幕投影项目及其相关支持材料的总结性评估的回顾（Flagg，2005a）。当科学家是电影里的角色时，评估者通常用前后测来测量观众科学知识和对科学家认知的变化。所有10项研究都表明，这对观众关于科学概念的知识有积极影响（方面2）。

这些研究通常没有测量态度和兴趣。在上述10项研究中，有5项使用了对兴趣水平的前后测，其中两项研究发现了重要的积极影响。研究者发现这两部电影［《风暴之舰》（*Stormchasers*）和《海豚》（*Dolphins*）］的观众在观看电影后对相关主题的学习有更大的兴趣（方面1）。一个有关电影《热带雨林》（*Tropical Rainforests*）的研究测量了态度，发现成年、青年和儿童观众在观看电影后对热带雨林有更积极的态度。在这三个测量了对科学家或研究者认知的研究中，半数或更多的观众觉得他们了解到一些有关科学家和研究者的生活和工作的新信息（方面4）。鉴于巨幕电影在商业上持续成功——自90年代中期，原本几乎毫无例外分布在教育场所、作为教育产品的大尺幅屏幕，广泛拓展到商业场所——而且在单次观看后就产生了这些积极的评估结果，因此，浸入式的巨幕形式看来对观众很有价值。但是，进一步的研究，以及测量更广泛的科学学习成果，还是十分需要的。

数字化环境

最后，我们来关注处理20世纪80年代后期迅速增长的互联网及相关技术的研究文献。这种增长在很大程度上受到了始于20世纪90年代初的万维网的发展和扩张的刺激。最初创建网络是为了促进科学家之间的信息交流，如今它已成为成千上万的人们日常电脑使用的一部分。它承载了一系列具有科学特性的学习资源，包括描述当前研究的科学普及网页，为儿童、教育工作者和家长准备的教学资源，“严肃游戏”和对科学现象的模拟等。其他利用科学知识和网络接口以支持科学学习的相关数字技术包括手机、掌上电脑（PDA）、无线电频率识别（RFID）芯片、传感器（sensory probes）等。这些技术都被用于旨在丰富学习者与科学家及同伴之间有关科学探索的互动活动中，并把科技新闻传达给广大受众。

虽然互联网还没有在家庭、学校和图书馆广泛普及，但它将会越来越普及化。皮尤互联网（The Pew Internet）和美国生活项目（American Life Project）开展了一项随机样本为2000个美国成年人的抽样调查。报告显示，20%的美国民众谈到他们利用互联网获得大部分的科学信息（仅次于电视的41%），49%的互联网用户访问过专门研究科学内容的网站，而大部分受访者表示他们会首先到互联网上去寻找具体科学主题的信息。此外，87%的在线用户已经使用互联网进行科学的某些方面的研究，80%的在线用户利用互联网来核实科学主张的准确性（Horrigan，2006）。然而，重要的是要注意到这些数字并没有提到连接互联网的速度和质量。高速上网服务仍然是许多人可望而不可即的。

布朗和杜吉德（Brown and Duguid，2000）认为，社会才刚开始认识到基于网络的技术变革力量。网络技术最终将会与电的生产和使用一样，渗入社会并重新定义社会。网络的重要特征是它具有其他媒体所没有的支持科学学习的方式。不同于印刷媒体，网络使用户能够接收和发送信息。通过用户选择的、用户设计的界面，网络可以赋予认识和学习的多种方式，因此用户可以以他们认为有价值的方式与内容和其他人互动。作为用户和资源的扩展网络，个体可以利用资源与很多人进行沟通。此外，网络的这些特点——对话结构、用户导向和组织、广泛的人力网络和资源网络，以及越来越多用户创造的媒体——与科学学习和非正式环境发生了共鸣。

是否有证据表明，一般来说互联网的高度使用导致了积极的科学学习结果？尽管有一些证据，但是这个问题尚未有答案。皮尤互联网项目报告了基于互联网的科学信息搜索与个人对科学的兴趣之间的相关性。例如，霍里根（Horrigan，2006）指出，那些在互联网上寻求科学信息的人更有可能相信科学对社会有积极影响。他们也更有可能报告对科学、新的科学发现、什么是科学的研究问题的更好理解。先前的科学训练对这些观念产生影响，因为参加过科学课程的具有大学文凭的人们自我报告了对科学的较高兴趣和更多的科学知识。我们尚不清楚，是运用互联网学习科学提高了科学兴趣，还是科学兴趣促进了这些工具的使用。这种相关性是选择性偏见的作用，还是互联网使用的结果？在确立互联网对科学学习的影响上，这个问题的答案将是至关重要的。

在线游戏和参与虚拟世界占据了数量可观而且越来越多的儿童和成年人的时间和精力。人们越来越多地把这些环境定位为科学学习环境，并对其进行分析。两个流行的虚拟世界，《魔兽》（*World of Warcraft*）和《第二人生》（*Second Life*），分别报告有 850 万和 650 万用户参与。《虚拟人生》（*Sims Online*）的参与者数以十万计（Bainbridge，2007；Squire and Steinkuehler，2001）。2004 年，美国人花了 82 亿美元在游戏软件及其配件上，2005 年为 105 亿美元（Crandall and Sidak，2006）。视频游戏比好莱坞电影赚钱更多，它们也成为学术批判的对象，就像文学、电影和其他艺术作品受到考察和评估一样。

术语“严肃游戏”指的是教育者和游戏设计者近来合作创造的，既可以用来教育也可以用来娱乐的计算机游戏和视频游戏（e. g. ，Aldrich，2005；Gee，2003；Prensky，2000；Shaffer，2006；Squire，2003）。这些游戏的优点之一是人们愿意花时间定期玩游戏。即使是早期的视频游戏——它没有像今天的虚拟世界那样提供丰富的社交机会和令人惊奇的图像——对用户也有很强的吸引力，他们受到内在的激发去追求嵌入在游戏体验中的奖励（Bowman，1982）。许多严肃游戏以这一动机为基础，创造大型仿真环境，需要玩家花费 40 小时甚至更多的时间才能掌握和完成（Squire，2006）。例如，游戏《文明》（*Civilization*）要求玩家花费很长时间去创造虚构的国家，并允许他们模拟和设想可能的历史结果。大量的时间耗费可能会使学习者更深刻地理解虚构的和真实的国家成功和失败背后复杂的社会、经济和政治问题（Squire and Barab，2004）。

对这些环境的教育潜力的理解应该依据它们提出和激发用户去完成的任务。虽然全国各地的家庭和学校经常试图使用电脑游戏教授一些基本的识字、数学或问题解决技能［例如一个孩子玩《柠檬汁售货摊》（*Lemonade Stand*）游戏可以学到一些基本的经济学原理］，但是，现在的和未来的虚拟世界有可能支持科学学习的方方面面。

游戏环境中的成功取决于对广泛的知识和技能的整合。例如，《江城》（*River City*）是一个为初中科学课堂设计的多用户虚拟环境（Dede，Ketelhut，and Ruess，2002）。学生围绕一种疾病展开科学调查。这种疾病在逼真的历史、社会和地理条件下，在虚拟的城市中传播。该虚拟世界的逼真性使学习者像真正的科学家那样从事活动（方面5）。为了在游戏中“获胜”，玩家必须形成假设，通过创造和运行可控制的实验测试假设，并解释他们的数据从而对可能的行动进程提出建议。要想成功，就需要了解虚拟世界中人物、书籍和科学工具提供的数据（方面2），需要发展把这些数据转化为可测试的假设的技能（方面3）。

在线游戏环境的另外一个特点是高度网络化，使得参与者能够利用分布在同一空间或全球各地的个体分布式认知资源来解决问题。例如，Whyville. net 是一个拥有 120 万用户的虚拟社区，用户许多是儿童和青少年（Feldon and Gilmore，2006）。每年，Whyville 的设计者都会在网上社区释放一次虚拟的流行病 Whypox，当玩家感染这种病毒时，他们在游戏中的化身就会出现皮疹，他们的聊天室信息被代表打喷嚏的单词“achoo”随机中断。这个虚拟病毒为玩家创造机会，来追踪病毒传播、生成关于病毒来源和转化的假设，并预测疫情何时结束。Whyville. net 上的资源也让玩家了解病毒的传播，对部分流行病进行模拟。

虽然我们没有找到任何对这种环境中的学习的清晰分析，但是佛雷和拉·托利（Foley and La Torre，2004）的研究在某种意义上提供了对学习的潜力的理解。他们观察到，1000 多名成员参与到 Whypox 的第一次爆发中，探索各种资源，参与讨论，以防止虚拟疾病的传播（方面5）。Whyville 公告栏上与科学相关的评论数量急剧增加，虽然科学在总体交流中只占一小部分。纽赖特及其同事（Neulight et al.，2007）报告说，玩家参与的讨论中包括将他们感染 Whypox 的经历和对疾病传播的现有理解进行比较，但总的体验并没有显著提升有关传染性疾病背后的生物过程的知识（方面2）。

这导致了对严肃游戏所能促进的学习形式的质疑。例如，美国科学联合会开发的《免疫攻击》（*Immune Attack*），是一个模拟人体内部的旅行以了解免疫原则的战略游戏。对游戏者的预期学习结果包括：①在具体层面上增加对免疫学的兴趣和积极性，在一般层面上增加对科学的兴趣和积极性（方面1）；②增加对与生物科技有关的职业的兴趣（方面1）；③增进对科学实践的理解（方面4）；④对科学实践更频繁的参与（方面3）；⑤增长关于免疫系统的知识（方面2）。Whyville 研究表明，兴趣和动机容易发生（方面1），但是知识的增长比较难实现（方面2）。更确切地说，这些游戏有可能增长事实性知识和术语（方面2），但要帮助玩家开展缜密的试验、生成因果解释以及其他通常与科学实践有关的活动，则可能比较困难（方面3）。

尽管如此，虚拟世界和游戏环境可以为身份发展提供独特的丰富的场境（方面6）。正如前几章所讨论的，“第三位置（third places）”或“第三空间（third spaces）”的概念可以为思考这个问题提供一个有效的方法。第三位置既非在家也非在工作场所，与现实世界的强大影响力隔离，为身份的发展提供独特的机会，使得新的资源和限制在虚拟空间的社会环境中逐渐形成和发展。像聊天室或游戏这样的第三位置，而不是当地的社区中心或酒吧，可以成为构建身份的基本载体。虽然地理、文化和技术边界历来约束着团体和个人之间的文化交流，但虚拟环境可以跨越这些障碍促进交流，建立人、工具和传统之间的新的交叉点，以支持身份的发展。我们先前已经明确指出了参与的趋势，这表明虽然这一研究是新兴的，但参与第三空间的趋势却是明确的。

有人认为，一些使得虚拟环境成为身份发展的丰富网站的特点，同样也使得它们成为有关身份的社会科学研究的丰富网站。虽然还没有什么证据能证明虚拟博物馆可以驱动强大的身份建构经历，但我们依然可以展望一种全新的虚拟博物馆、科学中心、动物或植物收藏的巨大可能性。

现场和配置中的媒体

迄今为止，我们总结了通过特定媒介进行科学学习的研究。接下来，我们探讨科学学习的特定场所和配置中媒体的作用。我们依次考虑前面讨论过的每一种场所：日常环境，经过设计的环境以及相关项目。

日常和家庭学习

媒体如何塑造日常生活中人与科学、与科学学习之间的关系，目前尚不清楚。一方面，数字技术可以提供的连接是诱人的。数字媒体增强学习的前景——连接学习者和专家以及知识丰富的同伴，建立围绕共同兴趣的共同体，甚至建立新的知识基础——是真实的且令人兴奋的。另一方面，媒体对科学的诠释的质量和可靠性引起了人们相当大的担忧。科学信息（和被宣称是科学信息的信息）的创作者和提供者成倍增长。“街头名人”已不再是一个政治辞令的虚构，而真的可能是对公共话语的贡献者，他们很乐意发表自己对干细胞、进化论和科学课程的观点。科学信息的传统而权威的资源——博物馆、学术共同体甚至主流新闻媒体——发现他们自己与政治利益集团和意识形态利益集团争相向公众传播科学。结果可能相当混乱。用谷歌搜索“进化论是真的吗?”，有时出现的第一个条目就是“一些真正的科学家们反对进化论”。在现实中数字媒体世界不断扩大，极大扩展了作者队伍，使得对个体来说，更重要的是发展评估观点的批判能力。

对人与信息（如果不是科学的话）的关系的变化作个粗略的考察，我们可以清晰地看到：越来越多的人使用电脑和数字技术进行交流、开展研究、解决实际问题（Fox，2006；Horrigan，2006；Madden and Fox，2006）。然而，大量的和不断扩展的互联网接入的报告，应该按照个体拥有的接口的类型来理解：是拨号上网还是宽带；是在家里、工作场所还是在社区中心或图书馆。哪种模式会稳定下来，目前还言之过早。然而，鉴于过去 15 年来人们的行为变化，我们可以合理地设想，数字媒体在今后日常生活中的运用，将会使得未来的生活与今天迥然相异。

人们不仅使用数字媒体，而且正在享受数字媒体。相比纸质资源，如图书，学习者似乎更喜欢使用数字技术进行研究。对于儿童来说更是如此。孩子们被信息的数量吸引，他们看重网络资源的多媒体特性和访问的便利性（Large and Beheshti，2000；Fidel，1999；Ng and Gunstone，2002；Watson，1998）。鉴于孩子们利用搜索引擎经常找不到他们要寻找的东西，他们对互联网作为一种研究工具的积极态度就特别有趣（Kuiper，Volman，and Terwel，2005）。老年人——尽管广泛持有相反的信念——也重视信息技术并对学会使用它感兴趣。然而，他们和孩子不同，对新媒体的参与要看是否有特殊的附加值。他们会问，“我可以查百科全书，为什么要使用网页?”（Lindberg，Carstensen，and Carstensen，2007）。

鉴于数字媒体使用的规模和规律，考察人们如何使用数字媒体至关重要。一些学者担忧学习者会被可获得的海量信息淹没，迫使他们要么放弃要么依靠不尽准确的信息。例如，阿戈斯托（Agosto，2002）进行了一项定性研究，对 22 名九年级和十年级女生使用互联网搜索的情况进行了访谈，发现研究参与者经常遭遇信息超载。同时，当搜索任务的变量减少，搜索任务完成时，女孩们表现出极大的满足感。

另一个相当有趣的领域是研究技术娴熟的人如何搜索，如何区分可靠和不可靠的信息。这些问题与所有的科学信息资源有关——普通书籍、教科书、演讲等——并且它们都带有数字媒体的特点。那些基本的互联网搜索策略，使用关键字、浏览、输入网址、追踪链接，哪一种才是人们容易掌握并愿意使用的呢？

多数有关互联网搜索的研究来自小型研究，这些研究分析 K－12 学生在有限的教学指导下处理一个指定主题的努力（e. g. ，Fidel，1999；Wallace，Kupperman，Krajcik，and Soloway，2000）。因此，研究结果应与我们所描述的日常学习有些区别。学生在学校搜索的动机可能会不同于非学校场境中的搜索动机。然而，尽管如此，我们发现文献中仍旧融合了许多有趣的结果。

孩子们总对自己的互联网搜索技能很有信心，实际上他们高估了自己的实际能力。他们的搜索趋向于直观的而不是系统性的。当他们通过网站和搜索引擎点击列表时，他们的搜索定位很局限，只找特定的词组或句子，很少阅读标题和主题句之外的信息。孩子们迅速找到看起来正确的资源，在基本没有理解的情况下就使用它，而不是汇集一系列的信息资源，整合信息，发展自己的想法。

目前还不清楚这种搜索定位局限和找出特定短语的倾向意味着什么。这是学校场境的反映，还是儿童知识和技能的反映？琼斯（Jones，2001，2002）在关于 100 名学生在不同的结构条件下搜索网站的实验研究中，观察到这种模式，并把它解释为教师与学生互动的广泛形式的反映。在这种模式中，学生们深信他们的工作就是通过整理有限的答案来确定哪个答案是正确的，并由老师进一步证实。根据这一解释，研究结果可能与日常场境不太相关。在日常场境中学习者选择自己的主题、设置进度，并确定自己的期望。比拉尔（Bilal，2002a，2002b）开展了一系列对儿童信息搜索行为的小型研究。例如，在一个探索中，对 22 个中学的理科学生使用 Yahooligans！搜索引擎的搜索行为进行了非比较性的探究调研。她指出当学习者可以自主决定主题而不是被指派主题时，他们更有动力更有可能完成网络搜索（Bilal，2002b）。在自我选择和指派这两种条件下识别相关信息，结果也同样如此。

随着信息超载和用户搜索能力方面的研究逐渐成熟，有两个领域的工作显得特别重要。其一是，鉴于新手搜索者特别是儿童的搜索技能有限，理解他们成功运用的探索主题和探索技术将会很有助益，因为这些主题和技术可以影响其他领域的探究和教育实践。其二，同样有所助益的还有，考虑是否存在有效的方式对数字化工具（信息资源、搜索引擎等）进行约束和聚焦，以增强新手搜索的质量，帮助他们努力综合和解释结果。

经过设计的场境

博物馆、科学中心、动物园和水族馆可以以多种方式使用媒体支持科学学习。正如之前所讨论的，非正式学习机构可接入媒体工具如联网计算机、图书馆和数字数据库，以支持用户自主安排自己的参观，或者利用预先制作好的媒体产品，诸如展览空间中的巨幕电影和电视节目。媒体成分怎样整合在平面展览中，怎样整合到替代性虚拟空间中，从而拓展参观者的经验并服务于那些不能亲自来实地参观的观众，这就是本节要讨论的内容。

俄柯和爱伦波根（Ucko and Ellenbogen，2008，p. 245）指出，

> 互动式展品为观众探索真实的（有时是模拟的）科学现象以及技术发展的历史特征和艺术特征提供了机会。虽然生物学方面的展品（e. g.，Colson，2005）和化学方面的展品（e. g.，Ucko，Schreiner，and Shakhashiri，1986）已经发展起来，但经典物理学（如力和运动）方面的互动式展品是最普遍的，因为物理现象比较容易引导参观者来操纵。术语“互动”包括极其广泛的经历，既包括个体探索的简单任务，也包括需要多个合作者共同探索的复杂任务（Heath and vom Lehn，2008），所以很难简单地概括出它们如何支持或有助于学习的。

科学中心已经开始探索如何运用较新技术来创建增强环境和虚拟环境（Roussou et al.，1999）。和非正式环境下的其他技术领域一样，在有关这些技术影响的研究中占主导地位的是可用性研究，并且很少提及数字增强环境的学习结果或特定的学习质量。卢索和同事们的一系列探索性案例研究则是一个例外（e. g.，Roussou et al.，1999），这些研究已开始探讨虚拟现实（VR）环境中的合作如何支持对科学设计概念的学习（方面2）。

虚拟现实（Virtual Reality，VR，计算机模拟出来的环境）和增强现实（Augmented Reality，AR，将真实世界和计算机生成的信息相结合的环境）的世界提出了整合互动性的独特问题。集体参观经过设计的空间的人如何分享共同的VR体验？有稍许引导的互动和对VR环境的完全控制有什么区别？这两个问题削弱了许多现有的对VR环境中的学习进行测量的努力。参与者报告了高水平的参与和乐趣，但是几乎没有定性的或定量的评估证明了概念性学

习的发生。需要进一步的学习来表明这种有效学习的互动性，并吸引人来参与学习。

技术在支持经过设计的空间中的探究活动方面具有巨大的潜力（Ansbacher，1997）。它已被证明是一种有效的帮助学习者参与特定领域探究的脚手架式工具（方面3）（Linn，Bell，and Davis，2004）。虽然人们关于技术对学习的贡献的认识尚不明晰，但是新技术还是可能具有特殊的吸引力和独特的潜力。与传统展品相比，观众倾向于更频繁和更持久地使用基于技术的展品（Serrell and Raphling，1992；Sandifer，2003），这已被归因于“技术新异性”（Sandifer，2003）。在对47名观众和61例互动展览参观的分析中，桑迪弗（Sandifer）试图确定能够维持观众最长时间注意力的展品的特点。在回归分析中，“技术新异性”——存在可视化的艺术装置，或者通过运用技术来阐明观众自己不可能或很费力来探索的现象——是影响观众驻留时间的一个重要因素。

“有时人们可能担忧，基于技术的展品会减少观众与博物馆中其他展品或物体的互动，更糟的是，还会取代真实的体验”（Ucko and Ellenbogen，2008，p. 246）。然而，研究表明精心设计的技术工具可帮助人们制定参观计划、引起新的兴趣并激发他们去寻找特定的物体或体验（Moussouri and Falk，2002）。还有人担心技术可能会削弱社会交往，而社会交往是非正式环境中学习的重要标志。基于技术的展品的界面，如触摸屏或操纵杆，往往是为一个人设计的（Flagg，1991）。除非在基于技术的展品设计中优化社会交往，否则人们在社会群体中运用基于技术的展品的努力还会继续受阻（Heath，vom Lehn，and Osborne，2005）。

有关虚拟博物馆参观者的研究文献综述（Haley Goldman and Shaller，2004）描述了网站访问最常见的动机是；针对即将进行的实地参观收集信息；针对特定的内容信息从事随意浏览的、自我驱动的研究；针对特定的内容信息从事指定研究（如学校任务或工作任务）。俄柯和爱伦波根（Ucko and Ellenbogen，2008，p. 250）记录到：

> 初步研究表明，人们参观博物馆经过设计的空间的网站，其动机与参观实体科学博物馆有很大不同（Haley Goldman and Shaller，2004）。参观科学博物馆的典型动机包括娱乐或休闲、社交活动、教育、生命周期性活动（“我母亲经常带我到这里来，所以现在我带我

的孩子到这里来”）、地点（“既然我们现在到了华盛顿特区，我们当然得去史密森尼学会”①）、内容的兴趣和现实的原因（“带孩子去公园太冷”）（Moussouri，1997；Rosenfeld，1980）。

随着技术的进步，用户的控制权和创作权不断提高，我们可以预期参与虚拟博物馆的动机（方面1）将会显著增强。例如，Web 2.0 技术使用户能够创建和修改他们自己的媒体。可以想象，当观众对他们的参与目标有更多的控制权并拥有更多工具可用时，访问和运用虚拟收藏品的动机将会改变。虽然很少、甚至根本没有关于虚拟的、经过设计的空间的研究可与实体博物馆中与身份相关的动机研究和心理研究相提并论，但是有关虚拟空间中的身份的研究仍在增长，既包括普遍的有关互联网的身份的研究（Curtis，1992；Donath and Boyd，2004；Stone，1996；Turkle，1995，2005）也包括前面所讨论的有关在线游戏中身份的研究。考虑到有证据表明与身份有关的动机，对观众在经过设计的实体空间中的学习和行为有强烈影响，我们认为类似的情况也可以适用于虚拟的经过设计的空间的使用。

经过设计的空间提供了一些机会，来解决与媒体相关的科学学习结果研究中涉及的一些方法论问题。关于学习结果的多数研究是在人为的环境中进行的，在这个环境中媒体的“剂量”是受控制的。例如，研究人员要求参与者同意观看预定时长的电视节目并进行有控制的测验以评估学习成果。这些研究虽然提供了一个有价值的起点，但是没有涉及一个重要问题，即学习者根据自己的意志会选择什么媒体。

因为经过设计的空间始终使用媒体——不论是展览、立体模型、视频还是互动式影像设备——它们提供了一个观察学习者如何选择媒体的天然实验室。虚拟现实空间、增强现实博物馆、博物馆博客和播客艺术装置，这些仅仅是目前出现在科学博物馆中的新媒体中的一小部分。有关观众参观经过设计的空间的体验的最新研究进展，使我们越来越了解观众运用这些资源的方式和原因。

就像本报告中讨论的那样，观众的动机尤为重要。在实体情境和虚拟情境中，随着媒体更大程度地镶嵌在经过设计的环境中，研究人员必须探讨，

① 史密森尼学会（Smithsonian），创办于1846年，拥有世界上最大的博物馆系统和研究的综合体，包含19家博物馆、美术馆、国家动物园和9家研究机构。该机构大多数设施位于华盛顿特区。——译者注

观众为什么会选择某一个特定的媒体，他要完成怎样的科学学习目标。这项研究的一个要素是必须了解媒体是否符合以及如何符合人们与身份有关的动机，特别是在许多人认为为学习者提供了探索或“尝试”新身份的独特机会的虚拟学习环境中。

最终，把新媒体技术引入经过设计的科学学习环境的目标，不仅仅是为了促使体验和空间的现代化，而且要显著改善观众体验的品质，包括改善学习结果。对动机的研究表明，无论是观众体验的品质还是学习结果的深度和广度都与人们进入参观的动机直接相关。人们对动机与学习之间的关系以及基于媒体的经验如何支持这些动机了解得越多（方面 1），这些努力就越会成功。

对“不易捕捉的”观众进行研究，存在着方法论上的障碍，无论这些观众是经过设计的空间的参观者还是电视收看者或者网络用户。研究往往过多地集中在对可用性的关注上，例如导航。重视这一点有助于用户轻松地访问学习资源，但它掩盖了更大更关键的问题。例如，理解人们利用科学博物馆网站时的方式、缘由和目标，将帮助设计者更好地选择、组织和呈现学习资源和活动。了解这些经验的影响，还可以洞悉如何布置这些与实体科学博物馆、其他博物馆网站以及与互补性学习基础设施（例如图书、杂志、电视等）相关的虚拟资源。

经过设计的空间对探索运用媒体创造、传播内容并将其纳入非正式环境的新方法的效果，也是良好的场所。为了扩大课堂以外的科学学习，掌上电脑和数据探测器已被使用多年。这些设备对即时学习（National Research Council，2000）和田野研究（e. g.，Gay，Reiger，and Bennington，2002；Soloway et al.，1999）而言是理想的。其中许多项目拥有正式环境和非正式环境的重叠空间，能够把跨越不同教育基础设施的环境连接起来。

移动设备如手机、掌上电脑、便携式音频播放器和无线电频率识别终端或转发器等，能够通过随时随地支持自主的和定制的学习而增强参观者在经过设计的空间中的体验。俄柯和爱伦波根（Ucko，Ellenbogen，2008）回顾了经过设计的空间中移动技术的使用和影响。他们注意到，“许多与硬件和软件（如手机性能）新技术以及与技术的新用途（如播客）保持同步发展的项目，正在解决将移动技术融入博物馆体验的挑战”（p. 248－249）中。进一步的研究需要关注这些设备支持学习的潜力。

科学学习项目

一些对课后科学项目来说很普遍的难题，可以通过媒体项目的整合得到缓和或解决。课后项目通常只有非常有限的预算。此外，近期政策环境的转变使得人们更加强调可测量的参与者的学业和社交进步。虽然增加了许多预算以支持更加聚焦的项目，但实践者还是常常感到缺乏培训来处理不断增加的学术需求，他们以培训和材料的欠缺作为缺乏效能的例证（Nee，Howe，Schmidt，and Cole，2006）。此外，许多项目致力于服务贫困生，因此特别关注维持项目的较低成本。

大量项目正在整合媒体以支持儿童和青少年在学业时间及闲暇时间参与科学。课后科学项目利用了广播媒体［例如《比尔教科学》《赛博追击》、《设计小分队》（*Design Squad*）］和数字媒体［例如《动力城市》（*Kinetic City*）］。第五维度项目（在第六章中进行过描述）虽然不是科学专题，但是它提供了一个互动的、适中的虚拟世界的有趣案例。

科学学习媒体可以用比较适中的投资支持科学和学业学习结果。例如，洛克曼等人在（Rockman et al.，1996）对《比尔教科学》的评估中，发现流行的电视系列剧在课外场境中得以应用。本章前面讨论过与参与相关的积极的认知发展（方面 2）和科学实践发展（方面 4）。此外，田野研究者发现，儿童选择与同伴一起观看节目胜过与同伴一起进行不加节制的自由游戏活动（方面 1）。他们还观察到，在没有成年人推动的情况下，小学高年级的孩子们在观看节目时和观看节目后，彼此之间进行有关节目的持续对话（方面 5）。

男孩会比女孩更有可能定期观看《比尔教科学》。观察到的这种性别差异可能是最简化的教学支持和培训结果之一。虽然在没有教学支持的情况下依靠一个独立电视节目进行大量学习并非最佳设计，但是洛克曼等人（Rockman et al.，1996）的调查结果还是很有趣的，揭示了开发强大的、易于实施的课后科学学习项目的可能性。

我们没有找到探索媒体在成人项目中的用途的研究。

关键主题

我们通过对媒体和非正式环境中科学学习的文献的研究，分专题理清了其中的关键概念。本部分提出的是五个交叉性主题或议题：

1. 谁在非正式环境下使用媒体进行科学学习？
2. 在创建科学身份时媒体的作用。
3. 形式重要吗？

4. 科学作为一个过程。
5. 需要纵向的和跨媒体的研究。

谁在非正式环境下使用媒体进行科学学习

对关注科学教育的教育工作者、项目和机构来说，接触机会是一个普遍的挑战。在接触科学学习媒体方面存在相当大的不平等，人们对此也有相关忧虑。那些在非正式环境下接触科学的人通常是已经对科学感兴趣的人，因为他们对这些环境的参与是自愿的而非强制性的（Crane，1994）。

谁在参与广播媒体？这个群体的形态相当清楚。证据表明，使用媒体进行科学学习的个体是有特权的和受过高度教育的。例如，公共电视网的观众中"家庭收入超过 15 万元的概率比普通百姓高出 44%；拥有研究生学位的可能性高出 39%；拥有 15 万美元或以上投资的可能性高出 177%"。而全美公共广播电台[①]的听众中"拥有价值 50 万美元或以上的房产的可能性高出 152%；去法国旅游的可能性高出 194%；阅读《纽约客》（*New Yorker*）的可能性高出 326%"（Schulz，2005）。看起来，这两个网络拥有大量受过高等教育的观众和听众。虽然还没有证据，但很多人寄希望于新媒体和混合技术的新方法将为更多样化的人群开放科学学习。互联网提供了接触和参与科学讨论的独特途径，可以满足那些不能亲临现场（比如科学广播媒体）的群体的兴趣。美国国家航空航天局、美国国家地理学会、《科学美国人》和其他可靠的科学资源来定期创作和发布可以在个人电脑和音乐播放设备上收听的播客、音频或视频资料。一些大学（如加州大学伯克利分校、麻省理工学院、宾夕法尼亚州立大学等）录制课程内容并提供给公众。还有普通市民创作科学播客，与别人分享知识（方面 5）。

后一类这种知识丰富的人在互联网上分享信息是一种重要趋势，这种生产思想的行为可能会促使新的参与者加入到科学学习媒体中。例如，网站 CommonCraft Show（http：//www. commoncraft. com）通过解释性的视频剪辑为人们提供了理解计算机新方向的机会。例如，网站 dnatube. com 和 myjove. com 拥有实验录像专辑，科学家和非科学人士可以使用这些录像进行探索和学习。即使是正在流行的因其新颖的影片而为大家所知的 YouTube. com 网站，也包

① 全美公共广播电台（National Public Radio，NPR），是一家获公众赞助及部分政府资助，但独立运作的非商业性美国媒体。节目以新闻、综述、采访为主，也有一些音乐、脱口秀等文化、娱乐节目。——译者注（资料来源：维基百科）

含关于真实的科学内容和实验的短片。这些短片通常是由那些积极分享他们对世界的了解的个体制作的。

我们需要考虑如何为非正式环境开发能吸引和留住更加多元化观众的科学媒体，这些观众可能是从正式教育环境之外呈现的科学内容中受益最大的人。非正式环境下的媒体设计者似乎了解如何利用已有的科学兴趣吸引观众，但是我们还要吸引那些通常不知出于何种原因回避科学的人们，这就需要更好的方法去制作节目并加以宣传。

在创建科学身份时媒体的作用

不论是在实体的境脉中还是在虚拟的境脉中，随着媒体进一步嵌入到经过设计的环境中，如何有序地布置那些技术显得十分重要，这需要理解为什么观众会选择使用那些包含科学学习目标的资源。很多时候，技术的引进是出于推进机构使命和议程这一利益需要，而没人去问一问那些技术实际上对观众的需求和利益的服务情况。换句话说，新技术在博物馆境脉中的成功，部分是由于其物理属性如可适应性、可获取性和可用性的结果，但即便不是更重要也至少同等重要的是，技术的成功要视它们是否满足了用户情境化的、与身份相关的动机。显然，对虚拟学习环境中与参观者身份相关的动机展开研究是十分必要的。在实体领域的这种研究已经开始产生一些非常有用的和振奋人心的结果；虚拟领域的平行研究希望也有类似的结果。

形式重要吗?

同样的科学内容可以用不同的媒体来呈现，因而导致了对媒体的形式和结构是否影响学习结果的疑问。例如，理查德·克拉克（Richard Clark）认为，归因于使用某种媒体的成绩进步或效率提高，与其说是该媒体形式的什么独特作用，不如说可能是教学方法或新异性作用的结果（Clark，1983）。换句话说，我们可能会出于一些原因而选择某种媒体去传递内容，但是，影响学习者成绩的，一定是内容本身。因此克拉克建议，“除非产生了新的理论，否则研究人员应克制自己别去做探讨媒体和学习之间关系的更多研究了”（Clark，1983，p. 457）。

一系列相关研究探讨了多媒体环境的不同组成部分如何相互关联以支持学习（Mayer and Moreno，2003；Moreno，2006；Moreno and Mayer，1999）。虽然梅耶及其同事们的多媒体学习认知模式还没有在非正式环境中得到明确的验证和发展，但它对这个领域可能是有益的。研究人员已经通过一系列基于实验室的研究发展了这项工作，在研究中他们使用计算机技术来测试①认识的形式（文本与音频）和②特定媒体要素在认知上的时空邻近性（例如，计算机环境中文本和相关视频动画的时空邻近性）。通过一系列主要针对大学生志愿者的实验室控制实验，研究人员已经确定，当文字和图像在时间和（或）空间上连续呈现时，多媒体教学的有效性增加，影响了记忆（Mayer，1989；Mayer，Steinhoff，Bower，and Mars，1995）并迁移到新异问题上（Mayer，1997）。梅耶和安德森（Mayer and Anderson ，1991，1992）还证实，在实验室场境中，文字和图形信息（例如对打气筒是如何工作的说明及相关图像）的同时呈现与先后依次呈现（例如，先文本后图形或者先图形后文本）相比，更有利于回忆和迁移。他们还发现，给予听觉言语材料配上动画的学生与那些用屏幕上的文本配上动画学习的学生相比，回忆起来的更多，解决问题更好，并能够更好地匹配视觉和言语元素。对科学学习的非正式环境的设计和进一步测试来说，这些观点可能是富有成效的。

也有证据表明，某些媒体的要素可能有助于学习者集中注意力在重要议题上。这个特征对经过设计的场境可能是有用的，因为在这些环境中参与者参与的机会往往有限，并且转瞬即逝。例如，电影使用各种各样的拍摄技术，诸如全景和特写，帮助学习者注意到拍摄细节，否则在随意的参观中这些细节可能会被忽视（Salomon，1994）。关于计算媒体所提供的互动性能方面，也有人提出类似的主张。例如，精心设计的电脑游戏及模拟作为学习科学的理想空间已得到一些研究者的吹捧（Baillie and Percoco，2001；Gee，2007；Greenfield，1984；Papert，1980），他们认为这其中有多种原因：它们使得学习者可以定制学习环境；它们把学习放置在一个更加真实的境脉中；它们提供直接经验以及与无形的、抽象的、想象的、复杂的，要不然就是与无法观察到的科学现象的互动；它们使用户参与到协作的、积极主动的、基于问题的学习中。

也许更重要的是罗伯特·考兹玛（Robert Kozma）对克拉克的论证的反驳，尤其是考虑到本书讨论的六方面学习结果。考兹玛（Kozma，1991）认为，人们可以研究同样的信息以不同的媒体形式呈现时所发生的学习。但他强调了分布式认知理论的重要性（Salomon，1993）。分布式认知理论描述了个体认知是如何通过与同伴及人工制品的互动得到发展的。例如，与科学专家、教师及知识渊博的同伴交谈（方面 5）可以得到更多的科学知识。当和各种物品如计算器、计算机和视频剪辑一起工作时，这种学习也可以发生。

考兹玛的观点解释了使用媒体的社会境脉。一集儿童电视节目可以出于不同的目的用在多个地点（如教室、家庭、校外学习中心）并产生不同的学习结果。虽然一些研究表明，媒体形式会对学生学习产生影响，但是这些研究是否考察了与同伴和媒体对象互动的可能影响，这一点也值得考虑。

科学作为一个过程

最近的科学教育改革一直关心把严谨的科学内容带入教室并把学生引入科学探究的实践中（American Association for the Advancement of Science，1990；National Research Council，1996，2007）。人们往往认为传统的科学学习是获得概念和术语（方面1），而探究改革强调学生需要完成与科学实践中遇到的情况类似的任务（方面3）：提出问题，生成和解释数据并形成基于调查的结论（Linn，diSessa，Pea，and Songer，1994）。形成对科学的深刻理解，需要了解科学的解释、模型、理论的本质以及产生这些结果的实践（方面4）。也就是说，学生应该学会如何规划和开展对现象的调查，同时把与特定科学学科相关的特定理论框架作为这些活动的基础。

尽管存在这些目标和建议，但是许多与科学相关的非正式媒体依然专注于提供事实和现象的信息。开发这些类型的项目可能比创造出使学生参与“做科学”的素材更容易。例如，科学纪录片可以呈现有关地震和海啸的知识，但这些项目的叙事流可能会因为包含需要观众开展的实验而受到限制。此外，很难知道观众实际上是否在教室和家里进行了这些实验。

如上所述，很少有研究证明与科学相关的节目对观众理解科学的影响。例如，霍尔、艾斯蒂和菲什（Hall，Esty and Fisch，1990）考查了电视节目《第一广场电视》对儿童在处理复杂数学问题时的问题解决启发式的影响。他们发现节目观众比非观众使用更多的问题解决行动，并且在后测问题中更加具有数学严谨性。对《比尔教科学》的评估证明了观众和非观众在观察和比较能力方面的差异（Rockman et al.，1996）。类似研究提出了对非正式媒体是否为学习者模拟了科学过程的评价方法。

一些媒体显然非常适合学习者参与科学过程（方面3）。基于计算机和基于网络的环境可在模拟的同时呈现事实，允许人们产生和验证假设。在某些情况下，学习者通过设计他们自己的材料沉浸在科学和工程中。例如，瑞斯尼克、伯格和艾森堡（Resnick，Berg and Eisenberg，2000）的“黑盒子背后”

(Beyond Black Boxes) 项目使用小型的可编程的计算机 Crickets，让学生通过开发监控仪器去研究他们感兴趣的科学问题（如每天有多少只鸟光临后院的鸟类饲养箱）。越来越多的游戏环境或引擎允许用户通过建立和扩展游戏行为从而定制他们的游戏体验。一些研究发现了一系列可以通过定制而学习到的技巧，包括计算机编程、软件工程和数学（Harel，1991；Hooper，1998；Kafai，1994；Seif El-Nasr and Smith，2006；Seif El-Nasr et al.，2007）。

与媒体相结合的博物馆展览的创建，也可以聚焦于科学过程（方面 3）而不仅仅是科学结果。例如明尼苏达科学博物馆的"神秘的恰塔霍裕克"(Mysteries of Catalböyük)（Pohlman，2004）。许多与项目有关的媒体，如公民科学项目，也把重点放在科学过程而不是科学事实上（Bonney，2004）。

需要纵向的和跨媒体的研究

许多有关非正式环境下科学学习的研究观察的是对一个媒体的一次或少量接触。这些研究提供了有关特定媒体案例有效性的信息，但是缺乏对长时间的反复接触项目的研究。举例来说，在观看 *NOVA* SCIENCE 节目 1 个月、3 个月或 12 个月后，人们是如何逐渐理解科学的？

对于人们是如何使用不同形式的媒体了解一项内容或一个领域，人们几乎一无所知。为了说明这一点，试想一个 3 岁的孩子阅读一本关于恐龙的书。她（或他）可能会喜欢这本书，并要求读很多次。感受到她（或他）对恐龙的兴奋，她（或他）的父母可能会在她四岁生日的时候带她（或他）到一个博物馆去看展览。在这期间，她（或他）的父母可能会从当地玩具商店为她（或他）购买一些恐龙模型。在参观博物馆后，关于恐龙的电视节目可能开始播映，提供更多的信息。而且，在计算机网络时代，家庭成员可以一起在互联网上寻找关于恐龙的信息。

通过多种媒体形式对单一主题的反复接触，克劳利和雅各布斯将其称为一种"专家知识岛"(Island of expertise)（Crowley and Jacobs，2002）。这些"岛"因为最初的兴趣开始形成，并最终发展为有关特定领域的深刻和丰富的知识。琪和考斯克（Chi and Koeske，1983）对一个小恐龙专家的研究揭示，儿童是如何通过对书籍的反复阅读围绕一个领域发展分类和再认技能的。在此基础上，克劳利和雅各布斯认为"专家知识岛"还可以通过长时间接触不同媒体形式以及与知识丰富的导师和同伴的谈话得到发展。

非正式环境下的科学学习的研究人员需要考虑对某一特定媒体样例的长

期接触所产生的效应（例如收看《比尔教科学》一年的累积效果），以及多种媒体形式以不同方式呈现同一内容的效果（例如关于恐龙的书籍、电影、博物馆展品等）。这些研究的勾画和执行非常困难。针对“不易捕捉的”观众开展研究存在方法论上的困难，不论这些观众是自然中心的参观者、电视观众还是网络用户。探索多种媒体和场所之间的反复互动，有利于深刻理解怎样才能最好地设置科学学习的虚拟资源和实体资源，包括更好地理解经过设计的空间、网站、图书、杂志、电视和数字娱乐媒体之间的关系。

结　论

与科学相关的媒体可能会在人们非正式的科学学习的方式上继续发挥重要的作用。公众常常把广播、印刷品和数字媒体作为科学信息的主要来源。媒体制作人寻求广大观众，他们已经开发了以娱乐性和参与性的方式呈现科学内容的技术。这些参与的模式是与方面 1 一致的，即帮助学习者发展对科学的初步兴趣。有关科学媒体的研究也显示了其对人们关于科学和科学家概念的影响（方面 4）。在那些最佳案例中，他们把科学描述成一个有趣的活动，把科学家描述成过着正常生活的各式各样的人，并证明科学调查的真实性。

参考文献

Agosto, D. (2002). Bounded rationality and satisficing in young people's web-based decision making. *Journal of the American Society for Information Science and Technology, 53*(1), 16-27.

Aldrich, C. (2005). *Learning by doing: A comprehensive guide to simulations, computer games, and pedagogy in e-learning and other educational experiences.* San Francisco: Wiley.

American Association for the Advancement of Science. (1990). *Science for all Americans: Project 2061.* New York: Oxford University Press.

Ansbacher, T. (1997). If technology is the answer, what was the question? Technology and experience-based learning. *Hand to Hand, 11*(3), 3-6.

Baillie, C., and Percoco, G. (2001). A study of present use and usefulness of computer-based learning at a technical university. *European Journal of Engineering Education, 25*(1), 33-43.

Bainbridge, W.S. (2007). The scientific research potential of virtual worlds. *Science, 371*(5837), 472-476.

Bauer, M.W., and Gaskell, G. (Eds.). (2002). *Biotechnology: The making of a global controversy.* New York: Cambridge University Press.

Bauer, M.W., Durant, J., Ragnarsdottir, A., and Rudolfsdottir, A. (1995). *Science and technology in the British press, 1946-1990: The media monitor project, vols. 1-4* (Technical Report). London: Science Museum and Wellcome Trust for the History of Medicine.

Bauer, M.W., Petkova, K., Boyadjieva, P., and Gornev, G. (2006). Long-term trends in the public representation of science across the "Iron Curtain": 1946-1995. *Social Studies of Science, 36*(1), 99-131.

Bilal, D. (2002a). Children's use of the Yahooligans! web search engine: III. Cognitive and physical behaviors on fully self-generated search tasks. *Journal of the American Society for Information Science and Technology, 53*(13), 1170-1183.

Bilal, D. (2002b). Perspectives on children's navigation of the World Wide Web. *Online Information Review, 26*(2), 108-117.

Bonney, R. (2004). Understanding the process of research. In D. Chittenden, G. Farmelo, and B. Lewenstein (Eds.), *Creating connections: Museums and the public understanding of current research* (pp. 199-210). Walnut Creek, CA: AltaMira Press.

Bowman, R.F. (1982). A Pac-Man theory of motivation: Tactical implications for classroom instruction. *Educational Technology, 22*(9), 14-17.

Bransford, J.D., Franks, J.J., Vye, N.J., and Sherwood, R.D. (1989). New approaches to instruction: Because wisdom can't be told. In S. Vosniadou and A. Ortony (Eds.), *Similarity and analogical reasoning* (pp. 470-497). New York: Cambridge University Press.

Broks, P. (2006). *Understanding popular science*. London: Open University Press.

Brossard, D., and Shanahan, J. (2003). Do they want to have their say? Media, agricultural biotechnology, and authoritarian views of democratic processes in science. *Mass Communication and Society, 6*(3), 291-312.

Brossard, D., Scheufele, D., Kim, E., and Lewenstein, B.V. (2008). Religiosity as a perceptual filter: Examining processes of opinion formation about nanotechnology. Submitted to *Public Understanding of Science*.

Brown, J.S., and Duguid, P. (2000). *The social life of information*. Boston: Harvard Business School Press.

Burnham, J. (1987). *How superstition won and science lost: Popularizing science and health in the United States*. New Brunswick, NJ: Rutgers University Press.

Callanan, M., and Jipson, J.L. (2001). Explanatory conversations and young children's developing scientific literacy. In K. Crowley, C.D. Schunn, and T. Okeda (Eds.), *Designing for science: Implications from everyday, classroom, and professional settings* (pp. 21-49). Mahwah, NJ: Lawrence Erlbaum Associates.

Callanan, M.A., Jipson, J., and Soennichsen, M. (2002). Maps, globes, and videos: Parent-child conversations about representational objects. In S. Paris (Ed.), *Perspectives on object-centered learning in museums* (pp. 261-283). Mahwah, NJ: Lawrence Erlbaum Associates.

Chambers, D.W. (1983). Stereotypic images of the scientist: The draw-a-scientist-test. *Science Education, 67*(2), 255-265.

Chi, M.T., and Koeske, R.D. (1983). Network representations of a child's dinosaur knowledge. *Developmental Psychology, 19*, 29-39.

Clark, R.E. (1983). Reconsidering research on learning from media. *Review of Edu-*

cational Research, 53(4), 445-459.

Clifford, B.R., Gunter, B., and McAleer, J. (1995). *Television and children: Program evaluation, comprehension, and impact.* Mahwah, NJ: Lawrence Erlbaum Associates.

Colson, C. (2005). Accessing the microscopic world. *PLoS Biology, 3*(1), 27-29.

Crandall, R.W., and Sidak, J.G. (2006). *Video games: Serious business for America's economy.* Washington, DC: Entertainment Software Association.

Crane, V. (1994). An introduction to informal science learning and research. In V. Crane, H. Nicholson, M. Chen, and S. Bitgood (Eds.), *Informal science learning: What the research says about television, science museums, and community-based projects* (pp. 1-14). Dedham, MA: Research Communications.

Crowley, K., and Callanan, M.A. (1998). Identifying and supporting shared scientific reasoning in parent-child interactions. *Journal of Museum Education, 23*, 12-17.

Crowley, K., and Jacobs, M. (2002). Islands of expertise and the development of family scientific literacy. In G. Leinhardt, K. Crowley, and K. Knutson (Eds.), *Learning conversations in museums* (pp. 333-356). Mahwah, NJ: Lawrence Erlbaum Associates.

Curtis, P. (1992). Mudding: Social phenomena in text-based virtual realities. Part of the *Proceedings of Directions and Implications of Advanced Computing* (DIAC 92) Symposium, Berkeley, CA. Available: http://citeseerx.ist.psu.edu/viewdoc/summary?doi=10.1.1.51.6586 [accessed October 2008].

Dede, C., Ketelhut, D., and Ruess, K. (2002). Motivation, usability, and learning outcomes in a prototype museum-based multi-user virtual environment. In P. Bell, R. Stevens, and T. Satwicz (Eds.), *Proceedings of the fifth international conference of learning sciences* (pp. 406-408). Mahwah, NJ: Lawrence Erlbaum Associates.

Donath, J., and Boyd, D. (2004). Public displays of connection. *BT Technology Journal, 22*(4), 71-82.

Dornan, C. (1989). Science and scientism in the media. *Science as Culture, 7*, 101-121.

Dowmunt, T. (1993). Introduction. In T. Dowmunt (Ed.), *Channels of resistance: Global television and local empowerment* (pp. 1-15). London: BFI.

Efthimiou, C.J., and Llewellyn, R.A. (2006). Avatars of Hollywood in physical science. *Physics Teacher, 44*, 28-32.

Efthimiou, C.J., and Llewellyn, R.A. (2007). Cinema, Fermi problems, and general education. *Physics Education, 42*, 253-261.

Federal Communications Commission. (1996). *Policies and rules concerning children's television programming: Revision of programming policies for television broadcast stations* (MM Docket No. 93-48). Washington, DC: Author.

Feldon, D.F., and Gilmore, J. (2006). Patterns in children's online behavior and scientific problem-solving: A large-N microgenetic study. In G. Clarebout and J. Elen (Eds.), *Advances in studying and designing (computer-based) powerful learning environments* (pp. 117-125). Rotterdam, The Netherlands: Sense.

Fidel, R. (1999). A visit to the information mall: Web searching behavior of high school students. *Journal of the American Society for Information Science, 50*(1),

24-37.
Fisch, S.M. (2004). *Children's learning from educational television: Sesame Street and beyond*. Mahwah, NJ: Lawrence Erlbaum Associates.
Fisch, S.M. (2006). *Informal science education: The role of educational TV*. Presentation to the National Research Council Learning Science in Informal Environments Committee. Available: http://www7.nationalacademies.org/bose/LSIE%201_Meeting_Presentation_Fisch.pdf [accessed February 2009].
Fisch, S.M., Yotive, W., Brown, S.K.M., Garner, M.S., and Chen, L. (1997). Science on Saturday morning: Children's perceptions of science in educational and non-educational cartoons. *Journal of Educational Media, 23*(2/3), 157-168.
Fisher, M. (1997). The effect of humor on learning in a planetarium. *Science Education, 81*(6), 703-713 (Informal Science Education Special Issue).
Flagg, B.N. (1991). Visitors in front of the small screen. *Association of Science-Technology Centers Newsletter, 19*(6), 9-10.
Flagg, B.N. (2000). Impact of *Science Friday* on public radio member listeners. *The Informal Learning Review, 44*(Sept./Oct.), 6-7.
Flagg, B.N. (2002, June). *Earth and sky summative evaluation, study 1*. Multimedia Research Group unpublished report, San Jose, CA.
Flagg, B.N. (2005a). Beyond entertainment: Educational impact of films and companion materials. *The Big Frame, 22*(2), 50-56, 66.
Flagg, B.N. (2005b). Can 90 seconds of science make a difference? *Informal Learning Review, 75*(2-3), 2-22.
Foley, B.J., and La Torre, D. (2004). Who has why-pox: A case study of informal science education on the net. In Y.B. Kafai, W.A. Sandoval, and N. Enyedy (Eds.), *Proceedings of the sixth international conference on the learning sciences* (p. 598). Mahwah, NJ: Lawrence Erlbaum Associates.
Fox, S. (2006). *Online health search*. Washington, DC: Pew Internet and American Life Project.
Gamson, W.A., and Modigliani, A. (1989). Media discourse and public opinion on nuclear power: A constructionist approach. *American Journal of Sociology, 95*(1), 1-37.
Gaskell, G., and Bauer, M.W. (Eds.). (2001). *Biotechnology 1996-2000: The years of controversy*. London: Science Museum.
Gaskell, G., Bauer, M.W., Durant, J., and Allum, N.C. (1999). Worlds apart? The reception of genetically modified foods in Europe and the U.S. *Science, 285*(5426), 384-387.
Gay, G., Reiger, R., and Bennington, T. (2002). Using mobile computing to enhance field study. In R. Hall, T. Koschmann, and N. Miyake (Eds.), *CSCL 2, Carrying forward the conversation* (pp. 507-528). Mahwah, NJ: Lawrence Erlbaum Associates.
Gee, J.P. (2003). *What video games have to teach us about learning and literacy*. New York: Palgrave Macmillan.
Gee, J.P. (2007). *Good video games and good learning: Collected essays on video games, learning, and literacy*. New York: Peter Lang.
Gerbner, G. (1987). Science on television: How it affects public conceptions. *Issues*

in Science and Technology, 3(3), 109-115.

Gleason, M.E., and Schauble, L. (2000). Parents' assistance of their children's scientific knowledge. *Cognition and Instruction, 17*(4), 343-378.

Greenfield, P.M. (1984). *Mind and media: The effects of television, video games, and computers.* Cambridge, MA: Harvard University Press.

Gunter, B., and McAleer, J. (1997). *Children and television* (2nd ed.). London: Routledge.

Haefner, M.J., and Wartella, E.A. (1987). Effects of sibling coviewing on children's interpretations of television programming. *Journal of Broadcasting and Electronic Media, 31*(2), 153-168.

Haley Goldman, K., and Shaller, D. (2004). Exploring motivational factors and visitor satisfaction in on-line museum visits. In D. Bearman and J. Trant (Eds.), *Museums and the web 2004.* Toronto, ON: Archives and Museum Informatics.

Hall, E.R., Esty, E.T., and Fisch, S.M. (1990). Television and children's problem-solving behavior: A synopsis of an evaluation of the effects of Square One TV. *Journal of Mathematical Behavior, 9*, 161-174.

Hansen, A., and Dickinson, R. (1992). Science coverage in the British mass media: Media output and source input. *Communication, 17*, 365-377.

Harel, I. (1991). *Children designers: Interdisciplinary constructions for learning and knowing mathematics in a computer-rich school.* Norwood, NJ: Ablex.

Hartley, J. (1999). *Uses of television.* London: Routledge.

Haynes, R.D. (1994). *From Faust to Strangelove: Representations of the scientist in western literature.* Baltimore: Johns Hopkins University Press.

Heath, C., and vom Lehn, D. (2008). Construing interactivity: Enhancing engagement and new technologies in science centres and museums. *Social Studies of Science, 38*(1), 63-91.

Heath, C., von Lehm, D., and Osborne, J. (2005). Interaction and interactives: Collaboration and participation with computer-based exhibits. *Public Understanding of Science, 14*(1), 91-101.

Hendershot, C. (1997). The atomic scientist, science fiction films, and paranoia: The Day the Earth Stood Still, This Island Earth, and Killers from Space. *Journal of American Culture, 20*(1), 31-41.

Hooper, P.K. (1998). *They have their own thoughts: Children's learning of computational ideas from a cultural constructionist perspective.* Unpublished doctoral dissertation, Massachusetts Institute of Technology.

Horrigan, J. (2006). *The Internet as a resource for news and information about science.* Washington, DC: Pew Internet and American Life Project.

Houck, M.M. (2006). *CSI*: Reality. *Scientific American, 295*(1), 84-89.

Huston, A.C., Zuckerman, D., Wilcox, B.L., Donnerstein, E., Fairchild, H., Feshbach, N.D., Katz, P.A., Murray, J.P., and Rubinstein, E.A. (1992). *Big world, small screen: The role of television in American society.* Lincoln: University of Nebraska Press.

Jones, B. (2001-2002). Recommendations for implementing internet inquiry projects. *Journal of Educational Technology Systems, 30*(3), 271-291.

Jones, R.A. (1997). The boffin: A stereotype of scientists in post-war British films

(1945-1970). *Public Understanding of Science, 6*(1), 31-48.

Jones, R.A. (2001). "Why can't you scientists leave things alone?" Science questioned in British films of the post-war period (1945-1970). *Public Understanding of Science, 10*, 365-382.

Jones, R., and Bangert, A. (2006). The *CSI* effect: Changing the face of science. *Science Scope, 30*(3), 38-42.

Kafai, Y.B. (1994). *Minds in play: Computer game design as a context for children's learning*. Mahwah, NJ: Lawrence Erlbaum Associates.

Kane, T.T., Gueye, M., Speizer, I., Pacque-Margolis, S., and Baron, D. (1998). The impact of a family planning multimedia campaign in Bamako, Mali. *Studies in Family Planning, 29*(3), 309-323.

Karlyn, A.S. (2001). The impact of a targeted radio campaign to prevent STIs and HIV/AIDS in Mozambique. *AIDS Education and Prevention, 13*(5), 438-451.

Kirby, D.A. (2003a). Scientists on the set: Science consultants and communication of science in visual fiction. *Public Understanding of Science, 12*(3), 261-278.

Kirby, D.A. (2003b). Science consultants, fictional films and scientific practice. *Social Studies of Science, 33*(2), 1-38.

Kirshner, J. (2001). Subverting the cold war in the 1960s: Dr. Strangelove, The Manchurian Candidate, and The Planet of the Apes. *Film and History, 31*(2), 40-44.

Kozma, R. (1991). Learning with media. *Review of Educational Research, 61*(2), 179-211.

Kubey, R., and Csikszentmihalyi, M. (1990). *Television and the quality of life: How viewing shapes everyday experience*. Mahwah, NJ: Lawrence Erlbaum Associates.

Kuiper, E., Volman, M., and Terwel, J. (2005). The web as an information resource in K-12 education: Strategies for supporting students in searching and processing information. *Review of Educational Research, 75*(3), 258-328.

LaFollette, M.C. (1990). *Making science our own: Public images of science 1910-1955*. Chicago: University of Chicago Press.

LaFollette, M.C. (in press). Scientific and technical publishing in the United States, 1880-1950. In *A history of the book in America (1880-1950)* (vol. 4). Chapel Hill: University of North Carolina Press.

Large, J.A., and Beheshti, J. (2000). The web as a classroom resource: Reactions from the users. *Journal of the American Society for Information Science, 51*(12), 1069-1080.

Lewenstein, B.V. (in press). Science books since World War II. In D.P. Nord, M. Schudson, and J. Rubin (Eds.), *The enduring book: Publishing in post-war America*. Chapel Hill: University of North Carolina Press.

Lindberg, C.M., Carstensen, E.L., and Carstensen, L.L. (2007). *Lifelong learning and technology*. Background paper for the Committee on Learning Science in Informal Environments. Available: http://www7.nationalacademies.org/bose/Lindberg_et%20al_Commissioned_Paper.pdf [accessed October 2008].

Linn, M.C., Bell, P., and Davis, E.A. (2004). Specific design principles: Elaborating the scaffolded knowledge integration framework. In M.C. Linn, E.A. Davis, and P. Bell (Eds.), *Internet environments for science education* (pp. 315-340). Mahwah, NJ: Lawrence Erlbaum Associates.

Linn, M.C., diSessa, A., Pea, R.D., and Songer, N.B. (1994). Can research on science learning and instruction inform standards for science education? *Journal of Science Education and Technology, 3*(1), 7-15.

Madden, M., and Fox, S. (2006). *Finding answers online in sickness and in health*. Washington, DC: Pew Internet and American Life Project.

Mayer, R.E. (1989). Systematic thinking fostered by illustrations in scientific text. *Journal of Educational Psychology, 81*(2), 240-246.

Mayer, R.E. (1997). Multimedia learning: Are we asking the right questions? *Educational Psychologist, 32*(1), 1-19.

Mayer, R.E., and Anderson, R.B. (1991). Animations need narrations: An experimental test of a dual-dual coding hypothesis. *Journal of Educational Psychology, 83*(4), 484-490.

Mayer, R.E., and Anderson, R.B. (1992). The instructive animation: Helping students build connections between words and pictures in multimedia learning. *Journal of Educational Psychology, 84*(4), 444-452.

Mayer, R.E., and Moreno, R. (2003). Nine ways to reduce cognitive load in multimedia learning. In R. Bruning, C.A. Horn, and L.M. PytlikZillig (Eds.), *Web-based learning: What do we know? Where do we go?* (pp. 23-44). Greenwich, CT: Information Age.

Mayer, R.E., Steinhoff, K., Bower, G., and Mars, R. (1995). A generative theory of textbook design: Using annotated illustrations to foster meaningful learning of science text. *Educational Technology Research and Development, 43*(1), 31-43.

Moreno, R. (2006). Does the modality principle hold for different media? A test of the method affects learning hypothesis. *Journal of Computer Assisted Learning, 22*(3), 149-158.

Moreno, R., and Mayer, R.E. (1999). Cognitive principles of multimedia learning: The role of modality and contiguity. *Journal of Educational Psychology, 91*, 358-368.

Moussouri, T., (1997). *Family agendas and family learning in hands-on museums*. Unpublished doctoral dissertation, University of Leicester.

Moussouri, T. (2003). Negotiated agendas: Families in science and technology museums. *International Journal of Technology Management, 25*(5), 477-489.

National Research Council. (1996). *National science education standards*. National Committee on Science Education Standards and Assessment. Washington, DC: National Academy Press.

National Research Council. (2000). *How people learn: Brain, mind, experience, and school* (expanded ed.). Committee on Developments in the Science of Learning. J.D. Bransford, A.L. Brown, and R.R. Cocking (Eds.). Washington, DC: National Academy Press.

National Research Council. (2007). *Taking science to school: Learning and teaching science in grades K-8*. Committee on Science Learning, Kindergarten Through Eighth Grade. R.A. Duschl, H.A. Schweingruber, and A.W. Shouse (Eds.). Board on Science Education, Center for Education, Division of Behavioral and Social Sciences and Education. Washington, DC: The National Academies Press.

National Science Board. (2008). Science and technology: Public attitudes and public understanding. In *Science and Engineering Indicators—2008.* Washington, DC: Author.

Nee, J., Howe, P., Schmidt, C., and Cole, P. (2006). *Understanding the afterschool workforce: Opportunities and challenges for an emerging profession.* Report prepared by the National Afterschool Association. Houston: Cornerstones for Kids. Available: http://nextgencoalition.org/files/NAA_PDF_rw111506.pdf [accessed October 2008].

Nelkin, D. (1987). *Selling science: How the press covers science and technology.* New York: Freeman.

Neulight, N., Kafai, Y.B., Kao, L., Foley, B., and Galas, C. (2007). Children's participation in a virtual epidemic in the science classroom: Making connections to natural infectious diseases. *Journal of Science Education and Technology, 16*(1), 47-58.

Newsom, C. (Ed.) (1952). *A television policy for education: Proceedings of the Television Programs Institute held under the auspices of the American Council on Education at Pennsylvania State College.* Washington, DC: American Council on Education.

Ng, W., and Gunstone, R. (2002). Students' perceptions of the effectiveness of the World Wide Web as a research and teaching tool in science learning. *Research in Science Education, 32*, 489-510.

Nisbet, M.C., and Goidel, R.K. (2007). Understanding citizen perceptions of science controversy: Bridging the ethnographic-survey research divide. *Public Understanding of Science, 16*(4), 421-440.

Nisbet, M.C., and Huge, M. (2006). Attention cycles and frames in the plant biotechnology debate: Managing power participation through the press/policy connection. *Harvard International Journal of Press/Politics, 11*(2), 3-40.

Nisbet, M.C., Brossard, D., and Kroepsch, A. (2003). Framing science: The stem cell controversy in an age of press/politics. *Harvard International Journal of Press/Politics, 8*(2), 36-70.

Papert, S. (1980). *Mindstorms: Children, computers, and powerful ideas.* New York: Basic Books.

Piotrow, P.T., Kincaid, D.L., Rimon, J.G., and Rinehart, W. (1997). *Health communication: Lessons from family planning and reproductive health.* Westport, CT: Praeger.

Piotrow, P., Rimon, J., Winnard, K., Kincaid, D.L., Huntington, D., and Convisser, J. (1990). Mass media family planning promotion in three Nigerian cities. *Studies in Family Planning, 21*(5), 265-274. Available: http://www.jstor.org/stable/1966506?seq=1 [accessed October 2008].

Podlas, K. (2006, July). *Investigating the CSI effect's impact on jurors.* Paper presented at the Law and Society Association annual meeting. Available: http://www.allacademic.com/meta/p95911_index.html [accessed October 2008].

Pohlman, D. (2004). Catching science in the act: Mysteries of Çatalhöyük. In D. Chittenden, G. Farmelo, and B.V. Lewenstein (Eds.), *Creating connections: Museums and the public understanding of research* (pp. 267-275). Walnut Creek: AltaMira Press.

Prensky, M. (2000). *Digital game-based learning*. New York: McGraw-Hill.

Priest, S.H. (2001). Misplaced faith: Communication variables as predictors of encouragement for biotechnology development. *Science Communication, 23*(2), 97-110.

Reiser, R.A., Tessmer, M.A., and Phelps, P.C. (1984). Adult-child interaction in children's learning from Sesame Street. *Educational Communications and Technology, 32*(4), 217-233.

Reiser, R.A., Williamson, N., and Suzuki, K. (1988). Using Sesame Street to facilitate children's recognition of letters and numbers. *Educational Communication and Technology Journal, 36*(1), 15-21.

Resnick, M., Berg, R., and Eisenberg, M. (2000). Beyond black boxes: Bringing transparency and aesthetics back to scientific investigation. *Journal of the Learning Sciences, 9*(1), 7-30.

Rockman Et Al. (1996). *Evaluation of Bill Nye the Science Guy: Television series and outreach*. San Francisco: Author. Available: http://www.rockman.com/projects/124.kcts.billNye/BN96.pdf [accessed October 2008].

Rockman Et Al. (2007). *Media-based learning science in informal environments*. Background paper for the Learning Science in Informal Environments Committee of the National Research Council. Available: http://www7.nationalacademies.org/bose/Rockman_et%20al_Commissioned_Paper.pdf [accessed October 2008].

Rose, C. (2003). How to teach biology using the movie science of cloning people, resurrecting the dead, and combining flies and humans. *Public Understanding of Science, 12*(3), 289-296.

Rosenfeld, S. (1980). *Informal education in zoos: Naturalistic studies of family groups*. Unpublished doctoral dissertation, University of California, Berkeley.

Roussou, M., Johnson, A., Moher, T., Leigh, J., Vasilakis, C., and Barnes, C. (1999). Learning and building together in an immersive virtual world. *Presence: Teleoperators and Virtual Environments Journal, 8*(3), 247-263.

Salomon, G. (1977). Effects of encouraging Israeli mothers to co-observe Sesame Street with their five year-olds. *Child Development, 48*(3), 1146-1151.

Salomon, G. (Ed.). (1993). *Distributed cognitions: Psychological and educational considerations*. New York: Cambridge University Press.

Salomon, G. (1994). *Interaction of media, cognition, and learning: An exploration of how symbolic forms cultivate mental skills and affect knowledge acquisition* (2nd ed.). Mahwah, NJ: Lawrence Erlbaum Associates.

Sandifer, C. (2003). Technological novelty and open-endedness: Two characteristics of interactive exhibits that contribute to the holding of visitor attention in a science museum. *Journal of Research in Science Teaching, 40*(2), 121-137.

Scanlon, E., Jones, A., and Waycott, J. (2005). Mobile technologies: Prospects for their use in learning in informal science settings. *Journal of Interactive Media in Education, 21*(5), 1-17.

Scheufele, D.A., and Lewenstein, B.V. (2005). The public and nanotechnology: How citizens make sense of emerging technologies. *Journal of Nanoparticle Research, 7*(6), 659-667.

Schulz, W. (2005). *The "assault" on public broadcasting*. Available: http://www.cpb.

org/ombudsmen/display.php?id=7 [accessed October 2008].

Seif El-Nasr, M., and Smith, B.K. (2006). Learning through game modding. *ACM Computers in Entertainment, 4*(1), Article 3B.

Seif El-Nasr, M., Yucel, I., Zupko, J., Tapia, A., and Smith, B.K. (2007). Middle-to-high school girls as game designers—What are the learning implications? In I. Parberry (Ed.), *Proceedings of the 2nd annual microsoft academic days conference on game development in computer science education* (pp. 54-58), Available: http://www.eng.unt.edu/ian/Cruise2007/madgdcse2007.pdf [accessed April 2009].

Serrell, B., and Raphling, B. (1992). Computers on the exhibit floor. *Curator, 35*(3), 181-189.

Shaffer, D.W. (2006). *How computer games help children learn*. New York: Palgrave Macmillan.

Sherry, J.L. (1997). *Do violent video games cause aggression? A meta-analytic review*. Top student paper, Instructional and Developmental Communication Division, International Communication Association Annual Convention, Montreal, Quebec.

Singer, E., and Endreny, P.M. (1993). *Reporting on risk*. New York: Russell Sage Foundation.

Singhal, A., and Rogers, E. (1989). *India's information revolution*. New Delhi: Sage/India.

Singhal, A., and Rogers, E. (1999). *Entertainment-education: A communication strategy for social change*. Mahwah, NJ: Lawrence Erlbaum Associates.

Sobchak, V. (2004). *Screening space: The American science fiction film*. New Brunswick, NJ: Rutgers University Press.

Soloway, E., Grant, W., Tinker, R., Roschelle, J., Mills, M., Resnick, M., Berg, R., and Eisenberg, M. (1999). Science in the palms of their hands. *Communications of the ACM, 42*(8), 21-26.

Squire, K. (2003). Video games in education. *International Journal of Intelligent Games and Simulation, 2*(1), 49-62.

Squire, K. (2006). From content to context: Videogames as designed experience. *Educational Researcher, 35*(8), 19-29.

Squire, K.D., and Barab, S.A. (2004). Replaying history. In Y. Kafai, W.A. Sandoval, N. Enyedy, A. Dixon, and F. Herrera (Eds.), *Proceedings of the 2004 international conference of the learning sciences* (pp. 505-512). Mahwah, NJ: Lawrence Erlbaum Associates.

Squire, K.D., and Steinkuehler, C.A. (2001). Generating cyberculture/s: The case of star wars galaxies. In D. Gibbs and K.L. Krause (Eds.), *Cyberlines: Languages and cultures of the Internet* (2nd ed.). Albert Park, Australia: James Nicholas.

Steinke, J. (1997). Portrait of a woman as a scientist: Breaking down barriers created by gender-role stereotypes. *Public Understanding of Science, 6*(4), 409-428.

Steinke, J. (1999). Women scientist role models on screen: A case study of contact. *Science Communication, 21*(2), 111-136.

Steinke, J. (2005). Cultural representations of gender and science: Portrayals of female scientists and engineers in popular films. *Science Communication, 27*(1), 27-63.

Steinke, J., and Long, M. (1996). A lab of her own? Portrayals of female characters on children's educational science programs. *Science Communication, 18*(2), 91-115.

Stone, A.R. (1996). *The war of desire and technology at the close of the mechanical age*. Cambridge, MA: MIT Press.

Storksdieck, M. (2005). *Field trips in environmental education*. Berlin: Berliner Wissenschafts-Verlag.

Ten Eyck, T.A. (1999). Shaping a food safety debate: Control efforts of newspaper reporters and sources in the food irradiation controversy. *Science Communication, 20*(4), 426-447.

Ten Eyck, T.A. (2005). The media and public opinion on genetics and biotechnology: Mirrors, windows, or walls? *Public Understanding of Science, 14*(3), 305-316.

Ten Eyck, T.A., and Williment, M. (2003). The national media and things genetic: Coverage in the *New York Times* (1971-2001) and *The Washington Post* (1977-2001). *Science Communication, 25*, 129-152.

Turkle, S. (1995). *Life on the screen: Identity in the age of the Internet*. New York: Simon and Schuster.

Turkle, S. (2005). *The second self: Computers and the human spirit*. Cambridge, MA: MIT Press.

Turow, J. (1989). *Playing doctor: Television, storytelling and medical power*. New York: Oxford University Press.

Turow, J., and Gans, R. (2002). *As seen on TV: Health policy issues on TV's medical dramas*: Report to the Kaiser Family Foundation. Available: http://www.kff.org/entmedia/John_Q_Report.pdf [accessed October 2008].

Ucko, D.A., and Ellenbogen, K.M. (2008). Impact of technology on informal science learning. In D.W. Sunal, E. Wright, and C. Sundberg (Eds.), *The impact of the laboratory and technology on learning and teaching science K-16* (Ch. 9, pp. 239-266). Charlotte, NC: Information Age.

Ucko, D.A., Schreiner, R., and Shakhashiri, B.Z. (1986). An exhibit on everyday chemistry: Communicating chemistry to the public. *Journal of Chemical Education, 63*, 1081.

U.S. Congress. (1990). *Children's Television Act of 1990* (P.L. no. 101-437, 104 Stat. 996-1000).

Valente, T.W., and Saba, W. (1998). Mass media and interpersonal influence in a reproductive health communication campaign in Bolivia. *Communication Research, 25*, 96-124.

Valente, T.W., Kim, Y.M., Lettenmaier, C., Glass, W., and Dibba, Y. (1994). Radio and the promotion of family planning in the Gambia. *International Family Planning Perspectives, 20*(3), 96-100.

Valente, T.W., Poppe, P.R., and Merritt, A.P. (1996) Mass media-generated interpersonal communication as sources of information about family planning. *Journal of Health Communication, 1*, 247-265.

Valente, T.W., Watkins, S., Jato, M.N., Van der Straten, A., and Tsitsol, L.M. (1997). Social network associations with contraceptive use among Cameroonian women in voluntary associations. *Social Science and Medicine, 45*, 677-687.

Vieth, E. (2001). *Screening science: Contexts, texts, and science in fifties science fiction film*. Lanham, MD: Scarecrow Press.

Wallace, R.M., Kupperman, J., Krajcik, J., and Soloway, E. (2000). Science on the web: Students online in a sixth-grade classroom. *Journal of the Learning Sciences, 9*(1), 75-104.

Walters, L.M., Wilkins, L., and Walters, T. (Eds.). (1989). *Bad tidings: Communication and catastrophe*. Mahwah, NJ: Lawrence Erlbaum Associates.

Watson, J. (1998). If you don't have it, you can't find it: A close look at students' perceptions of using technology. *Journal of the American Society for Information Science, 49*(11), 1024-1036.

Weingart, P., and Pansegrau, P. (2003). Introduction: Perception and representation of science in literature and fiction film. *Public Understanding of Science, 12*(3), 227-228.

Weiss, C.H., and Singer, E. (1988). *Reporting of social science in the national media*. New York: Russell Sage Foundation.

Wilkins, L., and Patterson, P. (Eds.). (1990). *Risky business: Communicating issues of risk, science, and public policy*. Westport, CT: Greenwood Press.

Yu, K.C. (2005). Digital full domes: The future of virtual astronomy education. *Planetarian, 34*(3), 6-11.

第四部分

结论、建议和未来的方向

第九章 结论和建议

非正式环境下的科学学习是一个广阔的研究和实践领域，支持着广泛的学习经验。科学学习的非正式环境不仅包括科学中心和博物馆，而且包括一系列更广义的场境。这些场境涵盖从家庭讨论到上网、看电视、园艺、参加男女童子军团体诸如此类的日常活动以及登山和钓鱼等娱乐活动。

每年数以百万计的美国人，包括青年人和老年人，都选择以参观非正式科学学习机构、参与项目并运用媒体来满足其对科学的兴趣。数以千计的组织致力于为各种年龄和背景的学习者创建、记录和改善非正式科学学习。这些组织包括非正式学习组织和基于社区的组织、智囊团、高等教育机构、私营公司、政府机构和慈善基金会等。同时，学校通过课后项目和实地考察，大范围地促进了非正式环境下的科学学习。

实际上，所有年龄和背景的人都会在日常生活中进行非正式的科学学习。非正式环境可以激发人们的科学兴趣，建构学习者的科学知识和技能，或许最重要的是，帮助人们更自如和更自信地与科学打交道。对非正式场境感兴趣的研究人员和教育工作者通常致力于扩大对科学的参与：建构和理解科学学习经验，让科学走近广大的学习者。人们越来越有兴趣了解各种学习者当中存在的文化差异及其意义：学习者如何参与科学，学习者和科学共同体中实际存在的价值观、态度、历史及实践的交集是什么。相应地，两种科学文化的概念构成了随后委员会结论和建议的基础。

从一种意义上说，存在一种科学文化，因为科学涉及通过证据（例如统计检验、数学建模、运用测量仪器）来探究问题的专门实践。如果人们希望进入正式科学领域，就必须掌握证据。科学文化的这一意义，还包括同行评审、出版发表论著等社会实践。在第二个意义上，科学反映了那些参与其中的人的文化价值观——这些价值观体现在选择什么来关注，运用什么观点来处理各种问题等。从后一视角来看，领域内和领域间的规范和实践的差异，不仅反映了人们感兴趣的不同的学科内容，也反映了参与者不同的身份和价值观，正如任何其他文化努力一样。承认科学是一种文化事业意味着，无论是对于科学还是科学学习，都不存在无文化的或文化中性的观点。因此，观点的多样性对科学和理解学习都有好处。它还可以作为设计非正式环境的科学学习的潜在资源。

本章呈现了委员会的结论和对研究与实践的建议。我们首先从委员会回顾的研究结论开始，从有关学习者和学习的证据开始，然后转向非正式学习场境以及如何拓展科学学习的参与。最后，我们概述了从结论中得出的对实践和研究的建议。

学习者和学习

结论 1：个体终其一生，从婴儿到老年，都在学习关于自然世界的知识，并发展科学学习的重要技能。

正如委员会在第四章中讨论的那样，大量的文献记载了幼儿对自然世界的学习。即使是婴儿也会观察世界的规律，建立默会的理解，这帮助他们可靠地预测自然现象并在他们的经验中创造秩序。幼儿在人生最初几年学到大量关于自然世界的知识。他们注意到周围世界的变化（鲜花盛开、月亮形状的变化、雪的融化、飞机从空中飞过），他们学习物体的名称和过程，他们与其他人就这些事件展开学习性谈话。儿童通过和科学媒体打交道，向成年人和同龄人提出率真的问题，做出预测，评估证据，对物质世界中的变化做出解释，拓展了人生早期阶段经验。在学校教育期间，儿童和青少年如果能够得到支持，就可以整合学校学习经验和非正式学习经验，从而建立对自然世界的科学理解。

理解和解释世界的内驱力一直持续到成年。正如在“谁在日常场境中学习”（第四章）中所讨论的那样，在整个生命历程中，有更多的动机可以激发科学学习，这些动机包括：实际需要（例如健康问题、学术任务、当地环境问题），科学爱好和工作场所的任务等。像儿童一样，成年人（包括科学家）追求个人感兴趣的问题，并从他们的日常经验中搜集证据以发展他们对世界的理解。伴随着人的成熟过程，记忆容量的增加、推理和元认知技能的提升，使得成人学习者可以用新的方式来探索科学，我们在第六章“面向老年学习者的项目”一节中进行了总结。老年人保留了这些能力中的许多部分，同时，随着年龄的增长，他们的兴趣发生了改变。非正式环境对支持成年人的科学学习至关重要，这尤其是因为，他们在认可自己的需要和生活经验的环境下焕发生机。

结论 2：大量科学学习发生在校外非正式环境下（包括日常活动、经过设计的场所和各类项目），**它们是伴随着个体穿梭于一系列社会场境时发生的，却常常受到忽视。**

大多数人在一系列支持科学学习的社会场境中穿梭往复。委员会在日常生活经验、经过设计的教育环境和项目中发现了大量的学习证据。

正如在第四章中讨论的那样，当个人与自然界互动、参与家庭和社区生活时，他们便发展了有关自然的知识及与科学相关的兴趣和能力。通过与科学相关的选择性追求和爱好（例如参加业余天文学俱乐部、机器人制造联赛、环保团体等）的个体化及社会化过程（例如指导、阅读科学文本、收看科教电视等），长期的、复杂的科学学习可以发生。

经过设计的场境，包括博物馆、科技中心、动物园、水族馆和自然中心，也可以支持科学学习。由于这些地方将真实世界的现象按照教育目的进行组织，它们成为人们追求和发展科学兴趣、参与科学调查并通过对话来反省他们经验的地方。迄今为止仍很少有人将这类研究综合起来。然而，委员会从观众研究、项目评估和设计研究（第五章）中汇集和回顾了大量证据，这些设计研究概述了经验证据以及为科学学习而设计的场境的前景。

科学学习项目通过非正式学习机构、学校、社区型组织和私营公司来提供。正如在第六章中讨论的那样，越来越多的证据表明，这样的经历可以激发并提高成人和儿童的科学兴趣。也有一些证据表明：参与科学学习的非正式项目，例如那些涉及科学志愿者网络的数据收集项目（例如追踪动物迁徙的国民科学项目、环境监测和清理），可以在科学相关问题（比如当地环境问题和政策）上促进公民充分知情和参与。

校外项目（俱乐部、课后和暑期项目、童子军）活动中对科学的关注，也是对学生在非学校学习时间的学业内容日益关注的一部分（见结论十二）。随着公共资助和私人资助的日益增加，现有的项目都把科学作为重点，人们还开拓了促进科学的新举措。回顾第六章中这方面的文献，我们发现：这些项目中科学学习的现有证据基础，仅限于来自个别项目的评估数据。这些研究表明，科学项目对学生的科学和数学概念理解、科学思考能力、科学语言和工具的运用起着重要作用。这些项目还能有效地改进学生对科学的态度和对自身作为科学学习者的态度。

结论 3：在非正式环境下学习科学包括：发展积极的与科学相关的态度、情绪和身份认同；学习科学实践；理解科学的社会境脉和历史境脉以及认知。对于形成和巩固学习者积极的科学兴趣、技能、情绪和身份而言，非正式环境尤其重要。

委员会概括了科学学习的六个方面，囊括了学习者在这些环境下所能形成的知识和能力的广泛而又相互联系的网络。在第四章、第五章和第六章中，我们使用这些方面来组织我们对文献的评述，以便阐述研究支持这些特定学习结果的方式。这六个方面表述了学习者在学习科学时做什么，它们反映了科学学习的实践特征，也反映了科学学习抽象的、概念性的和反思性的特征。非正式环境下的学习者：

方面 1：体验学习自然世界和物质世界现象的兴奋感、兴趣和动机。

方面 2：逐渐形成、理解、记忆和运用与科学相关的概念、解释、论证、模型和事实。

方面 3：操作、试验、探索、预测、质疑、观察以及理解自然和物质世界。

方面 4：反思科学作为一种认识的方式；对科学过程、科学概念和科学机构进行反思；并对他们自身学习现象的过程进行反思。

方面 5：通过使用科学语言和工具，与他人一起参与科学活动和学习实践。

方面 6：把自己看作是科学学习者，并发展出这样一种身份，即认同自己是了解科学、使用科学、有时为科学做出贡献的人。

这些方面不同于那些可以在学校发展的科学特定性的知识、技能、态度和倾向，但又必然与其存在重叠。特别指出的是，国家研究理事会之前发布一份关于 K－8 年级的科学学习的报告（2007），即《把科学带进学校——幼儿园至八年级的学习与教学》，提出了一个四方面的框架，这里的六方面模式即起源于此。在四方面框架的基础上，我们强调了学校和非正式场境、非学校场境的目标都是重叠互补的。另外的两个方面（方面 1 和方面 6）在非正式学习环境下是非常突出的和特别重要的。第三章对方面2至方面5进行了详细阐述。

方面1着重于通过与自然现象和经过设计的世界中的现象互动，发展学习的兴趣和动机，这是最基本的一点。方面1通过承认学习者在学习中的选择权和主动权，强调以先前兴趣和动机为基础的重要性。方面1与充满丰富现象的非正式环境尤其相关——一条当地的小溪、后院的昆虫、用来解释牛顿物理学的博物馆展览、观察市中心的鸽子、护林员引导的国家公园旅游等。这些现象常常激发科学家和非科学家同样的科学探究灵感。它们往往作为一种“过渡”，帮助学习者熟悉自然世界和经过设计的世界，建立可以激发和激活后续科学学习经历的经验基础、动机和知识。

方面6对于非正式环境特别重要，指出了学习者如何看待他们自身与科学的关系——他们的“科学学习者的身份”。这个方面围绕这样一个过程展开，即个体开始自己认为也被社会认为对科学感觉自如、了解科学、对科学感兴趣、有能力从事科学。这一方面的学习是学习者在重要的时间跨度内（如周、月、年）跨场境的多种科学学习经历的结果，反映了学习者参与科学的多重机会。然而，值得一提的是，一个人的科学学习者的身份，也受到科学经历之外或超越科学经历的因素的影响，如社会期望和刻板印象。非正式环境有潜力促进对学习者的一视同仁的期望，对参与群体和他们的科学能力的不刻板的观点，以及支持身份的发展。

这些方面还可以促进非正式学习环境和学校之间共同事业的发展。例如，目前正在进行大量工作来开发和测试学习级序（National Research Council, 2007）。学习级序对科学学习进行了组织，使得学习者在多年内反复访取重要的科学概念和实践。学习级序来源于一些重要的科学思想（例如进化、物质），它从儿童的早期能力出发，在经年累月的教学中学习级序的深度和复杂程度不断增加。在每一个阶段，学习者利用和发展了贯穿各方面的相关能力。

虽然这是一个相当新的和发展中的研究领域，但是非正式场境可以在支持学习级序上起着互补作用，尽管非正式学习经验具有偶然性。例如，非正式场境可以在支持学习级序的明确意图下，以与K－12科学课程目标紧密相关的形式进行设计。或者，非正式环境可以使自己区别于K－12的安排。如果学校在少量的学习级序上有责任“深”下去，那么就要求非正式场境要“宽”出去，着重于包容在学习级序中可能不明显的其他科学问题。

结论 4：不同文化群体的成员，通过参与由其文化历史背景和特定环境及场境的要求所决定的非正式学习经历和各种形式的探究，发展有关自然界的系统知识。这样的知识和与自然打交道的各种方式，反映了观点的多样性，在设计科学学习经历时应当意识到这一点。

虽然我们可以举例说明，文化上重要的知识及实践有时候和科学是不一致的（包括灵魂的和神秘的思想、民间传说、各种各样的创世故事等），但越来越多的研究证明：有些在不同文化和境脉中发展起来的知识和许多技能，可以作为对自然界的有效一致的解释，这些解释可以形成进一步科学学习的基础。第七章评述了这类文献，它包括来自文化心理学、人类学及教育研究的证据。委员会认为，不同文化共同体的成员带入正式和非正式科学学习境脉中的多元技能和取向，是学习的资源基础。例如研究人员发现，在农村长大的儿童与同龄的城市和郊区儿童相比，与动植物有更紧密、更频繁的交流，能够形成对生态和生物物种的更复杂的理解。其他研究者指出了儿童基于文化的故事讲述与争论和科学探究之间的联系，并描述了将这些联系作为支持学生科学学习的教学手段。本书对研究的综合，论证了支持、接纳和扩展多样性作为人们增强了解科学和自然界的手段的重要性。

结论 5：人们已经理解学习者的先前知识、兴趣和身份是学习过程必不可少的组成部分，它们在非正式环境下特别重要。

委员会敦促研究者、实践者和政策制定者不仅要特别关注先前知识的一贯重要性（National Research Council，2000），也要关注体现在六个方面并在本报告中一直讨论的学习者的多种先前能力和兴趣（请特别参见第三章至第六章）。委员会强调这样一种观点，即在理解和促进学习方面，先前兴趣和身份与先前知识同等重要。

先前的知识、经验和兴趣在非正式学习环境下特别重要。在非正式学习环境下，学习的机会稍纵即逝，学习具有偶发性，并且很受学习者驱动。在一生中的任何时候，学习者都拥有知识和兴趣。他们可以利用这些知识和兴趣进行更进一步的科学学习。这些知识和兴趣包括他们对科学的舒适感和熟悉度。虽然学习者的知识可能是隐性的，可能并不总是具有科学准确性，但随着时间的推移，这些知识可以作为更复杂学习的基础。教育者可以通过有目的地询问，利用和拓展学习者的兴趣、关于自身和知识的想法，为所有年龄的学习者提供支持。

非正式环境

结论6：虽然非正式科学学习由多种多样的实践共同体组成，但它同样对科学学习环境承担义务：

- 让参与者用多元方式（包括身体的、情感的和认知的方式）参与进来；
- 鼓励学习者主要以学习者主导的方式与自然现象和经过设计的物质世界进行直接互动；
- 提供对科学多侧面的和动态的描述；
- 建立在学习者的先前知识和兴趣之上。

直接接触自然现象和经过设计的物质世界中的现象——包括熟悉的和陌生的——对非正式环境来说是基本的。在非正式环境下，日常生活的基本方面经常根据相关科学概念进行设计（例如为浴盆排水、在绳子上荡秋千、棒球投手投出一个曲线球、引发多米诺骨牌效应，这些都可以从物理力学的观点进行考察）。非正式环境可能也为学习者提供了在其他场合很难或不可能接触到的现象和经历，例如极微观现象和极宏观现象（如从太空看地球，人类精子和卵子的结合等）、尖端科学（如纳米技术）、历史上和当代科学探索使用的工具。

非正式环境下学习的特点包括：由学习者的选择所驱动的相互作用，对个体参与者情绪反应的强调以及小组经历。非正式科学学习最好既建立在学习者的长期的兴趣和动机上，也能建立在短时的或情境化的兴趣和动机上。在研究和评估中，在非正式科学学习的实践、工具和机构中，这些特点是显而易见的。

非正式科学教育将科学描绘成多方面的，并强调知识和建构知识的过程在各领域中有所不同。如许多物理科学和认知科学是基于实验的。许多领域——天文学、地质学、人类学、进化生物学——也吸收了观察重建法和历史重建法。科学价值观和科学实践也反映了从业科学家的不同的文化价值观以及他们共享的专业责任。

虽然科学从根本上是基于证据的，科学家集体针对自然界的证据验证理论模型，从中获得预测能力，但是有社会学证据和历史证据表明：科学的成就是由参与科学的人和科学实施的方式决定的（见第七章）。在研究中，不同视角对科学的影响是非常明显的，某一主流观点最终会被推翻或受到挑战。例如，在论证加强妇女对科学的参与的理由时，许多例子表明，科学家的性别是如何决定所提出的问题和影响对数据的解释的。最有力的实例之一是大量女性科学家投身生物学，这对挑战有关女性健康问题的假设极具影响力，这些假设的基础是历史上那些只来自男性对象的数据的研究结果。

非正式场境中描绘的科学反映出人们理解在增强，就工具、实践和知识而言，科学是一个动态的事业。例如，直到过去几十年之前，生物学主要依靠观察到的物种表型特征来确定其进化的情况。现在功能强大的工具帮助科学家们对 DNA 进行排序，以提供精确的甚至有时是令人惊讶的有关物种形成的观点，如鸟类和恐龙的密切关系。根据新的基因资料，一些基于表型相似而一度被接受的关系已经遭到抛弃，新的关系正在建立起来。非正式科学学习环境力图洞察在稳定的与不断变化的信息和观点之间的创造性张力是如何创造出可靠的知识的。

结论 7：广播媒体、印刷媒体和数字媒体在促进跨场境的科学学习上起着重要作用。然而证据基础却不太均衡。尽管存在有力的证据证明教育电视对科学学习的影响，但关于其他媒体——报纸、杂志、游戏、电台——对科学学习的影响的证据实在太少。

教育节目、“功能性游戏”、娱乐传媒、科技报刊为科学学习提供了丰富多样的资源。通过电台、电视、印刷品、因特网和个人数字设备等技术，科学信息在人们的日常生活中越来越触手可及。对大多数人来说，电视是唯一被广泛参考的科学信息来源，虽然它可能会让位于互联网。媒体支持学习，是通过拓展更大和更多样化的收视群体。它们也可以结合经过设计的空间或特定教育节目，促进学习者了解自然现象、科学现象、科学实践（例如数据可视化、通信、系统性观察等）和科学规范（例如通过媒体来表现科学实践）。互动媒体能够为用户定制科学的表现方式，例如允许学生选择适合发展的材料和文化上熟悉的表现方式（例如选择叙述语言，选择虚拟调查研究的场境等）。

媒体提供了工具，这些工具可能用得恰到好处，也可能没什么用处；可能会以人们期望的方式影响科学学习，也有可能不会。虽然许多学习体验可能通过媒体得到增强，但证据表明，教育工作者必须认真考虑学习目标、学习者的经验基础和兴趣以及权衡媒体的具体形式和传递手段。虽然还没有足够的数据进行概括，但一些研究已经显示了媒体支持非正式环境下的科学学习的力量。例如第八章中总结出，一些研究（包括实验研究和准实验研究）考察了科教电视作为儿童和年轻人的非正式学习媒介的作用，研究表明：教育科学节目可以支持科学学习。特别是，研究者记录了概念的发展（方面2）、电视支持学习科学探究技能（例如方面3）的一些证据，以及证实了科学电视能够积极影响对科学主题的兴趣（方面1）。

数字媒体，包括用户开发的媒体，正在迅速发展。正如在第八章中讨论的那样，存在令人信服的理论性理由使我们相信，深度的浸入式数字游戏环境和出于非正式教育目的而设计的模拟，可以使学习者充分检验新身份、形成对科学和科学事业的意识。然而，至今为止这一新研究领域的经验证据仅限于少数对游戏和模拟的研究，且其中大部分不是关于科学的。

结论8：当设计者和教育者把科学描绘成栩栩如生的社会经验时，当设计者和教育者在与学习者切身相关的境脉中描述科学时，当设计者和教育者考虑到学习者已有的与科学以及科学学习机构之间的多样化关系时，科学则更容易被学习者接受。

作为一个群体，尽管科学家们确实力图保持客观，高度重视可复制的实证结果，但科学中争论的存在，表明科学是一种社会活动，竞争性的背景假设和判断在其中发挥了很大作用。委员会认为，科学学习、科学教学及科学实践本身是社会文化活动的形式。科学实践和科学的认识论假设反映了文化、文化实践以及科学家和其他更广泛的参与科学工作的人的文化价值观。

学习在某种科学文化中进行交流，与某种科学文化进行交流，与掌握个别概念性知识或程序性知识相比，都是更加综合性的事情（参见：如方面4和方面5、结论2）。例如，艾肯黑德（Aikenhead，1996）把科学教育过程描述为一种学生必须参与从他们自己日常世界的文化环境到科学亚文化的“过渡”过程。科学亚文化在某种程度上不同于其他文化活动，它们在一定程度上反映了科学家们自身的文化背景。正如我们在本报告中特别是在第七章中讨论的那样，通过发展和支持学习者参与一系列广泛的科学实践，教育者可以增加不同学习者认同并理解自己的非正式科学学习经验的方式。

结论9：非正式环境对来自非主流群体的、历史上在科学中处于弱势地位的个体的科学学习结果有显著影响。

一些研究表明，科学学习的非正式环境对源于历史原因而处于非主流群体的青年——在社会上拥有较低社会政治地位的群体，经常由于他们在文化上、语言上和行为上的差别而被边缘化——可能特别有效。例如，就像在第六章中所讨论的那样，基于博物馆的项目评估和课后项目评估表明：这些经历可以支撑来自非主流群体的儿童和青年的学业成就。这些成功往往利用了当地的问题和参与者的先前兴趣（例如科学学习和社区服务的整合，涉及参与者自家后院或本地社区的项目）。一些有关社区科学项目的案例研究，聚焦于源于历史原因的非主流群体的青年的参与，记录了参与者对科学持续复杂的参与，以及这些项目对学校科学课程的选择和职业选择的持续影响。在这些项目中，儿童和青年发挥积极作用，形成探究的主题和过程，其中可能包括探究当地的卫生或环境问题，他们还随后就这些问题来教育社区中的人们。

结论 10：具有丰富科学资源的机构和当地社区之间的伙伴关系在促进全方位科学学习方面，前景广阔。发展有效的伙伴关系需要相当多的时间和精力。

许多非正式科学学习的设计者力图解决不公平的问题，并希望与多元共同体的成员进行合作。组织伙伴关系的有效策略包括：确定共同目标；围绕当地关切的当地问题设计学习经验；支持参与者的参与模式（例如家庭结构、话语模式）；设计符合价值观和规范并反映所有伙伴的实践的经验。

基于社区的项目，涉及本地化科学探究（例如识别和研究本地健康问题和环境问题的项目）中的不同学习者，有望发展可持续的、有意义的参与（见第六章，“国民科学和志愿者监督的项目”）。特定的文化资源在项目设计中也可以被利用（见第七章，“科学学习是文化性的”）。许多文化群体是在多代同堂的大家庭中度过闲暇时间的，伙伴关系为了利用这一社会构型，就直接建立起代与代之间的教育经验。这些努力值得推广和进一步研究，包括分析科学资源丰富的机构如何与基于社区的组织进行合作并为其服务，以及分析这些项目如何支持和维持参与者的积极性。

促进学习

结论 11：在支持科学学习方面，父母、成年监护人、同龄人、教育工作者、机构服务者和导师起着决定性的作用。

正如学习的非正式场境千差万别，教育工作者和家长参与支持这种学习的实践也存在很大差别。即使是在日常场境中，机构服务者也可以促进学习。例如，孩子追问“为什么”，是对日常世界的强烈的好奇心的表现。父母、年长的同伴、机构服务者与教师能够也常常确实支持了这些好奇心和意义建构的自然而然的表现。有证据表明，他们做得越多，孩子们在这些场合中学习的可能性就越大。认识到好奇心和意义建构的表现，将支持并鼓励富有成效的学习，并向学习者传递其重要性（例如，通过倾听学习者，帮助他们探究并解答自己的问题；让学习者从事定期活动，使其能够接触自然现象和经过设计的现象以及科学概念）。

他们支持学习的手段包括：从简单的、个别的帮助行为到建立长期、持续的关系、合作和学徒制。例如，仅仅通过和儿童在日常活动中的互动（例如，准备晚饭、做园艺、看电视、解决健康方面的问题等），家长、照看者和教育工作者就可以经常帮助他们理解科学。此外，家庭活动和社团活动往往使学习和科学的应用作为日常生活的一部分。例如，农业社区定期分析环境条件和植物问题。

甚至那些不是科学专家的人们（例如，在课后项目和基于社区的项目中）都可以成为非正式科学学习经历的中介。例如，在女童子军中，女生们努力争取科学奖章，可能就依赖于起促进作用的成年人的热情和帮助（见第五章，“做和看”与“意义建构”）。

认知学徒制是一种特别的非正式科学学习形式，学习者与知识丰富的他人建立关系，在一段持续的时间里，这些“师傅”帮助学习者完善科学理解和技能。例如，经验丰富的科学爱好者可以为兴趣小组（例如业余天文学、园艺等）的新人担任事实上的导师。

有效的科学学习关系经常涉及持续的个人探究，也包括与喜爱的兴趣小组在学徒制关系中从事深入的社会实践。小组中分布式的和多样化的专长知识，允许知识较为贫乏的个体与知识丰富的同伴和导师进行互动。随着时间的推移，专家和新手的角色经常会因问题探究的具体特征而轮换。

结论 12：面向学龄期的儿童和青少年的项目（包括课后项目）**是一个非常重要的、分布广泛的、不断增长的现象，而且重点越来越放到科学上。**

项目，特别是校外项目，为数百万儿童提供了扩展科学学习经验的专门机会。这些项目，其中很多都是基于学校教学的，正越来越聚焦于学科内容，但却是通过非正式教育的手段。校外项目允许可持续的科学学习经验并拥有广泛的受众，包括由来自非主流群体的个体组成的重要群体。要确保非正式科学学习的原则（例如学习者的选择、针对学习者的低风险评价等）随着校外项目的增长而得到始终贯彻，就需要对专业发展、课程和最佳实践给予审慎的关注。

非正式环境和 K－12 学校

结论 13：目前还没有一个好的学习结果测量方式，来评价非正式场境下的科学学习目标。传统的学业成就测量（例如科学学业成就的标准化测验）**过于狭窄，与非正式环境提供者的目标没有很好地达成一致。**

非正式学习场境值得注意的特点之一就是：不存在测验、年级、班级排名和其他人们所熟悉的、学校所特有的记录学业成就的方法。然而非正式科学共同体认识到了评价非正式学习经历的效应的需要，从而了解日常生活、课后、博物馆以及其他类型的场境如何有助于科学知识和科学能力的发展。关于科学的日常互动经常涉及对活动和推理的嵌入式、非正式的评价和评估。

在第三章，我们概括了对非正式环境下科学学习最有用的评价类型的开发所需满足的三个标准。首先，评价应不局限于事实的回忆或其他对学习的狭隘的认知测量，而应指出非正式环境的设计要促进相关能力的范围（分六个方面进行描述）。第二，使用的评价应依据充分，提供有关参与者的学习和胜任力的真实证据。第三，对非正式科学学习的评价，应与使这些环境富有吸引力和参与性的经历相适合；也就是说，非正式场境中进行的任何评价活动都不应破坏有助于有效参与的特征，如学习者的选择、自愿性以及追求科学兴趣等。

结论 14：贯穿非正式环境的学习经历，对儿童在学校中的科学学习、他们对科学的态度以及他们考虑从事与科学相关职业的可能性，或者通过爱好和其他日常活动进行终身科学学习的可能性，都可以产生积极的影响。

正如结论十三中讨论的那样，虽然委员会对使用学术性评估方式来评价非正式场境中的学习持严谨的保留态度，但我们确实找到了证据，表明这些场境可以促进学生学业、成就和职业选择方面的改善（例如参见第六章中对方面 2 的讨论）。这些结果反映了学术场境和非正式场境在一定程度上的重叠。然而，非正式环境所特别培养的那些能力，在传统学业评估中不太容易显示出来，这些能力主要围绕兴趣、动机（方面 1）和身份认同（方面 6）。

朝向一个共同的领域

结论 15：关于在非正式环境下学习科学的文献很多，但研究的质量参差

不齐，至少部分原因是由于发表途径有限（即专刊和特刊）**以及很多处于非学术地位的研究者和评估者缺少发表文章的动力。**

虽然有关在非正式环境下学习科学的证据很多，但经过同行评审的证据的数量却有限（不过正在增长）。虽然许多学者在各种同行评审的教育学、心理学、博物馆研究的杂志上发表了论文，但是其他非学术岗位的人就得不到发表机会。目前，大部分关于非正式环境下科学学习的文献未经过严格、系统的同行评审。实际上，委员会观察到在证据、证明、出版物和同行评审实践等方面存在众多不同的规范。

结论 16：关于特定项目的评估报告提供了一种重要的证据来源，帮助人们更普遍地了解实践和理论。然而，我们还需要其他类型的研究和数据，以建立并实证性地构建共享的知识基础。

评估的设计，可以用来支持设计和实施阶段的改进（形成性），衡量教育实践的最终影响（总结性）。虽然很多高质量的评估报告指出了非正式环境下学习的知识基础，但是重要的结果并不总是得到广泛传播，评估报告很难获得。此外，评估通常是由科学学习机构雇用的外部评估顾问开展。这种安排可能会在机构证明自己成功的现实利益和获得不偏不倚的理论导向的分析这两者之间，产生令人不安的冲突。人们丧失了很多从评估中进行学习的机会，因为关于结果的报告常常并没有附有对实践的详细描述或对先前努力和结果的相关比较。

结论 17：在非正式环境下，对发展科学学习的系统化理论和实践感兴趣的学者和教育者组成了一个跨学科的共同体。然而，建立更有凝聚力的、富有指导性的知识和实践系统，则需要更广泛共享的语言、价值观、假设、学习理论和证据标准。

本报告回顾的文献广泛来源于各种传统，它们包括不同学科的研究者、评估者以及与非正式学习机构相关的探究和实践共同体。虽然他们的学科和组织隶属不同，但这些学者和教育工作者在理解、发展和支持非正式环境下的科学学习方面具有共同的兴趣。进一步发展共同框架、证据标准、语言和价值观，将需要新的途径来分享知识和专长。一些前沿的思想家已经认识到这种需要。杂志的特刊，新的非正式科学教育促进中心以及来自美国国家科学基金会（NSF）的用于评估非正式科学教育影响的新准则，引发并进一步推动了这项工作，目的是为更好的知识整合做贡献。

结论 18：用生态观来看待非正式环境，可以促进对跨场所的科学学习经验的深刻认识。

委员会强调，用一种生态的观点来分析非正式环境下的科学学习，具有广泛的理论相关性。学习的生态观使学习者的活动和学习成为教育研究的组织要素。生态观不是关注离散的学习片段（例如短期的、前后测试的评价），而是力争理解跨场境的学习，例如探索某一场境中的学习经验如何影响学习者在其他场境中的参与。教育工作者和研究人员从学习的生态视角来从事工作，就会关注发生在特定的场境和文化共同体中的学习经历，关注学习者在各种科学学习环境中跨境经历的连续性——从课堂到科学中心和社区现场。

对实践和研究的建议

委员会形成了一种关于非正式科学教育的观点，即继续关注个人对科学的参与和愉悦感，与此同时重视学习问题。换句话说，我们使用的术语“学习”在广义上包括了动机和身份（见 6 个方面）。更充分地按照这种学习观推进研究和实践，需要对目标进行审慎斟酌、根据学习经历来校准目标、设计体现学习者的价值观和兴趣的学习经历。

我们根据本章呈现的结论提出了一些建议，这些建议既关注于改进科学学习经历，也关注改进非正式环境下的科学学习研究。鉴于证据基础的性质，这些用于改进非正式学习环境的建议应被理解成进一步发展的前瞻性观念，这些观念还需要通过另外的研究和评估予以证实。这些建议反映了一些场境中已经发展起来并可能已被反复使用的实践，但它们尚未被广泛采用。

这些建议适合参与非正式场境下科学学习的大量行动者。我们考虑了三大群体：展览和项目的设计者，支持这些经历的一线教育工作者（如童子军领导、俱乐部的组织者、讲解员、家长和其他儿童照看者），以及研究者和评估者。这些行动者以集体和个人的方式塑造了学习者的教育经历。通过集体行动，他们传达了以下重要信息：科学是什么、科学如何使学习者和社会受益，以及学习者如何能够参与科学以及应当如何参与。

尽管行动者们的角色、行为和目标在几个重要方面上是重叠的，但特定的行动者对学习环境的不同方面有不同程度的控制。这里我们围绕三大群体的责任，组织了我们的建议。

展览和项目的设计者

在决定将科学的哪些方面反映在学习经历中、学习者如何与科学和其他人互动、学习者使用的教育材料的类型和质量方面，展览和项目设计者起着很大作用。

建议1：展览和项目设计者应按照如下原则创建科学学习的非正式环境。非正式环境应该

- 在设计时考虑到具体的学习目标（例如，科学学习的六个方面）；
- 具有互动性；
- 在一个特定的场境中为学习者提供与概念、实践和现象打交道的多种方式；
- 支持跨场境的科学学习；
- 促进和支持参与者根据有关的先前知识、经历和兴趣来解释他们的学习经历；
- 支持和鼓励学习者随着时间的推移而拓展他们的学习。

学习者可能由很多不同的动机驱动来参与学习，其中也包括非科学的动机（例如娱乐、与家人和朋友社交等）。为了增加各种学习者参与科学的可能性，经历应是多侧面的、互动性的，并按照具体科学学习目标进行开发。

设计者还应该认识到这样一个事实：非正式场境中的学习经历可能是偶发的，缺乏支持的话，学习者可能无法维持对科学或某个主题的参与。为了支持有益的学习经历和促进持续参与，设计者应利用学习者的先前经验和知识，并为学习者阐明参与和学习的途径，无论当前的还是长远的。

建议2：从一开始，科学学习的非正式环境应通过社区－教育工作者的伙伴关系得到发展，而且只要有可能，非正式环境就应当根植于对社区成员具有重要意义的科学问题和观念。

当地社区成员和来自非主流群体的个人，其中包括多元文化群体、老年人和残障人士，应在科学学习经历的开发、设计和实施中发挥积极作用——作为设计师、顾问、一线教育工作者和这些努力的评估者。应当将伙伴社区和多元群体的兴趣、知识、当地活动和关怀，注入到构成科学学习经历的问题、材料和境脉中。

建议3：教育工具和材料的开发，应当在涉及学习者、教育者、设计者、科学（包括人类学习和发展的科学）专家参与的循环往复的过程中完成。

设计最佳学习经历所需的有关知识和设计技能，存在于一群优秀的行动者之中。理想的情况是，非正式环境中的科学学习经历的设计，应从这些多元团队的协作开始，这种协作在开发过程中贯穿始终。随着时间的推移，对参与者的经历和学习成果的反复观察，应为改进教育工具和材料提供信息。

一线教育工作者

一线教育工作者包括提供和支持科学学习经历的机构和项目中的专业人员和志愿者。一线教育工作者在很多方面影响学习经历。他们可以示范理想的科学学习行为，帮助学习者发展和拓宽科学解释和实践，继而塑造学习者与科学之间、学习者彼此之间以及学习者与教育材料之间的互动方式。他们也可以直接与科学教师和其他教育专业人士一起工作，这些人本来就对教育他人负有责任。鉴于参加（或可能参加）非正式环境的社区成员的多样性，一线教育工作者应该包容多样性并能在不同群体间睿智地工作。

在某些重要方面，甚至父母和其他在这些场境中与学习者互动的儿童照看者，均是一线教育者。他们组织集体参观，促进学生之间的互动，甚至发起参观前和参观后的活动。因此，虽然父母和其他照看者都不是受过训练的教育专业人士，但他们决定了学习经历，并且可以通过支持来进行得更加有效。

建议 4：一线人员应当积极将自身与多元学习者的问题、日常语言、观点、关怀、世界观和历史整合起来。为此，他们需要支持发展文化能力的机制，并与他们想要服务的群体一起学习并了解这些群体。

为了服务于扩大科学参与这一目标，一线工作人员应该拥有实践和工具的配备和存储，以便随时调用来帮助各种学习者拓展科学学习的日常知识和技能。针对学习者在非正式环境下遇到的科学如何与日常经历关联起来，他们需要精心研制问题、对话提示和多种案例。

一线的专业人员也应该包容多样性，使得学习者能够利用他们的知识、技能和语言以促进科学学习。例如，年轻人对同伴关系很感兴趣，因此，有意识地努力培育和维护科学学习的同伴网络，他们就有可能从中受益。对鼓励弱势群体参与科学学习而言，同伴可能特别重要。一线工作人员也可以鼓励和支持多代家庭群体中代与代之间的对话。为了实现这一点，实践者需要通过专业发展以支持他们的努力。

研究者和评估者

提高非正式环境下的科学学习的证据质量是当务之急。研究和评估的努力，依赖于博物馆管理者、设计者、行政官员、评估者、研究者、教育者以及其他利益相关者之间的合作关系，这些人不同的兴趣、专长和资源支持并维系着探究。相应地，我们的建议针对的是调查者和与调查者合作并使用研究和评估结果的更广泛的共同体。

建议5：非正式教育中的研究者、评估者和其他引领者，应当扩大同行评审的研究和评估以及出版学术报告的机会，并激励非学术岗位的调查人员在这些刊物上发表成果。

建议6：研究人员和评估人员应整合大量非正式环境下的科学学习研究，发展跨越不同场所，将学习的认知、情感和社会文化解释联结起来的理论。

建立和验证理论框架是科学探究的核心目标，它驱动着研究问题、方法和工具的发展以及对先前的跨领域研究结果的整合。关于非学校学习的一些研究工作已经开展起来，只是它们往往孤立于其他领域，应当在更广范围内得到整合。研究科学学习的非正式学习环境，可以①使研究的理论框架和影响在研究和评估报告以及发表中凸显出来；②进一步验证在科学学习活动和分析中共享的理论框架；③探讨其他社会科学领域的理论框架如何能够启发非正式学习环境下的科学学习，从而促进理论框架在共同体范围内的发展。

建议7：研究者和评估者使用的评价方法，应当不违背参与者对非正式场境中学习的期望。方法应当考虑科学的这六个方面，提供跨主题、跨场所的有效论证，方法的设计应允许教育者和学习者对这些环境下的学习进行反思。

目前一个主要挑战在于，发展对参与者贯穿多种经历的学习进行评价的手段。目前，测量类似这种概念结构的研究通常包括一些独特的测量方式、量规或观察方案。例如，关于媒体和学习的研究往往依所研究的不同媒体（例如电视、广播、数字环境）而采取不同的方法论途径。虽然这种多样性反映的是这种媒体的学习特性所固有的、确实存在的差异，但是缺乏一致性，从而阻碍了对研究结果的综合和可靠测量方式的发展。我们需要发展用于理解和评价学习的严谨的、共享的措施和方法，尤其是如果研究人员试图评价贯穿不同情景和不同场境中的累积性学习时。

与此同时，评价的焦点必须不仅仅要关注认知结果，还要关注非正式环境能够有效促进的智力的、态度的、行为的、社会文化的和参与性的倾向与能力（也就是那六个方面）。评价还必须对参与者从事非正式学习经历的动机十分敏感，同时，在对经验进行设计的时候，评价应当重视设计者的目标。

未来研究的领域

非正式环境可以是强大的学习环境。它们的组织可以允许人们创造并执行自己的学习安排，还能提供丰富的社会互动机会。虽然这种潜力往往只实现了一部分，但研究表明，非正式环境下的经验可以引导人们获得科学知识、提高科学兴趣。然而，我们还需要进一步的探索，从而不仅对所学内容，而且对非正式环境的显著特征如何对学习者产生广泛而长期的影响，提供更具体的认识。以下是委员会认为需要进一步研究的领域。

有助于学习的工具和实践

人们需要更多的研究去探讨那些最能支持非正式环境下的科学学习的物质的、社会的和符号的工具。研究者应当依据源于非正式场境下的科学学习研究的当前成果，吸收跨领域（教育研究、认知、人类学等）的方法，来确定和调整话语分析、谈话分析的方法以及观察技术，这些方式可以对时间引起的变化进行比较、测量和分析，因而在描述场境方面十分有效（e. g.，Waxman，Tharp，and Hilberg，2004）。

学习的诸方面

委员会的六个方面框架代表了比研究的一般发现更广泛的科学学习观点。这种观点包括了在非正式环境和学校中都得到支持的科学学习的特征。它也符合非正式教育对鼓励参与者的参与、发展兴趣和身份所担负的义务（方面1和方面6）。

支持非正式学习经历对方面6的影响的证据初露端倪。人们普遍认为，即使参与者在前后测中没有被发现增加了知识，但他们仍然获得了在今后学习的潜力。那些被激发了兴趣的学习者会在接下来的几个月里继续学习吗？他们会继续寻找其他的相关学习经历吗？他们和科学以及科学学习的关系是否从根本上转变了呢？我们有必要展开研究，以探讨兴趣、未来的学习和身份是如何在长期时间跨度内（如数周、数月、数年）通过非正式的科学学习经历而发展起来的。为了更好地理解参与者对机会的看法，理解如何能够更深入地支持知识学习和获得愉悦，进一步探索非正式学习境脉中兴趣和其他动机因素之间的关系是有益的。这些经历具有基于探究和自由选择的性质，为考察动机和兴趣和未来跨多种场所的科学学习的关系，提供了可能性。此外，探索兴趣的发展如何影响学习者身份，不仅可以有助于更好地理解非正式环境的科学学习，而且也有助于更好地理解更多正式学习环境下的科学学习。

累积效应

科学学习，特别是非正式科学学习，是一个累积的过程。非正式学习造成的影响，不仅仅是当时经历的结果，还是在此之前或之后发生的事件的结果。科学兴趣和科学知识得到非正式环境和学校中的经验的共同支持。虽然理解非正式环境的影响是重要的，但更重要的是：科学学习是如何在一系列正式的和非正式的跨环境之间发生的。科学学习的文献和领域是截然分离的(例如分成学校学习，非正式教育等)，而与此矛盾的是，人们日常是跨场境从事学习活动的。因此，研究应致力于探索学习者更长期的、交叉的经历。进一步的研究应该促进理解在正式的和非正式的科学学习环境之间的学习存在怎样的关联或藩篱。

委员会呼吁人们做出更多的努力去探索较长期的时间增量内的科学学习，去追踪跨越学校和非正式环境的学习者（而不是展品、工具、项目）。这种研究将允许研究者去考察不同场境中的经历随着时间推移的影响，并探讨这些经历彼此依存或互相关联的方式。这将需要发展和完善研究方法，以便能够长期追踪个体，并解决其他有关参与者个人信息安全及其损耗的问题。

通过群体、组织和共同体进行学习

非正式场境共同体中的科学教育，面临一个比较困难但又十分重要的研究挑战，即发展在群体、组织或共同体层面上来研究学习、成长和改变的方法。社会群体是如何通过餐桌谈话、参观动物园、科学实验室会议、业余爱好者兴趣小组、公民参与和其他日常活动来学习科学的？这种互动不仅影响到参与其中的个人，而且影响群体本身。群体层面上的相关变化是什么？本书旨在探索通过社会互动而发生的学习，但人们尚不清楚哪些因素（例如参与者的行为、态度、内在兴趣）造成了这些社会交往的影响以及这些因素是如何在群体或组织层面上发挥作用的。

支持不同群体的学习

对于多元群体的科学学习来说，科学学习的非正式环境可能特别重要。对不同群体如何参与各种场所已有研究，但是如何通过非正式学习环境最好地激发不同群体的科学学习，问题仍然存在。研究证明，很多场所（例如经过设计的非正式场境、科学媒体等）中的参与偏向于主流文化群体和对科学最感兴趣的人，尽管也有几个重要的例外。人们已经观察到，学校组织参观经过设计的场境，基于社区的组织和课外项目，以及围绕当地科学或健康问题而设计的展览，都服务于更加多样化的观众，这在某种程度上是因为它们的设计考虑到了那些得不到充分服务的人群（正如委员会的结论里所描述的那样）。然而，这些环境在吸引和促进不同观众的参与上所取得的成功不尽相同。我们需要更好地理解主流和非主流文化中自然发生的科学学习，以充实基本理论并设计有目的地照顾到多元群体文化实践的学习经历。

媒体

媒体，尤其是电视和互联网资源，是了解科学的最受欢迎的工具。同时，通过媒体，学习者与科学互动的性质发生了变化。现在很多人都拥有唾手可得的浸入式、互动的平台，来追求对科学的兴趣。通过各种形式的数字媒体——博客、虚拟空间、wikis、功能性游戏和 RSS feeds 等——获取科学观点、信息以及接触其他知识渊博的人，尽管不是无处不在，但至少也是极其普遍的。

目前人们还不清楚，对媒体更频繁的使用是参与和享受科学学习经历的副产品，还是反之。现有的研究，除了对电视所产生影响的广泛研究外，性质上基本是相互关联的，这表明科学学习的愉悦和媒体使用的频率两者之间是存在联系的。但这些研究并没有表明是否有一种因素导致了其他因素或是否存在一个相互作用的复杂机制。我们需要进一步的研究来确定，工具，如科学学习的媒体，其使用是否提高了对科学的兴趣，对科学的兴趣是否激发了这类工具的使用或二者以某种方式同时存在。

有关媒体对非正式科学学习的变革力量的争论，证据非常有限，并需要进一步的调查。许多新兴媒体形式允许用户接收和发送信息，充分利用资源与大量的学习者进行沟通，并且尊重认识和学习的不同方式（通过用户选择的和用户设计的界面），从而使用户能够以他们认为有价值的方式与内容互动，与彼此之间进行互动。新型数字技术的这些特点——对话结构、用户导向和组织以及学习者和资源的广泛联网——与非正式科学学习共同体的价值观和研究发现产生了共鸣。我们需要有关媒体影响效应的研究，以理解媒体的独特功能是如何能够支持科学学习的不同方面（例如前述六个方面）。

另一个值得进一步研究的相关领域是，探索学习者是如何评估来自新兴媒体资源的科学信息的有效性的。技术已经使得几乎任何人都可以生成关于科学的信息，并使得广大观众都能接触到这些内容。这就给学习者留下了难题，即辨识信息的有效性，识别任何资源的疑似偏见来源。随着用户生成的信息空间的不断增加，继续研究学习者的特征是如何影响他们对通过这些媒体所呈现的信息的判断，将会十分重要。

参考文献

Aikenhead, G.S. (1996). Science education: Border crossing into the subculture of science. *Studies in Science Education, 26*, 1-52.

National Research Council. (2000). *How people learn: Brain, mind, experience, and school.* Committee on Developments in the Science of Learning, J.D. Bransford, A.L. Brown, and R.R. Cocking (Eds.), and Committee on Learning Research and Educational Practice, M.S. Donovan, J.D. Bransford, and J.W. Pellegrino (Eds.). Commission on Behavioral and Social Sciences and Education. Washington, DC: National Academy Press.

National Research Council. (2007). *Taking science to school: Learning and teaching science in grades K-8.* Committee on Science Learning, K-8. R.A. Duschl, H.A. Schweingruber, and A.W. Shouse (Eds.). Washington, DC: The National Academies Press.

Waxman, H., Tharp, R.G., and Hilberg, R.S. (Eds.). (2004). *Observational research in U.S. classrooms: New approaches for understanding cultural and linguistic diversity.* New York: Cambridge University Press.

附录 A
委员会成员和工作人员介绍

菲利普·贝尔（Philip Bell，副主席），西雅图华盛顿大学教育科学系学习科学专业副教授。他领导日常科学和技术研究小组（Everyday Science and Technology Group）中的人种学和基于设计的研究（http：//everydaycognition. org）。作为一名学习科学家，他的研究领域涉及日常认知和科学专长、儿童争论和数字技术在青少年文化中的运用，设计和使用新型学习技术，以及将新的方法运用到科学探究的教学中。贝尔先生是非正式与正式环境下的学习研究中心（Learning in Informal and Formal Environments Center，网址为 http：//life-slc. org/）中研究非正式学习的合作领导人和 COSEE 海洋学习共同体的合作调查员（http：//cosee-olc. org/ ）。他还是学习科学国际协会（International Society of the Learning Sciences）和美国国家研究理事会科学教育委员会（Board on Science Education of the National Research Council）的成员。他在人类的认知和发展、科学教育、电气工程和计算机科学方面均有研究基础。他在科罗拉多大学获得学士学位，并在加州大学伯克利分校获得硕士和博士学位。

布鲁斯·卢恩斯坦（Bruce Lewenstein，副主席），任康奈尔大学科学传播学教授，并在康奈尔大学传播与科学技术研究部门担任职位。他实际上是一个历史学家（他目前最钟爱的个人研究项目是第二次世界大战以来科学书籍的历史），但总体来说他的工作重点与公众对科学的理解的历史问题和当代问题有关。他是《公众理解科学》（*Public Understanding of Science* ）杂志的前任编辑（1998—2003 年），并被选为美国科学促进协会的研究员。他曾是美国科学促进会中关于科学和技术的公众理解的成员，目前任职于美国伊萨卡科学中心（位于伊萨卡的一家互动式科学博物馆）的咨询委员会。他的工作得到美国国家科学基金会、美国农业部、美国能源部、国家航空和航天局以及化学遗产基金会（Chemical Heritage Foundation）的支持。他获得芝加哥大学的历史学学士学位，宾夕法尼亚大学的社会学硕士学位以及宾夕法尼亚大学科学和技术政策的博士学位。

苏·艾伦（Sue Allen）是旧金山探索博物馆的观众研究和评估的负责人，她负责所有的观众研究、教育研究和所有涉及博物馆公共空间项目的评估。她是加州框架项目（California Framework Project）的内部评估协调员，该项目探究科学博物馆在协助学校的科学教育变革中能够起到的作用。她和她的同事研究观众在博物馆公共空间中的学习，并与博物馆从业人员合作设计研究和评估的议程。她目前的研究兴趣包括评价学习的方法、展览设计、个人的意义建构以及科学探究。她为约翰肯尼迪大学博物馆研究系授课，在加州大学伯克利分校教育学院开设面向研究生行动导向的科学思维与学习课程。她撰写了非正式科学领域的许多文章和书籍章节。她也是许多专业协会的成员，包括观众研究协会（Visitor Studies Association）、博物馆教育圆桌组织（Museum Education Roundtable）和文化联系组织（Cultural Connections）。她拥有加州大学伯克利分校科学教育博士学位。

B. 布拉德福德·布朗（B. Bradford Brown）是人类发展学教授，威斯康星大学麦迪逊分校教育心理系前主任。他的研究集中在青少年同伴关系，特别是青少年同伴群体、同伴压力及其对学业成就的影响，社会互动模式和社会调整。他是《青少年研究杂志》（*Journal of Research on Adolescence*）前任编辑及青少年研究协会执行委员会（the Society for Research on Adolescence，SRA）前会员。目前，他担任 SRA 中关于青少年同伴关系中的家长参与研究小组组长。他是参与编著了 5 本专著，其中包括《青少年罗曼蒂克关系的发展》《世界范围的青年：全球 8 个地区的青春期问题》《连接父母和家庭的青少年同伴关系：民族和文化因素》。他曾为很多团体担任顾问，比如卡耐基青少年发展委员会（Carnegie Council on Adolescent Development），全国预防少女怀孕运动（National Campaign to Prevent Teen Pregnancy），美国教育部蓝丝带学校项目（Blue Ribbon Schools Program of the U. S. Department of Education）。他拥有普林斯顿大学社会学学士学位，并获得芝加哥大学人类发展学博士学位。

莫琳·卡拉南（Maureen Callanan），美国加州大学圣克鲁斯分校的心理学系教授。她的研究关注幼儿认知和语言的发展，探索了幼儿如何通过与父母的日常对话来理解世界。她特别关注儿童关于世界的直觉理论是怎样（例如，热怎么使东西融化，什么令人悲伤）在家长与孩子的交谈中得以发展的。她通过家长的育儿日记所记录的儿童的问题以及亲子活动（比如读书活动、烤松饼及参观儿童博物馆）的录影带来研究儿童提出的“为什么”的问题以及家长对这些问题的解释。研究探讨了儿童和家长如何构建对概念的共享理解和对特定领域的因果理论，研究尤其关注科学领域。卡拉南还关注儿童如何学习词义和理解同一对象的多个名称。她对家长和孩子如何在日常交谈中称呼物体的研究表明：家长的语言和孩子对新单词的解释之间存在重要联系。她获得了蒙特赫里约克学院的文科学士学位和斯坦福大学的博士学位。

安杰拉·克里斯蒂尼（Angela C. Cristini）是新泽西拉马波学院特殊项目的执行主任。她还指导麦道兰环境中心（Meadowlands Environment Center）的工作，每年有超过 20000 名的儿童、教育工作者、普通家庭人员来这里参加非正式科学项目。针对于专业教育共同体的需求和关注，她设计并负责了教育技术专业的科学硕士学位课程（Master of Science in Educational Technology Program）。在此之前，她是美国海滨协会（American Littoral Society）的主席，该协会是全国性的非营利会员组织，致力于海岸栖息地环境的良好发展。她曾担任新泽西州环境保护局的科研部主任，负责为该州的环境问题制定研究议程。她获得过美国国家科学基金会和新泽西州教育局针对非正式科学、教师专业发展以及科学与技术课程发展项目的重要资助。她的研究兴趣包括比较生理学和无脊椎动物生态学、污染物对海洋生物的影响以及内分泌学与甲壳类动物离子调节机制。她获得了美国东北大学学士学位和纽约城市大学的博士学位。

柯尔丝滕·埃伦博根（Kirsten Ellenbogen），美国明尼苏达州科学博物馆学习评估和研究负责人。她的研究重点在于培养校外科学学习环境下的科学话语，以及系统化教育改革中的博物馆定位问题。在此之前，作为伦敦国王学院非正式学习中心与学校研究中心的项目负责人，她参与了开发和管理一个为满足非正式科学教育中的研究学位需要而设计的培训和研究项目。最近，她是学习创新研究所（Institute for Learning Innovation）的高级助理，主动倡导将最近十年来博物馆学习的研究凝聚成从业者的实践框架。她最早的工作是在博物馆做解说员，之后她在展览开发方面的工作获奖，这些工作主要是关于探究体验、多媒体互动、适用于学校和家庭团体的双重用途空间。她拥有范德比尔特大学的科学教育博士学位。

迈克尔·A. 费得（Michael A. Feder）（高级项目职员）是科学教育委员

会的工作人员。在国家研究理事会中，他担任了在非正式环境学习科学委员会（Committee on Learning Science in Informal Environments）以及理解和改进K－12工程教育委员会（Committee on Understanding and Improving K－12 Engineering Education）的项目官员。在此之前，他曾作为教育项目的评估者，致力于一些项目如英语语言学习者的干预评述，新泽西州及俄亥俄州数学和科学合作项目评估等。他的研究包括：受补贴的非早慧儿童日托中心对西班牙裔儿童学业成就的影响以及在战争中遭受心理创伤的难民儿童心理调试与学业适应。他拥有乔治·梅森大学应用发展心理学博士学位。

塞西莉亚·加里贝（Cecilia Garibay）是加里贝集团（Garibay Group）负责人，她在其中负责观众研究和评估。她的研究重点是非正式学习环境下的展品和项目，特别是那些旨在传递给弱势群体观众的展品和项目。她最近的研究涉及一些拉美裔和移民社区的研究——特别是关于休闲价值观和非正式学习、博物馆概念和科学知觉等方面的研究。她经常为有关观众发展和社区融合的机构提供咨询，发展形成框架和策略计划，使得展品和规划贴近多元的和不同的观众。她把双文化/双语观带进工作，擅长处理文化反应和境脉相关性研究方法和评价方法。她为很多自由选择的学习组织提供了咨询，这些组织包括：科学—技术中心协会（Association of Science-Technology Centers），休斯敦儿童博物馆（Children's Museum of Houston），康奈尔大学鸟类学实验室（Cornell Lab of Ornithology），探索博物馆（Exploratorium），史密斯国家博物馆群（国立美国历史博物馆）（National Museum of American History），蒙特雷湾水族馆（Monterey Bay Aquarium）以及俄勒冈科学和工业博物馆（Oregon Museum of Science and Industry）。她20年的研究和评估经验还包括与非营利组织，基金会和公司的合作。她目前正进行观众多样性和博物馆组织变革问题的研究。

劳拉·马丁（Laura Martin）是亚利桑那州科学中心的科学解说部主任，也是亚利桑那州立大学教育学院的客座教授。此前，她在凤凰城的动物园、旧金山探索博物馆教与学中心以及非正式学习和学校中心及儿童电视节目制作室均担任职务。她撰写出版了许多关于各个场境下的科学和数学学习的论文与著作章节以及亚利桑那州科学中心的研究报告。她还撰写了很多科学课程和书籍，并开发了科学方面的展览项目。她是许多协会的成员，也是非正式学习机会网络（Informal Learning Opportunities Network）的组织者和参与者。她拥有芝加哥大学历史专业学士学位、银行街教育学院教育硕士学位和美国加州大学圣地亚哥分校的心理、认知和发展的硕士和博士学位。

戴尔·麦克里迪（Dale McCreedy）是富兰克林研究所（The Franklin Institute）的性别与家庭学习项目主任。她亦是多个国家科学基金会资助的合作项目主任，其中两个是与美国女童子军的合作项目，一个是与费城学区的合作项目，一个是与费城自由图书馆的合作项目；还有一个是与学习创新研究所（Institute for Learning Innovation）合作的项目。她负责课程结构和资源的开发，以及与地方和国家伙伴组织进行合作。麦克里迪博士是终生学习的倡导者，她关注女孩和妇女的科学学习，以及培养家庭和课后的科学支持。她参与很多咨询委员会和专注于女孩的组织，并经常作有关科学学习中的女孩、妇女和家庭的讲解报告。1996 年，她被授予女童子军的终身会员身份。她也是 2002 年玛丽亚·米切尔妇女科学奖获得者。她拥有宾夕法尼亚大学教育学博士学位。

道格拉斯·梅丁（Douglas L. Medin）是美国西北大学的心理学路易斯·蒙克教席（Louis W. Menk Chair）。他曾任教于伊利诺伊大学和密歇根大学。他因对概念和分类的研究而著名，近期的研究重点已拓展到决策研究，推理和分类的跨文化研究，相似性、文化和认知的模式，以及道德推理的认知层面。他担任《认知杂志》（*Cognition*）和《实验心理学杂志：人的学习和记忆》（*Journal of Experimental Psychology*: *Human Learning and Memory*）的编辑。他还担任《认知心理学》（*Cognitive Psychology*）杂志的顾问编辑，是《学习动机的心理学》（*Psychology of Learning Motivation*）杂志的前任编辑。他曾对危地马拉、巴西、墨西哥和美国的原住民和主流文化人群之间的认知和学习进行了研究。他是美国艺术与科学研究院（American Academy of Arts and Sciences）的院士，并在近期获得了美国心理协会的卓越科学贡献奖。在 2005 年，他当选为美国国家科学院的院士。他拥有摩海德州立学院的学士学位和南达科他州大学硕士及博士学位。

薇拉·米歇尔齐克（Vera Michalchik）是斯坦福国际研究院（SRI International）社会科学的研究员之一。她受到过人类学和认知科学的训练，关注学习的社会方面和文化方面。她最近的研究包括对非正式情境中的技术使用和学习的案例研究，对科学谈话和交流的分析，对科学和数学学习过程中的表征技术研究。她特别关心不同类型的社会互动和交流方式是如何支持或削弱学生参与学习活动，以及这些因素是如何影响公平问题的。她在 ChemSense，社区技术中心评估（the Community Technology Centers evaluation）

和 NetCalc 这类项目中的工作反映了她的这一兴趣。她在个案研究、学习环境的视频分析、田野调查方面有着丰富的经验。她拥有加州大学伯克利分校（1985 年）电影研究的学士学位，哈佛大学（1986 年）人类发展学硕士和斯坦福大学（2000 年）教育心理学博士学位。

吉尔·诺姆（Gil G. Noam）是教育、课后和抗挫折项目（Program in Education，Afterschool and Resilience，PEAR）的创始人和负责人，也是哈佛医学院和麦克林医院的副教授。他在欧洲和美国接受了临床和发展心理学及精神分析的训练，对支持年轻人的抗挫性尤其是在教育场境中的抗挫性有着浓厚的兴趣。他担任风险和防范项目负责人，同时是 RALLY 预防项目的创立者，该项目以波士顿为基础，将校内、校外和社区场境中社会支持和学业支持连接起来进行干预。他还在一个纵向研究中跟踪大量高风险儿童一直到成人期，研究临床、教育和职业方面的成果。PEAR 积极参与研究课后项目，也与波士顿课后项目合作，与 Achieve Boston 建立伙伴关系，开发了一个校后培训和技术援助的基本架构。诺姆还参与了公私伙伴关系，其中包括教育科学研究所（Institute for Educational Science）、派普尔信托（Piper Trust）和哈恩基金会（Haan Foundation）。诺姆对挣扎在校后情境中的年轻读者进行了关于阅读和抗挫折干预的随机化控制研究，在儿童和青少年发展领域以及临床、校内、校外情境中的风险和抗挫领域发表和出版了大量的论文、文章和书籍。他在重点关注校外时间的《青年发展新方向：理论，实践与研究》杂志（*New Directions in Youth Development*：*Theory*，*Practice and Research*）担任主编。

安德鲁·肖斯（Andrew W. Shouse）（高级项目官员）是美国科学教育委员会（Board on Science Education）工作人员。他与他人合作于 2007 年发布了《把科学带进学校——幼儿园至八年级的学习与教学》研究报告。他还担任了《学习科学幼儿园至八年级实践者卷》（*Learning Science K－8 Practitioner Volume*）的研究负责人，这一卷是对《把科学带进学校——幼儿园至八年级的学习与教学》报告的“转译”。他是一名教育研究者和政策分析师，对教师发展、正式和非正式场境中的科学教育以及把教育研究传播到政策和实践的受众，都非常感兴趣。在加入国家研究理事会之前，肖斯先生曾担任教育研究和评估顾问、科学中心管理员以及中小学老师。他拥有密歇根州立大学课程、教育、教育政策专业的博士学位。

布赖恩·史密斯（Brian K. Smith）是宾夕法尼亚州立大学信息科学与技术教育副教授。他研究运用计算机来支持和提升人类绩效和学习。他的研究包括：生物学教育视频注解系统、用于历史教育的配备全球定位系统和图像数据库的相机以及围绕摄影和计算机可视化从而促进个人健康行为认识的干预措施。他目前正在进行的项目是探索面向非正式日常决策的信息设计。此前，他是麻省理工学院媒体实验室研究人员，在那里他领导了 20 家协作机构进行研究来界定信息描述、设计、传播的新方法。目前他是宾夕法尼亚州立大学信息科学技术学院的医疗卫生信息学研究倡议的首席调研员，也是该倡议与苹果电脑数字化校园倡议结合的研究主任。在 2000 年，他荣获美国国家科学基金会颁发的教师职业发展奖，围绕视觉学习开始新的研究议程。2004 年，他由于对人文研究做出的早期贡献而获得了简·霍金斯奖（Jan Hawkins Award）和全美教育联合会授予的技术学习奖学金。苹果电脑公司还授予他 2004 年度“苹果杰出教育家”称号。史密斯先生拥有加州大学洛杉矶分校计算机科学与工程专业的学士学位和美国西北大学的科学学习博士学位。

附录 B
评价中的一些技术问题

小组访谈与个人访谈

学习者在非正式环境下，比如在博物馆中，通常在多代人群体中而非独自一人来进行参与。这些多代人群体在整个环境中通常随意走动，随着成员发现些新东西和互相分享体验，群体可以分解和转变。这使得访谈极其具有挑战性。构思适合一系列广泛人群的访谈问题比较困难。同样，学习体验也经常在关注个人和关注小组之间来回变换。

个人访谈和小组访谈之间的利弊分析：

(1) 访谈个人具有以下优势：参与者不会影响其他人的观点；所取得的数据由于每个人具有同等权重而经得起统计检验；进行访谈的时间相对短。但是，这样的访谈需要挑选一名个体访谈对象（通常个体喜欢自告奋勇，而不是接受随机抽样），需要找到小组中其他人的位置来解释正在发生的事情，确保幼儿得到适当照看以及就近寻找安静场所来进行访谈。此外，家长回答问题的方式通常是报告他们认为自己的孩子学到了什么，而不是孩子自己学到了什么，因为孩子的体验通常是他们参加访谈的原因。除非研究的焦点是家长对儿童体验的解释或者是儿童过于年幼而无法接受访谈，这种方法是存在问题的，因为它依赖于间接的推断而不是自我报告。

(2) 小组访谈具有不拆分小组成员的优势，因此家庭更有可能同意接受访谈。而且，作为一个小组，他们给出的答复反映了小组成员在一起参与活动时的实际学习状况。小组访谈的一个缺点是：某一成员有可能占据主导地位（典型的情况是成年人），并且小组成员常常会陷入到彼此观点趋同的情况。减少这种倾向的一种方法是，对成员进行个人提问，但是提问顺序与成员地位排序相反。然而，一些研究者认为：这种不平等的权力动力有可能代表的就是学习动力，因此那些具有不对称参与的访谈才是真实性的。小组访谈同样还引出了如何将从不同规模的小组获得的数据进行量化这一问题，尤其是研究试图描述反应频度特征的话。一些研究者将反应频度编码成三类："1"，"2"或"多"。总之，尽管小组访谈对参与者而言更加轻松，但是人们几乎没有时间在小组成员变得焦躁不安之前公正地问完所有的问题，因此小组中的大多数人通常不能够完成访谈。或者，从更加质性和自然主义的角度出发来进行访谈有可能会允许小组成员进行更加宽松的参与，但是这种访谈需要研究者在访谈之后对其进行持续和审慎的分析。

控制组

由于非正式环境强调通过选择而学习，因此在实验组和控制组中对学习者进行随机的任务分配有时似乎逻辑上行不通，这会导致学习者变得烦躁，对研究的效度产生威胁或包括以上所有不利。在这样的情况下，可取的做法是引用一个对照组，这个对照组并不是那么严格，不过能够提供某种意义上比较类似的基准行为信息（比如从参观其他博物馆或展览馆的观众身上获取的数据；从针对同一主题、引用相似知识、行为或态度的文献中获取的数据）。

录像和录音

随着人们对这类基于过程的结果（比如参与、对话和行动）的兴趣日益增长，非正式环境中的研究已经逐步在使用记录系统，比如录音和录像，这样就引发技术和伦理问题。从技术上来说，主要的挑战经常是如何获得足够高质量的录音来从周围噪声中辨识出人们所说的话。解决这一问题的尝试包括：使用录音电话机（Borun，Chambers，and Cleghorn，1996），佩戴无线扩音器（e. g.，Leinhardt and Knutson，2004），或是在个体展览中安放麦克风（比如，Gutwill，2003）。伦理问题，也就是需要让观众有知情权并同意对他们进行记录，可通过以下方式来解决：张贴标志、增加张贴的标志（Gutwill，2003），在观众到来时征求他们的许可并在他们的衣服上贴上标记以提醒摄影师（Crowley and Callanan，1998），或是在观众走进某一场所时获得他们的明确许可。这类办法通常是折中的办法，研究者应该经常向当地的机构审核委员会寻求许可来使用其特定的数据收集方法。

将时间作为对学习的一种量度

在诸如博物馆、植物园和动物园这类学习者能够在选择的物理空间内自由走动的环境中，停留时间是一种在终结性评估中经常被用于测量效果的量度。同时，人们对“时间究竟评价了与学习有关的什么内容”这点有争议。人们对时间的思考有各种各样的方式，包括：

(1) 一些研究者认为这是学习的必要但不充分条件。在这种观点中，学习者需要间歇，并且需要与物体、人或活动打交道以获得机会来从中学习，但学习与停留时间的关系不一定是线性关系。一些研究者已经将停留时间的柱形图解释为双峰或者多峰的，在背景和动机方面揭示了不同的观众特征（泛泛浏览者、深耕者等），但是这些是存在争议的：大多数展览在停留时间的末尾阶段才达到一个单一峰值。

(2) 如果运用大家都接受的原理即：花在任务上的时间与跨境脉的学习有着最为普遍的相关，一些人认为这是学习的一个指标。然而，在自由选择的环境下“花在任务上”的意思是模棱两可的，正如学习的界定一样困难。有几项研究有直接证据表明：停留时间与学习是相关的，正如关于展览主题的参观前问卷调查所测量的（Abler，1968）或对所见物体的自由回忆所测量的一样（Barnard and Loomis，1994）。

(3) 一些人认为停留时间是学习的直接量度，它被定义为社会认可的合作性活动中的参与。根据这一社会文化视角，参与者通过他们的参与进行学习，尽管他们所学内容的准确性质有可能非常不同于机构对他们的期望。

网络调查

因特网正逐渐地被用于对学习者进行调查。这种调查可以是对在线资源的评价，或是提问学习者之前在另一场境中的经历（比如参观博物馆、看电视连续剧等）。这种调查可能被包含在电子邮件中或是逐渐开始基于网络。与纸质调查相比，网络调查成本低且反馈快，但是网络调查经常引起人们对反馈速度和对被调查人群存在偏见的担忧。要获得对非正式科学学习环境下的网络调查的文献的近期回顾（包括为有效设计和使用而提出的建议），请参考帕森斯（Parsons，2007）、亚洛维茨和弗格森（Yalowitz and Ferguson，2007）以及斯托克斯迪克（Storksdieck，2007）的研究结果。

参考文献

Abler, T.S. (1968). Traffic patterns and exhibit design: A study of learning in the museum. In S.F. DeBorhegyi and I. Hanson (Eds.), *The museum visitor* (vol. 3, pp. 103-141). Milwaukee, WI: Milwaukee Public Museum.

Barnard, W.A., and Loomis, R.J. (1994). The museum exhibit as a visual learning museum. *Visitor Behavior, 9*(2), 14-17.

Borun, M., Chambers, M., and Cleghorn, A. (1996). Families are learning in science museums. *Curator, 39*(2), 123-138.

Crowley, K., and Callanan, M. (1998). Describing and supporting collaborative scientific thinking in parent-child interactions. *Journal of Museum Education, 17*(1), 12-17.

Gutwill, J. (2003). Gaining visitor consent for research II: Improving the posted sign method. *Curator, 46*(2), 228-235.

Leinhardt, G., and Knutson, K. (2004). *Listening in on museum conversations*. Walnut Creek, CA: AltaMira Press.

Parsons, C. (2007). Web-based surveys: Best practices based on the research literature. *Visitor Studies, 10*(1), 13-33.

Serrell, B. (1998). *Paying attention: Visitors and museum exhibitions*. Washington, DC: American Association of Museums.

Serrell, B. (2001). In search of the elusive bimodal distribution. *Visitor Studies Today, 4*(2), 4-9.

Shettel, H.H. (1997). Time—is it really of the essence? *Curator, 40*, 246-249.

Storksdieck, M. (2007). Using web surveys in early front-end evaluations with open populations: A case study of amateur astronomers. *Visitor Studies, 10*(1), 47-54.

Yalowitz, S., and Ferguson, A. (2007). Using web surveys in summative evaluations: A case study at the Monterey Bay Aquarium. *Visitor Studies, 10*(1), 34-46.

译者后记

非正式学习，顾名思义，其对应的参照系是所谓的正式学习，即以学校、课堂、课程为载体的制度化教育场景中的学习。从近代学校诞生以来，学校发展成为人类学习的一个强大的制度背景，研究学校中的或课堂中的学习，在理论和实践领域获得了强势地位。而非正式学习，似乎由于其“非正式”，长期以来作为边缘性和补充性的价值而存在。在漫长的时间里，正式学习和非正式学习的研究像是两条平行线，各自有着不同的发展路径，前者受着教育专业的关怀，后者则成为科普工作的领域，二者长期秉持各自迥异的旨趣。

然而，变化似乎发生在学习科学这门新学科的孕育过程中。当我们把目光从“学生的学习”投诸于“人类的学习”，当我们借助于知识论、社会学、人类学等多学科的视角考察知识的建构过程时，学习成为个体在特定的情境脉络中的实践活动，而课堂、学校只是其中一种情境脉络。在学习科学的扛鼎之作《人是如何学习的》出版之后，美国科学基金会在全美资助了六个学习科学中心，其中“非正式学习与正式学习研究中心”（LIFE）的诞生标志着这两条平行线开始靠拢。人的学习是一个完整的生态过程而非互不相干的各个场景中的孤立活动，达成这样一个基本共识，非正式学习则进入了更加“正式”的研究历程。本书的作者主要来自于LIFE中心，他们中很多人又是《人是如何学习的》一书的策划者，因而逻辑体系、概念话语的使用一脉相承。

本书还可以看作是一个非正式学习文献的元分析，作者团队通过大量的文献梳理和提炼工作，对非正式环境下的科学学习的理论和实践分四个部分进行全面概括。

在本书第一部分“非正式环境下的科学学习”中，作者概括了非正式环境下的科学学习经验的典型特点是：学习者积极主动的、兴趣引导的、自愿的、个人的、持续的、与境脉相关的、协作的、非线性的和开放的，非正式环境可以而且应该发挥其在科学教育的重要作用。

由于非正式环境下的科学学习与学校科学学习特征显著不同，科学学习应当看作是一个跨越各种场所的过程，它交织着终生学习、宽生学习和深生学习。对发生在多元地点、呈现出多种形态的非正式的科学学习进行分析，需要一个生态框架，就是说，我们需要认识到，非正式的科学学习是与人、场所和文化相关的具体的学习过程、学习机制以及学习结果。本书就此提出了六个方面的学习结果，从而为这个领域的研究、教学和学习结构的描述与评价提供一套成熟的分析方法和分析标准。

本书第二部分“场所和布置”：对三种不同场境中的非正式学习进行解析：日常生活（包括家庭）、经过设计的场境和各类校外非正式学习项目。本书继而用六方面分析框架分析了日常生活中的科学学习，例解了如何使用该分析框架，并引述大量案例。

本书第三部分“横向特征分析”：提出非正式科学学习中的文化性问题。非正式环境下的科学学习本身是镶嵌在文化假设之中的，这就意味着，社会经济地位差异、性别差异、种族差异、健全－残障差异、城乡差异、语言差异等，可能带来各种各样的科学学习机会的不平等状况，因而科学家和科学教育者必须关注文化多样性的问题。

本书第四部分“结论、建议和未来的方向”，作者撰写了 18 个结论，将全书的重要观点进行概括：

结论 1：个体终其一生，从婴儿到晚年，都在学习关于自然世界的知识，并发展科学学习的重要技能。

结论 2：大量科学学习发生在校外非正式环境下（包括日常活动、经过设计的场所和各类项目），**它们是伴随着个体穿梭于一系列社会场境时发生的，却常常受到忽视。**

结论 3：在非正式环境下学习科学包括：发展积极的与科学相关的态度、情绪和身份认同，学习科学实践，理解科学的社会境脉和历史境脉以及认知。对于形成和巩固学习者积极的科学兴趣、技能、情绪和身份而言，非正式环境尤其重要。

结论 4：不同文化群体的成员，通过参与由其文化历史背景和特定环境及场境的要求所决定的非正式学习经历和各种形式的探究，发展有关自然界的系统知识。这样的知识和与自然打交道的各种方式，反映了观点的多样性，在设计科学学习经历时应当意识到这一点。

结论 5：人们已经理解学习者的先前知识、兴趣和身份是学习过程必不可少的组成部分，它们在非正式环境下特别重要。

结论 6：虽然非正式科学学习由多种多样的实践共同体组成，但它同样对科学学习环境承担义务。

结论 7：广播媒体、印刷媒体和数字媒体在促进跨场境的科学学习上起着重要作用。然而证据基础却不太均衡。尽管存在有力的证据证明教育电视对科学学习的影响，但关于其他媒体——报纸、杂志、游戏、电台——对科学学习的影响的证据实在太少。

结论 8：当设计者和教育者把科学描绘成栩栩如生的社会经验时，当设计者和教育者在与学习者切身相关的境脉中描述科学时，当设计者和教育者考虑到学习者已有的与科学以及科学学习机构之间的多样化关系时，科学则更容易被学习者接受。

结论 9：非正式环境对来自非主流群体的、历史上在科学中处于弱势地位的个体的科学学习结果有显著影响。

结论 10：具有丰富科学资源的机构和当地社区之间的伙伴关系在促进全方位科学学习方面，前景广阔。发展有效的伙伴关系需要相当多的时间和精力。

结论 11：在支持科学学习方面，父母、成年监护人、同龄人、教育工作者、机构服务者和导师起着决定性的作用。

结论 12：面向学龄期的儿童和青少年的项目（包括课后项目）是一个非常重要的、分布广泛的、不断增长的现象，而且重点越来越放到科学上。

结论 13：目前还没有一个好的学习结果测量方式，来评价非正式场境下的科学学习目标。传统的学业成就测量（例如科学学业成就的标准化测验）过于狭窄，与非正式环境提供者的目标没有很好地达成一致。

结论 14：贯穿非正式环境的学习经历，对儿童在学校中的科学学习、他们对科学的态度以及他们考虑从事与科学相关职业的可能性，或者通过爱好和其他日常活动进行终身科学学习的可能性，都可以产生积极的影响。

结论 15：关于在非正式环境下学习科学的文献很多，但研究的质量参差不齐，至少部分原因是由于发表途径有限（即专刊和特刊）以及很多处于非学术职位的研究者和评估者缺少发表文章的动力。

结论 16：关于特定项目的评估报告提供了一种重要的证据来源，帮助人们更普遍地了解实践和理论。然而，我们还需要其他类型的研究和数据，以

建立并实证性地构建共享的知识基础。

结论 17：在非正式环境下，对发展科学学习的系统化理论和实践感兴趣的学者和教育者组成了一个跨学科的共同体。然而，建立更有凝聚力的、富有指导性的知识和实践系统，则需要更广泛共享的语言、价值观、假设、学习理论和证据标准。

结论 18：用生态观来看待非正式环境，可以促进对跨场所的科学学习经验的深刻认识。

应该说，这些观点无论对于我国学习科学的研究者、科学教师还是科普工作者都具有极大的启发和参考价值，其中一些观点还对我们的科学教育传统观念具有强烈的冲击力。

华东师范大学学习科学中心在 2002 年译介了《人是如何学习的》。笔者作为中心一员，在十年之后主译非正式学习的这一重要报告，这是一种因缘。在译书的过程中，华东师范大学学习科学中心的教师和研究生们将其作为教学课程参考书不断研读，集体讨论，反复修订。赵健翻译了内容提要和第二章。王茹翻译了第三章、第四章、第五章和附录 B，并校对了前言、第六章、第九章和附录 A。李康立翻译了第一章、第六章和附录 A。李贵芹翻译了第八章、第九章并校对了第 5 章。吴晓燕翻译了第七章并校对了第四章。汤雪平校对了第三章和附录 B。金莺莲翻译了前言。宗华和王美校对了第七章。俞琼和詹艺校对了第八章。赵健、王茹、汤雪平和金莺莲在二校时又合力审读了全书。赵健最后审读译稿时作了全面修订，确保译文的统一和流畅。

裴新宁教授和鲍贤清博士对翻译工作提出了宝贵意见。感谢中国科协科学普及出版社在策划和引进该书中所做出的努力，并在校订过程中提出了非常专业的建议。当然译作中的错误可能仍难以避免，敬请读者批评指正。

译者

2014 年仲夏于丽娃河畔